Heinrich Preschers

Wahrhaftiger gründlicher Bericht

Was sich in der Kurfürstlichen Pfalz sonderlich in der Stadt Heidelberg mit

Veränderung der Religion tut

Heinrich Preschers

Wahrhaftiger gründlicher Bericht
Was sich in der Kurfürstlichen Pfalz sonderlich in der Stadt Heidelberg mit Veränderung der Religion tut

ISBN/EAN: 9783743604124

Hergestellt in Europa, USA, Kanada, Australien, Japan

Cover: Foto ©Lupo / pixelio.de

Weitere Bücher finden Sie auf **www.hansebooks.com**

Warhafftiger grundtlicher Bericht/

Was sich in der Chur-
fürstlichen Pfaltz / sonderlich in der Statt
Heidelberg / mit Verenderung der Religion / vnd
Einführung der Caluinischen falschen Lehre / Abschaffung reiner Kirchendiener/ vnd Doctoris Grynæi Caluinischen Disputation/ daselbsten
verloffen.

Wider den vnwarhafften Bericht/
der Heidelbergischen Caluinischen Theologen/
so sie newlicher zeit / vnder dem Titul (Warhaffter Bericht von
der vorgenomnen Verbesserung in Kirchen vnd
Schulen der Churfürstlichen Pfaltz)
in die Christenheit auß-
gesprengt.

Gestelt
Durch ettliche Theologen der Christlichen
Augspurgischen Confession/ so vmb der rei-
nen Lehre willen/ auß der Churfürstlichen
Pfaltz außgeschaffen
worden.

Getruckt zu Tübingen/ bey Georgen
Gruppenbach/ Anno/ 1583.

Vorred.

Pfalm. 137.

DA die Jſraeliter (dazumal das Volck Gottes) im Elend waren/ hin vñ wider in Babylonia zerſtrewet/ vnd jhren Jamer beweinten/ daß ſie auß jhrem Vatterland verſtoſſen/ vñ den Tempel vñ Gottesdienſt zu Jeruſalem wüſt ligē laſſen muſten: Spotteten jre Feind/ die Babylonier/ noch jr darzu/ vnd ſagten mit höniſchem Geſpey: Lieber ſinget vns ein Lied von Zion? Die Edomiter aber (als die falſche Stieffbrüder der Jſraeliter) ſagten: Rein ab/ rein ab/ biß auff jhren Boden: wünſchten alſo/ vnd hetzten/ daß man die Jſraeliter gar vertilgen/ vnd es mit jnen allerdings außmachen ſolte. Diſes gifftig Geſpött der Babylonier/ vnd das grimig anhetzen der Edomiter/ hat gewißlich dem Volck Gottes nicht weniger wehe gethon/ dann die Babyloniſche Gefengnus vnd Elend/ mit wölchem damals die Jſraeliter beſchweret waren.

Eben auff diſen Schlag machens jetz auch die Heidelbergiſche Caluiniſche Predicanten/ mit den vertribnen/ Euangeliſchen/ reinen Kirchendienern/ wölche der Chriſtlichen Augſpurgiſchen Confeſſion warhafftig zugethon/ vnd ettliche Jar her bey Kirchen vñ Schulen in der Churfürſtlichen Pfaltz/

):(ij   trew-

trewlich vnnd nutzlich gedient / jetzt aber durch die
Zwinglische Reformation abgeschaffen worden.

Dann nachdem sie die fürnembste trewe Kirchendiener / auß der Churfürstlichen Pfaltz / zuuor-
derst aber alle reine Euangelische Predicanten / auß
der Statt Heidelberg veriagt / vnd mit Weib vnd
Kindern ins Elend geschickt / haben sie darauff ein
vnwarhafftigen Bericht in offentlichem Truck / mit
dem Titel (**Warhaffter Bericht / von der
vorgenomnen verbesserüg**) lassen außgehn /
darinnen sie mit Vngrund fürgeben / als solten die
reine Kirchendiener auß der Churfürstl. Pfaltz / vmb
jrer Vngestümmigkeit vnd Vnbescheidenheit / auch
Vnuerträgligkeit willē / notwendig abgeschafft worden sein: Vnd wöllen die Leut bereden / als ob es nit
fürnämlich vmb die Lehr zuthun gewesen / bey wölcher man sie hette (jhrem erdichten Fürgeben nach)
bleiben lassen / wann sie sich sonsten leidenlich vnnd
schidlich gehalten hetten: Vnd wöllen sie also in der
gantzen Christenheit / als vnuerträgliche / fridhässige Predicanten außschreien / nicht allein jnen selbsten ein Glimpff dardurch zuschöpffen / sonder auch
gedachte trewe Kirchendiener anderiwerts an Diensten zuuerhindern: Inmassen sie auch an ettlichen
Orten / denen Obrigkeitten / so solche Kirchendiener
auß Christlichem mitleiden vndergeschleifft / oder

mit

mit Diensten begabt/solches verweisen/vnd jhnen
darüber tröwen lassen:vñ das alles auß lauter brin-
nender Christlicher Lieb vnnd Bruderschafft/deren
sich dise Caluinische Heuchler vnd Gleißner so hoch
rühmen.

So erzöhlen sie auch das jenig/was mit verenderung der Religion/vñ mit den reinen Kirchendienern (biß sie geurlaubt worden) fürgeloffen/vil an-
derst/dañ es im grundt der Warheit beschaffen/wie
sie dann auch die Disputation zu Heidelberg/von
D. Grynæo gehalten/gar partheiisch/vñ also erzöh-
len/dz wer jrem fürgeben glaubte/vnd der Disputation nit beigewohnet/darfür halten möchte/D. Grynæus hette durchauß die zwinglische Caluinische
Lehr auffs best verthedigt vnd erhalten/vnnd die je-
nigen/so sich darwider gesetzt/vberwunden/vnd were also ein freie vnpartheiische Disputation/ohn allen vortheil/allein der Warheit zu gutem/gehalten
worden / da doch die Sachen vil anderst sich im
Werck befunden.

Derohalben ist für ein vnuermeidenliche notturfft geachtet worden/daß mit gutem Grund/lau-
ter vnd einfeltig/in diser Historien erzöhlet wurde/
was beides in Verenderung der Religion / vnd gehaltener Disputation zu Heidelberg fürgeloffen:
Niemand zwar zu leid/sond der Warheit zu gutem/
damit selbige gerettet/vnd nit vndergetruckt: Auch

reine

reine trewhertzige Kirchendiener / mit vngrund / nit
vor der Chriftenheit vnbillicher weiß in den Verdacht gesetzt / als solten sie vnbescheidenheit vnd frid-
hässiges wesens halben / von jren beuohlnen Diensten vnd Emptern verstossen worden sein : vnnd als
were in der Churfürlichen Pfaltz nicht verenderung
der Religion / sonder allein der Personen fürgenommen wordē. Dañ ein Chrift (sonderlich ein Kirchendiener) ift schuldig / sein Ehr vnd guten leumbt zuretten / damit er der Kirchen mit nutzen dienen möge.

Es würdt sich aber in diser warhafftigē erzöhlūg
vñ Relation / aller zu Heidelberg fürgeloffner handlungen / souil befinden / dz die Caluinische Predicanten in jrem vermeindten Bericht / die Warheit in vilen fürnemen Sachen vnd Händeln / mehr dann ein
Ackerláng beseits gesetzt / vnd nach jrem gefallen geschriben / was sie vermeint / das zu jrem glimpff vnd
vndertruckung der Warheit / auch verkleinerung vn
schuldiger Personen dienstlich sein möchte : Wie sich
solches alles / von einem Puncten zum andern / in diser Schrifft befinden würdt. Vnnd nach dem sich die
Caluinische Predicanten vnd Scribenten (wie auch
ihr Patriarch Zwinglius) seid anfang dises ftrits /
offentlicher Vnwarheiten (deren sie vberzeugt werden mögen) geschembt / sonder derselben vil wider
jr eigen Gewissen zureden vnd zuschreiben nicht ge-
scheuhet: so were es ja grosse zeit / daß die Kirch Got-

tes die Augen wol auffthete/vnd die Caluinische vñ
Zwinglische Lehrer wol erkennen/vnd sich vor jhnen
fleissig zuhüten lehrnete : Als die das Kennzeichen
haben/des Geists/der ein Lügner ist.Vnd wer hier-
bey nit erkennen wil/ daß sie vom Satan/dem Vat- Joan.8.
ter der Lugen/geritten vnnd getriben werden/ (der
auch ein Mordgeist ist) der muß freilich eintweder
kein Verstandt haben / oder aber mutwillig vom
Satan sich wöllen blenden/ vñ ins verderben Leibs
vnd der Seelen führen lassen.

Dieweil auch die Heidelb. Caluinische Theologi/
in jrer Schrifft/vnser reine Christliche Lehr/von dem
H. Nachtmal/ vnd von der Person Christi/vilseltig
angegriffen/vnd jrem Gebrauch nach/ verkert vnd
calumnijert/ist in disem Gegenbericht an seinen or-
ten/von Blat zu Blat/ein satte/vnnd vnwidertreib-
liche Antwort einuerleibt gewesen. Weil vnd aber
selbige dise Schrifft sehr hette verlengert/vnnd der
Leser dardurch were von der Historien vnnd Conti-
nuation derselben/mit etwas verdruß/durch solche
Disputationes abgeführt worden/ Zu dem auch dieselbige Caluinische Calumnien alle nichts newes
mit sich bringen/ das nit hieuor offt/ sonderlich aber
in der Würtembergischen Theologen jüngsten außführlichen Schrifft / wider die Bremische Caluini-
sten/nach aller notturfft vnnd zum überfluß widerlegt: Ist für rahtsam angesehen worden/daß solche
                                                    Dispu-

Disputationes auß disen historischen erzåhlungen/
herauß gezogen/vnd zu einer andern gelegenheit gespart werden: Da sie dann also bar bey der Hand/
vnd jederzeit (da es für ein notturfft geachtet)in den
Truck verfertigt werden mögen.

Wölte derowegen ein fromer Christ/der von der
Heidelbergischen verloffnen Verenderung der Reli-
gion/ gern ein gewissen Grund hette/disen warhafftigen Bericht mit fleiß lesen/vñ der Sachen bey gut-
hertzigen warhafftigen Leuten nachfragen:so würdt
er befinden/mit was vngrund die Caluinische Heidelbergische Predicanten/ die Verwüstung der Kirchen vñ Schulen/in der Churfürstlichen Pfaltz/mit
falschen Fårblin angestrichen/vnd meniglichen mit
irem erdichten fürgeben/in offentlichen vnd Land/ja
Reichskündigen Sachen/zublenden vnderstehen.
Der HEr: Jesus Christus/der zur Gerechtē seines
himlischen Vatters in vnendtlichem Gewalt sitzet/
vñ der Ertzhirt seiner geliebten Kirchen ist/wölle sich
seiner armen Schåfflin / wölche jetz seind als ein
Herd ohne getrewe Hirten / gnådig erbarmen/ den
eingeschlichnen Wölffen wöhren / vñ an derselbigen
statt getrewe Hirten geben/ zu seines heiligen Na-
mens Ehr/vnd viler tausent Seelen Heil vnnd ewiger Seligkeit/Amen/rc.

Es ist

ES ist nechst vergangene Herbstmeß des abgeloffenen vier vnd achtzigsten Jars/ abermal ein Teutsche / Heydelbergische Schrifft / durch Mattheum Harnisch getruckt / außgegangen / wölcher Titul also lautet: Warhaffter Bericht von der vorgenomenen Verbesserung in Kirchen vñ Schulen der Churfürstlichen Pfaltz / vmd nechst zu Heidelberg gehaltener Disputation / von dem heiligen Abendmal/ic. Vnnd ob schon die Dichter diser Schrifft jre Namen darunder nit verzeichnet / darauß man gewiß wissen möchte/ob es von Theologis oder Politicis gestelt worden/ so ist doch auß dem stylo derselbigen/ vnd auß allerhand Vmbständen/ leichtlich abzunemen / daß die Gegenwarnung/ so die vorige Fastenmeß vnder dem Namen etlicher vnreiner Prediger zu Heidelberg publiciert worden/vnnd diser jetzlgewarhaffte Bericht/einerley authores haben/nämlich/Tossanum/vñ andere seine Consorten/ so mit diser Sachen verwickelt.

Zwar/ so verrahten sie sich selber in diser jhrer Schrifft mit jhrem marginali/ wölches sie litera C. num. 17. gesetzt/an wölchem Ort sie vom Senior Raht handlen/wölches also lautet: Der Gegentheil will in keinem Raht mit vns sitzen.

Dann dieweil vns geurlaubten Predigern niemals von Politischen Rähten zugemuttet worden/ bey jhnen in jhrem Raht zusitzen (wie sich dann solches auch nit gebürt/vñ wir dasselbig niemals begert) sonder vns nur allein aufferlegt worden/ mit Caluinischen Predigern im Senior Raht zusitzen/ bey wölchen wir doch nicht im Senior Rahe sitzen haben wöllen/ dessen sich dann die Dichter diser Schrifft mit jhrem marginali beklagen:

A

klagen: So folgt je hierauß/daß die Dichter diſer Schrifft/vnd die jenigen/bey wölchen wir nicht im Senior Raht haben ſitzen wöllen/ einerley/ nämlich/ die Caluiniſche Heidelbergiſche Prediger ſeien.

Wiewol nu diſen Gegenwarnern vnreinen Predigern vnnd Berichtsgebern/auff den meheſten Theil deren beſchwerlichen Puncten/ die ſie vns geurlaubten Theologen vnd Predigern aufflegen/ durch die Abfertigung D. Oſiandri gnugſamlich geantwortet worden: Jedoch/dieweil in diſem Bericht der Heidelbergiſchen vnreinen gegenwarner/vnnd vnwarhafften Berichtsgeber/vil newer vnerfindtlichen Aufflagen/ damit ſie vns beſchweren/ auff die Ban gebracht werden: Iſt es für ein Notturfft geacht/ auch auff dieſelbige zuantworten/ vnſere Vnſchuldt dardurch zuretten/vnnd die gründtliche Warheit zuberichten/ damit alle guthertzige/vnnd der Warheit liebende Chriſten/den rechten Grund (wie es mit der vorgenomenen ſchädlichen Deformation der Kirchen vnd Schulen in Churfürſtlicher Pfaltz geſchaffen) haben mögen.

Es ſoll aber diſes mit ſolcher Ordnung geſchehen/daß wie wir alle vnd jede vngegründte Aufflagen/ damit vnſer Perſonen vnd Eehr/ von vnſerm Gegentheil in vorgemelter Schrifft beſchweret worden/ vermittelſt Göttlicher Hülff vnnd Gnaden/ mit Grund in diſer Schrifft ableinen wöllen/ alſo ſolle auch die warhaffte Hiſtorien aller fürnemmer Sachen vnd Händel/ ſo ſich mit vns in wehrender Religions Enderung/ von des froſſen Gottſeligen Churfürſten/ Herrn Ludwigen/ Pfaltzgraffen/hochſeligſter Gedechtnus/ſeligen Abſterben an/ biß auff vnſere Beurlaubung begeben/ auff das trewlichſte/wie wir ſolches gegen Gott vnnd der Welt zuuerantworten getrawen/referiert vnd erzöhlt werden.

Vnd

Vnd erſtlich / damit ir böſe / faule / vñ verlegne keinnütze
Wahr / ſo ſie in diſer ihrer Schrifft feil haben / deſto verkauff-
licher würde / ſo ſtreichen ſie derſelbigen gleich im Titul ein ſehr
ſchöne Farb an / vnnd intitulieren ſolch ihr Büchlin alſo / daß ſie
es nennen einen warhafften Bericht / von der vorgenomenen Verbeſſerung / ꝛc.

Wie warhafftig aber diſer Theologen Bericht ſey / vnnd
wie trewlich ſie denſelben auß den Actis gezogen / das würde
ſich durchauß in diſer vnſer Schrifft lauter vnnd klar erfinden.
Vnd haben ſie ſich der Verbeſſerüg in Kirchen vñ Schulen /
gleich im Titul (wie auch hernach) nicht hoch zurhümen. Es
were dann / daß verbeſſern hieß / reine Kirchendiener außſtoſſen
vnnd verſagen: Wölff an derſelben Statt in den Schaaffſtal
Chriſti einführen: dardurch die Schäfflin der geſunden Weid
Göttlichs Worts / vnnd des hochwürdigen Sacraments des
Leibs vnd Bluts Chriſti beraubt / vnd alſo der Kirchgang vnnd
Beſuchung des heiligen Nachtmals wüſt gelegt würdt: Auß
wölchen ſo vilſeltigen vnd ſchädlichen Verenderungen der Religion / entlich in viler Menſchen Hertzen der Epicuriſmus vnd
Verachtung aller Religion enſtehet vnd erwächſt. So heißt
freilich auch diß nicht die Schulen verbeſſern: Wann durch
Abſchaffung reiner Theologen / vnd anderer Chriſtlicher / guthertziger vnd gelehrter Profeſſorn / die Studioſi von der hohen
Schul zu Heidelberg hinweg zuziehen / vnd ſelbige zuuerlaſſen /
höchlich verurſacht: die taugenliche / wol qualificierte / rechtgläu-
bige / vñ mit herrlichen ingenijs begabte gelehrte Stipendiaten
(deren ein guter theil allbereit gradum Magiſterij erlangt hatte) wie auch in der Particular Schulen gute ingenia / wölche
Landkinder geweſen / abgeſchaffen vñ andere frembde / Caluiniſche / vngelehrte / junge / vñ vbelqualificirte Perſonen / an der vorigen ſtatt geordnet werden. Haben derwegen die Heidelbergiſche

Theo-

Theologen die Kirchen vnnd Schulen in der Churfürstlichen
Pfaltz verbessert/wie ein Bock ein Garten pflantzet/oder ein
wilde Saw im Weinberg des HErrn (wie der Psalm klagt)
arbeitet. Wie solchs alles leider am tag ligt/vñ diser vnser warhafftiger Bericht mit sich bringen würdt. Bitten demnach den
Christlichen Leser/er wölle vns das ander Ohr vorbehalten/vnd
nach Ablesung der Heidelbergischen Theologen vnwarhafften
Berichts/auch den Grund der Warheit (zu seinem selbs eignen
Heil) anhören vnd vernemen.

Vnd zwar/thun die Heidelbergische Theologen gleich bald
in ihrer Schrifft. ein herrliche Prob/darauß abzunemen/wie
Num. 8. vnd 9. trewlich sie referirn vnd berichten/da sie sagen: Daß Hertzog Johann Casimir/bald nach Eintrettung in die
Churfürstliche Administration/vnsere Predigten
besucht/vnd solches so lang angetriben habe/biß wir
Prediger je lenger je hefftiger vnnd vngestümmer
worden/da habe allererst sein F. G. sich fürther derselbigen Predigten enthalten/vnd der jrigen ettliche
gen Heidelberg für sich erfordert/rc.

Ob Hertzog Jo- Darauff ist diß vnser beständige vnd warhafftige Antwort:
han Casimir der Da dise Berichtsgeber solches von vns Statpredigern ver-
genrlaudten Pre- standen wöllen haben/daß nämlich/Hertzog Johan Casimir/
diger Predigten vnser einen Predigt jemals besucht/dise gantze zeit vber/weil
besucht. ihre Fürstliche Gnad in der Churfürstlichen Administration
ist/so nimpt vns sehr wunder/wie so gar vnerschampt vnsere
Widersächer dise offentliche Vnwarheit in die gantze Christenheit außschreiben dörffen.   Wir beruffen vns diß fahls auff die
Kundtschafft vnnd Zeugnuß/aller/die zur selbigen zeit zu Heidelberg gewesen/sie seien gleich Freund oder Feind/ja auch auff
höchstgedachte Ihre F. G. selbs/die vns dessen gern Kundtschafft

schafft geben werden/ daß Jre F. G. ꝛc. in zeit werender Regie-
rung/ vnser keinen niemals hat hören predigen.

Wöllen sie dann solches von den Hoffpredigern verstanden
haben / so ist solches beweißlich / doch nach den zweien Churfürstlichen Leichtpredigten / so in offnem Truck seind/ Jhre
F. G. deroselben Predigten gar keine mehr besucht haben. So
haben Jre F. G. als dieselbige die Huldigung auff der Berg-
strassen eingenoßten/ gleichwol den damaln gewesnen Caplan
zu N. in einer Predigt gehört/ der aber in solcher Predigt so bescheiden gewesen / daß Jre F. G. ein besonder gnädiges Gefallen darab getragen. Da auch Jre F. G. vnsere Predigten
bißweilen besucht hetten / vnnd durch Tossanum/ vnd andere
seins gleichens nicht hievon weren abgehalten worden / so hetten ohne allen Zweiffel Jhre F. G. nimmermehr ein solche
grosse Vngnad auff vns geworffen / als also geschehen / da
man Jhre F. G. vil anders von vnsern gehaltenen Predigten
berichtet hat/ dann sie von vns geschehen vnd gehalten. Dann
da S. Paulus mit einer einigen Predigt / die er zu seiner Ver-   **Act. 26.**
antwortung wider die Gottlose Juden für dem König Agrip-
pa gethon/ gedachten König dahin bewegt vnd gebracht / daß er
jhm nicht allein nach angehörter Predigt / seiner Vnschuld
Kundtschafft gibt/ vnd gegen dem Landpfleger Festo sagt: Diser Mensch hett können loß gegeben werden/ wann er sich nicht
auff den Keiser beruffen hette/ sonder daß er auch offentlich gegen S. Paulo sich vernemen liesse: Es fehlete nicht vil (sprach
er) du vberredest mich/ daß ich ein Christ würde: Was solte wol
auch alsdenn geschehen sein / wenn Höchstgedachter Hertzog
Johann Casimir / vil vnsere Predigten (wie dise Berichtsgeber fürgeben dürffen) in der erste solte besucht vnnd gehört haben?

Solchem aber fürzukommen / haben sich die Caluinische
Prediger zu Heidelberg/ vnd andere jhre Consorten / solcher
Geschwin-

Geſchwindigkeit gebraucht / daß / wie die Arrianer zur zeit des
Keiſers Conſtantij / die Orthodoxos Doctores / bey gedachtem Keiſer ſo verhaßt gemacht / daß ſie gleichſam vor ihme ge-
ſtuncken haben / auch alle Steg vnnd Weg denſelbigen ver-
rennt / daß ſie ja für den Keiſer nit kommen möchten / auff daß ſie
hierdurch den Keiſer auff ihrer Seitten behielten. Alſo haben
auch diſe Berichtsgeber / vnnd andere Caluiniſche Practicanten zu Hoff / bey Höchſtgedachtem Hertzog Johann Caſimir /
durch ihre Lugen / Calumnien vnd Conuitien / vns dermaſſen
hinein gehawen / daß ja Ihre F. G. nicht vil Luſts gehabt / vnſere Predigten zubeſuchen vnd anzuhören / haben vns auch alle
Weg vnd Steg verrennet / daß vnſer keiner niemals allein für
Ire F. G. (wie ſolches ettlich mal verſucht worden) hat kommen können / damit ſie ja Höchſtgedachte Ihre F. G. auff
ihrer Seitten behalten möchten.

Num. 8. Es miſchen aber die Berichtsgeber bey ſolchen Lugen / da ſie
fürgeben / Höchſtgedachter Hertzog Johann Caſimir / hab ein
zimliche zeit vnſere Predigten beſucht / auch diſes mit ein / daß
ſie Doctoris Petri Patientis, p. m. in Truck außgegangene
Gebettlin / eben gar hoch anziehen. Dieweil aber gedachter D.
Patiens, p. m. ſich ſchrifftlich ſo gnugſamlich gegen den Herrn
Hohen Rähten / bald nach publicierung ſolcher Gebettlin / verantwortet / daß man ſne damals darbey hat bleiben laſſen / vnd
wir / als ſeine Collegæ, diſe Gebettlin niemals offentlich auff
der Cantzel gebraucht (wie ſie denn auch zu diſem End nicht in
Truck verfertiget worden) So wöllen wir vns auch für vnſere Perſonen / mit weitläuffiger Verantwortung derſelbigen /
dißmals nicht auffhalten. Wie denn auch diſes der geurlaubt
Hoffprediger Paulus Schechſius (dann der ander ſeidhero
mit todt verfahren / vnd ſeliglich in Chriſto entſchlaffen) wol
zuuerantworten wiſſen würdt / daß die Berichtsgeber auff ihn
vnd ſeinen Vettern ſeligen ſtecken / daß ſie in gehaltenen Leich-
predig-

predigten / Höchstgedachts Hertzog Johann Casimirs nicht
gedacht haben.

Wir zwar/ für vnser Personen/ gestehen gern/ daß wir in
vnsern Predigten/ die bald auff des Churfürsten seligster Gedächtnus Todt erfolgt/ Höchstgedachtes Hertzogen/ weder in
guttem noch in bösem gedacht haben / Wie wir denn auch dises nicht in Abred sein/ daß wir von dem zwölfften tag Octo-
bris/ Anno/ 1̃. achtzig drey/ daran der fromb Gottselig Churfürst seligster Gedächtnus / mit Todt verfahren / biß auff die
empfangene Huldigung / in vnsern gemeinen Gebetten Ihrer
Fürstlichen G. in specie nicht / sonder nur allein in genere/
da wir in gemein für das gantze Hauß der Pfaltz gebettet / gedacht haben.

Ob / vnd wie für
Hertzog Johann
Casimirn / in vn-
sern Kirchen ge-
betten worden.

Daß wir aber hieran nicht vnrecht gehandlet / ja daß wir
Ampts halber nicht anderst handlen haben können / das haben
wir abgeschaffte Prediger/ in einer sondern Schrifft / so wir zu
vnserer Verantwortung/ auff die grewliche Calumnien/ Conuitien / vnnd offenbare Vnwarheitten gestelt / mit denen vns
die vnreine / Heidelbergische Caluinische Prediger / in ihrer
Gegenwarnung beschwert / vnnd Ihrer F. G. in deroselben
Hand/ den 12. tag Junij vbergeben haben / so hieunden mit
litera B. signiert / weittläufftig vnnd dermassen verantwor-
tet / daß vns fürwar höchlich befrembdet / wie doch dise Leut so
vnuerschämbt sein dürffen / daß sie mit disen Sachen widerumb / vnnd auff ein newes dörffen herfür / vnnd auff die
Bahn kommen. Aber dieweil sie hiemit das Maul in ihrer
Gegenwarnung eben vbel zufallen / vnnd ohne allen Zweiffel
Höchstgedachter H. Hans Casimir/ auß vnserer den 12. Tag
Junij vbergebnen Schrifft / dannoch souil verstanden / daß
Ihrer F. G. Prediger / in ihrer Gegenwarnung/ vns dises
Punctens halber / vnbillicher weiß in der gantzen Christenheit
außgeschrien. Derwegen/ damit sie ja nicht gar vnrecht behal-
ten/

ten / so kommen sie hiemit in disem ihrem vnwarhafften Bericht / widerumb auff die Bahn / vnnd hencken disen Anhang
daran / daß sie schreiben : Vnd laßt sich daſſelbig nicht
also verantworten / wie ettliche es verstreichen wöllen / als wann sie sich zuvor eines Bescheids in der
Cantzley hetten müssen erholen / dann sie einmal
zum wenigsten für Ihre F. G. als für einen Pfaltzgrauen / haben sollen bitten / Item für einen Fürsten / der zur Rettung der gewünschten Freystel-
lung im Reich / Leib vñ Leben gewagt. Zu dem / inen
damals wol bewußt war / daß die gantze Cantzley /
vnnd die Statt Heidelberg / Ihrer F. G. als der
Pfaltz Administratori / vnd nunmehr ihrer Oberkeit gehuldet.

Es müssen / Christlicher lieber Leser / solche Berichtsgeber
eintweder nicht wissen / was sie diß fahls schreiben / oder müssen
ja mit dem Lugenteuffel gar besessen sein. Dann daß wir Prediger vns Bescheids / nach dem tödtlichen Abgang des frommen
Churfürsten / seligster Geddchtnus / wie es künfftig mit der Für-
bitt für die weltliche Oberkeit / solle gehalten werdi / in der Cantzley bey den H. Hohen Rähten vns erholet / ist solches von vns
nicht darumb geschehen / als ob wir nicht solten gewußt haben /
ob wir für die weltliche Oberkeit bittē sollen oder nit /
wie vns deſſen dise vnverschämbte Berichtsgeber gern bezüchtigen wolten / in dem sie vns das 22. vnd 29. cap. Jerem. vnd
das 2. cap. an Timoth. r. fürhalten / oder als ob wir auch solches zuvor nicht gethon hetten / (dann wir solches / vermög der
Christlichen Churfürstlichen Kirchenordnung / in allem vnserm gemeinen Gebeit / treivlich gethon) sonder weil wir nichc
gewußt

wußt haben/wie/wölcher gestalt vnd massen/ das weltlich Regiment hinfüro in der Churfürstlichen Pfaltz wurde be-
stellet/ vnd ob vermög des Churfürstlichen/ vñ von Keiſ. May.
confirmierten Teſtaments/die andern drey Herrn Contutores,
in der Regierung wurden admittiert/ oder außgeschlossen werden / als haben wir vns nur dessen wegen Bescheids in der
Cantzley erholen wöllen/ auff wölche gestalt vnnd weiß/
des Haupts in der Churfürstlichen Pfaltz/im gemeinen Gebett
hinfüro zugedencken seie/ damit wir nicht mit vnserm præiudicio jemand fürgriffen / vnd den Sachen eintweder zuuil oder
zuwenig theten. Iſt nu hierinnen mit anstellung der Weiß vnd
Form der Fürbitt/ für die weltliche Oberkeit/im gemeinen Gebett etwas peeciert worden/ so iſt ja nicht vns Predigern daſſelbig zu zumessen / sonder vilmehr der löblichen Churfürstlichen
Regierung / bey wölcher dazumal aller Gewalt in der Churfürstlichen Pfaltz/ allein gestanden/ zu zuschreiben / die ein solches wider solche Calumniatores wol würdt wissen zuuerantworten. Sonsten iſt ja Irer F. G. in allen gemeinen Gebetten
in genere gedacht worden/ da man nicht allein / vermög der
Churfürstlichen Kirchenordnung / für den Röm. Keiser/
alle König / Fürsten vnd Herrn / sonder auch insonderheit für
das gantze Hauß der Pfaltz (darunter ja auch Höchstgedachter Hertzog/als ein Pfaltzgraff/begriffen) nicht nur allein nach
des Churfürsten p. m. Todt/ sonder auch bey Ihrer Churf.
G. Lebzeitten gebetten hat. Allein daß man Höchstgedachten
Hertzog Johann Casimir / im gemeinen Gebett/ ehe vnd dann
Ihre F. G. die Huldigung eingenommen/ nicht mit Namen
genennet/ vnd jne nicht als einen Administratorem intitulirt
hat/ wölches vns für vns selbsten zuthun/ auß vorgesetzter Vr-
sach/ in keinen weg gezimbt noch gebüret hat.

So hat man auch / so bald Höchstgedachte Ire F. G. den
Zug in das Biſtumb Cölln fürgenommen/in allen Kirchen der

B   Chur-

Churfürst. Pfaltz/in alle Gebetten/Gott angeruffen/er wölle
disen Kriegszug also regieren / daß dardurch sein H. Wort
weitter außgebreittet/ vnd das Reich seines Sohns Christi er-
weittert werde: Bey wölchem wir vns abermal auff alle vnsere
Zuhörer/Freund vñ Feind/wöllen referirt vnd gezogen haben.

Wie wir vns denn auch in disem Fahl/auff das Zeugnus aller vnserer Zuhörer/ja auch auff diser vnwarhaffter Berichtsgeber Gewissen selbs wölle referiert habe/daß/so bald Höchstgedachtem Hertzog Johann Casimir/die Huldigüg in der Cantz-
ley/von den Rähten/vñ auff dem Tantzhaus von der löblichen
Burgerschafft zu Heidelberg geschehen/so bald haben wir auch
Höchstgedachten Irer F. G. als der Churfürstlichen Pfaltz
Administratoris/eben auff solche weiß/wie sie vns in der Cantzley fürgeschriben worden/in allen gemeinen Gebetten gedacht.

Wie dürffen dann dise Berichtsgeber so gifftig mit disen
worten auff vns stechen/daß sie schreiben: Es sölten die geurlaubte Prediger/ auch ohne erholtes Bescheids
in der Cantzley/für Hertzog Joh. Casimirn gebetten
haben/dieweil inen damals/schreiben sie/wol bewußt
war / daß die gantze Cantzley vnnd die Statt Hei-
delberg/Irer F. G. als der Pfaltz Administratori/
vnd nunmehr irer Oberkeit/gehuldet.

Wer solche wort vnsers Gegentheils/ohne vnsern warhafftigen Bericht liset/der muß gedencken/wir haben auch nach ein-
genossiener Huldigung / für den Hertzogen/als der Churfürstlichen Pfaltz Administratorn/nicht bitten wöllen / wölches ein
offenbare Statt vnnd landkündige Vnwarheit ist / dessen sie
auch in irem Hertzen vberzeuget sein. Darumb wer mit solchen
Leutten zuthun haben muß/ der hat täglich mit Dauid auß dem
140. Psalm. zubetten: Errette mich Herr von den bösen Menschen / behütte mich für den fräffeln Leutten / Die böses gedencken

Num. 9.

cken in ihrem Hertzen/ vnd täglich Krieg erregen. Sie schärpf=
fen ire Zung wie ein Schlange/ Otterngifft ist vnder iren Lip=
pen/ Sela. Vnd soll billich der Christliche Leser auch auß disem
einigen Stuck (als gleich zum Anfang) bey sich schliessen/ was
vnnd wieuil disen vnwarhafften Berichtsgebern zuglauben/
wölche das erste Stuck / dauon sie handlen / mit so groben Ell=
gen durchspicken dürffen.

Ein gleichmässige Vnwarheit ist auch dises/ dz sie in gleich
nachfolgenden worten also schreiben: Man weißt aber sehr Num. 9.
wol / warauff sie gewartet/ vnnd wie hold dieselbige
Herrn Ihrer F. G. gewesen / was sie auch für seine
Gespräch daruon vnder einander gehalten. Dann
auff was wolten doch wir arme/ vnd gleichsam von der gantzen
Welt verlaßne Prediger gewartet haben/ als allein auff vnsers
lieben Gottes Hülff/ vnd auff seinen gnädigen vnd Allmächti=
gen Schutz vnd Schirm? Es hat vns ja die Not vnd Gefahr/
die wir vor Augen gesehen/ ja darinnen wir gesteckt/ wol gelehrt/
vns aller menschlicher Hülff zuuerzeihen/ vnd mit dem König=
lichen Propheten Dauid auß dem 130. Psalm. zusprechen: Ich
harre des HERRN/ Meine Seele harret/ vnd ich hoffe auff
sein Wort. Meine Seele wartet auff den HERRN/ von ei=
ner Morgenwach biß zur andern. Israel hoffe auff den
HERRN/ dann bey dem HERRN ist die Gnade / vnd
vil Erlösung bey jm.

Ob wir auch Höchstgedachtem Hertzog Johann Casimir
feind oder hold in vnserm Hertzē gewesen/ das würdt niemands
besser wissen dann der jenige/ der allein / vnd einig ein Hertzen=
kündiger ist/ dem wir auch solches heimstellen. Das können wir
für vnsere Personen/ mit höchster Warheit bezeugen/ daß wir in
zeit werender Churfürstlicher Administration/ stettigs für Ihre
F. G. in vnserm Gebett/ in vnsern Häusern Gott angeruffen/

er wölle

er wölle Ire F. G. die Augen auffthun vnd erleuchten / daß sie
die Warheit in solchem Streit erkenne / befürdere vñ fortpflan-
ize / vnd sonsten auch glücklich vnd wol regiere.

Was auch vnsere Gesprech vnder einander / von Höchstgedachtem Hertzog Johann Casimirn gewesen / werden die jenigen / so solchem Gespräch zugehört / hievon zuzeugē wissen / daß
wir nämlich Höchstgedachter Ihrer F. G. in allen Ehren gedacht / vnd alle vnsere Gespräch / so hievon gehalten worden /
dahin gegangen / daß wir Höchstgedachten Hertzog Johann
Casimirn / für einen frommen / gnädigen vñ freundtlichen Herrn /
ja für einen rechten Pfaltzgrauen halten / der vnsers erachtens /
die Sach mit der Religion (souil Ire F. G. verstehn) gut meine / mit dessen F. G. wol naher zukommen / wann nur allein
die böse gifftige Schlangen / mit jrem Otterngifft / wider vns
arme Prediger / Ire F. G. nicht also verhetzten / wie wir solches
zu vilmalen im Werck gespüret / vnd also befunden haben. Vnd
souil von disem Puncten / das Gebett für H. Johann Casimirn
betreffend / vnd was demselbigen anhängig. Dann was die
Num. 9. Berichtsgeber ferner melden / von ettlichen vnbesunne-
nen Predigern / die sich rund vernemen lassen / sie
hetten vber jhr Hertz nicht bringen kömen / daß sie
jemals für Ihre F. G. außtruckenlichen betten solten / hetten auch auff der Rähten außgangenen
Befelch / bißher für Ire F. G. mit Namen nicht bitten wöllen / gedächten auch solches nicht zuthun /
geht vns ein solches im wenigsten nicht an / dessen vns dise Berichtsgeber selbs werden müssen Kundschafft geben. Wöllen
solches die jenigen verantworten lassen / so hieran schuldig sein
möchten / wann es anderst nicht ein Caluinische Warheit ist /
was sie hie fürgeben / dann man nicht schuldig ist alles zuglau-
ben / was dise vngetrewe Referenten fürbringen.

Auff

Auff ſolches kommen nu jetzunder die Berichtsgeber / mit ihrer Narration auff die Einnemung der Kirchen zum heiligen Geiſt : bey wölcher diſes der Chriſtliche Leſer erſtlich wol bedencken wöll / daß ſolche Berichtsgeber / diſe jhre Narration mit einer greiſflichen vnnd groben Vnwarheit anfahen / mit wölchem ſie dann abermaln an den tag geben / was auff jhr gantze Narration zuhalten / in dem ſie ſchreiben: Daß wir Kirchendiener von den fürnembſten vnſerer Meinung (dann ſie vnſere Chriſtliche Religion nur für eine Opinion / Wohn vnnd Meinung halten) zugethonen Rähten / inſonderheit den 13. Nouemb. mit allerhand Errinnerung vnnd Commination / zu aller fridfertiger vnnd Chriſtlicher Beſcheidenheit adhortiert vnnd vermanet worden / die wir doch / deſſen vngeachtet / je lenger je hefftiger vnnd vngeſtimmer worden / ꝛc. Dann wir für vnſere Perſonen / wiſſen von dergleichen Erinnerung vnd Commination / ſo von den fürnembſten vnſerer waren Chriſtlichen Confeſſion zugethonen Rähten / beſchehen ſein ſolle / gar nichts / vnd mögen der jenigen Herrn Räht vnſerer Confeſſion (deren doch auff gemelten 13. Nouembris mehr eiche / dann drey Perſonen im hohen Raht geſeſſen) Bericht hierüber leiden / die köſen mit Warheit vns deſſen Kundtſchafft geben / daß ſie gedachter Sachen wegen / kein ſonderbare Handlung nie mit vns geyflogen.

Aber man muß diſen Caluiniſchen Narratoribus ettwas jugut halten / dann ſie des liegens ſo gar gewohnet / daß es jnen gar ſaur würdt / wann ſie einmal ein Warheit ſagen oder ſchreiben ſollen.

Es geben die Berichtsgeber ferner für / daß ein gute anzahl der Burgerſchafft / ſampt vilen Rähten vnd

B iij   Die

Dienern vnderthänig angesucht vnd gebetten/ daß
ihnen ein Kirch eingeraumbt/ vnnd solche Prediger
verordnet wurden/ wie dieselbige bey lebzeitten wei-
lund Pfaltzgraff Friderichs Churfürsten/ des drit-
te/löblichster Gedechtnus gewesen/ wölche die reine
Lehr nicht auß menschlichen Schrifften/ sonder auß
dem lauttern Wort Gottes holeten/ in Betrach-
tung/ daß solche Kirchendiener/ der Augspurgischen
Confession/ in dem rechten Euangelischen Verstand
zugethon weren/ vnnd on Grund vnnd vnuerhört/
durch Trib ettlicher vnrühiger Prediger/ die sich
selbs einpracticiert haben/ nach absterben S. Churfürstlichen G. abgeschafft worden.

Dieweil fast alle Wort diser Narration voller Lugen vnd
Giffts stecken/ also will es auch die Notturfft erfordern/ dieselbige wol zu examinieren. Es berichten aber dise Narratores ihrem Brauch nach/ in disem ettwas zumilt/ daß sie melden/ es habe ein gutte anzahl der Burgerschafft vmb ein eigne Kirch vnd
Caluinische Prediger vnderthänig suppliciert vnnd gebetten/
Dann ja solches vnldugbar/ daß nach vnserer der fünff Lutherischen Stattprediger beurlaubung/ vber die fünffhundert von
der löblichen Burgerschafft zu Heidelberg/ den 30. Iulij vmb
das exercitium publicum vnser Christlichen Religion/ bey
höchstgedachtem Hertzog Johann Casimir vnderthänig neben
den Professoribus Vniuersitatis supplicando gebetten/ wölches suppliciren sie hernacher gegen dem End Augusti widerholet haben. Wölche 500. Lutherische Burger/ so sie beseits ge-
stelt/ vnd darneben auch der ander Hauff der jenigen betrachtet
würdt/ die durch solche vilfältige Religions Verenderung dahin

hin zrahlen / daß sie sich der Religionsstrit nit hoch annemen:
so wirdt freilich ein sehr geringe Anzahl der Heidelbergischen
Burgerschafft vbereintzig bleiben / von denen doch dise Berichtsgeber falschlich rühmen / daß jhrer ein gute Anzahl
gewesen.

So ist auch dises beweißlich / daß vil / auch auß denen Burgern / die man für Caluinisch helt / wann sie von vnsers Glaubensgenossen seind zu red gestelt worden / ob sie auch mit suppliciert haben / solches stracks verneint / vnnd jhre Verneinung
hoch bethewret haben. Die Räht betreffend / können auch derselbigen damals souil nicht gewesen sein / die zu solchem suppli-
cieren geholffen. Dann es bey denen / die der Churfürstlichen
Cantzley Gelegenheit wissen / gewiß vnd vnläugbar / daß dazumal / wann man auch schon fleissige Nachrechnung halten solte / nicht vber sechtzehen Personen in der Cantzley zufinden gewesen / die mit dem Caluinismo behafftet. So können sich auch
dise Narratores nicht mit Grund der Warheit rühmen / daß
vil Churfürstlicher Pfaltzgräuischer Diener zu solchem sup-
plicieren Raht vnnd That gegeben: Dann deren zur selbigen
zeit gar wenig / zu Hoff vnd in der Statt / Caluinisch gewesen /
vnd könten dieselbige alle gar woll / wo es vonnötten were / mit
Namen genennt werden.

Daß aber die Narratores von den Supplicanten mel-
en / sie haben angesucht vmb solche Prediger / wölche die reine
hr nit auß menschlichen Schrifften / sondern auß dem laut-
n Wort Gottes holen / vnd die der Augspurgischen Confes-
n in dem rechten Euangelischen Verstandt seien (dardurch
ann die Caluinische Prediger verstehen) würde sich solches
Bort will / noch auß diser Schrifft finden / ob wir oder vnse-
Widersächer die jenigen seien / die jhr Lehr nicht auß den
schlichen Schrifften / sonder auß dem lautern Wort Gottes

ees holen / vnd der Augspurgischen Confession / in dem rechten
Euangelischen Verstand seien. Vnnd damit sie als freche ver-
leimbder / ja niemands verschonen / so beschmützen sie auch den
frommen Gottseligen Churfürsten p. m. dessen Lob doch nimmermehr / weil die Welt stehen soll / verlesehen vnnd auffhören
würdt / vnd schreiben von jme / daß Ihre Churfürstliche G. bey
der Christlichen Reformation / Anno / 2c. 76. vnnd 77. gehalten /
solche Caluinische Prediger vñ Grund vnnd vnnerhöret
abgeschaffen. Das heißt ja in der Warheit die Herrschafften
verachten / vnnd die Maiestätten löstern / für wölchen Gesellen
alle Christen durch den heiligen Apostel Judam / in seiner Epistel trewlich verwarnet werden.

Vnd dieweil solches eben seltzam / auch in jren eignen Ohren klingen will / so wolten sie gern solche Verachtung der Herrschafft / vnd Lösterung der Maiestätten auff andere Leut / nämlich / zum theil auff die Supplicanten (denen wir doch ein solches
nicht zutrawen können) trehen / daß / nämlich / dieselbige solches
in jhrer Supplication fürgebracht haben / zum theil aber auff
ettliche vnrhüwige Prediger / die sich selbs einpracticiert / durch
wölcher Trib solches geschehen sey.

Es stechen die Narratores als gifftige Ottern / hiemit auff
die Churfürstliche Reformatores vnnd Kirchen Räht / wölche
dazumal der Christlichen Reformation beygewohnet / vñ schreiben jhnen dise zwo Vntugenden zu / daß sie nämlich / vnrhüwige Leut sein / die sich auch selbs einpracticiert haben sollen : die sie
doch billich als Gottselige ehrliche Männer / vnnd trewe Diener des Herrn Christi / weil sie nu alle / allein Doctorem Zimmerman außgenommen / in dem HErrn entschlaffen / vnnd in
der ewigen Ruhe seind / solten ruhen / vnnd in ihrer seligen Ruh
mit solchen vnerfindlichen Aufflagen vnbelästiget lassen.

Dann ja jrer keiner nicht sich selbsten in sein officium ein-
practi-

ieiert/ſonder legitimè von Gott/durch den froīñen Gott-
n Churfürſten p.m. zu ſolchem officio/auch ohn jhr Sinn
Bedancken vociert vnd geordnet/ vnd von jren Herꝛſchaff-
ahin deputiert / bewilligt vnnd geſandt worden/ wie deſſen
heil die literæ vocationis/ zum theil auch hohe Fürſtliche/
ſſliche / vnd andere fürneme Perſonen/ gnugſame Kundt-
ft vnd Zeugnuß geben können.

Es ſeie aber diſen vnwarhafften Berichtsgebern hiemit
Truꜩ gebotten / vnnd ſeien ſie ſo keck / daß ſie jhr Vocati-
ī der jeꜩigen Deformation alſo erweiſen/ wie wir die vn-
u vnſerer Chriſtlichen Reformation/ ſo Anno/ꝛc.76. vnnd
irgangen/durch Gottes Gnad erweiſen können. Aber da
ts denen Geſellen noch wol vmb ettlich Bawrenſchritt
n / vnnd würdt hiezwiſchen / biß ſie ſolches thun / noch vil
ſſers den Necker vnnd Rhein hinab lauffen. Sie müſſen
a diſes wider jhren Danck vnd Willen nachgeben/daß der
me Churfürſt/ Pfaltzgraff Ludwig p.m. als er in die Chur-
liche Regierung getretten/ der Churfürſtlichen Pfalz eini-
nd volmächtiger Herr vñ Landtsfürſt geweſen ſey/Durch
hes Chur. G. dieſelbige Reformatores legitimè/ wie zu-
gemeldet/ zu jrem officio/ ohn alle jre vorgehende/mitlauf-
r oder nachfolgende Practiken/ ſeind vociert vnd geordnet
en: In wölchem fall ſie mit gutem vñ frölichem Gewiſſen
ungſten Gericht vor dem Richterſtul Chriſti erſcheinen
en/Rechenſchafft zugeben/beides jrer Vocation/vnd dann
ihrer Verrichtung jres officij.

rgegē aber/ſo iſt es nunmehꝛ Reichskündig/dz/vermög des
fürſt. vnd von Key. May. als von der höchſten Obrigkeit/
-mierten Teſtaments/neben Hertzog Johann Caſimirn/
drey andere Fürſten des Reichs / zu Contutorn geordnet
n/on wölcher Vorwiſſen vnnd guter Bewilligung/weder
anus / noch ſeine Geſellen/ Stibelius vnnd Widebram/
= jrem Gryneo vñ Sohnio /jrer Heidelbergiſchen Voca-

C   tion

tion gewiß sein können / sie vertrehen gleich solches / wie sie jm̄-
mer wöllen: Sonder sein dessen in jrem Hertzen vberzeugt / vnd
müssen auch alle verstendige Christen von jhnen judicieren vnd
schliessen/daß sie eben solche Gesellen seien / wider wölche Gott
Jerem.23. der HERR Jerem.23. cap. gantz ernstlich vnnd erschröcklich
prediget: Sihe/spricht er/es würdt ein Wetter des HERRN
mit Grimm kom̄en/ vnd ein schröcklich Vngewitter den Gottlosen auff den Kopff fallen/ vnd des HErrn Zorn würdt nicht
nachlassen/biß er thue vnd außrichte/was er im Sinne hat/her-
nach werdet irs woll erfahren. Ich sandte die Propheten nicht/
noch lieffen sie/ich redet nicht zu jhnen/noch weissagten sie.

Wie nu gedachte Churfürstliche Reformatores jhrer Vo-
catiō (Gott lob) gewiß/ da hergegen dise vnwarhaffte Berichtsgeber / jhrer Vocation auß angezeigter Vrsach vngewiß seind:
Also kan man auch auff jene kein Vnruh beweisen/ die sie in
Verrichtung jhres officij angerichtet hetten/von wölchem niemands besser/ dann die jenigen/ so stettig zu Heidelberg bey vnd
vmb sie gewesen/werden zuzeugen wissen.

Was für vnrühige Practikanten aber Tossanus vnd seine
Gesellen seind/das weiset nit nur allein auß die jetzige jämerliche
vnd erbärmliche Zerstörung vn̄ Verwüstung der Kirchen vnd
Schulen in Churfürstlicher Pfaltz / so durch sie fürgenommen
würdt/vnd fürgeht/sonder es bezeugen auch solches andere jhre
löbliche Thatten/die sie in andern Landen/ehe vnnd dann sie in
die Churfürstliche Pfaltz kommen/ begangen/deren sie sich ja
nicht vil zurühmen haben.

Es fahren aber die Narratores in jhrer Narration fort/
Num.11. vn̄ melden: Nachdem hochgedachter Hertzog Johan
Casimir / den 29. vnnd 30. Nouemb. Anno/83. mit
vns Theologen vnd Predigern wegen der Einnemmung der Kirchen zum H. Geist handlen lassen/da
haben

en wir vns mit grossem angemaßtem ernst vnd
nen Worten in jhrer F. G. Gegenwart / ver-
en lassen/jhr Lehr were dem Nestorianismo/vnd
ern vralten Ketzereien nahe verwant / wölches
auß den Schrifften Bezæ vnnd Danæi ad ocu-
demonstrieren vnnd beweisen wöllen / können
halben nicht weniger thun in den streittigen Ar-
in/ als die Thesin vnd Antithesin , das ist/vnse-
ehr/ vnd die Gegenlehr/ auff der Cantzel zutra-
en vnd anzuzeigen/ja auch ad Hypothesin/das
auff die Personen selbst/ vnnd ettwan die zuneii-
so solchen Jrrthumben zugethon weren. Hacte-
verba Narratorum.

Damit aber der Christliche Leser von diser gantzen Hand-
die Einnemmung der Kirchen zum H. Geist betreffend/
rechten außführlichen Bericht haben möchte/ wöllen wir
Historiam/wie dieselbige bona fide colligiert worden/ins-
en vnd erzöhlen.

Am 28. tag Nouemb. gegen Abend / ließ Her-
Johann Casimir Pfaltzgraff/ der Churfürstlichen Pfaltz
inistrator/ alle Stattprediger zu Heidelberg/ auff mor-
nb 8. Vhr/ vor Jhrer F. G. in der Cantzley zuerscheinen
ern. Derhalben gemelte Kirchendiener morgens nach-
der Predigt/vnnd auff gehabte Vnderred/zu bestimbter
chinen/nämlich / D. Timotheus Kirchnerus, D. Vuil-
us Zimmerman, D. Iacobus Schopperus, M. Diony-
hem, Philippus Felsinius, Conradus Lautenbach, vnd
nes Schadius. D. Petrus Patiens, sage damals zu Mör-
Landaw/am Podagra kranck. D. Christophorus E-
Casimirischer Cantzler/ redet die gegenwürtige Prediger

Historia solcher
Einnemung.

C ij   in

in beysein Hertzog Johann Casimiri selbsten/ vnd seiner F. G
Beysitzender hohen Rähte/ auff volgende Meinung an.

Der Durchleuchtige Hochgeborne Fürst/ Hertzog Johann
Casimir/ Pfaltzgraff/ der Churfürstlichen Pfaltz Vormund vnd
Administrator/ könne vns den Kirchendienern vnuerhalten
nicht lassen/ daß bald in Eintrettung Ihrer F. G. Regierung/
ein grosser theil der Burgerschafft/ sampt ettlichen fürnemmen
Rähten vnd Dienern/ Ihr F. G. ein Supplication vbergeben/
vnd darinnen vnderthänig begert/ Ihr F. G. wolten jhnen das
Exercitium Religionis / wie die zu seines Herrn Vatters
Pfaltzgraff Friderichen Churfürst/ hochlöblichster Gedechtnus zeitten in Vbung gewesen/ gnädig verstatten/ vñ jnen darzu ein Kirch einraumen/ Es het wol Ihr F. G. Herr Vatter
Pfaltzgraff Friderich/ Churfürste/ hochlöblichster Gedecht-
nus/ die Kirchen in der Pfaltz/ nach inhalt der Augspurgischen
Confession bestelt/ als aber sein Churfürstliche G. mit Tod ab-
gangen/ vnd Ihr F. G. Herr Bruder/ Pfaltzgraff Ludwig/ zu
der Churfürstlichen Regierung kommen/ seien die Kirchendiener gleichwol vnuerhörter sachen entsetzet/ beurlaubt/ vnnd auß
der Churfürstlichen Pfaltz vertriben worden: Wölches Ihr
F. G. hefftig zuwider gewesen/ hetten auch freundtlich darfür
gebetten/ aber damals nichts erhalten können. Doch haben sich
Ihre Chur. vnnd F. G. endtlich eins brüderlichen Vertrags
verglichen/ daß jhren keiner solten vnnd wölten sitzen in dem
Raht/ da wider die Augspurgische Confession/ den Franckfur-
tischen vnnd Naumburgischen Abschid/ geredt oder gehandlet
würde/ vnnd sich die Kirchendiener zu beiden theilen alles con-
demnierens/ lösterns vnnd schmähens enthalten solten / aber
dem sey auch nicht nachgesetzt worden/ sonder der Churfürstlichen Pfaltz Kirchendiener/ haben on vnderlaß/ beides schrifftlich vnd mündtlich den Gegentheil condemniert/ gelöstert vnnd
geschmächt/ jhme verhaßte Namen geben/ sie Sacramentierer/

Zwinglia-

Zwinglianer vnd Caluinisten genennet/ vnd also durch offentliche Predigten vnd Schrifften/ ein jämerliche Zerrüttung angerichtet. So seie auch newlich ein Gebett allhie gestelt worden/
darinnen Ihr F. G. allerdings vmbgangen/ vnd allein eines
kleinen Würtzelins gedacht worden/ wölches alles Ihr F. G.
zu höchster Verkleinerung gereiche. Dieweil sich denn Ihr
F. G. nicht allein der andern/ sonder auch der ersten Tafel Cu-
stodem erkennen/ seie sie nicht vbel geneigt/ den supplicieren-
den auff ihr Bitt zu willfahren/ jhnen die Kirch zum H. Geist
einzugeben/ vnd Prediger/ so schon bey handen/ zuuerordnen/
die dem H. Gottes Wort/ der Augspurgischen Confession/
vnd seines Herrn Vatters/ Pfaltzgraff Friderichen/ Churf.
Christseligster Gedächtnus/ Kirchenordnung gemeß lehren
sollen/ vnd jnen also das Exercitium der Religion zuuerstat-
ten/ die nicht allein sein Herr Vatter in der Pfaltz angerichtet/
sondern auch die Kirchen in Schweitz/ Engelland/ Schott-
land/ Franckreich/ Polen/ Sibenbürgen/ Vngern/ Nider-
land/ Italien/ vnd fast in gantz Europa/ vnd sonderlich die
fürnemsten vnd berühmbtesten Theologen in Teutschland/
angenommen vnd bekennet/ wölche auch Ihr F. G. mit dar-
setzung Leibs/ Ehr/ Guts vnd Bluts/ Landen vnd Leutten/
in Franckreich vnnd Niderland fortgepflantzet/ vnd zimliche
gute Rhu geschaffet. Derhalben seiner F. G. begern an vns/
wir wöllen hinfür der Kirchen zum Geist oberstehn/ dieselbige
Ihrer F. G. Kirchendienern einraumen/ in mittels möchten wir
in den vberigen dreien Kirchen/ zu den Barfüssern/ zu S. Pe-
tern/ vnd im Spittal/ vnsern Gottesdienst verrichten. Vnd wie
Ihre F. G. Jren Kirchendienern befohlen/ sich aller Bescheidenheit in ihren Predigten zugebrauchen/ vnnd sich aller Calumnien zuenthalten/ also wölle Ihr F. G. vns auch ernstlich
aufferlegt vnd befohlen haben/ daß wir vns alles schendens/
schmähens vnd condemnirens, dardurch nichts guts außge-

C iij   richtet/

richtet / sonder die Gemütter je lenger je mehr abalieniert vnd
verbittert werden/ enthalten/ fridlich vnd freundtlich neben einander leben/ einander dulden/ vnd kennen lernen/ vnd da ettwa
Zwitracht vnd Mißuerstand in dem predigen/ vnd sonsten für-
fallen solte/ dasselbig nicht gleich auff die Cantzel/ vnd für die
gemeine Layen bringen/ sonder vil mehr einander selbs darunder ansprechen vnd hören / vnd einander recht lernen verstehn.
Es wöllen Ihre F. G. auch auff ein freundtlich vnnd Christlich Gespräch bedacht sein/ ob man villeicht einander besser
verstehn/ vnd alle Zwitracht/ der gebür nach/ hinlegen vnd vergleichen möchte.

Hierauff begerten wir Kirchendiener einen Abtritt/ vnnd
kurtzen Bedacht / vns vnder einander von solchen hohen vnnd
wichtigen Sachen / daran vns vnnd der Kirchen vil gelegen/
zuunderreden/ vnd Ire F. G. vnuerzügenlich zubeantworten/
wölches vns auch erlaubt worden. Es zeigt vns aber bald darauff M. Philippus Gayselbach / des Hoffs vnd Ehegerichts
Secretarius/ an/ wir möchten jetzundt heimziehen/ vnnd nach
Mittag vmb ein Vhr wider erscheinen. Wölches wir auch ge-
thon/ vnd nicht anderst gemeint/ dann es geschehe solches mit
Vorwissen/ vnnd auß Befelch des Hertzogen/ wölcher doch
nichts vmb vnser weggehn gewußt/ sonder vnserer Antwort
lang vber die zeit gewartet/ biß er erfahren/ daß wir schon zu
Hauß gegangen/ wie wir hernach berichtet worden.

Wir/ die Theologi vnd Kirchendiener aber/ vnderredten
vnd verglichen vns noch vor essens/ in Conrad Lauttenbachs
Diensthauß/ was Ihren F. G. für ein Antwort zugeben/ vnd
batten einmüttig D. Timoth. Kirchnerum / von vnser aller
wegen/ den Fürtrag zuthon/ so wölten wir jedesmals auch/ was
vonnötten/ Erinnerung thun/ vnd vnsern Consensum offentlich bezeugen/ so offt ers begeren würde/ damit jme kein sonderlicher Vngunst/ für andern/ daher erwachsen möchte.

Mar-

Nach Mittag erſchinen wir ſamenthafft / wider zu beſtimb-
ter zeit in der Cantzley / vnd als wir vmb zwey Vhren fürkom-
men / entſchuldigten wir vns zuforderſt / daß wir vor Mittag
per errorem zu Hauß gegangen / vnnd vermeinet / es hetten
Ihre F. G. das befohlen / zeigten auch an / daß M. Philippus
Gayſelbach / das in Ihrer F. G. Namen verkündiget hette /
hatten gleichsfahls vns nicht zuuerargen / wa wir / als in der
Cantzley / vnd für Fürſten vnd Herren zureden / vngewohnete
Leut / in den Titteln verfehlen vnd verſtoſſen ſolten / vnd ſagten nach widerholung der Fürſtlichen Propoſition / wir vermercken den gantzen heuttigen Fürtrag / auff diſen dreien
Puncten beruhen: Nämlich daß an vns begert werde / die Kirchen zum H. Geiſt zuvbergeben / vnd Ihr F. G. Kirchendienern einzuraumen / wölche der Augſpurgiſchen Confeſſion ſolten zugethon ſein.   1.

Fürs ander / daß wir vns hinfüro in den dreien vbrigen Kir-   2.
chen / in vnſerm predigen / aller Calumnien vnd Condemna-
tion / vnd ſonderlich der verhaften Namen / der Sacramenti-
rer / Zwinglianer vnd Caluiniſten / enthalten ſolten.

Vnd letſtlich / daß Ihr F. G. ſich erbietten / ein freundt-   3.
lich vnd Chriſtlich Colloquium anzurichten / vnd darinnen /
wa möglich / die Sachen zuuergleichen.

Batten Ihr F. G. wolten vns vber diſen Puncten gnädiglich hören / vnd es im beſten verſtehn / daß wir vnſere meinung gut rund / vnd vnuerſchlagen / wie wir es in vnſerm Gewiſſen befinden / anzeigten / als trewen Kirchendienern gebürete / Dann wir gedächten Ihre F. G. nicht mit verſchlage-
nen worten hinder das Liecht zuführen / vnd vergeblich auffzuhalten / ſonder richtig zu zugehn / vnd zubekennen / was vns
vnſer eigen Hertz vberzeugete / damit Ihr F. G. wiſſen / was
ſie an vns haben / vnd was ſie ſich zu vns zuuerſehen.

Was

Was dann nun die Hauptsach an ir selber betreffe / da Ihre F. G. vermelden lassen / daß sie ihre Prediger in der Kirchen zum H. Geist auffstellen wölle / vnd derhalben vns mandieren lasse / auß derselben Kirchen zuweichen / vnd vns an den andern dreien Kirchen / zu S. Petern / zu den Barfüssern / vñ im Spital / zubenügen lassen / vnd den Gottesdienst darinn zu üben / hören wir dasselbig gar vngern / vnd mit betrübten Hertzen / können vnd wissen auch solch begeren / grosser vnd wichtiger Vrsach halber / keines wegs mit vnserm Jawort einzuwilligen.

Dann erstlich können wir solches nicht einwilligen / von deß wegen / daß vns vnsere Specialvocationes im wege stünden / in wölchen wir namhafftig auff die Kirchen zum H. Geist bestellet vnd angewisen / deßgleichen auch sonderlich mit Iuramentis vnd obligationibus darzu verpflichtet / wölches alles wir nicht also hindan setzen könten oder solten / sonder halten / daß wir schuldig sein / darbey zuuerharren / vnd vns daruon nicht abweisen zulassen. Dann legitima vocatio je ein groß ding. Weil wir dann wissen / daß wir legitimè / vnnd also von Gott durch vnsern gnädigsten Churfürsten vnd Herrn / Christmiltester Gedächtnus vociert / wölchen Beruff wir auch für Gottes Beruff achten / auff vnd angenommen / hofften wir / es würde vns Ihr F. G. nicht verdencken / daß wir darüber steiff vnd fest hielten.

Zum andern / besorgten wir vns / vnd das nicht ohne wichtige Vrsachen / daß solche Einraumung der Kirchen zum H. Geist / in der Gemeine Gottes allhie / vil beschwerlicher Händel vnd Sachen erzegen möchte / vnd daß eben durch solch medium / vil grössere distractiones animorum erfolgen wurden / als zuuor je geweßt / wölches die zeit leider / vnd das Werck an jme selbsten / mehr als es gut ist / außweisen würde. Vnd wolte Gott (ich rede jetz / sprach D. Kirchnerus / für mein Person) daß ich daran ein falscher Prophet were / besorg aber es werde vil

de vil mehr war werden / als man jetzo dencken könne / dann es
sihet diser Handel / vnd das fürnemen gar weit auß. Daß wir
nun mit vbergebung der Kirchen / für vnser Person / hierzu solten Anlaß geben / solle vns Gott vor behütten / wir wissens
auch weder gegen Gott / oder seiner Kirchen / noch in vnserm
Gewissen zuuerantworten / beten vmb Gottes willen / Ihre
F. G. wöllen doch dises alles in Gottes Forcht wol bedencken /
ehe was fürgenommen vnd angestellet wurde.

Demnach auch heut im Vortrag angezeigt / als wurden
Ihre F. G. daher verursacht / die Kirchen zum H. Geist /
für sich vnnd die ihren einzunemen / daß derselben vil / vnd in
grosser Anzahl darumb suppliciert / können hierauff Ihrer
F. G. wir vnderthänig hinwider nicht bergen / daß wir auß
den Kirchenbüchern vnd Registern / in wölchen die Communicanten mit Namen verzeichnet / so vil nachrichtung hetten / daß der mehrertheils der Bürgerschafft bey vns commu-
niciert / wie dann auch die Professores in Academia, Studios-
sen / vnd fast alle Vniuersitatis Verwandten. Darauß leicht
zuersehen / daß / wann man von vilheit der Personen disputieren solte / daß deren vil mehr auff vnser Seitten weren / als deren auff der andern. Derwegen wir abermals vnderthänig /
vnnd vmb Gottes willen bitten / vns bey der Kirchen zum H.
Geist bleiben zulassen.

Fürs vierdte / könten wir auch derhalben die Kirch zum H.
Geist nicht so hin vbergeben / daß biß anhero fast der gantze
Gottesdienst in derselben verrichtet / mit predigen auff die
Sonn vnd Feirtag / vnnd in der Wochen mit täglichen Frü
vnd Abendgebetten / mit tauffen / mit Einsegnung Braut vnd
Breuttigams / vnd was dergleichen mehr / wölches alles müßte
mutiert werden / wa fern wir gemelte Kirchen begeben / vnd
vns in andere Kirchen solten weisen lassen. Nun wurde solche
subita mutatio / nicht ohne grosse Ergernus der gantzen Ge-

D   mein /

mein/ vnd Zerrüttung der Gewiſſen/ zergehn/ wie leichtlich zuermeſſen/ da freilich nicht mit zuſcherzen were/ Vnnd das auch diſer Vrſach wegen/ daß ein andere vnnd widerwertige Religion/ hinfürter in derſelben ſolte geübt werden.

Fürs fünffte/ hetten wir auch für vns das Exemplum S. Ambroſij/ Biſchoffs zu Mayland/ apud Theodoretum/ wölcher der Keiſerin auff jhr begeren/ die Kirchen zu Mayland nicht einraumen/ vnd andern widerwertigen Lehrern vbergeben wöllen/ ſondern ſich ehe wöllen in der Kirchen tödten laſſen/ dann den befohlenen Schaffſtall andern in die Hand liffern/ wölches vns nicht wenig zu Hertzen gienge/ **vnnd es** darfür hielten/ daß wir dißfahls billich in S. Ambroſij Fußſtapffen tretten/ vnnd bey der vns anbefolhenen Kirchen zum H. Geiſt/ beſtendig bleiben vnd verharren ſolten/ als wir dann auch in Gottes Namen zuthon entſchloſſen weren.

Auß oberzelten Vrſachen/ könten wir mit gutem Gewiſſen in die Einraumung der Kirchen zum H. Geiſt nicht willigen/ Wüßten vns aber darneben zubeſcheiden/ daß Ihre F. G. da ſie von Ihrem Propoſito/ mit vnſerm vnderthänigen bitten vnd flehen nicht abzubringen/ wol könten jhrer Macht gebrauchen/ vnd die Kirch zum H. Geiſt einnemen/ wölches wir auch müſten geſchehen laſſen/ aber mit vnſerm Jawort vnnd Conſens köndten wir das nicht billichen/ wöllens auch nicht billichen/ vnd auff den fahl/ daß Ire F. G. die Kirch einnemen wurden/ wolten wirs alles in Irer F. G. Gewiſſen heimgeſchoben haben/ beides gegen Gott am jüngſten Gericht/ vnd bey der Chriſtenheit hie auff Erden zuuerantworten.

Daß aber Ihrer F. G. Theologen/ der Augſpurgiſchen Confeſſion zugethon/ vnd derſelbigen gemeß lehren ſolten/ da ſagen wir Nein zu/ vnd wiſſen daß die Sach vil anderſt geſchaffen/ beruffen vns auch hierinn auff jhr eigene Zeugnus. Es ſeie ja nun mehr offentlich/ was die Schweitzer/ Frantzoſen

vnd

vnd andere Völcker/ von wölchen Anmeldung geschehen/ von
der Augspurgischen Confession halten/ vnnd were vns nicht
schwer/ auß jhren eignen Bekantnussen vnd Schrifften zuer-
weisen/ wie spöttlich vnnd verächtlich sie von der Augspurgischen Confession halten/ reden vnd schreiben.

Die Newstättischen erzehlen allein in jhrer außgangenen
Admonition/ 9. Vrsachen/ warumb nicht hoch auff sie/ die
Augspurg. Confession zuhalten. Beza hab sie auff dem Colloquio Possiaceno in Franckreich/ nicht annemen oder vn-
derschreiben wöllen. Caluinus schreibe/ die Augsp. Confession
seie eben die Fackel/ dardurch gantz Franckreich verbrennen
werde. Haben derhalben mit grosser Verwunderung angehört/
daß Jhrer F. G. Prediger/ die Augspurg. Confession/ in der
Kirchen zum H. Geist anrichten vnd predigen solten.

Wir wüsten von keiner Augsp. Confession/ dann die An-
no/ 2c. 30. Keiser Carolo vbergeben. Da nun Jhre F. G.
im fürhabens/ solche Lehrer zum H. Geist auffzustellen/ wölche die Augspurg. Confession rein predigten/ wüßten wir/ ohne
vngebürlichen Rhum zu melden/ daß wir die weren/ so bißher
derselben gemeß gelehrt. Derwegen es dann gar nicht von nö-
ten/ daß Jhre F. G. andere Prediger hiezu ordneten/ dieweil
wir das bißhero trewlich gethon/ vnd durch Gottes Gnad hinfürter auch trewlich zuthun vrpittig sein.

Daß man vns dann zum andern beschuldiget/ als solten wir
bißher auff der Cantzel mündtlich/ vnnd sonst schrifftlich/ den
Gegentheil condemniert, calumniert/ gelöstert vnd geschen-
det/ sie Sacramentierer/ Zwinglianer/ Caluinisten/ vnd mit
andern verhaßten Namen genennet/ vnnd angetastet haben/
seie hierauff vnser vnderthänige Antwort/ wir seien vns keiner Calumnien bewußt. Das bekennen wir aber gern/ daß wir/
vermög vnsers Ampts/ wie alle andere offentliche Jrrthumb/
also auch den Caluinismum/ auß Gottes Wort gestrafft/

D ij   vnd

vnd vnsere Zuhörer darfür gewarnet haben. Ja wir seien auch
dessen geständig / daß wir zun zeitten / Caluinum , Bezam vnd
Danæum , mit Namen genennet / jhre Bücher auch / an wöl=
chem Blat sie diß oder jenes geschriben / angezogen / nicht daß
wir begerten / sie hiemit gefährlicher vnd boßhafftiger weiß zu
beschweren / sonder die Studiosos vnd andere Zuhörer zuuer=
ursachen / daß sie in den angezognen Büchern nachschlagen/
vnd spüren mögen / daß wir die Warheit von jnen reden. Wir
möchten leiden / daß der Gegentheil gleicherweis gegen vns
handlete / vñ das auß vnsern Büchern war machte / was sie vns
schuld geben. Ob wir dann wol auch die Namen / Sacramen=
tierer / Zwinglianer vnnd Caluinisten gebraucht / als die vnser
Christlichen Confession zuwider / haben wir vns doch in sol=
chem / aller vngebürlichen Titul vnd Vnnamen / vmb verhoff=
ter Besserung willen vnserer Zuhörer / wölche denselben zum
theil noch anhängig gewesen / wölle enthalten. Auch haben wir
nicht in allen Predigten / sonder allein wann es der Text geben/
vnd die Notturfft erfordert / die Sacramentierer genennet.

Daß wir sie aber in Schrifften solten gelöstert haben / ge=
stehn wir keines wegs / vnd können Ihrer F. G. vnangezeigt
nicht lassen / daß es vnlaugbar ist / daß derselben Ihrer F. G.
Theologen / vnd nicht wir / mit Schreiben den Anfang ge=
macht / ehe wir ein Feder angesetzet. Dann am hellen Tag/
daß zur Newenstatt nachbemelte Bücher publiciert / nämlich
die Trostschrifft Tossani, 2. wider D. Marbachium / 3. der
Wegweiser / 4. die Admonition / 5. der Anhäldischen
Schrifft wider der dreien weltlichen Churfürsten Theolo=
gen Bedencken / 6. Iohannis Sturmij ettliche Schrifften/
7. Vvolfij Historia Augsp. Confession / vnd dergleichen mehr.
Hie zwischen haben wir alles geduldet / biß auff gnädigsten Be=
felch der dreien weltlichen Churfürsten die Apologia verfas=
set / vnd hie zu Heidelberg / auff gnädigste Anordnung vnsers
gnädig=

gnädigsten Churfürsten vnnd Herrn/Christmiltester Gedecht=
nus/kaum für einem Jar publiciert worden/ in wölcher das
Concordi Buch wider ihre außgangene Schrifften verthädi=
get. Wie man dann vns zumessen dörffe/ als solten wir das
Wasser dem Wolff betrübet haben? Vns neme auch wun=
der/ warumb der Gegentheil sich so hoch beschwere/ daß wir
sie Zwingklaner vnnd Caluinisten nennen/ so sie doch des
Zuuinglij vnd Caluini Meinung vnnd Gründe führen vnnd
verthädigen? Ob sie sich dann irer Lehrmeister schämen? Wir
zwar mögen wol leiden/daß man vns Lutheraner nenne/ Dann
wir auch des Lutheri Meinung vnd Bekantnus (weil dieselbig
in Gottes Wort fest gegründet ist) führen vnnd belieben/ kön=
nen vns auch nicht nemen lassen/ daß wir sie nicht sollen nen=
nen/ oder jhre Lehr widerlegen/ wir wolten dann der Warheit
selbs abstehen/vnser Bekantnus verläugnen/ vnnd vnsere Kir=
chen dem Wolff in den Rachen lifern. Belangendt des H.
D. Patientis Gebett/habe er (D.Kirchnerus) zwar nichts dar=
uon gewust/ biß es getrucket worden/ es habe sich aber D. Pa=
tiens deßhalb beydes mündtlich vnd schrifftlich verantwortet/
daß zuuerhoffen/ Jhr F. G. werde nunmehr damit zufriden
sein. Wir werden aber gleichwol auch berichtet/daß Jr F.G.
Prediger einer auch ein solch Gebett gestellet habe/darinn vnse=
re Confession auch zimlich hart angezogen.

So vil dann den dritten Puncten/vnnd nämlich das für=
geschlagene Colloquium betreffe/ seie vns dasselbige gar nicht
zuwider/sonder wünschen von Hertzen/ daß ein solch Christlich
vnnd rechtmässig Gesprech möchte angestellet/vnnd dise ho=
he vnnd wichtige Sachen/ Christlich vnnd wol verglichen/
vnd hingelegt werden. Wir tragen ja vnserer Lehr vnnd Be=
kantnus kein schew/ sonder getrawen vnsere Lehr/ so wir bißher
offentlich geführt/ mit gutem Grund heiliger Schrifft zu er=
weisen. Wir haben ja bißher des Gegentheils Schrifften auch

durchlesen/vnd verstehen/warüber der Streit seie/wolten nicht
gern vnnöttig Gezänck erregen/befinden aber die Sach also
beschaffen/daß wir mit gutem Gewissen nicht wissen zu dem
Gegentheil zutretten / Es seie ihnen auch bißher mit gutem
Grund begegnet/vnnd jhre Meinung widerlegt worden/vnnd
können sie vns mit Warheit nicht schuldt geben/daß wir sie vnuerhörter Sach verdammen solten/sintemal wir sie in jren vilfältigen Schrifften gnugsam gehört. Können vns auch nicht
einbilden/daß sie jhrer Lehr noch andere Gründ haben/als sie
in offentlichen Schrifften fürbracht/solten sie aber andere/oder
newe Gründt haben/die sie bißher nicht auff die Bahn ge-
bracht/wöllen wir sie gern anhören/vnnd mit gebürlicher Bescheidenheit in dem Colloquio darauff antworten. So fern
dann Ihre F. G. je bedacht/ ein Colloquium der spennigen
Artickel halben anzustellen/darzu wir vns erbotten/vnd vnderthänig darumb wöllen gebetten haben/ so beten wir/Ihre F.
G. wöllen dise Sach nicht ab executione anfahen. Dann
solte Ihre F. G. vns auß der Kirchen zum H. Geist treiben/
vnd vnsere Confession hiemit/vnuerhörter Sach verdammen/
können wir nicht sehen/warzu man darnach eines Colloquij
bedürffen würde/ oder warzu dasselbige auch nutz sein möchte.
Darumb da es Ihren F. G. ernst were mit dem Colloquio/
were es billich/daß Ihre F. G. so lang mit der Einnemmung
der Kirchen zum H. Geist stillhielten / biß das Colloquium
Christlich vollendet/als dann würde es sich selbst geben/ was
dißfahls zuthun sein solte.

Beschließlich/beten wir/ Ire F. G. wolten es nicht in Vngnaden auffnemmen / daß wir vnsere Bekantnus vor derselb-
gen vngescheucht gethon/vnd also vnserm Gewissen gnug thun
müssen/sonder vnser Fürbringen gnädiglich bedencken/vnnd
sich in diser Sachen also erzeigen/wie wir Ihrer F. G. zu trawen.

Hierauff

Hierauff iſt vns befolhen worden abzütretten / vnnd haben vollendts biß in die Nacht / auff eine Antwort gewartet. Endlich hat vns der Protonotarius Regenſpürger angezeigt / wir ſollen dißmals zu Hauß gehen / vnnd vns Morgens widerumb hie in der Cantzley finden laſſen / auch die Predigt deſto früer anfahen / vnnd zeitlicher beſchlieſſen / damit wir zu halb neun da erſcheinen könten.

Als wir nun vns des andern Tags nach verrichter Predigt in der Cantzley verſamlet / hieß man vns ſamenthaffte hinauff gen Hoff gehen / da vns D. Ehem in beyſein Hertzog Johann Caſimiri Pfaltzgraffen / vnnd der hohen Räht / da auch Doctor Peutterich im fürſtlichen Gemach neben der Thür hinder vns ſaſſe / alſo angeredet:

Es hette der Entſchuldigung vnſers heimgehens halber nicht bedörfft / Ihre F. G. begeren niemand in Religion vnd Gewiſſens Sachen zuzvbereilen vnd zuzvbeſahren. Daß wir auch in vnſerer geſterigen Antwort anfänglich gebetten / Ihre F. G. wolten vns nicht verargen / ob wir derſelbigen ihre gebürliche Tittel nicht geben / dörffe es der Sorg nicht / Ihr F. G. fragen auch denſelbigen ſo hoch nit nach / ſonderlich in Religion Sachen. Es laſſe Ihr F. G. Ihr auch gefallen / daß wir nicht hinderm Berg halten / oder verſchlagner weiß gehandelt / ſonder vnſer Meinung rundt erklärt / wie dann auch Theologen gebüren wölle. Deßgleichen wölle auch Ihre F. G. rundt mit vns gehen / damit man einander recht verſtehen könne.

Die Hauptſach belangend / hetten wir recht verſtanden / dz der geſterige Fürtrag auff dreien Puncten beruhete.

Vnd erſtlich / hielten Ihre F. G. es darfür / wir hetten vns nicht ſo hoch zubeſchweren / (wie dann auch noch) wann gleich Ihre F. G. die Kirchen zum Geiſt für ſich vnnd Ihre Leut einnemen / ſonderlich / dieweil vns doch die vbrige drey Kirchen

gelaſſen

gelaſſen werden. Dann daß wir vnſer vocationes, obligationes vnnd iuramenta/ die vns zu der Kirchen zum Geiſt weiſen ſolten/fürwenden/ haltens Ihre F.G. darfür/ vnſere iuramenta gehen ja nicht auff Stein vnnd Holtz/ ſonder auff das
Miniſterium ſelbſt/ wölches auch in andern Kirchen verrichtet
werden möchte/ Da vns aber ja dieſelbige hindern ſolten/ hetten wir zugedencken/ daß ſie nunmehr/ mit Pfaltzgraff Ludwigen Churfürſt ſeligſter Gedechtnus/abſterben/expiriert/ vnnd
jhr Endtſchafft bekommen/ vnnd könten Ihre F.G. vns derſelbigen wol ledig zehlen/ vnnd mit ettlichen villeicht ein newe
Tractatiõ fürnemen/ ſonderlich dieweil der Kirchendiener eben
vil zu den vberigen Kirchen.

Es verſtehen auch Ire F.G.daß ettliche/ als D. Patiens
von Franckfort/ vnd andere von andern orten entlehnet ſeind/
daruon doch Ihr F.G.nicht gnugſamen Bericht hetten/ vnnd
der Sachen weitter nachfragen wolten: Dieſelben möchten widerumb zu ihren vorigen Dienſten tretten. Dann jhr F.G.
nicht geſinnet/ eine Kirch jrer ordenlichen Kirchendiener zube-
rauben. Datzu ettliche nit allein auff diſe/ ſonder auff andere
Kirchen beſtellet worden/ wie dann auch ettliche in der Vniuerſitet zu leſen hetten/ dem ſie außwarten möchten.

Daß man ſich dann einer Vnruh beſorg/ verſehen ſich
Ihre F.G.eines beſſern. Dann ſie Ihren Predigern befohlen/
alle Beſcheidenheit in den Predigten zugebrauchen/ deßgleichen ſollen auch wir thun. Es wölle auch Ihre F.G.den Burgern anzeigen vnd gebieten laſſen/ daß ſie fridlich vnd freundtlich bey einander wohnen/keiner den andern der Religion halben ſchänden vnnd ſchmähen: ſonder jeder die Kirch beſuchen/
vnd die Prediger hören/ wie jhn ſein Gewiſſen weiſet. Wann
dann das geſchehe/ wie Ihre F.G.auch darüber gedencken zu
halten/ſo könne ja leichtlich alle Vnruh vermitten bleiben.

Mit dem angezognen Exempel Ambroſij, habe es die Ge-
legen-

legenheit/ daß die Keiserin die begerte Kirch den Arrianern ein-
geben wöllen. Es wöllens aber Ihre F. G. nicht darfür hal-
ten/ als ob wir solch Exempel wider sie/ vnnd der Meinung an-
ziehen/ als solten sie oder jhre Kirchendiener Arrianer sein. Zu-
dem es auch bewust/ daß des H. Ambrosij arma (das ist/ seine
Wöhr vnd Waffen) gewesen/ preces & lachrymæ/ beten vnd
weinen/ vnd nicht brachium seculare/ oder der weltlich Schutz
vnd Gewalt.

Was dann zum andern/ de condemnationibus vnnd calumnijs gesagt worden/ lassens Ihre F. G. darbey beruhen/
wissen solche Calumnien vnnd Lösterung nicht zudulden/ vnnd
gedencken dieselben beiderseits abzuschaffen. Man wende woll
für/ Ihre F. G. Theologen zu Newstatt häben den Anfang gemacht mit jhrem scharpffen schreiben/ ehe vnsers theils einige
Schrifft außgegangen/ man wisse aber gleichwol/ ob wir gleich
nichts auff vnser Seitten scribiert (das ist/ geschrieben) daß wir
dannoch proscribiert haben. Man habe eitliche von den Rähten vnnd Predigern auß der Churfürstlichen Pfaltz in das Ei-
lend verjagt/ derhalben vonnöten gewesen/ den betrübten
Christen ein Trostschrifft zustellen. D. Jacob Andreæ/ Sel-
neccer vnnd andere/ haben wider sie geschrieben: so haben sie ja
auch antworten/ vnnd Apologetica scripta dargegen stellen
müssen. Man trette ein Würmlin so lang/ biß es sich zuletst
krümmet/ vnnd möchten Ihre F. G. wol leiden/ daß einmal ein
Constantinus keme/ der solche Schrifften verbrennete/ vnnd
wolten sie jhres theils gern einen Stein auff dises alles legen.

Daß wir auch fürgewendet/ die Theologen zur Newenstatt/
halten nichts auff die Augspurgische Confession/ befinde sich
das Widerspil in jhren Schrifften/ vnd seie das Buch vorhan-
den/ vnd man könne es zeigen/ daß sie geschriben/ sie nemmen die
Augspurgische Confession in jhrem rechten Verstand an. Daß

E   man

man aber dises Buch für authenticum/ vnnd der H. Schrifft
gleich halten solle/ das könne man nicht thun. Dann ein mal
offenbar/ daß es in grosser Forcht vnd Gefahr geschriben vnnd
gestelt worden von den Euangelischen Ständen/ also daß
Landgraff Philips seliger Gedechtnus selber hievon gesagt/
wir haben vns auch also accommodieren müssen/ daß wir mit
gantzen Köpffen zum Thor widerumb hinauß kommen möch-
ten/ (hie sagt Hertzog Johann Casimir Pfaltzgraff D. Ehem
ettwas in ein Ohr/ darauff D. Ehem von dem Concordi
Buch ferner zureden/ wie er angefangen/ fortgefahren vnnd
sagt) daß das Concordi Buch nichts gutes außgericht vnnd
gebracht/ wie man jetzund im Werck spüre/ es were besser dahinden blieben. Item/ der König in Dennmarck/ hette das
vberschickte Concordi Buch ins Feur geworffen vnnd ver-
brandt. Der Hertzog in Braunschweig klage/ daß er mit dem
Concordi Buch betrogen worden. Sachsen vnd Brandenburg liessen es gantz vnnd gar fallen/ vnnd nemmen sich dessen
nicht mehr an. Mit dem Posſiaceno Colloquio seie es also geschaffen: Der Cardinal von Lothringen/ der habe einen
Conuentum zu Elsaszabern gehalten/ darzu auch Ihrer F.
G. Herr Vatter/ Pfaltzgraff Friderich/ Churfürst/ beschriben gewesen. Er habe aber den Betrug gemerckt/ vnnd nicht
erscheinen wöllen. Hertzog Christoff von Würtemberg seie
dahin kommen mit Iohanne Brentio/ wölcher ein gut Munus
dauon gebracht/ vnnd dahin gehandlet/ daß die Augspurgische Confession in gantz Franckreich solte angenommen wer-
den/ wölches der Cardinal allein zum Schein vnd betrüglicher
Weiß bewilliget/ vnnd jhme nie Ernst damit gewesen/ sonder er nur grössere Trennungen in den Frantzösischen Kirchen gesucht. Wie dann auch darauff eruolgt/ daß zu Pas-
sy die Christen in der Kirchen vberfallen/ vnnd jhrer vil jämmerlich vmbbracht. Da nun Hertzog Christoff von Würt-
temberg

temberg solches erfahren/ vnnd gesehen / daß er vom Cardinal
betrogen worden / habe er ihm solches durch ein Schreiben
verwisen / vnnd seie vorhabens gewesen / durch ein offentlich Außschreiben sich zuentschuldigen / vnd deßhalben Rahts
gepflegt bey Pfaltzgraff Friderichen Churfürsten / wie die
Schrifften noch in der Cantzley zufinden / aber der Churfürst
habe es ihme widerrahten / damit es ihm nicht zu mehrerm
Spott gereichen möchte. Gleichwol hette er hernach auff
dem Colloquio Possiaceno auff die Augspurgische Confession getrungen/ auff den List/daß er die Teutschen vnd Fran-
tzosen wider einander verhetzen möchte. Daher möge es wol
kommen sein / daß Caluinus die Augspurgische Confession
ein Jackel genennet / dardurch gantz Franckreich in die Esch
gerichtet werden möchte. Wölches nicht von der Augspurgischen Confession an ihr selber zuuersiehen / sonder von dem
List vnnd Betrug / den der Cardinal hiemit gesucht/ vnnd gern
ins Werck gerichtet hette.

Daß wir auch fürgebracht / da Ihre Fürstliche Gnad
Prediger der Augspurgischen Confession auffstellen wolten /
weren wir dieselbigen/ vnd solten von Ihr Fürstlichen Gnaden
bey der Kirchen zum Geist gelassen werden: haben wir Ihrer
Fürstlichen Gnaden Meinung nicht recht eingenoffen Dann
sie wöllen Prediger auffstellen / die nach Inhalt der Augspurgischen Confession / vnnd Ihrer Fürstlichen Gnaden Herrn
Vatters Kirchenordnung lehren solten. Darauff führet
D. Ehem weitläufftig ein auß den Historien von der Verenderung der Augspurgischen Confession / warumb sie geschehen / vnnd was auff den Tag zu Franckfurt geschlossen / deßgleichen auch was auff dem Tag zur Naumburg mit den
vngleichen Exemplarien der Augspurgischen Confession für-
geloffen/ wie Doctor Prück / wölcher hernacher geuiertheilet

E ij   wors

worden / ein Exemplar fürbracht / aber auch das rechte nicht
gewest / vnnd daß es demnach vil ein andere Gelegenheit mit der
Augspurgischen Confession hette / als die jenigen / so der Sachen
keinen Bericht vnd Wissenschafft / jhnen einbilden / beruff sich
auch auff ettliche hierzu gehörige Schreiben / so noch auff heuttigen tag in der Cantzley vorhanden / vnd wol könten fürgelegt
werden.

Die Thesin, Antithesin vnd Hypothesin belangend / re-
dete D. Chem so intricatè vnnd verwirret hieuon / daß wir es
nicht gnugsam verstehen können / wie ers gemeinet. Dann es
das ansehen hatte / als wolte er vns auch Thesin zupredigen
verbietten / vnnd schlosse doch nur auff die condemnationes /
schmähen vnd löstern / dessen wir vns in vnsern Predigten enthalten solten. Vnder anderm bracht er dises Exempel / wir
hetten jhuen bißher schuldt gegeben / daß sie lehrten / daß Christus ferner vom Abendtmal were / als der öberste Himmel von
der vndersten Erden / dise Thesis were nicht recht / man würde
vns auch dieselb nicht passieren lassen. Dann weder sie noch
Beza also gelehrt. Was die Entschuldigung D. Patientis anlangt / lassen sie dieselbige auff ihr selbs beruhen. Man wisse
sich aber gleichwol zuerrinnern / daß fürnemme Leut zu Speir /
hieruon schimpfflich / vnd Ihr F. G. ettwas verkleinerlich geredt / vnd wol verstanden / was damit gemeinet seie.

Den dritten Puncten / das Colloquium belangendt / ver-
stünden Ihre F. G. dasselbig nicht von einem generali vñ publico Colloquio / wölches Ihre F. G. wol gern sehen / vnnd mit
der zeit villeicht wol mit andern Chur vñ Fürsten daruon handlen wolten / sonder allein von einem solchen Priuat vnd freunde-
lichen Gesprech / darin wir Ihrer F. G. Prediger / vnnd sie vnsere Meinung gegenwertig anhören / vnd brüderlich vñ freund-
lich mit einander verglichen. Es wolten auch Ihre F. G. mit
vnser jedem insonderheit handlen.

Beschließ-

Beschließlich/ Ihre F. G. seien bedacht/ auff gehabten zeitlichen Raht/ den Supplicanten zu willfahren/ die Kirch zum
Geist einzunemen/ das Exercitium Religionis/ nach Ihrer F. G. Herrn Vatters Kirchenordnung zuuerstatten/ Prediger darzu verordnen/ vnd morgen den Anfang in dem Namen Gottes zumachen.

Als wir hierauff einen Bedacht/ vnd kurtzen Abtritt begert/
ward vns derselbig nicht allein gegönnet/ sonder auch bald hernach angezeigt/ wir möchten jetzund zu Hauß gehn/ vnnd vns
nach essens vmb ein Vhr widerumb einstellen/ solten wir ferrner gehört werden.

Also haben wir vns in D. Wilhelm Zimmermans Pfarr-
behausung/ kurtzlich mit einander vnderredet/ vnd wiewol wir
gespürt/ daß wir vns vergeblich vnderstehn wurden/ die Kirch
zum H. Geist zu erhalten/ dieweil es bey Hertzog Johann Ca-
simirn/ Pfaltzgraffen/ schon beschlossen/ vnd vns auß truckenlichen angezeigt/ dieselbige Iren Predigern einzuraumen/ haben wir vns doch einer Antwort verglichen/ vnnd abermals
D. Timoth. Kirchnerum erbetten/ dieselbige in vnser aller Namen fürzubringen/ mit dem erbietten/ daß vnser jeder/ sampt
vnd sonders/ bey allen Artickeln sich erklären wolte/ daß solches vnser aller meinung were.

Nach Mittag haben wir vns vmb ein Vhr wider zu Hoff
versamlet/ vnnd nachdem wir fürkommen/ hat D. Kirchner
auff folgende meinung/ vor Hertzog Johann Casimiro/ Pfaltz-
graffen/ vnd den Hohen Rähten/ (da abermaln Doctor Peuterich hinder der Thür gestanden) also geredet.

Wir hetten heut vor Mittag/ Ihr F. G. gnädige Resolution in vnderthänigkeit vernommen/ danckten derselben/ daß sie
vns abermalen gnädig Audientz geben. Daß nun Ihre F. G.
vnsere candidam & apertam declarationem/ in gnaden
vermerckt/ erfrewete vns/ vnd weren ferner bedacht/ vns vn-

E iij   derthä-

derthänig vnd aperte gegen Ihrer F. G. zuerklären / damit
Ihre F. G. wissen möchten/ was sie an vns hette / vnd weß sie
sich zu vns versehen solte.

Die Hauptsach betreffend / berhueten wir nochmals auff
vnserm vorigen vnderthänigen Einbringen / daß wir bona
conscientia / die Kirch zum H. Geist Ihrer F. G. Predigern
nicht köndten für vnser Person einraumen. Dann ob es wol
nicht ohne / daß wir an Holtz vnd Stein nicht gewisen / jedoch
stünden vns vnsere Vocationes / Bestallungen / Iuramenta
vnd Obligationes im weg / daß wir von vnserm Proposito
so hin nicht weichen köndten.

Die motus betreffend / stünden wir nochmals in nicht geringer Sorge/ wündschten aber/ daß es alles in der stille möchte
abgehn. Wir zwar/ für vnser Person/ gedächten nichts zu mo-
uieren / aber man sehe wie es in solchen oder dergleichen Sachen pflegte zu zugehn / Gott wölle alles mit Gnaden zum besten wenden/ darumb wir hertzlich bitten wolten.

Das Exempel Ambrosij belangend / hetten wir nicht in
eum finem, oder darumb angezogen / daß wir Ire F. G. des
Arianismi beschuldigten / sonder nur souil das genus (oder
in gemein) anlangte / daß Ambrosius seine Kirchen andern
widerwertigen Lehrern nicht einraumen wöllen. Ihrer F. G.
Theologos betreffend/ geben wir zwar jhnen nicht simpliciter
schuld / daß sie Arrianer weren / aber gleich sehr were vil dings
geschriben / wölches eben weit außsehe / vnnd da man daßselbig
verthädigen wolte / wurde man sich des Arianismi schwerlich
entschütten können. Sonderlich aber weren Danæi Schrifften / die er kurtz nach einander außgehn lassen / dermassen beschaffen / daß er solche Sachen darinnen tractierte , wölche
durchaus nicht köndten entschuldiget werden / vnd weren wir
vrbittig/ auß seinen Büchern dises darzuthun / daß er gar nahe
beim Arianismo were / waferin er das jenige verfechten wolte/

daß

das er in denselbigen seinen Büchern / offentlich in die gantze
Christenheit außgeschriben / als jme das auch hiebeuor von andern allbereit gewaltig demonstriert vnd dargethon.

Deß brachij secularis hetten wir vns niemals gebraucht/
wüßten vns (Gott lob) wol zubescheiden / daß solches keinem
Theologo anstünde. Auß vnserm Catechismo hetten wir
durch Gottes Gnad souil gestudiert / daß wir vns brachio se-
culari/oder der weltlichen Herrschafft nicht widersätzig machen
solten/sagten mit Polycarpo: Sic instituti sumus, vt Principi-
bus et Potestatibus,à Deo ordinatis,honorem,qui illis com-
petit,exhibeamus. Das ist: Wir haben souil gelernet/ daß wir
den Fürsten vnd Herrschafften / so von Gott geordnet / solche
Ehr die jhnen gebüret / beweisen vnnd erzeigen. Halten nichts
vberal von denen Theologis, so sich mit dem Schwert die ware Religion fortzupflantzen vnderstehn/(hie sahe D. Chem den
Hertzogen an) von Theologen reden wir/vnd nicht von weltlicher Herrschafft. Seind/gnädiger Fürst vnd Herr/in Warheit
also gesinnet/ daß / ehe wir des brachij secularis in disem jetzigen Zustand gebrauchen wolten/ ehe wolten wir / da E. F. G.
vns dasselbig aufferlegten / als bald auß derselben Fürstlichen Gemach zum Thor hinauß gehn / ja auch nicht zuuor
in vnsere Häuser gehn / oder sonst einigen Menschen anspra-
chen / damit es nicht das Ansehen gewünne/ als begerten wir
einige Vnrhu bey der Gemein anzurichten. Höher wüßten
wir vns dißfahls gegen Ihrer F. G. in vnderthänigkeit nicht
zuerbietten.

Dieweil aber Ihr F. G. vns durch derselben Herrn Cantzlern / haben gnädig anmelden lassen/ daß vnsere Dienstbestal-
lungen/ Vocationes,Iuramenta vnd Obligationes/durch den
Tode vnsers gnädigsten Churfürsten vnd Herrn / Christmiltester Gedächtnus / expiriert/ vnd Ire Endschaffe haben / vnd
stehe nunmehr bey Ihren F. G. ob sie vns in Diensten lenger
behal-

behalten wölten / weren auch gnädig bedacht / mit denen / so sie
behalten wolten / auffs new handlen zulassen / köndten wir darauß nicht anderst verstehn / als daß vns hiemit vnsere Diensten
gar auffgekündt / vnd wir gäntzlich dimittiert. Vnd wa dem
also / dürffte es durchauß mit vnsern Personen keiner fernern
Handlung / von den andern Kirchen / das Predigampt darinnen zuuersehen. Dann wa es bey Jren F. G. disen Verstand /
gedächten wir hinfurt keine Cantzel zubeschreitten / vnd keine
Predigten vberal zuthun. Dann nach solcher Ankündigung /
hetten wir kein Vocation mehr / ohne Vocation aber köndten
oder solten wir vns in Kirchensachen allhie nichts annassen /
wolten vns derwegen hiemit dahin vnderthänig erklärt haben /
daß / wa fern Jhre F. G. nicht de nouo mit vns handlen liessen / oder vnsere Vocationes bestettigten / daß wir nicht köndten
oder wißten hinfüro einigen Kirchendienst zuuerrichten / sintemal es hiesse: Currebant, & non mittebam eos , daran wir
nicht gern wolten schuldig werden.

Beten derwegen Jhre F. G. gantz vnderthänig / Jhre F.
G. sich hierauff gnädig gegen vns wolten vernemen lassen / damit wir wißten / waran wir recht oder vnrecht theten. Dann
vns leid sein solte / dißfahls wider Jhrer F. G. gnädigen Willen vnd Befelch / etwas zu attentieren. Da wir auch ferrner
predigen solten / beten wir nachmals Jhre F. G. vnderthänig /
vnd vmb Gottes willen / sie wöllen vns in der Kirchen zum H.
Geist bleiben lassen / oder da es ja nicht anderst sein köndte /
wöllen wirs alles in Jhrer F. G. Conscientz heimgeschoben
haben / am jüngsten Gericht / vnd vor der gantzen Christenheit
solches zuuerantworten.

Die Condemnationes antreffend / haben gegen Jhren F.
G. wir hiebeuor / vns vnderschidlich erklärt / vnnd stehn nochmals darauff / daß wir vns Antithesin vnnd Hypothesin /
durchauß nicht können niemen lassen / haben vnsers Fürhabens /

disen

diſen vnumbſtoßlichen Grund / was der H. Geiſt in ſeinem
Wort zuthun ernſtlich gebeut vnd beuilcht / das kan noch ſoll
kein Creatur / ſie ſey wie hoch ſie wölle/ verbietten / vnd da ſie
es gleich thete/ ſoll man doch dem H. Geiſt mehr gehorſamen
dann Menſchen. Nun hat der heilige Geiſt durch den Apoſtel
Tit. am 1. cap. ernſtlich gebotten / die Widerſprecher zuſtraf-
fen/ Item den Verführern das Maul zuſtopffen. Derwegen
kan noch ſoll kein Creatur daſſelbig verbietten / vnd ob es ge-
ſchehe/ ſeind wir zugehorſamen nicht ſchuldig. Können alſo
vns Antitheſin vnd Hypotheſin nicht nemen laſſen/ man heiſ-
ſe es gleich Condemnationes/ oder wie man wölle. Als wir
aber hiebeuor geſagt/ ſind wir noch des vnderthänigen erbiettens / gebürliche Beſcheidenheit in dem allem zugebrauchen/
alle odioſa Epitheta / oder verhaſſte Vnnamen außzulaſſen/
vnd nur res ipſas, mit anzeigung Buch vnnd Blatt/ wa diſer
oder jener ettwas geſchriben / in gemelten ſtrittigen Puncten/
ſo der Warheit nicht ehnlich iſt/ zutractieren. Hoffen/ Ire F.
G. werden vns darbey gnädig bleiben laſſen/ vnd weitter ja vns
nicht tringen.

Belangend/ das der Herr Cantzler vnder anderm fürbracht/
es geſchehe Bezæ vnd ſnen allen vngüttlich/ was die Theſin
anlangt/ daß ſie lehren ſoltē/ Chriſtus were im Abendtmal nicht
gegenwertig / ſonder weitter dauon abweſend/ als der öberſte
Himmel von der vnderſten Erden/ vnd daß Ihre F. G. nicht
dulden wölten / auff der Cantzel ſolche Theſin zuverwerffen/
darauff ſagten wir / daß wir ſolcher Propoſition Bezæ nicht
ſchuld geben/ ſondern diß geben wir jhme ſchuld/ daß er lehrete
de re Sacramentaria, vnd anderſwa pag. 198. Sicut enim ſci-
mus, quod nemo inficiatur, ſigna eſſe in terris & non alibi,
ita etiam ſtatuimus, rem ipſam, id eſt, Chriſtum ipſum, ſe-
cundum carnem, cœlis & non alio loco comprehendi. Et
pag. 199. Abeſſe igitur Chriſti corpus & ſanguinem à ſignis
F

tanto

tanto interuallo dicimus , quantum abeſt terra ab altiſsimis
cœlis. Das iſt Zugleich wie wir wiſſen/wölches auch niemand
leugnet/daß die Zeichen (des heiligen Abendmals) auff Erden
allein/vnnd ſonſten nirgent ſeien/ eben alſo halten wir es auch
gäntzlich darfür/daß die bezeichnete Gab/das iſt/ Chriſtus ſelbſten nach ſeinem Fleiſch/im Himmel allein/vnd ſonſten in keinem andern Ort begriffen ſeie. Vnd pag. 199. So ſagen wir
nun/ daß Chriſti Leib vnd Blut/alſo ferr vnd weit von den euſ-
ſerlichen Zeichen oder Elementen (des heiligen Abendmals)
ſeien/ ſo ferr vnnd weit die Erden von dem öberſten Himmel iſt.
Vnd diſe Propoſition halten wir ſimpliciter für falſch vnnd
vnrecht/ köndten ſie auch zuſtraffen/wann ſich Gelegenheit be-
gibt / nicht vnderlaſſen/ Dichteten jhm hierinnen nichts auff/
ſonder führtē ſeine eigne wort ein/die wir dañ auß Bezæ Buch/
Jren F. G. fürlaſen/vnd Jrer F. G. ſelbſt vnderthänig zu be-
ſchen/anboten/ Jre F. G. aber daſſelbige nicht zu ſich namen.

Es habe ſich auch das Gegentheil deſſen gar nit zubeſchwe-
ren/ daß wir die Namen Caluini, Bezæ, Danæi, &c. nennen/
vnd Buch vñ Blatt anzeigen/ dieweil ſie ſich nicht geſcheuwet/
jhre Sachen in offentlichen Truck zugeben/ vnnd der gantzen
Chriſtenheit fürzuſtellen/Warumb ſolte man auch nicht anzei-
gen/ in wölchem Buch ſie diſen oder einen andern Grund füh-
reten/dieweil ſie es offentlich in getruckten Schrifften bekennt/
müſten vnſerer Zuhörer Gelegenheit auch darinnen bedencken/
wölche offt fürgeben/ man legte dem Gegentheil mehr zu/ dann
er geſchriben/ Damit ſie nun nachſchlagen können / vnd eines
gegen dem andern erwegen/ zeigten wir Buch vnd Blatt an:
Köndten auch wol leiden/daß man mit vnſern Schrifften auch
alſo thete/ trügen vnſerer Sachen keinen ſchew.

Daß fürbracht/ als ſolten jrer F. G. Theologi/darzu gleich
genötiget ſein worden / daß ſie eitliche Schrifften in Truck
gegeben/ dann die andern hiezu einen Anfang gemacht/ ſonderlich

lich D. Iacob/ vnd D. Selneccerus/ darauff berichteten wir vn-
derthänig/ daß jetzo fürnämlich von vnsern Personen/ vnd was
wir gethon/ die Frag were/ vnd nit was andere gethon. Dann
in geschehener Proposition, weren wir für vnsere Personen
nominatim beschuldiget worden. D. Iacob vnd D. Selnecce-
rus/ köndten für sich selber antworten : Vns were in specie
schuldt geben/ vnd zugemessen worden/ als solten wir allhie dises orts/ den Anfang darzu gemacht haben/ da wir Nein zu sa-
gen/ dann wirs auch nicht gethon. Dann je die Schrifften alle/
so in der ersten Action meldung geschehen/ zu Newstat publiciert, ehe dann hie zu Heidelberg die Apologia außgangen.
Darumb vns vngültlich geschehe/ in dem vns zugemessen/ daß
wir die Newstättischen Theologos/ Apologetica scripta zu-
schreiben/ mit vnsern Schrifften solten verursacht haben.

Daß wir aber solten proscribiert haben/ proscribiert sag
ich/ (sprach Doctor Timotheus Kirchner) das ist zumal ein
hart wort/ dessen wissen wir vns für Gott vnschuldig. Ich/ für
mein Person/ (sagt D. Kirchner) were in das vierdte Jar hie/
so weren die andern anfangs der Reformation auch nicht alle
hie gewesen/ müsten dises mit Gedult verschmertzen/ geschehe
vns aber für Gott zuvil daran/ wüste man insonderheit ettwas
auff diser einen/ der jemands proscribiert hette/ oder darzu ge-
holffen/ möchte mans jhm frey herauß ins Angesicht sagen/
köndte er sich nicht entschuldigen/ möchte er darumb leiden.

Daß Ihrer F. G. Theologi zur Augspurg. Confession
sich solten bekennen/ wündschten wir von Hertzen/ daß es war
were/ jhr Buch Admonitio aber/ weiset vil ein anders auß.
Dann wie schimpfflich sie von der Augsp. Confession schrei-
ben/ wer darauß augenscheinlich/ sintemal sie 9. Vrsachen
einführten/ warumb von der Augspurg. Confession nicht vil
zuhalten sey. Als 1. daß es ein particular Bekantnus/ 2. im
Anfang der Reformation geschriben/ 3. von wenig Theolo-

gen/

gen. 4. in ell in der Herberg. 5. in grosser Forcht. 6. daß/ die
sie geschriben / hernach selbs geendert. 7. daß etliche ding
drinn stunden/ die wir selbs nicht billichten / als auff vtraque
specie. 8. daß sie vngleich verstanden in loco de persona
Christi, & S. Cœna. 9. daß mehr Kirchen sein/ wölche sich zu
der Newstdtter Confession bekennen / als zur Augspurg. Con-
fession/ vnd was dergleichen mehr. So weise auch das Werck
an jm selbs auß/ daß sie wider die Augspurgischen Confession/
wie sie Anno 7. 2c. 30. Keiser Carolo vbergeben. / offentlich
schreiben vnnd lehren / wölches gnugsam könne dargethon
werden.

Wir hielten Augustanam Confessionem Verbo Dei nicht
gleich/ sonder nemen sie an/ als ein Symbolum Ecclesiæ nostri
seculi, vnd ein Zeugen der Warheit / wüßten daß sie auß Gottes Wort genommen/ vnd Grund darinnen hette/ darumb wir
sie auch vns nicht wüßten erleiden zulassen / oder geringschätzig
zumachen / andere möchten dauon halten was sie wolten / wir
gedächten darbey zubleiben / vnnd mit den Theologen nichts
gemein zuhaben/ wölche sie also verkleinerten/ vnd schimpfflich
dauon schriben.

Landtgraff Phillipsen Red von der Augspurg. Confession/
wolten wir jetzo nicht disputieren : Nam de mortuis nihil nisi
bonum / theten für vns vnser Bekantnus von derselben / als
wir dessen in vnserm Gewissen vberzeugt.

Von Verenderung derselben/ wüßten wir (Gott lob) wol
zuberichten/ aber es köndte dißmals nicht alles außgeführt wer-
den/ wir bekennen vns zu der Confession/ wölche Anno. 2c. 30.
vbergeben / vnnd liessens die verantworten/ so die Enderung
fürgenommen.

Was auch auff dem Tag zu Franckfurt vnnd Naumburg
geschehen/ were vns nicht vnbekandt / wir berhueten bey vnser
geschehenen Erklärung / wüßten wol/ daß allerhand auff ge-
meltem

meltem tagen fürgeloffen/würde aber jetzo nicht alles können
richtig gemacht werden/Was wir von denselbigen Actionibus
hielten/were am tag. Glaubten wol/daß vil Schreiben in der
Cantzley hievon vorhanden/die vns aber nichts angiengen/wie
vns dann nicht gebüret/die Archiua Principum zu scrutiern/
darumb wir auch dauon nicht disputiern wöllen. Wir redeten
aber von den Sachen / so offentlich vnnd in Schrifften be-
kannt/gedachten in summa bey dem Exemplar zuuerharren/so
in libro Concordiæ getruckt stünde / darbey wirs vnsers theils
bewenden liessen.

Possiacenum Colloquium / vnnd anders/were vns auch
nicht vnbekannt: Liessen vns aber von vnsern Erklärungen nit
abtringen/känten Bezæ Sachen vnnd Wort sehr wol/müsch-
ten Cardinals böse Sachen nicht mit ein / sonder vmb Bezæ
Wort von der Augspurgischen Confession/vnd Caluini Rede/
wer es vns zuthun. Darauß klar/daß sie vnnd andere mit der
Augspurgischen Confession im Grund nicht hielten. Darumb
vmb sunst/ daß man sich vil darauff beruffen thet.

Das Christlich Concordi Buch betreffend/ daß es nichts
guts solte gebracht haben/wüßten wir Gott lob vil anders/wis-
sen vnd hielten/daß es vil guts angerichtet / vnnd die Gemütter
an einander zusamen gebunden: Wir achteten es für ein gutes vnd nutzliches Buch. Andere möchten dauon vrtheilen vnd
halten was sie wolten.

Daß der König von Dennmarck dasselbig verbrandte/lege
nicht Macht an. Dann were doch wol ja die Bibel selbst ver-
brendt worden/aber derhalben kein böses Buch worden / so were auch noch ein grosser Gerichtstag fürhanden/da er vnnd alle
grosse Potentaten absque respectu personarum ihres thuns
wirden müssen Rechenschafft geben/ daß es vil anders zuge-
hen würde / als leider jetzo geschehe/ da sichs auch alles mit einander finden würde.

F iij   Daß

Daß auch die hochlöbliche Churfürsten / Sachsen vnnd
Brandenburg/ vnnd der Hertzog zu Braunschweig/ solten das
Concordi Buch fallen lassen/ könten wir nimmermehr glau-
ben/wüßtens auch Gott lob vil anders/zusetzen aber/daß es war
were / gedechten wir doch nicht dauon abzuweichen / sonder be-
ständig durch Gottes Gnad/ biß an vnser End darbey zuuerharren. Dann wir nicht Menschen zugefallen oder Gunst zu
erlangen angenommen. Also/ daß deren vil mehr weren / so
sich zu jhrer Confession bekenten / nämlich / Schweitz / En-
gelland/ Schottland / als deren so sich zur Augspurgischen
Confession hielten/ stelten wir an seinen Ort. Antworten darauff mit Liberio apud Theodoretum lib. 2. cap. 16. Non
diminuitur solitudine mea verbum fidei: nam & olim tres
solùm inuenti fuere , qui edicto resisterent. Das ist : Es
würdt billich das Wort des Glaubens dardurch nit geschmä-
lert oder vernichtet/ daß ich allein mich an dasselbige halte / dieweil vor diser zeit auch jhrer nur drey seind gefunden worden/
die sich einem Königlichen Edict widersetzt haben. Jhre F. G.
wüßten wol/ daß das Argumentum à multitudine in rebus fidei nicht schliesse? Sonsten wurde der Papisten oder Türcken
Glaube gegründter sein/ als der Christen Glaub selbs / dieweil
jhr mehr als derselben.

Endtlich/ das Colloquium belangend / weren wir nochmals in aller Vnderthänigkeit darzu vrpüttig/ trügen vnserer
Sachen kein schew/ das Colloquium were publicum, solenne
oder priuatum/ wanns darzu keme/ würde sichs selbs geben/ wie
man sich darüber vergliche.

Schließlich/ beten wir nochmals/ Jhre F. G. wolte vns
bey der Kirch zum H. Geist bleiben lassen / oder es alles auff
Jhrer F. G. Gewissen nemmen. Dann wir Gewissens hal-
ben in die Einnemung derselbigen nicht könten bewilligen:
Jhre Fürstliche Gnad wolten vmb GOTtes willen alles in
Gna-

Gnaden von vns vermercken / dieweil es Gewissens Sachen/
in denen wir anderer gestalt vns nicht zu erklären wůsten.

Da aber solches je nicht zuerhalten: Sonder Ihre F. G.
auff Ihrem fürnemmen also hinauß zufahren gedechten/wol=
ten wir hiemit publicè, solenniter, forma optima, vnnd für
dem Angesicht GOTtes protestiert / auch gebetten haben/
dise vnsere Protestation zu protocolliern / daß wir mit vnserm
jawort/ bewilligung/ oder wie es möge genennet werden/ in die
Einnemmung der Kirchen zum heiligen Geist nicht bewilliget/
auch in Ewigkeit nicht bewilligen sollen oder können / sonder
müssen solches Ihrer F. G.auff ihr Gewissen/ für dem Ange=
sicht Gottes vnnd dem Richterstul Christi zuantworten/heim=
stellen.

Hierauff fragte Doctor Timotheus Kirchnerus / ver=
mög vnserer Abred/ die andern Theologen vnd Kirchendiener/
ob wir vns zu dem/das er auff vnser begeren geredt/ bekennen?
vnnd sagte zu Hertzog Johann Casimirn Pfaltzgraffen/Ihre
F. G. möchten selbs hören/ ob das vnser aller Meinung were.
Darauff sie alle/auff Ihrer F. G. Andeutung/ allein D. Ja=
cob Schoppern/vnnd Conrad Lautenbach/so eben zur selbigen
Stund zum H. Geist vnnd Barfüssern dazumal geprediget/
sich rund mit ja erklärt.

Als wir nun hierauff abgetretten/vnnd vngefährlich nach
einer Stund/wider hinein für den Hertzogen erfordert worden/
hielte vns D. Ehem abermal für/daß wir vns so hoch der Kir=
chen zum Geist halber beschwerten/ müsten Ihre F. G. gesche=
hen lassen/wolten aber gleichwol/was sie mit zeittigem Raht
geschlossen / in Gottes Namen fürgehen lassen/nemen es auff
ihr Gewissen/trawen es auch für Gott vnnd der Welt zuver=
antworten/Ihre Fürstliche Gnad hetten auch das vns nit ver=
melden lassen/ vnsers Rahts hierin zugebrauchen/ sonder daß
wir es gleichwol wůsten/vñ vns darnach zurichten hetten/ jn
sich hierauff zu vns versehen/wir werden der Kirchen zum Geist
hernach

ferner oberstehen/vns an den vbrigen dreien Kirchen zu den
Barrfůssern/S. Petern vnd im Spittal vernůgen lassen/vnd
vns vnder einander vergleichen/ wie der Kirchendienst darinn
zubestellen.

Was auch von Endtschafft vnserer Vocation vnd Pflicht
gesagt worden/solle nicht dahin/ als ob wir vnserer Dienst aller
dings erlassen/vnd beurlaubet sein solten/ sonder allein von dem
fůrgewandten Iuramento vnd Obligation zum Geist vns wei-
send/verstanden werden: Sonst möchten wir vnserm Ministerio in den andern Kirchen auß warten/ vnnd dörfften keiner
newen Vocation/sonder bleibe bey der vorigen.

Dieweil wir auch so hoch auff die Antithesin vnd Hypothesin tringen/möge Ihre F. G. leiden/ daß wir die Gegenlehr auch straffen/ dann sie hieltens darfůr/ daß ein Prediger
Gewissens halben zun zeitten Antithesin vnd Hypothesin treiben möchte/ doch mit gebürlicher Bescheidenheit/ vnnd daß
nicht hohe oder Scholasticæ Disputationes auff die Cantzel
bracht/dardurch die Zuhörer perturbieret/ vnnd nicht erbawet/
da wir vil mehr dahin zusehen/daß sie zu/ vnd nicht abnemmen/
wöllen sich doch zu vns versehen/wir werden vns in solchem also erzeigen/daß es verantwortlich/vnd der Kirchen vnnachtheilig seie/gedencken auch dißmals die Augspurgische Confession/
vnnd das Concordi Werck nicht weitläuffig mit vns zu disputiern.

Darauff D. Kirchner gesagt/wir verstůndens dahin/daß
von Ihrer F. G. den Ministris, Antithesis vnnd Hypothesis
erlaubt/auff wölches Ihre F. G. selbs/auch durch den Cantz-
ler/ja sagen lassen. Darfůr wir vnderthänig gedanckt/vnd vns
erbotten aller gebůr zuuerhalten.

Nach allem disem Bescheidt/fragte D. Kirchner/dieweil
vns dann die Kirchen zum H. Geist genommen werde/darin-
ne wir bißher frůe vnnd abend Gebett/ die gewohnliche Sonn
vnd

vnnd Feirtag/ sampt den Wochenpredigten/ vnnd der Tauff/
Nachtmal/ Einsegung der Hochzeit/ vnnd dem gantzen Gottesdienst verrichtet/ was wir vns hinführo mit dem allem zuhalten hetten. Darauff Hertzog Johann Casimir/ nach gehaltener mit den Rähten kurtzer Vnderred/ selbst geantwortet/ er
wölle sich hierüber weiter mit seinen Rähten vnderreden/ mitler
weil möchten wir die Predigten/ Tauff/ Nachtmal/ nach vnserm besten gutduncken/ in gemelten dreien Kirchen verrich-
ten/ wie wir vns zum besten vnder einander wüsten zuergleï-
chen.

Hiebey ist auch zuwissen/ als obgemelte Theologen vnnd
Kirchendiener fürkommen/ vnnd ehe sie angefangen/ sich auff
Hertzog Johann Casimiri Pfaltzgraffen/ Vortrag/ endtlich zu
resoluieren/ wurden gleich von gedachtem Hertzogen auff das
Dantzhauß/ da die gantze Burgerschafft versamlet gewesen/
abgefertiget/ D. Iustus Räuber. D. Hartmannus Hartmanni/
vnd der Protonotarius Regenspurger. D. Hartmannus Hartmanni machte einen kurtzen/ aber scharpffen Eingang/ darauff hernach Regenspurger der Burgerschafft volgende
Schrifft fürgelesen.

Der Durchleuchtig Hochgeborne Fürst vnd Herr/ Herr
Johann Casimir/ Pfaltzgraff bey Rhein/ Vormund/ vnd der
Churfürstlichen Pfaltz Administrator/ Hertzog in Baiern/ rc.
Mein gnädiger Fürst vnd Herr/ lasset gemeiner Burgerschafft
zu Heidelberg gnädiglich vermelden vnnd anzeigen/ daß kurtz
verruckter tagen/ Jhren F. G. nicht allein von wegen eines fürnemen theils der Burgerschafft zu Heidelberg/ sonder auch der
Churfürstlichen Pfaltz Dienern/ vnd andern etlichen ingesetz-
nen/ ein Supplication vberlifert/ vnd darinn vnderthänig begeret worden/ daß Jhre F. G. jhnen eine Kirch alhie zu Heidelberg einraumen/ vnnd Predicanten geben wolten/ wölche nach
innhalt Göttliches Worts/ Augspurgischer Confession/ vnnd
G. weilands

weilands jres geliebsten Herrn Vatters/ Pfaltzgraff Friderichs
Churfürsten seligster Gedechtnus / außgangenen Kirchenord-
nung/predigen/vnnd die heiligen Sacramenta administrieren
möchten. Wann nun sein F. G. sich errinnert/was gleich nach
absterben hochgedachten jres Herrn Vatters seligster Gedechtnus / auß Anstifftung ettlicher der Religions Sachen vner-
fahrnen vnd vnrichtiger Leut/ auß vnbedächtigem Eiffer/ vnd
Mißuerstand/für beschwerliche Enderung / auch vngegründte
Verdammungen vñ Lösterungen/wider angeregte Jrer F. G.
Herrn Vatters seligen Kirchenordnung/vnd Christliche Con-
fession/ so sie in offnem Truck außgehen lassen/ alhie vnnd in
gantzer Churfürstlicher Pfaltz fürgangen/ wie auch noch/dar-
auß dann eruolget/ daß von wegen solches Mißuerstands/der
Churfürstlichen Pfaltz Rähte vnnd angehörige beschweret/ angefochten vnd geurlaubet worden/vnd Jre F. G. nichts liebers
gesehen / dann daß solches alles verblieben/vnnd auffs wenigst
gemeiner Burgerschafft/ auch andern Rähten/Dienern vnnd
Vniuersitets verwandten / eine Kirch alhie zur übung vorge-
dachter Christlichen Religion/nach Innhalt angeregter vätter-
licher Kirchenordnung/ verstattet vnnd gelassen würde / damit
weittere Verbitterung der Gemüter/auch Ergernus/vñ frolo-
cken/so die Papisten ab vnser Trennung geschöpfft/vermitten.
Aber weil solches alles nicht erhalten werden mögen / habe es
Jre F. G.darbey wenden lassen müssen.Gleichwol zuletst zwischen Ihren F. G.vnd dero geliebten Brudern/dem nechstuerstorbnen Ludwigen Churfürsten/ auch seligster Gedechtnus/
die Religions Sach dahin verglichen/ vnd brüderlichen vertra-
gen worden/daß allerseits den Predigern/Dienern/Vndertho-
nen vnd zugewanden/ alles ärgerlich vnnd vnchristlich schmä-
hen/condemniern vñ verketzern/mit Worten vñ Schrifftē/ver-
botten/abgeschafft/vñ nit verstattet/keiner den andern der Religion wegen verfolgen vnd anfechten/ sonder ein ander trewlich
die Hand bietten/ vñ zusammen setzen solten: In sonderlicher Er-
wegung/

wegung/dz Jre Churf. G. wie auch deren Herr Vatter seligster
Gedechtnus/sich zu der Göttlichen Biblischen Schrifft/des
alten vnd newen Testaments/der Augsp. Confession/ vnd derselben Apologia in rechtem Verstand/nach der Richtschnur
Göttliches Worts bekennet/einen Weg zur Seeligkeit/auch einen Heiland erkant/ daß auch Religions Jrrungen vnd Streit
anders nit/ dast durch die in der Kirchen herkomene Mittel/als
Christliche Gespräch/Vnd redungen/Synodos vñ Concilien/
billich zuörtern vñ zuuergleichen. Vñ dann J. F. G. jres theils
nichts liebers gesehen/dann daß allhie vnd andern orten solcher
Christlichen vñ brüderlichen Vergleichung/auff der Cantzel vñ
sonsten/nachkomen/vñ nit in allen Predigten/obgedachtes jres
geliebten Herrn Vatters seligster Gedechtnus/wie auch jrer F.
G. Christliche Religion vnd Bekantnus/verdächtig gemacht/
one Grundt vñ vnerkanter Sachen verdampt/auch den Vnderthonen allhie vñ ander örtt/ J. F. G. Predigten vñ Sacramenta
zubesuchen/ durch ernstliche mandata verbotten worden. Wölches aber alles J. F. G. nit dero geliebten Brudern seligen/sond
obgedachten vnrühigen Köpffen zumessen müssen. Nachdem
daß J. F. G. durch sonderbare Schicküg des Allmächtigen/zur
Administration der Chur komen/ vñ sich schuldig erkennen/nie
allein für sich selbs die Göttliche Warheit/in seinem seligmach-
enden Wort begriffen/ frey offentlich zubekennen/sond auch dieselbig bey meniglich/ sonderlich aber denen J. F. G. verwandtê
Vnderthone/Dienern vñ angehörigé/ für die sie künfftig so wol
von wegen des zeitlichen/als auch des ewigen gebürende rechenschafft geben müssen/zubefürdern vñ fort zupflantzen/auch jren
geliebté Herrn Vattern lobseligster Gedechtnus/des vngütliche
Verdachts halben/als ob J. Churf. G. ein falsche vñ verführische Religió gehabt/vñ geführt/zuentschütten vñ zuuerantwortē:
so haben J. F. G. d supplicierend Burgerschafft/vñ anderer wie
angeregt/ jr billich begert nit abschlagen sollen/ vñ derwegē jnen
die Kir h zum H. Geist allhie/das Exercitium der waren Christ-

lichen Religion darinnen zuuerrichten eingeraumbt/vñ mit solchen Kirchendienern bestellet/wölche die reine Lehr des Euangelii/one Lösterung/mit aller Bescheidenheit predigten/die heilige Sacramenta nach Christi Einsatzung administriern/vnnd ihrer Lehr/thuns/lebens vnnd verrichtens halben gebürliche Rechenschafft/ Red vnnd Antwort geben werden. Wie auch gleichs fahls den andern Predigern/in den dreien Kirchen zu S. Petern/Barfüssern vnd Spittal/gleichs fahls hiemit ernstlich eingebunden sein solle/sich des schmähens/lösterns vnnd condemnierens/so wol auff der Cantzel/als auch sonsten zu enthalten. Darauff wölle sich Ihre F. G. versehen/es werde gemeine Burgerschafft vnnd andere die Predigen fleissig besuchen/dieselbige allerseitz gegen Gottes Wort/on Affection halten/vnd das Vrtheil mit Anruffung des heiligen Geists fellen/vnd der Warheit zur Befürderung/ihr selbst/vnnd der irigen Seelen Seeligkeit/wie billich/vnnd ein jeder schuldig zu thun/statt vnnd raum geben. Wölches Ihre F. G. darumben gemeiner Burgerschafft ankünden lassen / damit Ihrer F. G. Christlich vnnd fridliebendes Gemüt erkannt/vnnd vnrühigen Leuten/ so alles zum ärgsten außzulegen vnnd zu taddeln im Brauch/die Mäuler gestopfft/hiemit ernstlich vnnd bey Leibes Straff befelhend/daß der Religion halb/kein theil den andern/weder mit Worten noch der That anfechten/tribuliern/betrüben vnnd verfolgen sollen / sonder fridlich/ vnd wie gehorsamen Vnderthonen vnd Christen gebüret/sich gegen einander erzeigen vnd verhalten. Das ist an ihme selbst billich/reicht Ihren F. G. zu gnaden vnnd gefallen/vnnd thun sich eines solchen also zubeschehen/entlichen versehen. Vnd haben Ihre F. G. solches den irigen Kirchendienern allen zu gleich anzeigen vnnd befehlen lassen/wie sie dann auch den Vniuersitet Personen zu befelhen nicht weniger gemeint sind.

Nach-

Nachdem auch am nächstuerschinen Sontag verkündiget
worden / auff den ersten Sontag des Aduents / das Abendtmal
des Herrn / in der Kirch zu den Barfüssern zuhalten / vnd auff
den Sambstag zuuor ein Predigt zur Vorbereittung zuthun /
vnd aber D. Chem / im Namen Hertzog Johann Casimiri /
Pfaltzgraffen / ꝛc. den Theologen vnd Predigern / gut rund angezeigt / wie auch hieuor vermeldet / daß jhre Vocation / Bestallung vnnd Iuramenta / jhre Endschafft erreicht / vnd derhalben bey vns Kirchendienern verglichen / daß sich vnser keiner sine vocatione weitter auff die Cantzel wagen solte / oder
Gewissens halben dörffte / vnd doch schon zwey Zeichen zu den
Barfüssern geleuttet gewesen / begerte Conrad Lauttenbach /
dem oblag / die Vorbereittung daselbsten zuuerrichten / Ihre
F. G. wolten sich fürderlich erklären / wessen er sich der Predigt halben zuuerhalten hette / ob die zuunderlassen / vnnd das
Volck / wölches schon eins theils in der Kirchen beysamen / wider heim zuweisen. Vnd wiewol sich auch der Fauth / Regenspurger / vnd andere / gegen Lauttenbach / priuatim zuuor deßhalben erklärt / daß es bey jnen kein bedenckens hette / vnd er die
angestellte Predigt wol möchte verrichten / bat doch gedachter
Lauttenbach D. Kirchnern / an Hertzogen vnderthänig suchen / daß er sich diser Sachen halb resoluierte. Deßgleichen
begerte auch D. Jacob Schopper zuwissen / wessen er sich der
Abendpredigt halber zum H. Geist zuhalten hette. Dieweil
dann der Hertzog auch von den Rähten / so darbey stunden /
auff Lauttenbachs Anzeig erinnert worden / sagten Ihre F.
G. gut rund zu Lauttenbachen : Ir mögen hingehn / vnd ewer
Predigt vnd Ampt verrichten / deßgleichen Bescheid erlangt
auch D. Jacob Schopperus / vnd giengen beide auß Hertzogen Gemach / jeder seine Predigt an bestimbtem Ort zuuerrichten.

Mittler weil war zu Hoff in der Sachen fortgeschritten /

der

der Theologen vnnd Prediger angefangen Gegenantwort zu
End geführt/vnd des Hertzogen Bescheid/ wie oben verzeich-
net/angehöret/darbey es auch bliben/ vnd die Kirchen zum H.
Geist bald den folgenden ersten Sontag Aduentus, den newen
Caluinischen Predigern/ nämlich Danieli Tossano/ (wölcher
die Morgenpredigt gehalten) vnd andern dreien seinen Con-
sorten/ als Ioanni Philippo Mylæo, Stybelio vnnd Angerio
eingeraumet worden.

Hie ist auch nicht zuumbgehn/ als belde/ D. Schopper
vnnd Conrad Lauttenbach/nach verrichtung ihrer Predigten/
an gedachtem Sambstag den letsten Nouembris, in Festo
Andreæ, gegen Abend wider gen Hoff giengen/ vnnd der
Handlung vollends neben den andern Theologen vnnd Kirchendienern außwarten wöllen/stosset D. Hartmannus Hart-
manni/ Churf. Pfaltz Fauth zu Heidelberg/ auff sie/ führet
sie beseits/ zeiget jhnen an/ er habe jnen ettwas zuuermielden/
vnnd hette sichs gegen den Rähten zu Hoff vernemen lassen/
er wolte es den Kirchendienern vnangezeigt nicht lassen/ daß/
was D. Ehem heut von erlassung jrer Eidspflichte vñ Dienst
geredet/ohn allen Befelch geschehen were. Dann es weder des
Hertzogen selbs/ noch der Räht Will vnd meinung gewesen/
daß die Kirchendiener ihrer Aid vnd Dienst zuerlassen/ sonder vilmehr darbey solten gelassen werden/ vnd jhr Ampt vnuerhindert verrichten/ der Hertzog begere nicht mehr dann die
Kirch zum Geist/ vnnd verstatte vns die andern vberige drey.
Es were auch dahin nicht kommen/ wenn nur der Pfaltzgraff
Ludwig/ Churfürst/löblichster Gedächtnus/ in einer Kirchen
seines Herrn Vatters Religion gelassen/ vnnd seine Prediger
nicht alle abgeschaffet hette/ D. Ehem indulgierte seinen affectibus allzuuil/ es seie nicht fein an jhme/ es schmirtze jhn
noch/ daß er vom nechstuerstorbnen Churfürsten/ Hochseligster Gedächtnus/ arrestiert worden/ vnnd es seie jhme zwar vnrecht geschehen/ das gehe aber vns nicht an/ Dann der jetzigen
Kirchen

Kirchendiener keiner damals vorhanden gewesen / deuttet aber
mit dem Finger gen Hoff. Er / der Jauth/ habe es vngern ge-
hört/ vnd seiens die andern Rähte auch erschrocken/ daß Chem
ex proprijs & priuatis affectibus / also ohne allen Befelch des
Hertzogen / vnd Bewilligung der Rähte / herauß gefaren/vnd
der Sachen zuuil gethon. Vnd dieweil man an jme/ D. Chem
gespüret/ daß er seiner nicht mächtig / hab man jhn nicht auff
das Dantzhauß zu den Bürgern schicken wöllen / auß Fürsorg/
er möchte auch daselbsten der Sachen zuuil thun/ vnd ein newe
Klag erwecken / sonder habe D. Raubern / den Protonota-
rium/ vñ jn/ den Jauthen/darzu verordnet: Sagte D. Schopperus / Wann man dann den mangel an einem wüßte/so solte
man jn an solchen orten gar nicht reden/ oder ja ex scripto re-
citieren lassen/ so wüßte man/daß der Sach nicht zuuil geschee-
he. Sagt der Jauth/ die meinung hatt es/ vnd fieng darauff an
zuerzehlé/ wie sie den Burgern des Hertzogen Decret/ auff dem
Dantzhauß ex scripto fürgelesen/vñ den Burgern bey Straff
Leibs vnd Guts/ alle Vnrhu vnd Gezänck der Religion halb
verbotten/vnd sonderlich denen/ so Jrer F. G. Religion/ange-
zeiget / wa sie einigen Lermen / Vnrhu vnd Vnfuhr anfahen
wurden/daß sie härter als andere gestrafft werdé solten. In des
gieng das Thor auff/ vnd giengen beide Prediger / Schopperus vnnd Lauttenbach gen Hoff / aber die andern Theologen
vnd Prediger/hetten schon jren Bescheid empfangen/ vnd sich
zu Hauß begeben/ derhalben sie auch wider heimgangen.

Auß diser warhafftigen erzehlung solcher Historien/von
Einnemung der Kirchen zum H. Geist / ist leichtlich zusehen/
was das für ein angemaßter Ernst vnd küne wort seien/ deren
wir vns den 29. vnd 30. Nouembris / bey Einnemung vnserer
Pfarkirchen zum H. Geist/nach disem der Narratorum für-
geben/ sollen gebraucht haben. Vnd ist ja nicht ohn/ wir haben
vns ja mit Ernst solche Sachen lassen angelegen sein / dann
da ist

da iſt es vns an vnſere Pfarꝛkirchen gangen / darauff wir alle
vnſere fürnåmbſte vnd meheſte Gottesdienſt darinnen zuuer=
richten/von dem frommen Churfürſten/ p. m. ſeind beſtellt vnd
beaydiget worden/ da vns freilich mit nichten gebüren wöllen/
ſtill darzu zuſchweigen/ Amen darzu zuſagen/ oder das placet
darzu zuſprechen / ſonder nach dem Exempel Ambroſij / ſo
ſtarck wir gemöcht/ vns darwider zuſperꝛen / vnd da wir je nicht
weitter vermöcht / ſolenniter vnd offentlich darwider zu pro=
teſtieren.

Es hat auch der Chriſtliche Leſer / auß diſer warhafften er=
zehlung ſolcher Hiſtorien/ leichtlich zuuerſtehn/ durch was Ge=
legenheit wir hierzu verurſacht worden/ daß wir vns offentlich/
in beyſein des Hertzogen/ haben deſſen vernemen laſſen / daß
die Caluiniſche Lehr / dem Arianiſmo vnd Neſtorianiſmo/
vnnd andern alten Ketzereien nahe verwandt ſeie/ vnd daß wirs
nicht vnderlaſſen können oder wöllen/ künfftiglich/ wie biß an=
hero auch geſchehen/ die Theſin, Antitheſin, ſampt der Hy=
potheſi/ auff der Cantzel/re ita poſtulante, zutreiben / vnd zu
tractieren.

Sonderlich aber/ ſo wölle der Chriſtliche Leſer diſes wol be=
dencken/bey ſolcher Hiſtorien vnd Handlung/daß ſich der Her=
tzog den 30. Nouemb. im letzten Actu / eben zu diſer Stund/
da die Einnemung der Kirchen zum H. Geiſt / der Burger=
ſchafft auff dem Dantzhauß iſt publiciert worden/ durch Ihrer
F. G. Cantzlern/ deſſen gegen vns rotundè hat vernemen laſ=
ſen; Dieweil wir ſo hoch auff die Antitheſin vnd Hypotheſin
tringen/ möge Ire F. G. leiden/ daß wir die Gegenlehr auch
ſtraffen/ dann ſie hieltens darfür/ daß ein Prediger Gewiſſens
halben/ zu zeitten Antitheſin vnd Hypotheſin treiben möchte/
doch mit gebürlicher Beſcheidenheit / vnd daß nicht hohe vnnd
ſcholaſticæ Diſputationes auff die Cantzel gebracht/ dardurch
die Zuhörer perturbiert/vnd nicht erbawet/ da wir vil mehr da=

hin

hln zusehen/ daß sie zu/ vnd nicht abnemen/ wöllen sich doch zu
vns versehen/ wir werden vns in solchem also erzeigen/ daß es
verantwortlich/ vnd der Kirchen vnnachtheilig seie. Als nun
wir Prediger solches mit Frewden angehört/ vnd vor grossen
Frewden gleichsam hieran ettwas gestutzt vnd gezweiffelt/ fragten wir durch D. Kirchnerum, ob dann dises Ihrer F. G.
meinung were/ wie wirs verstünden/ nämlich daß vns von
Ihrer F. G. erlaubt were/ beides die Antithesin, vnd dann die
Hypothesin zu tractieren/ da ward durch Ihr F. G. selbsten/
vnd durch den Cantzler D. Ehemen/ Ja gesagt. Wölches
der Christliche Leser darumb wol mercken wölle/ dieweil alle
künfftige Handlungen/ ja auch vnser Beurlaubung selbsten/
darauß entstanden vnd entsprungen/ daß man vns weder Antithesin noch Hypothesin/ auff der Cantzel/ in Articulis controuersis zu tractieren hat mehr gestatten wöllen. Da man
vns auch bey solchem gnädigen Bescheid hette bleiben lassen/
so wolten wir noch bey vnser lieben armen/ vnd von allen Menschen nunmehr verlasserien Kirchen zu Heidelberg/ sein: Wie
denn auch Kirchen vnnd Schulen/ auff dem Land nicht also
jämerlich wurden zustöret werden.

Bey disem allem aber/ wöllen wir gern für entschuldiget
halten/ Hochgedachten Hertzogen Johann Casimirn/ dessen
F. G. ohne allen Zweiffel/ vns gern bey gegebnem gnädigen
Bescheid erhalten vnd gehandhabt hette/ wa das vnablässig
verhetzen/ böser vnruhwiger Leut nit gewesen were/ vnd wa nit
vil ding im Namen Irer F. G. vnd doch wider derselben Wil-
len/ geschehen vnd fürgegangen/ dessen wir hie bey diser Handlung ein scheinbar Exempel haben/ an D. Ehemen/ wölcher/
des Fauths Aussag nach/ in diser Handlung bey dem Fürtrag/
den er in Irer F. G. Namen gethon/ also vngehalten vnd frech
gewesen/ daß/ was er von erlassung vnserer Aidspflicht vnnd
Dienst geredt/ das habe er ohne Befelch gethon/ dann es we-

H   der

der des Hertzogen selbsten/ noch der Rähte Will vnd meinung
gewesen/ daß wir vnserer Aid vnd Dienst zuerlassen/ sonder
vil mehr darbey sollen gelassen werden/ vnd vnser Ämpt vnuerhindert verzichten/ vnd begere der Hertzog nicht mehr dann die
Kirch zum H. Geist/ vns aber verstatte er die vberige drey Kirchen. Er/ D. Ehem/ indulgiere seinen affectibus allzuuil/
wölches nicht fein an jm seie/ Es schmirtze jhn noch/ daß er von
nächst verstorbenem Churfürsten/ Hochseligster Gedächtnus/
attestiert worden/ daran jm gleichwol vnrecht geschehen/ das
gehe aber vns nicht an. Er/ der Fauth/ habe es vngern gehört/
vnd seiens die andern Räht auch erschrocken/ daß Ehem ex
PROPRIIS vnd priuatis affectibus, ohne allen Befelch
des Hertzogen / vnd bewilligung der Räht/ herauß gefahren/
vnd der Sachen zuuil gethon/ ꝛc.

Was dunckt dich hiebey Christlicher Leser? Seind nicht
das feine erbare Stück vnd Händel? Wer will sich nun weitter
verwundern/ daß man nicht allein mit vns/ sonder auch mit an-
dern/ streng procediert/ weil dise Leut nun oben am Brett sitzen/
vnd das fac totum in Churfürstlicher Pfaltz seind? Wir wöllen aber mit den Berichtsgebern fortfahren/ vnd nun auch das
angestellte Colloquium für die Hand nemen/ daruon die Narratores also schreiben: Solches jhr begern gründtlicher
zuuerstehn/ vñ jren Vngrund in solchen Calumnijs
Darzuthun/ ꝛc. Hactenus verba Narratorum.

Von dem Col-
loquio.
Num. 11.

Wir wöllen widerumb gegē solchem Heidelbergischen Caluinischen Bericht/ die gantze vnnd warhafftige Historien von
diser Handlung setzen/ vnd bona fide referiern/ auff daß man
desto besser/ was von diser/ der Berichtsgeber Narration/ zu
halten/ schliessen vnd vrtheilen möge.

Die

Dinstag den 3. Decembris Anno / ꝛc. 83. gegen
Abendt / wurden alle obuermeldte Theologen vnd Kirchendiener / auß Befelch Hertzog Johann Casimiri / Pfaltzgraffen /
auff morgen zu acht Vhren in der Cantzley daselbsten zu Heidelberg zu erscheinen erfordert / mit anzeig / sie möchten einen
Notarium mitbringen / der jnen gefellig. Darauff noch denselbigen
bigen Abend mehrertheils Kirchendiener / in D. Timothei
Kirchners Hauß / zusamen kommen / vnd sich vnderredt / dieweil vns ein Colloquium mit den newen Caluinischen Predigern zugemutet werde / was dises fahls zuthun / vnd sich verglichen / weil wir vns vormals darzu erbotten / das mit Willen
anzunemen / allein sey zubegeren / daß Iudex, Auditores, Testes competentes, ein vnpartheischer Executor Colloquij,
die Artickel / daruon zurede / ernennet vñ verglichen wurde / warauß die probationes zuneme / vñ wie weit die Patres zu zulassen.

Morgens Mittwoch / den 4. Decembris, nach vollendter
Predigt D. Kirchneri ex Colloss. 2. (da er vnder anderm gemeldet / daß in Orthodoxo Consensu allein Augustinus, wie
auch andere / vber die hundert mal fälschlich angezogen / vnd zu
End / des vorstehende Colloquij gedacht / die Zuhörer zum Gebett vermant / vnd gewarnet / sich vor Vnrhu vnd Empörung
zuhalten) erschinen D. Kirchner, D. Zimmerman, D. Schopperus, Philippus Felsinius, vnd Iohannes Schadius, in der
Cantzley / sampt jrem hierzu erbettenen Notario, M. Iospho
Cœllino, &c. D. Petrus Patiens war damals nit anheimisch /
M. Dionysius war den vorgehnden Sontag zu seiner krancken
Mutter gen Hailbron verreiset / Lauttenbach tauffte ein Kind
in der Kirchen zu den Barfüssern / kam derhalben ettwas spä-
ter in die Cantzley / erschinen neben Hertzog Johann Casimirn /
die Hohen Räht / vñ D. Peuterich / deßgleichen die obgemeldte
vier Caluinische Prediger / Daniel Tossanus, Stibelius, My-
laeus vnd Angarius.

H ij   D. Chem

D. Ehem brachte für/ es were newlich von zweien Puncten gehandlet worden/ nämlich von den vngebürlichen Condemnationibus, vnd von einem freundtlichen Colloquio/ darinnen beiderseits Theologen vnd Kirchendiener/ einander hören vnd anzeigen köndten / was man einander zu beiden theilen gestendig/ oder nicht : Vnd seie nun deßhalben von Hertzog Johann Casimiro, Pfaltzgraffen/ dise Zusamenkunfft darzu angesehen/ disem Colloquio einen Anfang zumachen/ vnnd solten beide Partheyen anzeigen/was sie an einander zuklagen haben / damit die Condemnationes vnnd Calumniæ/ hinfüro vermitten werden mögen.

Darauff Doctor Kirchner in seinem/ vnd der andern gegenwertigen Theologen vnd Kirchendiener Namen/ sich gegen Hertzog Johann Casimiro/ demüttig bedancket/ daß Ire F. G. sich der Sach so hoch annemen/ erbote sich zu aller gebürlicher Bescheidenheit im vorstehenden Colloquio, ermanete/dasselbige in der Forcht vnd Anrüffung Gottes zuverrichten / vnd damit alles desto ordenlicher vnd fruchtbarlicher abgehn möchte/ bate er einen solchen Proceß anzustellen/ wie sich in einer solchen hohen vnd wichtigen Sach gebürete. In dem er aber anfieng von den Conditionibus eines rechtmässigen vnd Christlichen Gesprächs zureden/ fiele jhme D. Ehem für sich selbs / inconsulto Principe/ in die Red / sagte : Es were nicht die meinung/ dißmals ein solenne Colloquium von den Doctrinalibus zuhalten/ sonder Jhre F. G. wolten allein anhören/was jede Parthey für Klagen/ Fehl vñ Mengel an einander hetten / vnnd was sie einander gestendig oder nicht/ ob doch das Aufrüffen auff der Cantzel/ vnnd das Ergernus möchte abgeschaffen werden / derhalben es keines besondern Proceß bedürffte/ man köndte es nur mit Nein vnnd Ja verrichten.

D. Kirch

61.

D. Kirchner hergegen wante für/ es seie ihm wie ihm wölle/ so man sich der Sachen halben mit einander vnderreden solt/ müsse es ja ein Colloquium sein/ vnd könne solche collatio one die doctrinalia keines weges verrichtet werden. Dann wie ist es müglich von den streittigen Puncten/ one Erwegung der Sachen/ so darzu gehören/ mit einander sich besprachen?

Ettliche auß den hohen Rähten redten drein/ man soll zu beiden theilen nur anzeigen von den Calumnijs/ was ein theil dem andern geständig/ darnach könne man weiter procedieren: deßgleichen erklärete sich auch Hertzog Johann Casimir selber. Aber D. Kirchner bate vmb erlaubnuß/ widerholet sein vnnd der seinen vnderthänig begern/ von einem freundtlichen Colloquio, außführlich/ vnd sagt vnder anderm/ man wölle vns doch nicht für solche Kinder halten/ die wir nicht verstehen/ was es mit sich bringe/ für Irer F. G. vnd dem gantzen Regiment/ von solchen hohen vnnd wichtigen Sachen zureden/ wir seiend ja mehr bey solchen Handlungen gewesen/ vnnd habens erfahren/ was solche Colloquia auff sich haben/ wir weren ja vrpüttig alles zu thun/ was vnser Ampt vnnd Gewissen erforderte/ vnnd vns in ein Gesprech mit dem Gegentheil einzulassen/ wann wir nur fürhin/ wie billich/ des Proceß/ vnd der zugehörigen Condition vns mit einander verglichen: trang hefftig darauff/ vñ bate vmb Gottes willen/ vnser bedencken vom vorstehenden Colloquio zuhören/ vnnd vns vnuerglichner Conditionen zu keinem solchen partheilichen Gespräch zu nöttigen/ darauß vberal kein nutzen zuhoffen.

Aber D. Ehem wöhret hefftig/ wolte vnser bedencken nicht hören/ sagte/ wir weren ja schuldig einem jedē/ vnsers Glaubens rechenschafft zugeben/ sollen nur anhören/ was Ihre F. G. Theologen für Klag wider vns hetten/ sollen nein oder ja darzu sagen/ daß seie der rechte Proceß/ Wann wir dann Ihrer F. G. Prediger Beschwerden vnd Klag gehört/ stünde vns auch

H iij   beuor/

bevor/vnsere Einred fürzubringen/winckete hierauff Tossano/
wölcher ein wenig auffgestanden/aber sich bald wider nider ge-
setzt/sampt den seinen. Hertzog Johann Casimir hieß vns als
die Stattprediger auch sitzen. D. Kirchner sagte/da solte man
Tisch haben/daß man schreiben vñ verzeichnen könte/was von
nötten: Also war vnserm Notario auch ein wenig Platz ge-
macht/bey dem Casimirischen Notario (wölcher sich hefftig
gesperret) vnd hat Tossanus also angefangen zureden. So ettwas seie/das einer Christlichen Obrigkeit wol anstehe/seie es
eben das/daß in Republica benè constituta vñ wol bestelleten
Regiment/alle calumniatores abgestellet werdē/daher stehe in
der Kirchen historia: Die Obrigkeit solle zusehen/ne sycophan-
tis subsidium præbeatur, Item, Liberij ad Constantinum:
Iudicia Ecclesiastica cum summa iustitiæ obseruatione fieri debere. Das habe jhnen bißher nicht begegnen können/son-
der sie seien re inaudita condemniert worden/ Vnnd ob wol
auff jrer seitten vil protestationes abgangen/vnnd verhör begert worden/haben sie doch nichts erhalten können/sonder man
seie mit den condemnationibus fortgefahren. Dann erstlich/
habe Anno/1570. ein Mann fünff Artickel zu einer Vergleichung gestelt/vñ vmbgeführet/seie gleichwol vbel angelauffen/
vnd auch bey seiner Parthey wenig danck damit verdient. Darnach sey ferner von fünfftzehen Männern zu Torga in Sach-
sen/ein andere Formula/der vorigen gar vngleich gestellet.
Abermals seien durch sechs Männer/auff Beuelch Sachsen
vnd Brandenburg/die Formula Concordiæ zugerichtet wor-
den/darinnen die generalis Vbiquitas/teste Heßhusio/stehe.
Aber Gott lob/es haben sich vil Christliche Fürsten vnd Ständ
derselbigen nicht theilhafftig machen wöllen/dieweil sie gesehen/
daß solch Buch genommen seie auß den Streitschrifften Lutheri vnnd Brentij. Es habe wol die Königin auß Eng-lland
durch jhren Gesanten Robertum Belum vmb Abschaffung
der

der Condemnationen angehalten/aber vergebens. Deßgleichen
auch die Belgæ durch ihren legatum D. Cnippium, aber auch
nichts erhalten mögen. Wie dann auch Illustrissimus Princeps Casimirus vmb Abschaffung der Condemnationen ange-
regt/ aber vergebens / wie solche Schrifften noch in der Cantzley zufinden. Letstlich/ haben drey Männer ein Apologiam
geschriben/ vnnd darinn ihre der Newstättischen Lehre nicht allein verdampt / sonder auch Philippum Melanthonem verlö-
stert vnd verketzert/ vnd die generalem vbiquitatem in specia-
lem restringiert/ zoge hierauff die Wort an: An vos soli estis
Ecclesia? &c. Lobte derhalben Hertzog Johann Casimir/daß er
solche Calumnien nicht gedechte zuleiden / sonder vil mehr hin-
zulegen/vnnd abzuschaffen. Daß wir aber Calumniatores we-
ren/vnd sie mit Calumnijs bißhero prægrauierten/were darauß
klar: Erstlich/ daß wir ihnen schuld geben/ Caluinismus vnnd
Arrianismus weren einander verwandt/ da sie vnnd ihre Lehr
durch den Caluinismum verstanden wurden/ da sie doch von
Arrianismo nichts wüsten/nichts bekenneten/ vnd ire Lehr mit
dem Arrianismo nichts gemein/solche Calumnien weren nicht
zu leiden. Zum andern/beschuldige man sie/ als Nestorianer/
wölche Christum nach beiden Naturen trennen. Fürs drit/ge-
ben wir für / sie seien Gottslösterer/ wölche die adorationem
carnis Christi verläugneten/ vnnd die menschliche Natur von
der Anruffung außschliessen/sagten sie nein darzu/berüffen sich
auff ihr Admonition / auff wölche man hette allein antworten
sollen/vnd Danæi/wie auch der Anhäldischen Schrifften nicht
mit einmengen/ sie nemen sich zwar Danæi nicht an / aber
gleichwol theten wir ihm vnrecht. Fürs vierte / werden sie ge-
zigen/ als solten sie die Wort der Einsatzung des H. Abendtmals vernichtigen/ vnd spöttlich daruon reden/ Verba, Verba,
Verba, so sie doch das Widerspil in ihrer Admonition beweisen.

Zum

Zum fünfften/wir geben von jhnen auß/ sie vnderlassen an etlichen orten die Wort der Einsaßung bey der Action / vnnd Haltung des heiligen Abendtmals allerdings/ vnnd da wir das beweisen sollen / ziehen wir darfür Vuestphalum an / als ob es hiemit gnugsam bewiesen.

Zum sechsten/beschuldige man sie/ als statuirten vnnd hielten sie gar keine Gegenwertigkeit Christi im heiligen Abendtmal. Das sagte er/sein die fürnembste Calumnien/ damit wir beschwert worden/erbotte sich das alles auff vns darzuthun.

Auff begerten vnnd erlangten Abtrit/ auch gehaltenen kurßen bedacht/antwortet D. Kirchner: Tossanus hette ein grosse vnd hohe Klag geführt/ vnd à gemino ouo die Sach angefangen/souil aber wir verstehen könden/ treffen sie nicht fürnämlich vnsere geringe Personen vnd Ministeria an/ sonder berühre Chur/ Fürsten vnnd Ständ/ oder die Kirchen/so sich zum Concordi Buch bekennen/vnser keiner habe die fünff Artickel gestellet/ so seie vnser keiner vnder den fünffzehen Männern/ von wölchen die Thorgische Artickel verfasset/ wie dann auch vnser keiner vnder den sechs Männern gewest/so das Bergische Buch/wie sie es nennen/geschriben/ habe er oder sonst jemand daran einigen Mangel/ möge er sich zu Sachsen vnnd Brandenburg verfügen/vñ dieselbe darumb zu Red stellen/werde jme sonder allen Zweiffel gebürliche Antwort widerfahren: Vnder den dreien Männern einer bin ich (sage D. Kirchner) so gebraucht worden zur Apologia/wölche auß gemeinem Beuelch der dreien weltlichen Chürfürsten/vnnd nit in vnserm Namen/ vil weniger auß eignem Gewalt gestelt worden. Dieweil es nun ein wichtige vnd gemeine Sach seie/vnd die abwesenden Chur/ Fürsten vnd Ständ/so sich/wie gemelt/dem Christlichen Concordi Buch vnderschriben/ antreffe/ wölche vnsers patrocinij nicht bedörffen/ auch vns nicht gut heissen würden/ da wir vns diser Sach allein ohne jhre vorwissen belüden/ wissen wir vns

darüs

darüber mit dem Gegentheil nit einzulassen / sonderlich dieweil
auch das hieige Ministerium nit gantz bey einander / es fehlen
nicht allein ettliche Stattprediger / sonder auch beide Hoffprediger / vnd ob wol D. Philip. Marbach nicht im Ministerio sey er
doch mit in der Sach begriffen / vnd gehöre zu jnen. Vnsers be-
dunckens / hette es diser schweren Klag des Gegentheils gegen
vns nit bedürfft / wie kömen wir arme Kirchendiener darzu / daß
wir den gantzen Last allein auff vns neisen / vnd so wichtige vnd
weit vmb sich sehende Sachen / allein verantworten solten vnnd
müsten / hetten aber Ihre F. G. Prediger ab vnsern Personen /
oder vnsern Ministerijs sonderlich ettwas zuklagen / seien wir vr-
biettig / jnen mit gebürlicher Antwort zu begegnen / das Lied seie
einmal von dem Gegentheil zu hoch angefangen worden / vnnd
werde es nit hinauß bringen / das seie nicht via ad concordiam,
der weg Einigkeit anzustellen. Wir können vns auch nit gnugsam verwundern / daß sie es mit solchen harten hefftigen Klagen
anfahen. Dann wann man Leut vergleichen wölle / pflege man
es nicht also fürzunemen / Es habe der Dominus (Tossanum
meinend) recht gesagt : Consilia Ecclesiastica fieri debere
cum summa obseruatione iustitiæ, aber dem werde gleichwol
in diser gegenwertigen Handlung gar nicht nachgesetzt / neme
vns derhalben nachmals wunder / daß man solche wichtige Sachen auff dise weiß / sine certis legibus, ehe man sich eines ordenlichen Proceß zu beiden seitten vergleiche / fürneme / da doch
sonsten bey allen gerichtlichen Processen in Ciuilsachen bräuchlich sey / libellum accusationum, wans begert würde / schrifftlich zuübergeben. Wir haben ja auch Ecclesiasticam historiam
gelesen / vnnd wissen vns zu errinnern / daß man in Kirchensachen nit also temerè & sine ordine handlen solle / seien vormals mehr bey Colloquijs gewesen / vñ gewitziget worden / wüßten vns derhalb in einer solchen wichtigen Sach / auff die blosse
mündtliche Anklag des Gegentheils / darinnen wir schon allbereit / als Calumniatores verdampt / vnnd vns das Thor nicht

J   obscurè

obſcurè gewiſen/ der geſtalt nit einzulaſſen : Trange demnach
gantz ernſtlich drauff/ vnnd bat vnderthänig vnnd vmb Gottes
Ehr willen/ Ihre F. G. wöllen vns nit verdencken/ daß wir vns
in diſer Sachen/ wölche ſo vil hoher vnd nider ſtands Perſonen
antrifft/ ſo temerè nicht gedächten inuoluiern zulaſſen/ ſonder
vil mehr der Sachen notturfft nach/ vnſer bedencken vom vorſtehenden Colloquio hören/ das Geſpräch nach gewiſſen conditionibus anſtellen/ damit alles ordenlich / nutzlich vnd beſſer-
lich abgehen möchte. Da vns aber je vber alles vnſer hoffen vñ
bitten / ein rechtmäſſiger Proceß des Geſprächs abgeſchlagen
werden ſolte/ wölle man vns doch des gegentheils Klagpuncten
in Schrifften vbergeben/ damit wir den Ochſen bey den Hör-
nern halten möchten/ dann es ſeie ein altes Sprichtwort: Man
ſolle den Ochſen bey den Hörnern/ alſo die Leut bey jrē Brieffen
vñ Sigeln halten. Darauff wöllen wir daß auch vnbeſchwert/
ja willig vnnd bereit ſein/ gebürliche Antwort zugeben / anders
könten vnd wölten wir vns mit dem Gegentheil nicht einlaſſen.

Da redeten abermal D. Ehem/ vnnd andere vil durch einander. Vnder des fieng Toſſanus zum andern mal wider an zureden: Gnädiger Fürſt vnd Herr. Aber D. Kirchner proteſtier-
te darwider/ er vnd die ſeine wolten ſich keins wegs vor Vergleichung eines rechtmäſſigen Proceß / oder Schrifftlicher Vbergebung der Klagpuncten/ mit jhnen/ den newen Predigern ein-
laſſen/ geb dem Hertzogen vnd den beiſitzenden Räthen jr billich
begeren zu bedencken/ erbotte ſich abzutretten / vnd ein Antwort
zuerwarten.

Als aber Toſſanus auff anhalten D. Ehems/ der jme an
der Seitten ſaß/ nicht nachlaſſen wolte/ ſagt D. Kirchner: Herr
Gott/ was will das werden/ wir können vnd wöllen ſie (die newe
Prediger) one vorgehende Vergleichung des Proceß/ wie es im
vorſtehenden Colloquio ſoll gehalten werden/ nicht ferner hö-
ren/ oder vns der geſtalt mit jhnen einlaſſen/ dann auß ſolcher
Action nichts guts erfolgen kan/ wir bitten vmb Gottes willen:

Admi-

Adminiſtretur nobis iuſtitia / Man wölle vns Gerechtigkeit
widerfahren laſſen. Wann diſes das Colloquium ſein ſoll / kan
oder will ich nit bey ſein / ſintemal ich leicht ſehen kan / wa diſes
alles hingemeint: gienge hiemit der Thür zu / vnd volgten jm die
andere Theologi vnd Kirchendiener allgemach hernach / in einer neben Stuben auff Beſcheid zuwarten. Im außgehen ſagte
ein Caſimiriſcher Raht: Mein gnädiger Herr iſt dannoch ewer
Herr. Item / ein anderer / allernechſt bey der Thüren / D. Peuterich ſagte: Hæc eſt fraterna & Chriſtiana dilectio? Iſt diſes
die brüderliche vnd Chriſtliche Liebe? Vber ein kleine weil kame
auch herauſſer M. Ioſephus Cœllinus, vnſer erbettener Nota-
rius / vnnd bald die vier Caluiniſche Prediger / wölche ein groß
fechten mit den Händen hetten.

Der Hertzog aber vnd die Rähte blieben lang biß nach eilf-
ſe bey einander / endtlich kam der Protonotarius Regenſpurger
zu vns / vnd ſagte / wir möchten dißmals zu Hauß ziehen / vnd ſolten morgen vmb zwey Vhren nach Mittag wider erſcheinen.

Den andern tag aber kam vns Bottſchafft auff das Rahthauß / bey dem Doctormal / es werde heut auß der Sachen
nichts werden / man werde vns aber zu gelegner zeit wider beſchicken / darauff wir dann noch heutigs tags warten.

Als ſich aber das fürgeſchlagene Colloquium in die harr
verzogen / vnnd mitlerweil allerley vns beſchwerliche reden / von
dem Gegentheil hin vnd wider in der Statt vnd ſonſten auß ge-
ſprengt / vnd ſonderlich D. Ehem neben dem Fauthen vnnd D.
Paſtors', in Feſto D. Thomæ, vns Prediger für den Præceptoribus vnd alumnis domus ſapientiæ, vngeſcheucht / in vnſerm
Abweſen beſchuldiget / als ſolten wir den 4. Decemb. vns für
Hertzogen Johann Caſimirn in kein Colloquium einlaſſen
wöllen / ſonder vns ſo ſtörrig erzeigt / dz J. F. G. wol befügt gewe
ſen / vns nach den Köpffen zugreiffen / hielten wir es ein Notturfft ſein / vns ſolches gegen dem Hertzogen zubeſchweren / vnd
vnſere entſchuldigung zuthun / wie hernach volget.

Durchleuchtiger Hochgeborner Fürst/ Churf.
Pfaltz Tutor vnnd Administrator/ Gnädiger Herr. Ob wol
E. F. G. wir vnderthänig gern verschoneten/ als die täglich
mit vil hochwichtigen Fürstlichen Geschäfften beladen: Jedoch
haben an E. F. G. diß vnderthänig Schreiben abgehen zulaf-
sen/wir hochtringender vnuermeidenlicher Gewissens notturfft
halber/ nicht vmbgehen können/ vnderthänig vnd vmb Gottes
willen bittend/ Ewre Fürstliche Gnad solches in keinen Vngnaden von vns vermercken wöllen. Können demnach Ewre
F. G. vnderthänig nicht bergen/ wie daß ein gemein Geschrey in der Statt ist/ als solten in E. F. G. vnnd deroselben
löblichen Regierung Gegenwart/wir mit E.F.G: Theologis
zu colloquiern/ den 4. Decemb. vns gäntzlich geweigert ha-
ben/ wölches vns nicht wenig betrübet. Dann wir ja (weiß
Gott/ dem niemand liegen kan) in dem Namen/ in E.F. G.
Cantzley gegangen/ daß wir in solch Colloquium vns wolten
einlassen/ als dann auch dessen zuuorn auff der Cantzel offentlich erwehnet/ vnd die Zuhörer zum Gebett vermanet/daß solch
Colloquium Christlich/vnnd der Warheit zur Befürderung
abgehen möchte/auch nach geschehener Proposition E. F. G.
für solche Anordnung vnderthänig gedancket/ deßgleichen vnderthänig vns zu solchem Colloquio erbotten/ wa fern nur de
processu zuuor ettwas abgehandlet/ vnnd gebürliche Vergleichung geschehen/zu wölchem ende dann wir vnsers theils (doch
E. F. G. hiemit vnuorgreifflich) wir auch etliche media fürschlagen wöllen/ denselben in Gnaden nachzutrachten/ E. F.
G. aber bedencken gehabt/ dieselbige von vns anzuhören. Als
nu E. F. G. Theologi drauff den Anfang (ehe dann vnsere
vnderthänige Christliche Petition von E. F. G. allerdings er-
lediget:) vnnd dise hefftige Propositiones gesetzt/Calumniato-
res & Sycophantæ weren in keiner bene constituta Republica zuleiden/wir aber weren solche/ɾc. Vnnd darauff ihre ge-
schwinde Anklagen prosequiert /als solten wir sie calumniose
für-

für Arianer vñ Nestorianer außgeschrihen / Danæum de ado-
ratione carnis Christi zur Vnbilligkeit beschuldiget / jnen vngüttlich zu messen / daß sie verba institutionis Cœnæ, spöttlich Verba Verba Verba heissen / Item daß sie die wort des
Abendtmals in celebratione sacræ Cœnæ aussen liessen / vnd
endtlich schuld geben / daß sie verneinen solten / Christus were
im H. Abendtmal nicht gegenwertig / 2c. Haben von E. F. G.
wir vnderthänig darauff einen kurtzen Abtritt erlangt / vnnd
ferrner vns vnderthänig erkläret / daß E. F. G. wir nochmals /
lautter vnd vmb Gottes vnd der Warheit willen beten / E. F.
G. wölte doch diser Sach zum besten / vnserm vnderthänigen
Fürschlag / de legitimo processu Colloquij / zuuor gnädig
anhören (dann wir vns in solchen Proceß / als derselb von E.
F. G. Theologis fürgenommen / keines wegs wüsten einzulassen) alsdenn wolten wir vnderthänig nicht zweiffeln / E. F.
G. diß negotium anderst wurde tractieren lassen / sintemal dises E. F. G. Theologen fürnemen / der Weg nicht sein würde / Einigkeit / oder einen Stillstand zwischen beiden theilen
zutreffen / wie alle Christuerstendigen das bey sich selbs leichtlich ermessen köndten. Dieweil wir auch sehen / daß die Sach
solcher gestalt angefangen / wölle vns gantz bedencklich fallen /
mit E. F. G. Theologis also mündtlich zu colloquieren / sonder die Notturfft diser großwichtigen Sach / wölle es erhei-
schen / daß sie jhre Klagpuncten schrifftlich vbergeben / damit
wir sehen köndten / wabey wir sie halten solten / vnnd sie herwi-
derumb vns auch / dann geredte wort / köndte man leichtlich verdrehen vnnd wechseln / also daß kein theil wüßte / was es an dem
andern hette / oder warauff es seine Sachen dirigiern solte / wie
es auch in allen wolbestelten Iudicijs herkommen / daß das Klag-
libel / auff vnderthäniges ersuchē vbergeben / Weil sie auch selbs
einbracht / daß iudicia Ecclesiastica, cum summa iustitiæ obseruatione sollen vnd müssen gehalten werden / also haben wir

J iij   demsel-

demſelben zu gebürlicher Folg nicht vnbillich darauff getrun=
gen / daß doch ſolches in diſer gegenwertigen Sach auch ge=
ſchehen möchte. Ob nun wol eingewandt / diſes ſolte kein ſo=
lenne Colloquium ſein / ſondern es ſolte jetziger zeit nur ein
Theil dem andern anzeigen / was es für Mängel am ſelbigen
hette / vnd bedürffte keines ſonderlichen Proceß / ſondern das
were der Proceß / daß ein Theil dem andern / was es für Män=
gel an jhm hette / deutlich zu erkennen gebe : Haben wir
doch Gewiſſens halben nicht vorbey können / ſondern vmb or=
denlichen / rechtmäſſigen vnd gefaßten Proceß / anhalten vnd
flehen ſollen / all dieweil es vnmüglich von ſolchen Klagpun=
cten / ſine rebus ipſis, ſo dieſelbige berühren / das allergeringſte
zureden. Darumb dann notwendig diß Colloquium müßte
gefaſſet / vnd certis limitibus circumſcribiert ſein. Wölches /
da wir es humiliter, & propter Dei gloriam ſupplicando,
nicht erlangen mögen / haben wir Vns nicht wenig beſchwert
befunden / vnd leicht abnemen können / daß / wa ferzer von E.
F. G. Theologis , wie der Anfang gemacht / alſo auch ſolte
procediert werden / daß diſe gantze Action , nicht allein zu kei=
nem gutten End gedeien / ſondern auch zu einer gantz weitläuf=
figen Beſchwerlicheit außlauffen wurde / in ſonderbarer Be=
trachtung / weil von jnen / auch anderer Ständ Actiones, in
für ſtehenden Religionſachen / zimlich hart herdurch gelaſſen /
vnd die Propoſitio alſo formieret / daß man vns / als Calu=
mniatores, in diſer Gemein nicht dulden ſolte / die Capita ac=
cuſationum dahin dirigiert / daß man vns prægrauiern / vnd
odioß machen / vnd alles dermaſſen geſpitzet / daß / wa wir vns
auſſerhalb der ſchrifftlichen Anklag eingelaſſen / wir leichtlich
hetten können inuoluiert werden / Auch zum andernmal reple=
cieren wöllen / ehe dann E. F. G. gnädige / vnd von vns vnder=
thänig gebettene Reſolution erfolget. Haben alſo bey E. F. G.
abermal vmb Gottes willen vnderthänig / vmb ordenlichen /
rechta

rechtmässigen / Christlichen Proceß/ vnd vmb schrifftliche anklagen angehalten / damit die Sachen nicht verwirreter wurden / als sie zuuor je gewesen / vnnd vmb vergünstigung eines
Abtrits vnderthänig bey E. F. G. sollicitieret/damit E. F. G.
der gantzen Sachen desto besser nachdencken/vnd einen Christlichen gnädigen Außschlag geben köndten/ vnnd endtlich (wie
Gott weist) auß keiner Verachtung E. F. G. sonder allein
vmb vor erwehneter hochtringender Vrsachen willen / abtret-
ten/ vnd für dem Gemach E. F. G. gnädigen Bescheids zu-
erwarten/ Da wir dann auch biß vmb 11. Vhren verbliben/ biß
so lang E. F. G. durch deroselben Protonotarium vns heim-
gehn/ vnd den folgenden Tag vmb 2. Vhren wider erscheinen heissen/ wölches aber folgendes Tags ist wider abgekündi-
get worden.

Haben also bißhero mit vnderthänigem verlangen darauff
gewartet/ daß E. F. G. vns gnädig erfordern / die Capita accusationum schrifftlich zustellen/ vnd die gantze Sach zum or-
dentlichen Proceß wurde kosten lassen/ da wir dann auch vnser
Gegenklag hinwider einzubringen bedacht sein. Demnach aber
sich solches verzeucht/ vnd wir nichts destominder vnder dessen
fast bey meniglichen den Namen haben vnd tragen müssen/ als
solte wir alle Collationen detractieren/ das Liecht schewen/ vnd
vns der Mund dermassen gestopffet sein/ dz wir nit hätten antworten können. Also hat vns die vnuermeidenliche Notturfft
getrungen/ an E. F. G. solches alles in Schrifften vnderthänig gelangen zulassen. Seind/ gnädiger Fürst vnd Herr/ nochmals dises vnderthänigen erbiettens / daß/ wänn E. F. G.
solches gnädig von vns begern werde/ wir vnderthänig erschei-
nen/ vnd mit deroselben Theologis vns einlassen wöllen/ doch
mit dem Christlichen vnd billichen Bescheid / daruon bißhero
vnderthänig gebetten vñ gemeldet worde. Vnd damit E. F. G.
mit sampt deroselbe Hochlöblichen Regierüg spürt mögen/ was

vnser

vnser vnderthenigs bedencken gewesen / wöllen wirs kurtzlich
erholen/ námlich vnd zum erſten / daß materia Colloquij were
die articuli de perſona Chriſti & ſacra Cœna, von der Tauff/
Prædeſtinatione/vnd dergleichen mehr. 2. Daß die Probationes nur ex Verbo Dei ſeien genommen / wolte man Patrum
teſtimonia allegiern/ ſolten ſie doch ſub Verbo Dei ſein/ vnd
ferzner nicht gelten/ als ſie Verbo Dei muniert weren. 3. Daß
gewiſſe vnpartheiiſche Notarij darzu verordnet / die alles mit
fleiß auffzeichneten / was von beiden theilen einbracht vnd ge-
handlet/ vnd allen Abend collationierten / damit die Acta integra. 4. Daß ein jeder theil in Schrifften ſeine Sach ſyllogi-
ſticè fürbrächte / alles weitleuffig vagiern zuuermeiden.
5. Daß es vtrinque/ zum mehſten bey dreien einbringen/ auff
vorgeſetzte weiß blibe / dann es muß alles ja ſeine maß haben.
6. Daß auch vnſers theils vnd Bekandtnuß/ ettliche glaubwir-
dige teſtes möchten darbey ſein. 7. Daß gewiſſe Collocutores verordnet / vnnd nicht einer dem andern in die Red fiele.
8. Vom Richter/ wer der ſein ſolle / vnnd von der Execution/
denn ein theil nicht zugleich Part vnd Iudex in propria cauſa
ſein kan. Zweiffeln gar nicht / E. F. G. vnd die hochlöbliche
Regierung / diſe vnſere media für vnchriſtlich vnd vnzimlich
nicht erachten werden/ vnd da es auch noch darzu kommen möchte / daß ſie der gantzen Sach beider theiln nicht ſolten abträg-
lich ſein. Solchs alles haben E. F. G. wir vnderthänig nicht
verhalten ſollen / nochmal lauter vnnd vmb Gottes vnnd der
Warheit willen vnderthänig bittend / E. F. G. neben deroſelben löblichen Regierung / wölle vns in dem Verdacht nicht ha-
ben/ als gedächten wir gar nicht mit E. F. G. Theologis vns
einzulaſſen. Dann es ja vns ein rechter Ernſt iſt/ wir auch vnſer Bekandtnus/ durch Gottes Gnad kein ſchew tragen / oder
vns darbey fürchten dörffen/ wa ferzn man ſich nur des Chriſtlichen Proceß halben zuuor miteinander verglíche / wölches
vnſers

vnſers vnderthänigen erachtens/ gar wol geſchehen kan. Bitten ſchließlich / E. F. G. deſſenhalben vns in vngnaden nicht
verdencken wölle/ dann es ſeind je Gewiſſens vnd Gottes Sa-
chen/ E. F. G. gnädigen Reſolution hierauff vnderthänig
erwartend. Befehlen hiemit dieſelbige E. F. G. ſampt deroſelben löblichen Gemahl/ vnnd gantzer Regierung/ in den
gnädigen Schutz des Allmächtigen. Datum Heidelberg/ den
22. Decemb. Anno/ ꝛc. ſalutis 1583.

E. F. G.

Vnderthänige Diener

Timotheus Kirchnerus. D.
Vvilhelmus Zimmerman D.
Iacobus Schopperus. D.
M. Dionyſius Oehem.
Philippus Felſinius.
Conradus Lauttenbach.
Iohannes Schadius.

Diſe Supplication hette durch M. Dionyſium, vnd Philippum Felſinium gleichwol dem Hertzogen ſelbſt behendigt
werden ſollen / wie ſie dann deßwegen auch den 23. Decemb.
vor Mittag in der Churfürſtlichen Cantzley / vergeblich auffgewartet / dieweil der Hertzog damals in die Cantzley nicht herab kommen/ nach Mittag in gleichsfahls zu Hoff geſucht/ vnd
ein gutte Zeit vor J. F. G. Gemach verzogen/ aber vmb für-
gewendter wichtiger Geſchäfft willen/ nicht für J. F. G. kommen mögen/ haben ſie derhalben dem von Awerswald vberge-
ben/ wölcher verſprochen/ die J. F. G. fürderlich zu vberlifern/
doch iſt vns auff den heuttigen Tag kein Antwort drauff
worden.

K   Diſ

Diß ist nun die warhafftige Historien / so sich mit dem fürgewendten Colloquio begeben. Es solle aber der Christliche Leser hiebey erstlich bedencken/ wie so gar dise Berichtsgeber jr Art nicht lassen können / in dem sie gleich im Anfang jrer Narration abermal neben der Warheit spaciern/ vnd fürgeben dürffen/ daß den 4. Decemb. die vornembste Theologen/ vnd alle Kirchendiener des Gegentheils/ dero siben waren / vnd darunder drey Doctores Theologiæ/ in die Cantzley seien fürgefordert worden.

Dann ist es war/ wie die Narratores fürgeben dürffen/ daß die vornembsten Theologen fürgefordert worden / wa ist dann D. Marbachius bliben / der ja auch einer auß den vornembsten Theologen zu Heidelberg / dazumal als ein publicus vnd secundarius Theologiæ Professor, vnd ein Præceptor primarius domus sapientiæ, gebliben? den man ja daßeim/ als wann jne solche Sach nich angienge / hat sitzen lassen / vnd der auch auff erfordern gern erschinen/ vnd neben andern seinen Collegis, diser Sach mit Frewden beygewohnet hette.

Vnd warumb hat man nicht auch hiezu erfordert die beide Schechsios, Hoffprediger / die ja nicht die geringste / sonder vnder den vornembsten Theologen/ Churfürstlicher Pfaltz/ dazumal gewesen / als deren der älter / nämlich D. Iohannes Schechsius selig / nicht allein neben seinem Vettern Paulo Schechsio, Churfürstlicher Pfaltz Hoffprediger / sonder auch Kirchenrahte/ vnd der ersten Reformatoren einer gewesen/ die ja gern/ vñ mit willen neben vns/ für einen Man in diser Handlung gestanden weren/ wa man sie nur allein erfordert hette.

Zu dem / so seind nicht alle Kirchendiener des Gegentheils (wie sie vns nennen) der Berichtsgeber fürgeben nach / fürgefordert worden / dieweil nicht nur allein beide Hoffprediger

ger / wie gemeldet / auſſen gelaſſen worden / ſonder auch D. Petrus Patiens, als der Superintendens, nicht hat fürgefordert
werden / vil weniger erſcheinen können / dieweil er dazumal nit
anheimiſch geweſen.

Vber das alles / ſo ſeind vnſer (der Prediger) dazumal
nicht ſiben / ſonder nur ſechs in der Cantzley erſchinen / dieweil
M. Dionyſius Oehem dazumal gen Heilbron zu ſeiner krancken Mutter / auff deroſelben erfordern / verzeiſet / vnd demnach diſer gantzen Handlung des angemaſten Colloquij nicht
beygewohnet hat.

Wie denn auch nicht diſer Narratorum fürgeben nach /
drey oder vier fürnemeſte Räht dazumahl / in Num. 13.
Conſilio geſeſſen / die vnſerer Confeſſion / oder wie ſie daruon ſchreiben / auff vnſer Seitten geweſen / ſonder nur
allein drey.

Aber wir wöllen ſo nahe nicht ſuchen vnd grüblen / wie wir
dann das auch nicht hoch exagitieren wöllen / daß der Fürtrag
durch D. Ehemen nicht eben allerding alſo / wie daſſelbige von
diſen Narratoribus geſetzt würdt / geſchehen / wie auß der Collation der Heydelb. Narration, vnd vnſers warhafftigen Berichts zuſehen.

Das aber wölle der Chriſtliche Leſer allein allhie wol bedencken / ob nicht wir geurlaubte Theologen vnd Prediger / wichtige Vrſachen gehabt / als wir in ſolch angemaſte Colloquium eingewilliget / darauff vnderthänig zutringen / daß ein
rechtmäſſiger Proceß bey diſem Colloquio angeſtellt wurde.
Dann ja diſes erheiſcht vnd erfordert hat / die wichtigkeit vnd
gröſſe der Sach / daruon man in diſem Colloquio hat ſollen
handlen / nämlich / von der Perſon Chriſti / daß nämlich die
Caluiniſche Lehr de perſona Chriſti, wie ſie ſonderlich von
Danzo vnnd andern geführt vnd vertheidigt würdt / nahe mit

dem

dem Arianismo vnd Nestorianismo verwandt seie / Item de
Cœna Domini / daß nämlich nach der Caluinisten Lehr / der
Leib vnnd Blut Christi / so ferzn vnnd weit von dem Zeichen
Brots vnd Weins/ so hie auff Erden/ seiend/ so weit vnnd ferz
die Erden von dem öbersten Himmel seie / vnd was disem mehr
anhängig. So ist auch solches je vnnd allwegen in allen rechtmässigen Colloquijs also gehalten worden / da man doch von
vil ringern Sachen mit einander conferiert / daß man zuuor
rechte vnd billiche Proceß angestellt / vnnd dieselbige auch gehalten hat. Vnnd fürchtet vber das alles ein verbrendts Kind
das Fewr/ in dem wir vns erinnert haben/ wie es mit dem Colloquio zu Maulbrun abgegangen / in wölchem man doch
gleich gutten Proceß angestelt vnnd gehalten. Auch seind vns
schon dazumal/ Tossanus vnd seine Gesellen/ zimlicher massen
bekandt gewesen / daß sie sich nämlich vnderstehn dürffen / jre
Sachen fort zutreiben/ zubemänteln/ vnnd zubeschönen / vnd
jren Gegentheil zu grauieren vnd zubeschweren/ wann sie auch
schon wissen/ vnd dessen von andern Leutten gnugsamlich vberzeuget sein/ daß sie jrer Sachen vnbefuget/ wie bey der nächst-
gehaltener Heidelbergischen Disputation zusehen/ bey wölcher
sie mit Gewalt bestreitten / daß sie in derselbigen gewisse vnnd
herzliche Victori erhalten / da jhnen doch wol bewust/ daß vil
hundert ehrlicher vnd gelerter Leut/ von Rähten/ Professoribus, Doctoribus, Magistris, Studiosis, vnd andern Auditoribus, so solcher Disputation beygewohnet/ das Widerspil hieuon zu zeugen wissen. Was meinet dann einer wol / das geschehen sein wurde / mit einem solchen Colloquio, wölches nicht
publicè, sonder inter priuatos parietes, vnnd in beysein des
Herzogen/ vnd Jrer F. G. Rähts allein / sine omni legitimo
processu, von so hohen wichtigen Sachen / zwischen vns vnd
jnen were gehalten worden?

Vnd

Vnnd dörffen diß fahls vnsere Widersächer nicht zu jhrer
Sachen Beschönung/ vnd vnserer Beschwerung fürwenden/
daß ein solcher Proceß/ den wir begeret/ein grosses Num. 12.
Gepräng vnd Weitleuffigkeit erfordert/ vnd mit sich
gebracht het. Dann wie auß vnser diser Schrifft einuerleib=
ten Supplication/ die wir den 22. Decemb. vbergeben/zusehen/
so haben wir lautter solche conditiones fürschlagen wöllen/
wann man vns nur allein souil Gnad erzeigt/ daß man vns/biß
wir dieselbige erzöhlet/angehört hette/ die da one alles Gepräng
vnd Beschwernus/hetten mögen adimpliert/ vnnd ins Werck
gerichtet werden/ die auch also geschaffen/ daß keiner dieselbige
vnbillichen könne/ es seie gleich der selbige vnser Freund oder
Feind.

Daß sie auch fürgeben/es seien wol drey oder vier vor=
nembste Räht auff vnserer Seitten dazumahl im Num. 13.
Raht gesessen/vmb wölches willen ein solch Colloquium si=
ne processu für desto vnpartheilicher zuhalten/ vnnd vmb desto
weniger vonnötten gewesen/ einigen fernern Proceß bey dem=
selbigen anzustellen/ dienet solches souil zur Sach/als nichts.
Dann dieselbige allein in consilio gesessen/ nicht als vnsere
hierzu erbettene vnnd erlaubte Astanten vnd Testes, sonder als
Churfürstliche Rähte/ die dem Hertzogen mit Pflichten vnnd
Eiden verwandt vnnd zugethon gewesen: Wölche auch/da sie
auff vnser Seitten/ vnd vnser Astanten vnnd Testes hetten
sein wöllen/von dem Consilio hetten müssen auffstehen/ neben
vns tretten/vnd jhrer Pflichten vnd Eiden/ souil disen casum
betrifft/ damit sie als Diener/ dem Hertzogen zugethon/ erlas=
sen werden. Es were auch wol vnuonnötten gewesen/ das die
Narratores hiebey mit so prächtigen Worten/vnsere Sach
dardurch zubeschweren/fürgeben. Es hetten die jhrigen Num. 15.

K iij vor

vor 8.Jaren Gott hertzlich gedanckt / wann man sie
nur allein gehöret / wie man vns zuhören begert.

Dann es mit disem hören / wölches sie vns angebotten / also geschaffen / daß es nur ein scheinhandel / vnd allein dahin gerichtet gewesen / daß sie sich / wail sie vns schon vnuerhörter / das
ist / vnüberzeugter Sachen verdampt hetten / hernach in der
gantzen Welt hetten rühmen können / sie hetten vns ja gnugsamlich gehöret / vnd wären wir billich von jnen verdampt worden.

Es haben ja die Hohenpriester vnd Schrifftgelehrten den
Herrn Christum in seinem Passion / wie dann auch Pilatus /
auch gehöret: Was hat aber den Herrn Christum solch hören
geholffen? Ein Scheinhandel war es / von den Hohenpriestern
vnnd Schrifftgelehrten dahin allein gerichtet / daß sie sich hernacher hiemit beschönen möchten: Der arme Herr Christus
aber / muste nichts destoweniger vnuerhörter vnnd vnüberzeugter Sachen fort / vnd ans Creutz vnschuldig geschlagen werden.
So ist es auch ein anders / wann ein Landesfürst bey Christlich-
en Visitationen (so von den Referenten prächtige inquisi-
tiones vnnd examina genennet worden:) mit seinen Dienern
vnnd Vnderthonen / so mit den Irthumen in der Lehr behafft /
one Notarien vñ Beistand handlen / vnd conferieren lasset. Ein
anders aber ist es / wann man Colloquia vnder den Gelehrten
vnnd Theologis , so widerwertige Lehr führen / von den allerhöchsten streittigen Religions Sachen / den einen theil dardurch
zubeschweren / vnd die Warheit vnderzutrucken / one Notarien
vnd Beistand / ja one allen rechtmässigen Proceß / anzustellen /
vnd zuhalten sich vnderstehen will.

Hoffen also hiemit gnugsam erwisen sein / daß wir so hart
bey dem angemaßten Colloquio auff einen rechtmässigen Proceß getrungen / vnd vns one einen solchen in kein mündtlich Gespräch von so hohen wichtigen / streittigen Religions Sachen
haben

Num. 15.

haben einlaſſen wöllen/das ſolle vns von verſtendigen Chriſten
nicht dahin gedeuttet werden/ (wie von vnſerm Gegentheil ge-
ſchicht/) als ob ſolches auß einem böſen Gewiſſen/oder ei- Num. 13.
niger Vngeſtümmigkeit/ Vnbeſcheidenheit vnnd Num. 14.
trußen geſchehen/ daß auch diſe vnſere Handlung für keine
vnweiſe vnnd vnbequeme Handlung zudeutten/ Num. 15.
vil weniger aber dahin zuuerſtehen/ als ob wir hiemit/daß wir
Notarios vnd Richter begert/ die Sachen mutwil- Num. 16.
liglich verlängern/ vnnd auffziehen/vnnd hie zwiſchen
durch ſolche Gelegenheit vnſere Calumnien continuieren möchten: ſonder daß wir deſſen hohe erhebliche Vrſach-
en gehabt/ vnnd nit anders handlen halben können/darüber wir
gern alle verſtendige Chriſten zu Richter leiden mögen.

   Vnd wolte Gott/daß die Caluiniſten alſo von der Præde- Num. 16.
ſtination vnnd heiliger Tauff lehren vnnd ſchriben/ daß es dem
Wort Gottes ehnlich vnd gemeß/vnd es deßwegen keines Colloquij mit jhnen bedörffte/ vnnd daß ſie diſe zeit vber/weil ſie zu
Heidelberg neben vns geprediget/ nicht alſo abſcheulich von
der Prædeſtination/ vnnd nicht alſo jrrig von der H. Tauff/
als ſie leider gethan/gelehrt hetten: ſie ſolten vns ja diſes zu tra-
wen/ daß wir beide diſe Artickel nicht temerè wolten reg ge-
macht/ vnnd vns auch von denſelbigen mit jhnen zu conferieren
erbotten haben.

   Was beide Hoffprediger/ die Schechſij von Jerobo- Num. 16.&17.
am vnd Achab ſollen geprediget haben/gehet vns nichts an:
Vnnd iſt derſelbigen einer noch bey Leben/ der ſich vnnd ſeinen
Vettern ſeligen diß fahls wol würdt wiſſen zuuerantworten.
Vnd ſouil auch von dem angemaßten Colloquio.

                                            Vom

Vom *Senior* Raht.

Vom Senior
Raht.

JM Colloquio kommen die Narratores zu
dem Senior Raht: Von wölchem sie also schreiben:
Vnd da Jre F. G. nichts anders gesucht vnd
begert haben/dann daß der Gegentheil ein wenig
verträglicher were/vnnd die vnsern neben jhnen ge=
dulden wolten/auch die Disciplin im Kirchen vnnd
Senior Raht mit einander helffen handhaben/ꝛc.
Hactenus verba Narratorum.

Wie sich alle Sachen mit dem Senior Raht verloffen/
dauon hat sich der Christliche Leser zuersehen / in vnserer
Schrifft/so wir geurlaubte Prediger Hertzogen Johann Casi=
mirn/den 22. Junij/nicht lang vor vnserer Beurlaubung vber=
geben/vnnd diser gegenwertigen Schrifft angehengt/vnnd mit
litera B. signiert ist: dahin wir vns auch hiemit wöllen referiert
haben/ vnnd alhie nur allein die zwo Supplicationes setzen/so
nicht allein wir Prediger/sonder neben vnnd mit vns alle ande=
re Seniores in diser Sach dem Hertzogen vbergeben lassen.

Die erste Supplication lautet also.

DVrchleuchtiger/Hochgeborner/Gnädigster
Fürst vnnd Herr. Es haben E. F. G. gestern spat/
Doctorn Wilhelm Zimmerman / der Senioren hal=
ben/ auß der Churfürstlichen Cantzley gnädigsten Beuelch zu=
kommen/vnd jhme aufftragen lassen / die von E. F. G. desig=
nierte Senioren/morgen von der Cantzel/in den dreien Kirchen/
zu den Barfüssern/Sanct Petern/vnnd im Spittal außzuruf=
fen.

fen. Nun weren wir zuuor geneigt/ E. F. G. aller gestalt vnnd
Gelegenheit der gantzen Sachen/darinn dieselbige vnsers be-
denckens/Bericht mangelt/noch heut zu tag zuberichten/die-
weil vns den Predigern aber auff heut vnd morgen vil Predigten obligen/vnnd die andere Seniores/wölche in diser Sach nit
weniger als wir begriffen/auff den heutigen Marcktag aller
Geschefft halben nicht wol alle zusamen zubringen / So ist an
E. F. G. vnser vnderthänigst Bitt/sie wöllen vns gnädigst er-
lauben/ die Verkündigung der Senioren morgen einzustellen/
biß wir zeit haben mögen/E. F. G. vnser vnderthänigst beden-
cken/vnd notwendigen Bericht/ auff das beldest/als jmer mög-
lich/fürzubringen. Getrösten vns gegen E. F. G. also zu erklä-
ren/ daß dieselbige ein gnädigst vernügen daran haben können.
Thun E. F. G. vnd derselben Gemahlin den Schutz des Allmächtigen beuelhen.

E. F. E.

Vnderthänigste Diener
der Kirchen zu Heidelberg
verordnete Seniores.

Dise Supplication ward einem Wälschen Secretario zu
Hoff vbergeben/wölcher versprochen/dieselbige dem Hertzogen
noch denselbigen Abend/da sie datiert/vnd auffs fürderlichst zuvbergeben.

Den volgenden Montag aber/wölcher war der 20. Jen-
ners/kamen die alten Senioren mehrer theils an gewohnlichem
ort wider zusamen/ die Supplication vnnd außführlichen Be-
richt/von der Senior Instruction zuuerlesen vnd anzuhören/
vnd als dieselbige nach gemeinem gutduncken verbessert/vnnd
sauber abgeschriben / noch denselbigen tag gen Hoff getragen.

L   Vnd

Vnd dieweil sich keine andere Gelegenheit/Hertzog Johan Casimiro gemelte Supplication in die Hånd zulifern/erzeigen
wôllen/ist sie gegen Abend einem Huffjunckern vbergeben/vnd
durch jn endtlich dem Hertzogen selbst præsentiert/wie gemelter
Juncker beide abgeordnete berichtet/vnd man sonst auch in Erfahrung gebracht hat. Es lautet aber ermelte Supplication
von Wort zu Wort wie hernach volget.

Andere Supplication.

DVrchleuchtigster / Hochgeborner / Gnådig-
ster Herr / Churfürstlicher Pfaltz Administrator, E.
F. G. seien vnsere vnderthånigste vnnd gehorsamste
Dienst zuuor an.

Wiewol wir vnderthånigst verhofft. E. F. G. solt durch
derselben Secretarium (zu wölchem wir den letsten Decembris
des nechst verschinen Jars / des wegen zwen auß vnserm Mittel abgefertigt) gnugsamlich vnsers Senior Rahts halben berichtet sein worden / vnnd gemelten Senior Raht/auß vnserer
vbergebner Verzeichnus ergentzet haben/damit wir mit Leuten/
die vnser Christlichen Religion mehrertheils entgegen vnnd zu-
wider/nicht hetten beschweret werden dörffen : Jedoch/dieweil
wir auß folgenden Handlungen das Widerspil besorgen müs-
sen/haben wir bald den 2. Jenners zwen andere/vnder wölchen
Paulus Schechsius, geweßner Hoffprediger/einer/war abgeord-
net/ E. F. G. deßhalben gründlichen Bericht zuthun : Es ist
aber obgedachter Schechsius, vor Verrichtung vnserer Sach/
seines Dienst erlassen worden/da wir mitlerweil nit ander sis ge-
meint/dann er hette das/was man jhme befolhen/E. F. G. für-
gebracht/biß dieselbige E. F. G. am nechst vergangenen Freitag spat / D. Wilhelm Zimmerman ein andere Verzeichnus
der Eltesten vberschicket hat/mit Beuelch/dieselbige in den drei-
en vn

en vnſern Kirchen zu proclamieren. Derhalben treibet vns vnſere höchſte Notturfft/ E. F. G. nochmals der gantzen Sachen
Gelegenheit in Schrifften vnderthänigſt zuberichten/ vnd helt
ſich kurtzlich wie hernach volget.

Es hat weiland der Durchleuchtigſt vnnd
Hochgeborne Pfaltzgraff Ludwig/ vnſer gnädigſter Churfürſt
vnd Herr/ hochlöblichſter Gedechtnus/ vns ein ſchrifftliche Inſtruction gnädigſt vbergeben laſſen/ darinn vns außtruckenlich
befohlen/ für außgang jedes Jars/ an ſtatt des halben theils der
Senioren/ ſo dem Senior Raht zwey Jar beygewohnet/ andere Gottsfürchtige/ vnd vnſer Chriſtlichen Religion zugethone
Männer/ in gleicher Anzahl/ mit vorgehender Anruffung Got-
tes/ zuerwöhlen/ vnd dieſelbige/ ſampt den noch bleibenden Perſonen / am newen Jarhtag offentlich von der Cantzel in allen
Kirchen zuuermelden/ vnnd in das gemeine Gebett mit einzu-
ſchlieſſen.

Wiewol vns nun gemelte Inſtruction frey laſſet/ die new-
erwöhlte Seniores, vnerwartet der hohen Obrigkeit Confirma-
tion/ der Kirchen anzuzeigen/ ſo haben wir doch vmb des Senior
Rahts mehrer Anſehend willen/ bißher järtlich an eines jeden abgehenden Senioris ſtatt/ zwen deſſelbigen Standts fürgeſchla-
gen/ vnnd vnſerer Chriſtlichen hohen Obrigkeit heimgeſtelt/ je
auß zweien einen zubeſtättigen/ vnd dem Senior Raht zu zuordnen.

Diſer vnſer Inſtruction vnnd hergebrachter Gewohnheit
nach/ haben wir auch diß Jar/ an eines jeden abgehenden Senioris ſtatt/ zwen/ E. F. G. einen darauß zubeſtättigen/ fürgeſchla-
gen/ als von Hoff vnnd der Cantzley/ an ſtatt Juncker Peters
Schlamorßdörffers/ D. Joachim Struppen/ oder M. Chriſtoff Federlin Hoffbalbierern: An M. Michaëlis Moeſtlini Ma-
thematici ſtatt/ hat die Vniuerſitet D. Iohannem Papium

E ij   Profeſſo-

Professorem Organi denominiert: Vom Raht an Herrn Georg Zwengels statt/ haben wir erwöhlet Veltin Kuonen/ vnnd Jacob Büchsensteinen: Auß der Gemein an Frantz Steinackers statt/ Micheln Wolheimer/ vnd Philips Kornackern: Von Allmosen Pflegern an statt Philips Jacob Leipting/ Wilhelm Walspach/ vnnd Hanß Raunen: Auß der gemeinen Burgerschafft/ an statt Michel Rumetschen/ Albrecht Langen/ vnnd Andres Dalern: Vorm Berg/ an statt Andres Haßmans/ Micheln Bentzen/ oder Bastian Büchsenschmid/ vnnd also fortan wie vnsere Verzeichnuß weiter außweiset. Haben demnach verhoffen sollen/ dieweil vns auch noch zur zeit keine andere Instruction zukommen/ dieselb E. F. G. wurde auß vnser vbergebener Verzeichnuß den halben theil der fürgeschlagenen Seniorn confirmiert/ vnnd von der Cantzel außzuruffen gndiglichen beuolhen haben. Wir befinden aber in der andern Verzeichnuß/ so in E. F. G. Namen vns zukommen/ volgende bedencken. Dann erstlich/ da wir zwo Personen fürgeschlagen/ auß wölchen nur eine an der abgehenden Statt zu confirmieren/ sind in der newen Verzeichnus zwo für eine eingeschriben/ so doch der halb theil der Senioren/ sampt allen Kirchendienern bleiben/ vnnd der abgehenden Statt/ alweg nur mit einer Person wider zuersetzen gewesen/ wölches das ansehen hat/ als habe man einen gantzen newen Senior Raht anstellen wöllen/ darinnen man vnsers Rahts weitter nicht begere oder bedörffe. Wiewol wir nun vns wider E. F. G. willen keines wegs/ weder in dises/ noch in dergleichen örtern begeren einzutringen/ auch der Verehrung/ so diser enden zugewarten/ wol entrahten mögen/ jedoch bedencken wir auch/ was wir der Kirchen vnd gemeiner Statt schuldig sein/ vnnd können vns ohne E. F. G. sonderlichen Beuelch auch dises orts nicht vertringen lassen/ vnd habens für nöttig geachtet/ solches E. F. G. zu berichten/ damit sie nicht durch vnsere Mißgönner sich eines

andern

andern berichten laſſen. Zum andern / da auch in vnſer alten
Inſtruction verſehen / die Elteſten auß allen Communiteten
vnd Stånden vnderſchidlich zuziehen vnd zuſetzen / damit man
allenthalben in der gantzen Statt deſto beſſers auffſehens ha=
ben/vnd die vorgehende Ergernus mit zeittigem Raht abſchaf=
fen möge / ſo iſt doch in der newen verzeichnus diſe Ordnung
der Stånd vnd Oerter nicht gehalten worden/ ſonder vil Per=
ſonen ohn allen Vnderſcheid geſetzet / ettliche auch vnder die
Stånde vnd Oerter/ dahin ſie nicht gehören.

Von der Gemein / ſo mit zu Raht gehn / iſt niemand ver=
zeichnet. Georg Buchner iſt vnder die Allmuſer gerechnet / ſo
er doch dem Allmuſen nicht verwannt/vnd diß Jar darzu nicht
kommen kan / vil weniger würdt er in fürfallenden Sachen des
Allmuſens halben Bericht thun können. Was diſes alles für
ein Vnordnung auff ſich trage / haben E. F. G. nach derſel=
ben hohen Verſtand leichtlich zuerachten.

Zum dritten / da vnſer alte Inſtruction fürnåmlich auff er=
haltung vnd fortpflantzung vnſerer Chriſtlichen Religion vnd
Kirchenordnung / vnd zu abſchaffung aller widerwertigen Lehr
vnd Ergernuß gerichtet / werden in der newen Verzeichnus
Perſonen zu Seniorn fürgeſchlagen vnd verordnet/ die meh=
rer theils vnſerer Chriſtlichen Bekandtnuß zuwider ſein / vnd
ſich bißher gegen vnſer Kirchenordnung / mit Worten vnnd
Wercken/ dermaſſen erzeigt / daß wir ſchlechte Hoffnung ha=
ben mögen / ettwas fruchtbarlichs in Religionſachen neben
jnen zuuerrichten. Es laſſen ſich auch E. F. G. Prediger zum
H. Geiſt/ nicht allein hin vnd wider vernemen / daß ſie bey vnd
mit vns/ im Senior Raht ſitzen wöllen / ſonder es hat ſich auch
Mylæus am nechſtuerſchinen Sambſtag/ noch ferrner einer
ſonderlichen Meiſterſchafft vndernommen / Sixt Wacken/
vnſern alten Pedellen/ für ſich beſchicket / vnnd neben andern
jme befohlen/auff jn vſ ſeine Collegas zuwarten/vnd die newe
Seniores zuerfordern / mit angehengter betrawung / wer nicht

L iij   erſchei=

erſcheinen werde / müſſe ſolches bey E. F. G. verantworten.
Nun wiſſen wir E. F. G. diß hohen Verſtandts / daß ſie wol
vrtheilen können/daß bey einem Senior Raht/da die Beyſitzer/
der Lehr vnd Glaubens halber / in vngleiche vnd widerwertige
Meinung zertrennet ſeind / vnd ſolches nicht heimlich / ſonder
offentlich / nun ein gutte Zeit hero bezeuget haben / nichts anders zugewarten/ dann ein ſtehts Mißtrawen / vnd vertrüßlich
vnd gefährlich Gezänck/ in allen fürfallenden Sachen / vnd
eben vnder denen Perſonen/ die andere von Jrthumb/ Zanck
vnd dergleichen Sünden abhalten ſolten. Es hat ja bißher den
Verſtandt gehabt / daß der Senior Raht nicht ein Politiſch/
ſonder ein recht Kirchen Werck ſeie / darinnen alle Politiſche
Sachen außzuſetzen/vnd der weltlichen Obrigkeit heim zuwei-
ſen/ vnnd allein geiſtliche vnnd Gewiſſensſachen zuhandlen/
nämlich die offentliche Jrthumb vnd Laſter/ an den Menſchen
auß Gottes Wort zuſtraffen/ vnd zur Warheit/vnd beſſerung
des Lebens zuuermanen. Es ſeind auch die Leut ſonderlich/ vnd
am allermeheſten des farläſſigen Kirchgangs halber / vnd vber
der verſaumung der Sacramenten zubeſprechen/ wölche/wann
ſie jhr Sicherheit vnd Gottloſigkeit / mit nichts wiſſen zuent-
ſchuldigen/ wenden ſie gemeinlich zum Schein für / ſie können
ſich nicht gnugſam in die Lehr richten/wann wir dann der Notturfft nach wolten die Leut von dem Grund vnſerer Bekandtnuß berichten/ vnnd die Gegenlehr widerlegen / wurd ſich zuforderſt zwiſchen vns vnd vnſerm Gegentheil ein Streit erheben / darauß vnder den Elteſten ſelbs ſtehter Widerwill/ bey
den fürgeſchickten groſſe Hallſtarrigkeit / vnnd bey meniglich
ſchädlichs Ergernuß erſtehn müſte. Wir wolten ja von hertzen gern / ſo vil an vns iſt / mit jederman Frid vnnd Einigkeit
halten / vnd vns auch mit vnſerm Gegentheil in allen euſſerli-
chen vnd burgerlichen Sachen / nach eines jeden Stand vnnd
Beruff/ fridlich vñ ſchädlich erzeigen/ Dieweil wir aber der Lehr
vnd Bekandtnuß halben getrennet/ wiſſen wir mit ſolchen Leut-

beit/

ten/ die vnser Religion zuwider/ vnd das verdammen/ was wir
gut heissen / vns in kein Geistlichen Kirchen / oder Eltesten
Raht/ darinn allein Gewissenssachen/ nach Gottes Wort zu-
handlen/ vnd zuentscheiden/ einzulassen/ wir wolten dann vnser
Gewissen mutwilliger weiß betrüben/ vnsere Christliche Be-
kandtnus/ wider das Zeugnuß vnsers Gewissens verlaugnen/
bey Freunden vnd Feinden in Zweiffel setzen/ vnd vil schwache
Christē ärgern. Daß es heißt hie: Ziehet nit am frembdē Joch.

Diese vnsere Beschwerden/ habē E. F. G. wir vnderthänigst
zu Gemüht führē wöllen/ vn von vnserer habendē Instruction/
gründtliche Bericht thun sollen. Vnd bittē demnach E. F. G.
vnderthänigst/ vn vmb Gottes willen/ sie wöllē vns mit vnsers
Gegentheils Mitsenioren, auß erzeltē Vrsachen nit beschwe-
ren/ sonder vns bey voriger Churfürstlicher Ordnung vn In-
struction/ gnädigst handthaben/ vnd auß den/ von vns fürgeschlagenen Personen/ den Senior Raht vollendts ergäntzen.

Im Fahl aber solches nit dergestalt zuerhaltē/ vn se E. F. G.
dahin entschlossen/ auch der andern Religion zugethone Perso-
nen/ in dem Senior Raht zuhaben vn zubrauchē (das wir dann
E. F. G. heimstellen) so bitten wir doch ferrner vnderthänigst/
E. F. G. wölle es gnädigst dahin richtē/ dz sie von vns abgesön-
dert/ vnd sedertheil seinen sondn Senior Raht habe/ vn wie der
Gegentheil jre angehörige/ also wir die vnsern/ so sträfflich/ be-
schicken/ vnd seder sein Ampt nach seinem Gewissen verrichten
möge/ so wöllen wir vns/ ob Gott will/ vnserm Ampt vn Gewissen nach/ vnuerweißlich/ vn also erzeigē/ wie wir es für Gott/
E. F. G. vnd allen frommen Christen trawen zuuerantworten.
Thun E. F. G. hiemit dem Allmächtigen Gott/ vnd derselben
auch vns/ zu beständigen Gnaden vnderthänigst befehlen.

E. F. G.

Vnderthänigste

der Kirchen zu Heidelberg
verordnete Eltesten.

Vber diser Supplication vnd vnderthänigsten Bericht/
sein wir weitter nicht verhört/ oder beantwortet worden/ dann
daß vns alten Seniorn/ den 26. Ianuarij ein Decretum zu-
kommen/ wölches also lautet:

Demnach Pfaltz/ auß der Prediger vnnd Eltesten Erklärung souil befindet/ daß sie weder mit derselbigen auffgestel-
ten Kirchendienern/ noch verordneten Eltesten ettwas zu-
thun/ noch in keinen Geistlichen Kirchenraht sich einlassen
wöllen/ vnd also nicht die begerte Einigkeit/ sonder nur ärger-
liche verbottene Trennung/ Zerrüttung/ vnd offentlich Schis-
ma vnder der Burgerschafft/ mit jhrer absönderung anzurichten gedencken/ da doch Pfaltz gäntzlich darfür haltet/ daß die
Burgerschafft im Fundament vnsers Christlichen Glaubens
einig/ vñ allein mit dem ärgerlichen Gezänck/ Calumnien vnd
Condemnationen bißhero jrr gemacht/ vñ auffgehalten/ Als ist
Pfaltz Befelch/ Großhoffmeister/ Cantzler vnnd Rähte/ wöllen disen Eltesten/ vnnd Berichtsgebern sagen lassen/ daß sie
sich bey vermeidung ernstlicher Straff/ der Eltesten Räht vnd
Versamlung/ Conuenticul vnnd Berahtschlagung gäntzlich
enthalten/ biß auff ferrnere Pfaltz Resolution vnnd Verord-
nung/ die sie mit vorgehender Berahtschlagung jres Groß-
hoffmeisters vnd Räht vornemen werden.

Also haben wir vns disem Befelch gemäß verhalten müssen. Die Caluinische Prediger aber/ haben jre zugeordnete Seniores, wochentlichen zusamen erfordert/ vñ den Senior Raht
jrem gefallen nach gehalten.

Auß disem Bericht nun/ den der Christliche Leser auß
vnserer den 12. Junij vbergebner Schrifft/ wie dann auch auß
disen zweien vbergebenen Supplicationibus, fassen vnnd nemen mag/ ist nunmehr leichtlich zuuerstehn/ daß wir auß aller-
ley/ vnnd sonderlich auß denen Vrsachen/ die wir in vnserer
vbergebner anderer Supplication fürgebracht/ nicht haben
können

können in einem solchen Senior Raht sitzen/darinnen Caluinische Prediger/ vnd andere gewesen/ wir hetten dann das Liecht
mit der Finsternus vermischen/ vnd Christum mit Belial vergleichen wöllen/ wölches ja sich nicht thon/ vil weniger für
Gott verantworten laßt.

2. Cor. 6.

Dann weil Dauid 26. Psalm. sagt: Ich sitze nicht bey den
eittelen Leutten/ vnnd habe nicht Gemeinschafft mit den fal-
schen/ Ich hasse die Versamlung der Boßhafftigen/ vnd sitze
nicht bey den Gottlosen. So sprechen wir auch nach anleittung
dises Exempels des Königlichen Propheten Dauids/ mit Doctor Luthern seligen: Beatus vir, qui non abijt in Consilio
Sacramentariorum: Nec stetit in via Zinglianorum: Nec
sedit in Cathedra Tigurinorum(vel Heidelbergensium Cal-
uinistarum.) Das ist: Wol dem/der nicht wandlet im Raht der
Sacramentierer/ noch tritt auff den Weg der Zwinglianer/
noch sitzt/ da die Zürcher (oder die Heidelbergische Caluinisten) sitzen.

Mit was Gewissen aber die Caluinische Prediger bey vns
im Senior Raht zusitzen begert haben/ können wir nit wissen.
Halten sie vns für würdig vnd werth/ daß wir bey jnen/ vnd sie
bey vns in einem Senior Raht sitzen/ vnd daß wir samentlich
die Kirchen Disciplin mit einander halten/ mit was Gewissen
haben sie dann dahin practiciert/ daß wir durch jren Trib/ von
vnsern Kirchen vnd Diensten verstossen/ vnnd sampt andern
vilen reinen vnd rechtschaffnen Kirchen vnd Schuldienern/ in
Churfürstlicher Pfaltz/ ins Elend/ allein vmb vnser Christlichen Bekandtnuß willen/ verwisen worden:

Halten sie denn vns für würdig vnd werth/ daß wir/ als die
Eutychianer/ Nestorianer/ Arianer/ vnd als die allerscheuts-
lichste Ketzer (wie sie vns schelten) von vnsern Kirchen verstossen werden/ mit was Gewissen haben sie dann können/ oder
wöllen bey vns im Senior Raht sitzen?

M   Es

Es hat ja Polycarpus mit Marcione nicht betten / vnd die
geringste Gemeinschafft nicht mit jhme / vmb seiner Ketzerey
willen / haben wöllen. Wie dann auch Johannes der Euangelist vnd Apostel nicht in der Badstuben / darinnen Corinthus
gesessen / hat bleiben wöllen / sonder ist also bald darauß gegangen / vnd ein solches jhme nachzuthun / auch andere Christen
vermanet vnd angehalten.

Solchen Exempeln solten billich dise reine Prediger (wie sie
sich selbs intituliren) vnd dise vnwarhaffte Narratores nach-
folgen / ja wann sie ein gute Sach / vnd guts Gewissen hetten /
vnd sie nicht dessen in jhrem Hertzen vnnd Gewissen vberzeugt
weren / daß sie vns vor Gott vnd der gantzen Christenheit vnrecht thun / in dem sie vnsere Christliche Lehr verketzern / vnnd
vns für Ketzer außschreien. In Summa / es heißt hie also / wie
der Herr Christus Luc. 11. sagt: Wer nicht mit mir ist / der ist
wider mich / Vnd wer nit mit mir samlet / der zerstrewet. Vnd
leidet sich hie nicht / daß man newe Interim schmiden wolte.

Es schliessen aber dise Referenten jre vnwarhafften Bericht
Num. 18. vom Senior Raht / mit disen wort / daß sie sprechen: Je mehr
gelind / gnädig vñ milt man sich gegē vns verhalten /
je mehr Trutz vñ Hochmut wir jnen bewisen haben.

Dieweil aber dise Referenten die grosse Gelindigkeit / Milte
vnd Gnad / die man vns geurlaubten Predigern / in zeit wehrender Religionsmutation / erzeigt / die wir aber nun zu mehrerm
Trutz vnd Hochmut mißbraucht haben solten / also gar hoch
vnd vilfältig durch vnnd durch / in jhrer gantzen vnwarhafften
Narration rhümen / so wöllen wir jnen vollends darzu helffen /
vnd nur etliche wenig Sachen / vñ Handlungen erzöhlen / darauß / jrem fürgeben nach / anderst nichts als lauter Gelindigkeit / Milte vnd Gnad / so vns auß anstifftung der Caluinischen
Predicanten erzeigt worden / zuspüren vnd zuuermercken.

Dann

Dann seind nicht das lauter vnd augenscheinliche Bewei-
sungen/ vnd Anzeigungen besonderer Gnad/ Gelindigkeit vnd
Milte gegen vns/ dz durch diser vnwarhaffter Berichtsgeber/
vñ ettlicher ander Caluinischen Practicanten anstifftung/vns/
den 1. Decemb. Anno 83. vnser Pfar:kirchen zum H. Geist/   1.
auff wölche wir bestellet / vnnd mit sondern Aiden verpflichtet
gewesen / wider all vnser flehen/ bitten vnd protestieren einge-
nommen/ vnd den Caluinisten ist vbergeben worden? Daß den   2.
Churfürstlichen Kirchenrähten/ Politicis vnnd Theologis,
gleich also bald nach eingenossener Huldigung / ohnangesehen
daß man den 25. Octobris bey der Huldigung jhnen vnnd den
andern Rähten vnnd Cantzleyverwandten/ expresse versprochen / einen jeden Raht bey der alt hergebrachten Bestallung
vnd Instruction bleiben zulassen/ aller Gewalt bey jhrer Administration genommen worden / Also daß sie auch/wölches
jrer Instruction zuwider / das geringste nicht ohne vorwissen
haben fürnemen dürffen/ vnd daß sie/ wenn sie schon auch vmb
Resolution angesucht / zu keinem eintzigen Bescheid nie haben können kommen / vom Nouembri an biß auff dise zeit/ da
sie seind geurlaubet worden?

Wer wolte nicht das für lauter Gelindigkeit/ Milte vnnd 3.
Gnad halten/ vnd rhümen/ daß den 4. Ianuarij die beide Hoffprediger mit solchem Ernst seind geurlaubt worden / daß sie
innerhalb Monats frist alles raumen sollen? Vnd daß eben in 4.
derselbigen Stund der Beurlaubung der Hoffprediger / des
Churfürstlichen Kirchenrahts Gemach vnnd Stuben in der
Cantzley zugeschlossen vnd verpitschiert worden / daß sie nicht
mehr haben hinein kommen/ vnd jhr Ampt verrichten mögen?
Daß auch bald darauff/ den 17. Ian. Doctor Petrus Patiens, 5.
D. Alexander Hohenbuch / D. Iohannes Georgius Hün-
gerlin/ Churfürstlichen Kirchenrahts Assessores , vnd desselbigen Secretarius, Petrus Struppius, jrer Dienst sein erlassene

6. Doctori Zimmerman aber / eben am selbigen Tag aufferlegt
worden / daß er fürderlich die Pfarꝛbehausung / einem Caluinischen Prediger einraumen / vnnd in das neben häußlin ziehen
solle / wölches auch die folgende Tag repetiert / also daß jhm in
einem einigen Tag viermal mit grossem Ernst / auß seiner
Pfarꝛ vnd Dienstbehausung außgebotten.

7. Eben auß solcher Gelindigkeit / Milte vnd Gnad / hat auch
D. Philippus Felsinius , seine Dienstbehausung den 11. Februarij, einem Caluinischen Prediger einraumen müssen. Wie

8. dann auch eben auß solcher Gnad / Milte vnnd Gelindigkeit /
beide Professores Theologiæ , so auß besonderm Bedencken
des frommen Churfürsten / seligster Gedächtnus / zumahl auch
mit geprediget / nämlich D. D. Timotheus Kirchnerus, vnd
D. Iacobus Schopperus, von jrem Predigampt / den 18. Februarij seind abgesetzt worden.

9. Vnd damit vns ja an Gelindigkeit / Milte vnd Gnad nichts
abgienge vnnd mangelte / so ist Doctori Zimmerman, den
vierdten Martij sein Dienst im Kirchenraht auffgekündet / vnd
seine Besoldung vmb ein zimlichs geschmelert worden. Wie

10. dann auch eben am selbigen Tag / D. Philippo Felsinio dergleichen widerfahren / daß jme sein neben Besoldung / von der
Hoffcapell herꝛrührend / ist auffgekündet worden.

Aber wer wolte diß alles erzöhlen / wie gnädig / lind vnd milt
man gegen vns gefahren / da man vns jetz zu Hoff / jetzt in der
Cantzley fürgestelt / jetzt abgesöndert / dann samentlich / da man
vns jetzt mit dem Mandat vexiert / dann mit der Disputation,
da man jetz die Præceptores domus sapientiæ vnd Pædagogij,
dann alle Theologiæ Professores geurlaubet / biß es endtlich
das gantze Churfürstliche Ministerium auch getroffen / da
man jetzt die Sapientisten / jetz die Pædagogisten / bald darauff
die Neckerschuler / die vnserer Confession gewesen / vnd die vns
vnser Gesang in der Kirchen / vnd die offentliche Recitierung
des

des Catechismi biß anhero verrichtet haben/ auß gemustert vnd fortgeschickt : Also daß selten ein Wochen vergangen/ darinnen man nicht einen Griff nach vns gethan hette: Da vns auch die Caluinische Prediger täglich in allen jhren Predigten/ sonderlich in denen/ denen der Hertzog selbst beygewohnet/ dermassen außgemacht / vnnd dargehawen haben/ als wann wir die ärgste Ketzer vnd loseste Leut weren/ so auff dem Erdboden zu finden.

Auß wölchem allem der Christliche Leser zu sehen/ daß nit vnsere Widersächer wider vns/ sonder wir vil mehr gegen sie in vnserm betrübten Ellend/ da vnsere Seelen täglich gequälet worden/ den 35. vnd 59. Psalm. zusprechen/ vnnd sonderlich Gott dem Herrn vnser Not durch den zehenden Psalmen zu klagen Vrsach gehabt haben.

HERR warumb trittestu so ferne ? Verbirgest dich zur zeit der Not? Psam. 10.

Weil der Gottlose Vbermut treibet/ muß der Ellende leiden. Sie hängen sich an einander/ vnd erdencken böse Tück.

Dann der Gottlose rühmet sich seines Mutwillens/ vnnd der geitzige segnet sich/ vnd löstert den HERRN.

Der Gottlose ist so stoltz vnd zornig/ daß er nach niemands fraget/ in allen seinen Tücken helt er Gott für nichts.

Er fehret fort mit seinem thun jmerdar/ Deine Gerichte sind ferne von jhm/ Er handelt trotzig mit allen seinen Feinden.

Er spricht in seinem Hertzen: Ich werde nimmermehr darnider ligen/ es würdt für vnd für kein not haben.

Sein Mund ist voll fluchens/ falsches vnnd Trugs/ seine Zung richt Müh vnd Arbeit an.

Er sitzt vnd lauret in den Höfen/ Er erwürget die vnschuldigen heimlich/ seine Augen halten auff die Armen.

M iij   Er

Er lauret im verborgen/wie ein Löw in der Höle/er lauret daß er den Ellenden erhasche/vnnd erhaschet jhn/wann er jn in sein Netze zeucht.

Er zuschlehet vnd trucket nider/vnd stösset zu Boden den Armen mit Gewalt.

Er spricht in seinem Hertzen/Gott hats vergessen/Er hat sein Antlitz verborgen/er würdts nimmermehr sehen.

Stehe auff HERR Gott/erhebe deine Hand/vergiß des Ellenden nicht.

Warumb soll der Gottlose Gott löstern/vnnd in seinem Hertzen sprechen: Du fragest nicht darnach?

Du sihest ja/dann du schawest das Ellend vnnd Jammer/ es stehet in deinen Händen/die Armen befehlens dir/du bist der Waisen Helffer.

Zubrich den Arm des Gottlosen/vnnd suche das böse/so würdt man sein Gottloß Wesen nimmer finden.

Der HERR ist König jmmer vnd ewiglich/die Heiden müssen auß seinem Land vmbkommen.

Das verlangen der Ellenden hörestu HERR/jr Hertz ist gewiß/daß dein Ohr drauff mercket.

Daß du Recht schaffest dem Waisen vnd Armen/daß der Mensch nicht mehr trotze auff Erden.

Von D. Zimmermans Predigt.

Num. 18.

Es fahren aber die Berichtsgeber mit jhrer Narration fort/vnd kommen nun mit derselbigen auff die Handlung/ so in sonderheit mit Doctore Zimmerman einer gehaltenen Predigt halben gepflogen. Daruon dann sie also schriben: Damit aber der Christlich Leser/diser Leut vnfreundtlich vnd feindselige Art/vnd wie sie alle Hoffnung aller leidlichen Einigkeit abgeschnitten haben/ hat der Pfarher: damals gleich im Anfang Januarij

rij ein Predigt gethon vber den schönen lieblichen
fridreichen 133. Psalmen/da er doch von lauter Vn-
frid geredt/vnnd wie mit vns kein Frid zuhalten/ja
wir eines Christlichen gruß nicht würdig weren/sei-
ne Predigt zugebracht.

Dise gantze Handlung/deren die Referenten alhie gedencken/
desto besser zuuerstehen/solle der Christliche Leser fleissige Ach-
tüg geben auff die gelegenheit/durch wölche gedachter D. Zimmerman eine Predigt auß dem 133. Psalmen/den fünfften Ianuarij zuthun verursacht worden/vñ was derselbigen halben für
Handlungen mit jm gehalten. Auß wölchem allem dann erschinen würdt / daß weder er noch seine Collegæ vmb gehaltener
Predigt willen/ einer vnfreundtlichen vnnd feindtselichen Art
(wie vnser Gegentheil fürgibt) zu beschuldigen/wie dann auch
dessen nit zubezüchtigen/dz sie alle Hoffnung aller teidlichen Einigkeit abgeschnitten haben. Vñ helt sich die Sach hie mit also.

Als nach Vberreichung vnserer Supplication/den 22. Decembris datiert/ das angemaßte Colloquium betreffend/ ein
gemein Geschrey/in der gantzen State Heidelberg erschollen/
es würde der Hertzog auff nechstvolgenden newen Jarstag/
auch die Kirch zun Barfüssern einnewen/ vnnd einen Caluinischen Prediger darinnen auffstellen/ hat der fürnembsten einer
auß den hohen Räthen/vnsern collegam M. Dionysium Oe-
hem/ als derselbige am newen Jarsabendt von der Præpara-
tion Predigt/so zun Barfüssern gehalten worden/ heimgehen
wöllen/auff der Gassen auff volgende Weiß angesprochen: Er
M. Dionysius werde one Zweiffel dise tag vber gehört haben das
allgemeine Geschrey/so in der gantzen Stätt rüchtig gewesen/
wie nämlich/die vberige Kirchen zu Heidelberg/wo nit alle/je-
doch ettliche/auff den newen Jarstag von Hertzog Johann Casimirn solten eingenomen/vnnd mit seiner F.G. Predigern bestelt werden.   Dies

Dieweil dann eben solch Geschrey/auch jme (demselbigen
Hohenraht) fürkommen/vnd er solchem ettlicher massen glauben zugeben/durch die grosse Anzal der Caluinischen Predi-
ger/wölche sich dise zeit vber in der Statt Heidelberg hetten sehen lassen/nicht wenig bewegt/habe er nicht vnderlassen kön-
nen/den vorgehenden dreissigsten Decembris gen Hoff zuge-
hen/vnd Hertzog Johann Casimirn deßhalben zu ersuchen/ha-
be also trewhertziger Meinung nicht allein Ihre F. G. was sie
in disem Fahl vorhabens/gefragt/sonder auch dieselbige mit vilen Vrsachen dahin vermande/daß ja Ihre F. G. weittere Enderung in der Kirchen nicht wolten fürnemen. Dann Ihre F.
G. sich gegen den Kirchendienern in der Statt/in der nehern
Action anders erklärt/auch dasselbige der Burgerschafft/new-
lich auff dem Dantzhauß nicht anders fürhalten lassen/vnnd
was dergleichen Vrsachen mehr/rc.

Hierauff habe sich Hertzog Johann Casimir gleich also
bald gegen jme erklärt/mit Vermeldung daß es zwar nicht one/
daß eben diß Geschrey auch für Ihre F. G. kommen seie/aber
Ihren F. G. geschehe hierinnen vnrecht: Dann bey jhrem
Eid sie daran nicht gedacht/wie sie darin auch weittere vnnd
mehr Kirchen einzunemen nicht fürhabens/allein könnten vnd
wölten Ihre F. G. nicht leiden die scharpffe Predigten vnd Ca-
lumnien/damit wir sit allen vnsern Predigten/auff Ihrer F.
G. Prediger vnnd Confession stocherten/wie dann Ihr F. G.
kurtz verschiner tagen jhre Prediger beschickt/jhne das scharpffe predigen vndersagt/vnnd mit ernst befohlen habe/sich hinfüro dergleichen zu enthalten/wölches auch Ihrer F. G. Kirchendiener zuthun versprochen. Wa nu er (derselbig Hohe Raht)
gleiches auff Irer F. G. Beuelch bey vns den Stattpredigern
könte erhalten / würde hiedurch gute Einigkeit zuhoffen sein/
auch weittere Verenderung verhüttet werden.

Dieweil

Dieweil derhalben (ſagte gedachter hoher Raht) die gan=
tze Sach darauff beruhe / daß wir Stattprediger vns der Lin=
digkeit allein befleiſſen ſolten/habe er jhne (M. Dionyſium) deß=
wegen beſchicken wöllen/jhme anzuzeigen/wie es mit den Kir=
chen beſchaffen/ damit wir der vorigen Sorg erlediget/alſo vn=
ſere Predigten anſtellen möchten / damit nicht weittere Zerrüt=
tung in der Kirchen eruolge: Vnd begere daß ſolches den vbri=
gen Kirchendienern / durch jhne M. Dionyſium/ angezeigt
werde.

Darauff M. Dionyſius geantwortet: Er frewe ſich ſol=
cher guter Bottſchafft / vnnd bedancke ſich auch derſelbigen:
Wöllen er vnnd ſeine Collegæ/hertzlich gern/alle Beſcheiden=
heit brauchen/vnnd nichts weitters/dann wie wir vns vor Her=
tzog Johan Caſimir erkläret/in vnſern Predigten fürnemmen/
da wir mit klaren Worten/ die Theſin vnnd Antitheſin/ wie
auch bißwellen/wo es die Notturfft erfordert/Hypotheſin zu=
gebrauchen/von Jhrer F. G. erhalten hetten/dem wir bißhero
nachkommen/ vnd noch derzeit nicht wüßten/daſſelbige mit gu=
tem Gewiſſen fallen zulaſſen. Wo auch vnſer Gegentheil biß=
hero in jhren Predigten vnſer Lehr nicht ſo hart angetaſtet/vnd
vns ſolcher Sachen beſchuldiget/ denen wir ſelbs zu wider (als
daß Chriſti Leib raumlich im Brot/ vnd ſein Blut raumlich im
Wein ſeie: Item / daß vnſerer Meinung nach / auß den jrrdi=
ſchen Elementen/vnnd den Himmeliſchen Gütern ein Klump
müſſe werden/ vnd dergleichen Calumnien mehr) ſo hetten wir
auch nicht ſo ſcharpff wider ſie dörffen predigen.

Dieweil aber ſie mit jhren Predigten vns greiffliche Ca=
lumnien auffgelegt/ haben wir mit gutem Gewiſſen nicht ſtill=
ſchweigen können / ſonder dieſelbige müſſen widerlegen: Wo
nun ſie werden beſcheidenlich fahren/ſo ſoll auch an vns mit der
Warheit nicht geklagt werden. Wölle auch ſolches/ was diſz=
fahls mit jme gehandlet worden/ſeinen Collegis anzeigen/wöl=
ches dann auch von jme beſchehen.　　　　　　　N　　　Als

Als wir nun dessen durch M. Dionysium berichtet/haben wir den newen Jarstag in allen Predigten innen gehalten/ vnd der strittigen Puncten mit keinem Wort gedacht / wie vns dessen vnsere Zuhörer in allen dreien vbrigen Kirchen Zeugnus geben müssen / verhoffende vnsere Widersächer wurden gleicher gestalt auch gethan haben/vnd ettwas freundtlicher gefahren sein.

Es ist aber alle Zusag vnnd Hoffnung vergebenlich gewesen. Dann eben am newen Jarstag ist Tossanus zum heiligen Geist in der morgen Predigt auffgetretten / vnnd in gegenwart Hertzog Johann Casimirs nachuolgende Puncten wider vns zum hefftigsten in seiner Predigt getriben.

Erstlich/ daß er vnnd seine Collegæ in Gegenwart Ihrer F. G. den vierten Decembris vns Friden angebotten / vnnd Bruderschafft gesucht / aber wir dieselbige im wenigsten nicht annémen wöllen.

Zum andern/dz sie nit allein den Friden vñ Bruderschaffe angebotten / sonder auch vrbittig gewesen / ein Presbyterium oder Senior Raht mit vns zu machen vnnd zuhalten/ wir aber dasselbige alles præcisè abgeschlagen / vnnd alle Mittel des Fridens hindan gesetzt : Führen darüber inimer fort zuldstern/ seien Starzköpff/ mit denen nichts zuhandlen seie : Were gut / daß vns auch die Lefftzen beschnitten wurden/damit wir der Lösterung oberstünden/vnnd zum Friden geneigter wurden: Rüffe Gott zum Zeugen an/ daß sie gern alles theten/was zum Friden dienlich/seie aber bey vns nichts zuerhalten.

Da wir nun dises innen wurden/vnnd sahen/daß bey Tossano vnnd seinen Gesellen / weder Trew noch Zusag ettwas gülten/ sonder daß man vns nur mit vergeblichen Worten vmbführte / vnnd auffhielte : Als hat sich das gantze Ministerium vnsers theils/den Freitag hernacher verglichen/auff volgenden Sontag/ nämlich / den fünfften tag Januarij / den 133. Psal-

men

men/von rechter warer Christlichen Einigkeit/ vnnd Bruders
schafft/zu predigen/ vnnd vorermelte Calumnias mit Bschei-
denheit abzuleinen / damit es bey den vnsern nicht das ansehen
gewünne/als könnten oder wölten wir gar keinen Friden vberal
dulden oder leiden/ wie man vns dann deshalben bey vnsern
Zuhörern gern damit bezüchtigen vnnd verunglimpffen wolte:
Die jenigen aber / die zu Mittag vnnd zur Vesper predigten/
solten ihre conciones auch dahin richten / daß sie Vrsach het-
ten/ solche materiam de pace & fraternitate,cum aduersarijs
incunda, zu tractieren.

Vnd nachdem Doctori Zimmerman Ampts halben/ vnd
der Ordnung nach/solches oblag/ dz er die Sontägliche Morgenpredigt in der Kirchen zun Barfüssern / den fünfften Januarij thun solte / hat er auff vorgehende Vergleichung des
Ministerij/ solchen 133. Psalmen in seiner Predigt zuerklären
für sich genommen/vnnd zum Eingang derselbigen vermeldet:
Weil nu ein end an das vergangene drey vnnd achtzigst/vnd ein
Anfang an das newe vier vnd achtzigst Jar gemacht / habe man
dessen erhebliche Vrsachen zur glücklichen vnnd Christlichen
Eintrettung dises newen Jars/ GOtt hertzlich zubitten / Er
wölle in disem newen Jar mit seinen Gnaden also zu vns setzen/
daß wir bey dem Allerhöchsten vnd grösten Schatz/ den wir hie
auff Erden haben/ nämlich/ bey der reinen Lehr seines heiligen Göttlichen Worts/ vnnd bey dem rechten Gebrauch der heiligen Sacramenten bleiben/ vnnd sonsten auch Christlich vnnd
wol rühiglich vnd fridlich vnder vnd bey einander bleiben vnnd
leben mögen.

Dieweil aber der Störenfrid der Teuffel (wie zubefahren)
ohne allen Zweiffel seinem Brauch nach/ sich diß newe Jar vnderstehen werde/ den seligen Frieden vnder vns zuzerstören/ vnd
noch fernere Vnruh/ Vneinigkeit vnnd Trennung anzurich-

ten/

een/vnnd es dannoch ein hohe Notturfft seie/ daß man sich auß
Gottes Wort wider solche arglistige Boßheit des Fridhässigen
Teuffels verwahre/ so habe es ihn (D. Zimmerman) für gut
vnnd nöttig angesehen/ disen 133. Psalmen/ jhnen (seinen Zuhörern) zuerklären/ vnnd auß demselbem erstlich Ursach zuuer-
melden/ vmb wölcher willen alle Menschen/ souil menschlich
vnd möglich/ vñ sich jmmer thun läßt/ sich des Fridens vnd der
Einträchtigkeit billich befleissigen solten : Vnd dann auch zum
andern zuberichten/ was solche Einigkeit für Eigenschafften
an sich haben/ vnd wie weit sie sich erstrecken sollen.

Den ersten Theil solcher Predigt betreffend / hat er D.
Zimmerman / fünff vnderschiedliche/ vnd auß dem offtgedach-
ten 133. Psalmen elicierte vnnd genommene Ursachen erzöhlet
vnd erkläret/ vmb wölcher willen jedermenniglich nach dem Friden jagen vnd trachten solle/ ohn vonnötten dieselbige alhie an-
zuzihen.

Was dann den andern theil solcher gehaltenen Predigt an-
langt/ hat er (D. Zimmerman) auß dem Spruch Sanct Pau-
li/ Rom. 12 (da er sagt: Ist es möglich/ so vil an euch ist/ so
haltet mit allen Menschen Friden) angezeigt/ daß es sich offt
begebe/ daß man müste Vnfriden haben/ dann es seien zweierley Friden/ ein burgerlicher Frid im eusserlichen Leben/ vnd ein
Kirchenfrid/ dessen Fundament vnnd Grundt seie die reine
Christliche Lehr des heiligen Euangelij / mit wölchen beiden
Friden es also geschaffen/ daß gleichwol alle Christen/ vmb deren Ursachen willen / daruon im ersten Theil der gehaltenen
Predigt gehandlet/ sich des burgerlichen Fridens in gemeinem
Leben vnd Wesen befleissigen sollen/ sie sollen aber dannoch vmb
solches zeitlichen Fridens willen/ denselbigen zu erhalten/ der
Warheit des heiligen Euangelij nichts begeben.

I.   Dann das Wort Gottes/ so wir dasselbig haben/ seie nicht
also

also vnser eigen/ daß wir Macht hetten/ ettwas daran nachzu=
geben/vmb des zeitlichen Frides willen. Das gemein Leben vnd
Wesen aber/ so wir führen/ vnd die Fähl vnd Mängel/ damit
wir einander im gemeinen Leben erzürnen vñ beleidigen/ seien
also in vnserm Gewalt/ daß wir wol ettwas vmb Fridens wil=
len/ daran nachgeben können/ vnd solches auch zuthun schul=
dig seien.

So vermane der Herr Christus Matth. 7. daß man sich für   2.
den falschen Propheten hütten solle/ wölches er nicht würde
gethon haben/ wann er gewölt/ daß man zeitlichen Friden zu=
erhalten/mit den falschen Propheten einig sein solte. Wie denn
auch er selbsten/ Christus/ niemal also mit den Phariseern vnd   3.
Schrifftgelerten einig gewesen / daß er vmb Fridens willen
zu jrer jrrigen Lehr stillgeschwigen / vnd sie nicht gestrafft het=
te. Wölchem Exempel Christi S. Paulus nachgefolget / vnd   4.
den falschen Aposteln / vmb Fridens willen/ zu widersprechen
nicht vnderlassen. Vnd Tit. 1. eben solches von allen trewen   5.
Lehrern vnnd Prediger erfordert.

Wie denn auch Johannes also gar nicht Friden gehalten/   6.
mit den falschẽ Lehrern/ daß er auch in seiner Epistel sagt/ daß/
wer da komme / vnd bringe dise Lehr (verstehe die Wort vnd
Christliche Lehr des heiligen Euangelij) nicht/ den solle man
nicht zu Hauß nemen/ vnd jn nicht grüssen/ damit man sich sei=
ner bösen Werck nit theilhafftig mache. Vnd dieweil S. Pau=   7.
lus den Galatern gebiette / daß man auch mit einem Engel/
der von Himmel kommen/ vnd ein anders Euangelium lehren
solte / nicht solle Freundtschafft haben / sonder jhn für einen
Fluch halten/ so solle man freilich vil weniger mit Menschen/
die falsche Lehr führen/ also Friden halten/ daß man vmb zeit=
lichs Fridens willen/ etwas an der reinen Lehr des heiligen Eu=
angelij nachgeben solte.

Auß disem allem sagte D. Zimmerman/ seie jetzunder leicht=

lich

lich abzunemen/ vnd zuschliessen / wie vngütlich jme vnd seinen
Collegis, vnsers theils Predigern/ von jrem Gegentheil/ den
Caluinischen Predigern/ geschehe/ in dem er vñ seine Collegæ
von jnen in jren Predigten außgeschrihen werden/ daß sie seien
störrige vnd fridhässige Leut / die mit jnen nicht wöllen Friden
halten/ sonder nur jmmerdar zuzancken vnd zuhadern lust ha-
ben. Dann ja die jenigen nicht darumb störrige vnd fridhässige
Leut seien/ die/ zeitlichen Friden zuerhalten/ der Warheit des
H. Euangelii nichts begeben / vnd falsche jrrige Lehren nicht
billichen wöllen / sonder halten steiff vnd vest ob der Warheit/
vnnd ziehen die Göttliche Warheit dem zeitlichen Friden für.
Dieweil dann er vnd seine Collegæ, wider jren Gegentheil zu
Feld ligen/ vnnd mit jnen strittig seien/ vber den allerhöchsten
Articuln vnsers Christenthumbs/ nämlich vber der Lehr vom
H. Abendtmal/ Von der Person Christi / Von der ewigen
Wahl vnd Fürsehung Gottes/ Von der Tauff/ vnd andern
Puncten mehr/ die ja so wichtig/ daß vnser Seelen Heil vnnd
Seligkeit darauff stehet/ vnnd aber er vnd seine Collegæ auff
jrer Seitten/ in disem Stritt (Gott lob) Gottes klare vñ ware
Wort/ daruon sie nicht weichen köndten oder wölten/ haben/ so
geschehe ja jme vnd seinen Collegis vngütlich/ daß sie von jrem
Gegentheil/ hiervber außgeschrien werden / als ob sie störrige/
fridhässige Leue weren. Erbote sich auch/ wann diser Stritt nit
so wichtig were/ vñ seiner/ vnd seiner Collegarum, ja auch jrer
lieben Zuhörer vnd Pfarrkinder/ Seelen Heil vñ Seligkeit/ nit
auff denen Puncten/ darüber gestritten würdt/ berhuete/ so wolten sie gern vmb Fridens wille thun/ was sie Gewissens halbē/
thun vñ nachgeben köndten. Sagte/ es müsse ja dises ein seltza-
mer Frid sein/ der jme vñ seinen Collegis von jrem Gegentheil
angeboten werde/ da sie/ jr Gegentheil/ den 4. Decemb. in der
Churfürstlichen Cantzley/ vor dem Hertzogen vñ den Räthen/
eben in der anbiettung des Fridens/ gegē vnd wider vns gesaget:
Man solle in keinem wolbestelten Regiment/ die Calumniato-

res vnd Lösterer dulden oder leiden. Nun seien aber ich (sagten
sie) vnd meine Collegæ Calumniatores, Ergo, &c.

ɡ ij Sagte auch von dem Colloquio, von wölchem jhr Gegentheil in jren Predigten/ vñ sonsten fürgeben/ daß dardurch Frid
vnd Einigkeit anzustellen gesucht/ von jme aber vñ seinen Collegis abgeschlagen worden/ vnnd vermeldet/ daß jhnen hiemit
Gewalt vnd vnrecht geschehe/ Dann sie das Colloquium niemals abgeschlagen/ sonder nur allein auff einen rechtmässigen
Proceß desselbigen getrungen/ vnd flehenlich darumb gebetten
haben/ denselbigen aber biß anhero niemals erhalten können:
Retorquierte nach solchem/ eben dises/ dessen er vnd seine Collegæ vngüttlich bezichtiget worden/ auff die Authores solcher
außgegoßnen Calumnien, vnd sagte/ daß nicht er vnd seine
Collegæ, sonder jr Gegentheil selbsten solche fridhässige/ zän-
ckische Leut weren/ die auch wider empfangenen Fürstlichen
Befelch/ im newen Jarstag jre Morgenpredigt/ vnd eben ein
gutten theil derselben damit zugebracht haben/ daß sie jne vnnd
seine Collegas, offentlich vor dem Hertzogen selbsten/ vnd andern jren Zuhörern/ auff das schändtlichste mit Vnwarheiten
traduciert haben. Vñ beschlosse endtlich vilgedachter D. Zimmerman dise seine Predigt also/ daß er sagte/ weil man bey dem
1. Theil derselben/ auß dem 133. Psalm vrsachen vernoffen/
vmb wölcher willen jeder meniglich dem Friden nachjagen solle/
so sollen auch sie/ die Zuhörer/ vmb erzölter Vrsachen willen/
solcher Vermanung des Königliche Propheten Dauids nach-
setzen/ vnd souil jnen müglich/ vnd souil an jnen/ in burgerlichen
Sachen vnd Händeln/ Friden halten/ vñ in erwegung dessen/
bey gegemwertigem Stritt/ den er vnd seine Collegæ mit jrem
Gegentheil halten/ still/ rhüwig/ vnd zufriden sein/ nichts vnge-
bürlichs anfahen/ weder mit schreiben/ noch anschlagung der
Pasquillen/ wie jetz ettliche mal geschehen/ noch auch sonsten
mit andern vngebürlichen Sachen/ dañ wie solches an jm selbsten nit recht/ also seie auch jme vnd seinen Collegis hiemit nit
gedienet vñ auffgeholffen.   Zum

Zum andern/weil man auß dem andern theil gehaltener Predigt berichtet worden / daß gleichwol Frid vnd Einigkeit zuhal-
ten/ aber doch also/ daß wir hiebey der Göttlichen Warheit seines Worts nichts begeben/ so sollen sie/ die Zuhörer/ sich auch
nichts kehren an die Lösterung des Gegentheils/ da sie jhn vnd
seine Collegas außschreit/ sie seien deßwegen Fridhässige Leut/
weil sie so steiff vnd fest ob der Göttlichen Warheit halten.

Zum dritten/weil es so ein köstlich Kleinot/ vmb den Friden/
wie daruon im ersten Theil gehört/ vnd aber derselbige Gottes
Gab seie / so solle man auch billich Gott / als den Vatter des
Liechts / von dem alle gutte Gaben herkommen/durch Christum hertzlich bitten / daß er wölle ein gnädiges Einsehen ha-
ben/ widerumb Friden vnd Rhu in Christo Jesu bey vns anrichten / vns bey seinem lieben Wort / vnnd rechtem Gebrauch der heiligen Sacramenten erhalten / vnnd deß zeitlichen Fridens souil bescheren / daß wir sein Wort hören mö-
gen/ꝛc. Amen.

Nach gehaltener solcher Predigt / deren Extract allhie
trewlich gesetzt worden / in wölchem man sich auff alle die sei-
gen/ so solche Predigt angehört/auff das Concept/ so noch vor-
handen/ ja auch auff die Copias/so Hertzog Johann Casimirn
vbergeben worden/referiern thut/ stiengen die Caluinische Pre-
diger/ vnnd jhre Consorten/ hefftig an zu rumorn/ den Hertzogen solches zuberichten / bey demselbigen Doctorem Zimmerman zuuerklagen/ vnd hieuon ein solch Geschrey vnd Wesen in der Statt anzustellen/ daß wir Prediger sampllich hiedurch verursacht worden / vmb Verhör supplicando den Hertzogen zubitten / vnd jhme folgend Supplication zubergeben/
wölche also lauttet:

Durch-

Urchleuchtigster/Hochgeborner Fürst/Chur-
fürstlicher Pfaltz Tutor vnd Administrator, Gnädigster Herr. E. F. G. können wir supplicierend vnderthänigst nicht bergen / wie daß wir in glaubwürdige erfahrung kommen / als solten E. F. G. des von vnsern ringfügen
Personen beredt sein / daß wir in allen vnsern Predigten nichts
mehr theten / als löstern / auff E. F. G. Person stecheten / vnd
vngebürliche wort cum summa immodestia vns vernemen
lassen / wölches alles E. F. G. nicht allein hochbeschwerlich/
sonder auch dermassen fiele / daß sie es in die läng nicht gedul-
den köndten / noch solten.

Nun können wir leichtlich bey vns ermessen / daß wir vngleiche Zuhörer haben / vnnd daß vil in die Kirchen kommen/
nicht zulernen / sonder zu observieren / vnd mißdeuten. Derwegen es dann leicht geschehen kan / daß vnsere Wort vnd Reden/
gar vil anderst auffgenommen werden / als sie von vns fürgebracht vnd gemeinet..

Ist demnach an E. F. G. vnser vnderthänigstes / demüttig-
stes / vnd vmb Gottes willen bitten / E. F. G. wöllen vns doch
so gnädigst erscheinen / vnd ein Ohr frey halten / für E. F. G.
vnd deroselben Hochlöbliche Regierung gnädigst vorbeschei-
den / vns die beschwerliche Puncten oder Reden / wie ettwan
dieselbige für E. F. G. auß vnsern geschehenen Predigten für-
kommen / fürhalten / vnd deutlich anmelden lassen. Also seind
gegen E. F. G. wir hinwider des vnderthänigsten Erbiettens/
auff alle vnnd jede Puncten richtige Antwort zugeben. Hoffen
zu Gott / es solle sich alsdann im Werck vil anderst befinden.

Zusetzen aber / daß wir in einem oder dem andern / nach gnugsamer Verhör vnnd Erkandtnus / schuldig befunden würden/
wolten wir gern darumb leiden / was billich vnd recht ist. Weil
dann dise vnderthänigste Bitt vnd erbietten / vnsers vnderthänigsten erachtens / nicht vnzimlich ist / also stehn wir in der vn-
derthä-

derthänigſten Zuuerſicht/ E. F. G. werde vns hierinn gnädigſt
erſcheinē/ vñ zu gnädigſter Verhör vñ cognition koſten laſſen.

Befelhen hiemit E. F. G. in den gnädigen Schutz des All=
mächtigē/ E. F. G. gnädigſter Reſolution hierauff vnderthä=
nigſt bittend vñ erwartend / Dat. den 6. Ian. An. Chriſti 84.

E. F. G.

Vnderthänigſte Diener

Timotheus Kirchnerus.
Petrus Patiens.
Vvilhelmus Zimmerman.
Iacobus Schopperus.
Philippus Felſinius.
Dionyſius Oehem.
Conradus Lautenbach.
Iohannes Schad.

Auff vbergebung ſolcher Supplication / iſt vilgedachtem
Doctori Ziſterman/ den 8. Ian. durch eine Cantzleyknecht zu
Hauß angeſagt wordē: Es ſele des Hertzogē Befelch/ dz er mor=
gen frü zu ſiben Vhren/ nämlich den 9. Ian. in der Cantzley er=
ſcheinen/ vnd für J. F. G. Rahtſtuben auffwarten ſolle.

Auff ſolchen empfangenen Befelch/ hat er zu obbeſtimbter
Zeit/ an gedachtem Ort auffgewartet/ vñ als es eben achte ge=
ſchlagen/ iſt jhme durch einen Schreiber angezeigt worden/ er
habe Befelch/ jhne vnd Toſſanum hinein für J. F. G. zufor=
dern/ wölches er alſo ſme hiemit wölle vermeldt haben. Darauff
iſt er alſo bald für J. F. G. erſchinen / vnd bereit geweſen vn=
derthänigſt anzuhören/ was man jme in J. F. G. Namen für=
halten werde/ vnnd ſeind neben Hertzogen Caſimiro dazumal
die Hohen Räht in Conſilio geſeſſen.

Als er nun in Conſilio ein zimliche weil geſtanden/ vnd aber
Toſſanus noch nit vorhanden/ ſonder allererſt gefordert war=
de/ alſo ward jme durch den Herrn Cantzlern/ auß Befelch J.
F. G.

F. G. angezeigt / er solte abtretten / vnd draussen ein kleines
auffwarten/wölches er dann auch gethon. In dem kam Tossanus / wölcher also bald neben jme hinein gefordert worden.

Der Fürtrag geschahe auff solche gestalt.

Nachdem wir Prediger in der Statt / gesterigs Tags ein
Supplication J.F. G. vbergeben/ vñ darinnen vnderthänigst
gebetten/ weil wir berichtet worden/ wir seien bey J.F. G. angegeben / als ob wir in allen Predigten auff J. F. G. Person/
Lehrer vnd Religion stecheten/ so wölle J. F. G. vns gnädigs-
ste Audientz geben / vnd zur Verantwortung kommen lassen.
Nachdem auch verschinen Son vnd Montag/ ettliche hefftige
Predigten von vns Stattpredigern / wider J. F. G. Verbott
geschehen/vnd sonderlich in seiner/D. Zimmermans/Predigt/
er sich beklagt habe/ ettlicher Calumnien halber /so Tossanus
wider vns Prediger auff der Cantzel zum Geist außgegossen/
Also seien sie beide/ D. Zimmerman vnd Tossanus von J. F.
G. darumb fürgefordert worden/ auff daß man sie gegen einander verhöre/ Vnd seie nun an dem/ daß man jhme werde ein
Concept seiner gehaltenen Predigt fürlesen/ darauff er auch hernacher sich verantworte/ vñ was er in demselbigē geständig oder
nicht/ anzeigen/ auch Vrsach vermelden werde / warumb er nie
Bruderschafft mit Tossano vnd seinen Collegis halten wölle.

Auff angehörten Fürtrag/antwortet D. Zimmerman: Er hette gleichwol mit bekümmernus gehört / daß seine nechstgehaltene
Predigt vbel auffgenossen/ vnd er derselbigen halben bey J. F.
G. angegeben worden/ Er sagte aber dannoch J. F. G. vnderthänigst danck / daß dieselbige jn zu Verhör vnd Verantwortung gnädigst haben kommen lassen/ vnd jn nicht indicta causa
condemnieren wöllen : Seie vrbüttig/ das gemeldte Concept
anzuhören/ vnd sich darauff der gebür zuerklären.

Tossanus entschuldigt sich erstlich / daß er nicht gleich auff
das erst erfordern für Jhrer F. G. erschinen were / sagte/ dises
were die Vrsach/ dieweil jm gesterigs Tags per schedam were

O ij   ange-

angezeigt worden / er dürffte ehe nit in der Cantzley erscheinen/
dann man fordere jn zuuor widerumb / darauff er dann daheim
bißher gewartet/ wolte sonsten ehe kommen/ vnd vor Jhrer F.
G. erschinen sein/ erbote sich das Concept der gehaltenen Pre-
digt/ vnd die Verantwortung D. Zimmermans darauff anzu-
hören/ vnd sich hierauff ferner zuerklären.

Auff dises warde durch den Protonotarium ein Concept/
vnd in demselbigen nur allein das Exordium , vnd der ander
Theil der gethonen Predigt abgelesen/ mit wölchem es also geschaffen / daß / da die Ablesung desselbigen vollendet / er/ D.
Zimmerman/ J. F. G. vnd deroselben Hochlöblichen Rähten
vermeldet/ daß er sich zu disem abgelesnen Concept nicht könne
bekennen/ oder dasselbige für seine gethone Predigt halte/ dann
gleich also bald das Exordium seiner Predigt verkeret / so seie
auch der ander Theil derselbigen/ so sonderlich strittig/ dermassen concipiert worde/ daß vil ding / so er auff der Cantzel geredt/
in solchem Concept zu seinem nachtheil außgelassen/ vil ding/
so er nicht geredt/ darinnen eingebracht/ vil ding verkehret/ vnd
das alles nicht mit disem Methodo , in wölchem er es auff der
Cantzel fürgebracht/ oder außgeführt worden. Er bete aber vnderthänigst J. F. G. wöllen jme gnädigst verstatten/ daß sein
Concept, wölches er / ehe vnd dann er auff die Cantzel getret-
ten/ mit eigner Hand geschrieben/ zu wölchem er sich auch beken-
nete/ vnd dasselbige zuuerthädigen gedächte/ offentlich abgelesen wurde/ dann er mit Gott bezeugen köndte/ dz er solch Concept, ehe vñ dann er die Predigt gethon/ zuuor wolbedächtlich
gestellet/ wie er dann auch dises mit Warheit sage köndte/ daß/
souil jme menschlich vnd müglich / er sich demselbigen gemäß
in seiner Predigt conformiert/ vñ desselbigen alle periodos, vnd
wa je nicht singula verba , jedoch eorum sensum in seiner Predigt assequiert habe/ wie er dann das sonsten fast in allen seinen
Predigten zuthun pflege.

Als

Als er nun von Ihrer F. G. solcher seiner Bitt gewehret
worden/empfiengen Ihre F. G. selbsten sein Concept in deroselben eigen Handt/vbergabs hernacher dem Protonotario, mit
disem Beuelch/daß er dasselbige offentlich ablesen solte/wöl-
cher auch also baldt anfienge dasselbige zulesen/dieweil er aber
die Schrifft desselbigen nicht wol lesen konte/also erbotte sich
D. Zimmerman gegen Ihren F. G. da ihme dasselbige gnädigst aufferlegt würde/solches selbsten offentlich abzulesen.

Solches hat von Ihrer F. G. er leichtlich erhalten/vnnd
lase erstlich ab das Exordium seines Concepts/vnnd dann den
andern Theil desselbigen/als der sonderlich strittig gemacht/
von Wort zu Wort/vnd wurde ime hierinnen von dem Hertzogen selbs/vnnd dero fürstlichen G. Rähten gute Audientz gegeben. Vnnd zeigete hierauff an/daß er solche Predigt gethon/nit
auß seinem eignen gut gedunckė/sonder auff Vergleichung des
gantzen Ministerij allhie/wie dann auch von den andern Predigern allen eben auff solchen Schlag/in allen vnsern Kirchen vil
Predigten desselbigen tags seie geprediget worden : Darzu vnser Gegentheil mit seinen vilfeltigen Calumnien/so sie offentlich auff der Cantzel wider vns außgegossen/anlaß gegeben/da
sie zu ettlichen vil mahlen/sonderlich aber auff den newen Jars-
tag/vns pro Suggestu außgeschrien/wir seien fridhässig/vnnd
seien allem Friden zuwider/schlagen alle Mittel/zum Friden
dienstlich/auß/vnnd können in allen vnsern Predigten anders
vnd mehr nit/als nur allein löstern/Weil dann nun solches in
der gantzen Statt erschollen/vnd vil guthertziger Christen sich
daran geergert/vnd sich darüber hefftig verwundert/daß wir zu
solchen Calumnien stillschweigen/also hab es der Sachen notturfft erfordert/solche Calumnias/so publicè wider vns auß-
gegossen/vnnd nicht nur allein vnser geringfüge Personen/
sonder auch vnser Ministerium betroffen/widerumb publicè
abzuleinen/vnnd zu refutieren/nach der Vermanung Pauli

Tit. 1. Da er von ein jeden trewen Lehrer vnd Prediger erfor-
dert/daß er mächtig sein solle/nit allein durch heilsame Lehr zu-
ermanen/sonder auch die Widersprächer zustraffen/vnd jnen
das Maul zustopffen/erbotte sich widerumb zur Verantwortung seiner gehaltenen Predigt.

Darauff fieng Tossanus an/jne D. Zitterman hefftig zu-
uerklagen/sagte/es were gleichwol der 133. Psalm/den er gepredi-
get/sehr schön/seine Außlegung aber seie dem Psalmen selbsten
vnnd der Christlichen Einigkeit stracks zuwider/dann der Beschluß seiner Predigt dahin gehe/dz man gar keinen Friden halten solle: Sagte Tossanus/er hab jme nit anlaß zu solcher seiner
Predigt gegeben/dann er allwegen nur in Thesi geblieben/vnd
habe in specie niemand angetastet: Sagte auch/weil sie sich
auff ihrer Seitten/coram Illustriss. Principe, den 4. Decemb.
zum Friden erbotten/vnd hernacher auch wol hetten leiden mö-
gen/daß wir mit jnen ein Presbyterium oder Senior Raht het-
ten/haben sie auch solches der Gemein auff der Cantzel ver melden müssen/wir hetten vil mehr sie mit Calumnien beschweret/
in dem wir sagten/Se seien nit werdt/dz man sie zu Hauß auff-
neme/vnnd begrüsse: Seie gesterigs tags ein Burger mitten
auff dem Marckt/im fürgehen/für den D. Reckium (einen
Caluinischen Prediger) gestanden/vnnd jhme vnder das Gesicht gesagt: Hörstu/wann du kein Caluinist werest/so wolte
ich den Hut gegen dir abziehen/aber weil du ein Caluinist bist/
so thu ichs nicht. Dergleichen thun auch die Sapientisten/die
jhme Tossano/vnnd seinen Collegis kein Reuerentz erzeigen/
sonder sie nur verspotten: Seie auch eben desselbigen tags/
nämlich/den 9. Ianuarij,jhme/Tossano, widerumb ein newe
Teutsche Schmachschrifft oder Pasquillus/an des Herrn Pro-
tonotarij Haußthür angeschlagen worden/an wölchem allem wir Prediger mit vnsern Predigten ein Vrsach seien: Der
Grund seiner Schlußrede (daß man nämlich/gar keinen Fri-

den

den mit jhnen halten solle :) seie der Spruch auß der andern
Epist. Johan. So jemand zu euch kompt/ꝛc. Darauff sub-
tungiere er / D. Zimmerman/Minorem , vnnd spreche / sie/
Tossanus vnnd seine Collegæ / haben nicht das Wort Gottes : Ergo,&c. Minor könte nicht bewiesen werden / dann Johannes rede daselbsten/ allein von denen Verführern / die nicht
bekennen/daß Jesus Christus in das Fleisch kommen seie: Sie
aber lehren / Christus seie in das Fleisch kommen/vnnd nicht in
ein vnsichtbar Wesen : Er/ D. Zimmerman hette fürgewen-
det / wir seien mit jhnen strittig in loco de Cœna Domini, de
persona Christi/von der Tauff vnd Prædestination/seien nun
dise Puncten strittig / warumb dann wir Richter sein wöllen/
vnd von jhnen richten/man solle sie nicht zu Hauß nemmen? Es
seie der gröste Theil der Christenheit hierüber nicht strittig/son-
der es habens nur sechs Männer strittig gemacht: Vnnd seie
solches wider das alte herkommen der alten Theologen der
Augspurgischen Confession / die allwegen Friden mit jhnen ge-
halten/als Philippus vnd Bucerus/wie dañ auch D. Brentius
vnd Jacobus Andreæ/ehe vnd dann dieselbige angefangen mit
jhrer Vbiquitet herfür zukommen : Item / es seie dises wider
sein/D. Zimmermans eigen Gewissen/vnd wider das Concordi Buch/ dann im Concordi Buch habe man alles auff das
genaweste gesucht/ dannoch haben wir drinnen keine Meldung
gethon/der heiligen Tauff/daß wir darinnen solten strittig sein/
wie jetzt von vns geschehe: Item/es seie dise sein Schlußrede/
wider das löbliche Exempel / weiland Hertzog Christoffs zu
Würtemberg. p. m. der sich gegen den Frantzösischen Kirchen
vor etlich Jaren in einem Scripto vernemmen lassen/ daß er
gedencke mit jhnen Christliche Einigkeit zuhalten/ (lase hievon
etwas auß einem grossen geschriebenen Buch.) Daß wir von
jhnen außgeben/daß sie vns zeihen/ wir lehren localem inclu-
sionem/ vnd es werde auß Brot vnnd Leib Christi ein Klump/

habe

habe es damit dise Gelegenheit/ daß sie nicht eben vns Prediger
allhie/ dasselbige geziegen/ sonder haben jhre Zuhörer nur allein
vor solcher Lehr gewarnet/da sie auch schon vns dasselbig gezie-
gen hetten/ were solches so hoch nicht zuuerwundern/die wir solche Gleichnus brauchten / die eine Raumligkeit notwendig mit
sich bringen / als da seien die Gleichnussen vom Kind in der
Wiegen/vnnd vom Stroh im Sack. Dises vnnd dergleichen
vilmehr/ tribe Tossanus mit grossem Geschrey vnnd fechten/
wölches er/ D. Zimmerman/ nicht alles/ weil er dahinden an
eim finstern Ort gesessen/ vnd nichts gesehen/ in sein Schreib-
täffelin verzeichen können.

Als nun Tossanus auffgehört zuklagen/ stunde vilermel-
ter D. Zimmerman auff / vnnd bate Jhr F.G. vnderthänigst/
nachdem Tossanus ettliche/ vil hefftige vnd wichtige Puncten/
daran wol ettwas gelegen/ wider jn Klagsweiß fürgebracht/die
jhme nit möglich gewesen/alle in solchem finstern vnnd tunckeln
ort / da er zuschreiben nicht gnugsam sehen können/ zuuerzeich-
nen/also wolte Jhr F.G.Tossano aufferlegen/solche vilfeltige
Klagpuncten zuuerfassen/vnnd jhme dieselbige zu zustellen/auff
daß er sich darinnen nottürfftiglich ersehen / vnd gepürlich sich
darauff verantworten möge/ mit dem vnderthänigsten erbiett/
daß er sich als dann schleunig/vnnd also gründtlich verantworten wölle/daß Jhre F.G.mit jhme solten zu friden sein/wa aber
nicht / so wölle er darumb leiden : Er könne aber gleichwol/da-
mit sich Jhre F. G. desto belder vnnd besser in die gantze Sach
richten möge / allein dises in transcursu vnangezeigt nicht lassen / daß Tossanus wol des langen dicentes wider jhne nicht
bedörfft hette/ dann er lege jhme ein solches zu/ wölches er jhme
nicht geständig/ vnd sage/diß seie sein Schlußred in seiner Predigt gewesen / man solle gar keinen Friden mit jhme Tossano
vnnd seinen Collegis halten/ wölches jhme doch nie in Sinn
kommen / darumb dann auch alle dise fundamenta, so er/ dise
erdichs

erdichte Schlußred damit vmbzustossen / copiosè eingeführt /
gar nichts wider jhne militieren : Dann das seie allein sein
Propositio im andern Theil seiner Predigt gewesen / die er auch
mit siben Argumenten erwiesen / daß man / nämlich / mit denen /
die jrrige Lehr führen / nicht also Frid halten solle / daß man
vmb zeitliches Frides willen ettwas der Göttlichen Warheit
des heiligen Euangelij begeben / die Warheit verschweigen /
vnnd falsche jrrige Lehr nicht straffen solte : Habe also einen
Vnderschied gemacht / zwischen dem burgerlichen Friden des
eusserlichen Lebens / zu wölchem er seine auditores im ersten
Theil seiner Predigt ernstlich vermahnet / vnnd zwischen dem
Kirchenfriden / der da bestehet in der Einigkeit der Göttlichen
Lehr des Euangelij / wölcher Lehr des heiligen Euangelij man
vmb zeitliches Frides willen / denselben zuerhalten / nichts begeben solle.   Was nun den politischen Friden antreffe / seie er
D. Zimmerman / one vngebürlichen Rhum zumelden / wol der
Bescheidenheit vnnd des Verstandts / daß er wüßte / man könne
vnd solle politischen Friden auch mit denen halten / die nicht mit
vns in der reinen Christlichen Lehr des Euangelij einig : Wie
dann auch er selbs / als er acht Jar lang / als ein vnwürdiger
Prediger zu Wümpffen / neben den Jesuitern vnd andern Papisten geprediget / vnnd ja mit jhnen in der Lehr nicht einig gewesen / dannoch also burgerlichen Friden mit jhnen gehalten /
daß er sie in gemeinem Leben vnnd politischem Wesen / wol habe wissen bleiben zulassen : Daß man aber solchen burgerlichen
Friden so hoch halten solte / daß man vmb desselbigen willen ettwas der Warheit Göttliches Worts begeben solte / das hette
er in seiner Predigt widersprochen / vnd seie auch noch der Meinung : Darumb daß Tossanus jhne zeihe / der Spruch Iohannis seie seine Propositio im andern Theil seiner Predigt gewesen / das halte sich nicht also / sonder daß seie sein Propositio:
Man solle gleichwol auß denen Vrsachen / die er im ersten Theil

seiner Predigt eingeführt / politischen Friden halten / man solle
aber drumb vmb desselbigen willen / damit er erhalten werde /
der Warheit Göttliches Worts nichts begeben . Solche Propositionem zubeweisen / habe er fünff argumenta / vnnd vnder
den selbigen auch disen Spruch Iohannis eingeführt. Berüf-
fe sich hiebey / auff alle seine Zuhörer / die in sehr grosser Anzahl
solche Predigt von ihme angehört / vnnd auff sein geschrieben
Recept.

Daß Tossanus ferner ihne vnnd seine Collegas bezüchti-
ge / wir verhetzen mit vnsern hefftigen Predigten vnsere Zuhörer wider sie / daß sie ihme nicht gebürliche Reuerentz erzeigen /
vnnd ihnen nun zu ettlichen mahlen Pasquillos angeschlagen /
darinnen geschehe vns vngüttlich / vnnd sey vil mehr das contrarium war. Dann beweißlich / dz er eben in diser Predigt / darüber er setz verklagt worden / seine auditores vermanet / daß sie
wöllen still / rühig / vnnd zu friden sein / vnnd nichts vngebür-
lichs anfahen / weder mit schreiben noch anschlagen der Pas-
quillen (wölches nit recht / auch vns Predigern nit damit gedienet seie) noch auch mit anderer Vngebürligkeit : Er erbiette
sich aber zu fernerer vnnd weitleufftiger Verantwortung diser
vnd anderer Klagpuncten halber / vnnd bete nochmahls vnder-
thdnigst / Ihre F. G. wölle seinen Gegentheil dazu halten / daß
er ihme seine vilfeltige wider ihn eingeführte Klagpuncten
schrifftlich zustelle / damit er sich gnugsamlich vnd gebürlich verantworten möge.

Hiewider nun brachte Tossanus allerley für vnnd auff die
Bahn / fiel von einem zum andern / vnnd warffe es alles vbern
hauffen / machte groß gewäsch von dem dicto Iohannis : sagte
wir verhetzten das Volck wider sie / daß sie nirgend sicher vber
ein Gassen gehen dörfften / gabe für / er / D. Zimmerman hette
ihn gezigen / er lehrte vnrecht von der Person Christi / von dem
heiligen Abendtmal / von der Tauff / vnd von der ewigen Wahl
oder

oder Fürsehung / das solte er jhm beweisen/ er wolte jhm bewei-
sen/daß er in solchen Puncten vnrecht lehrte.

Aber auff disen letsten Puncten antwortet jhm D. Zimmerman also/ daß er sagte/ er solte doch ein wenig gemach fah-
ren/ vnnd nicht alles also durch einander werffen/ komme er zu
seiner gebürlichen Verantwortung (wie er dann vnderthänigst
darumb bitte) so wolle er jhme alsdann so mündtlich/ so schriffte-
lich/ auß Gottes Wort darthun/ daß er Tossanus in gedachten Puncten vnrecht lehre/ seine Lehr aber/ als die in Gottes
Wort gegründet / wölle er auß heiliger Göttlicher Schrifft
nach notturfft/der gebür beweisen vnd befestigen.

Es ward aber endtlich solch Gespräch durch den Hertzogen abgeschnitten / dessen F. G. durch deroselben Cantzlern
jhnen beiden ansagen ließ/ man hette sie zu beiden theilen ge-
hört/sie solten nun abtretten/ draussen verziehen/ vnnd ferners
Bescheidts gewertig sein/ wölches dann auch von jhnen beiden
geschehen.

Als nun Tossanus vñ D. Zimmerman abgetretten/vnd fast
bey anderhalb stunden vor der Rahtstuben auffgewartet/ hat
man sie kurtz vor 11. Vhren widerumb hinein gefordert:da daß
Doctori Zimmerman durch den Herrn Cantzlern vermeldet
worden/ wiewol er vnderthänigst gebetten/ seinen Gegentheil
dahin zuhalten/daß er die wider jne eingeführte Klagpuncten
jhme in Schrifften vbergebe/ jedoch dieweil Ihre Fürstliche
Gnad sie beide nicht darumb fürfordern lassen/ daß die Sach
so weitläuffig würde/ vnnd sie zu beiden theilen vil mit einander libellireten/so halten es Ire F. G. von vnnöthen/ daß jhme
allererst ein schrifftliche Verzeichnus zugestellet werde: Die
Sachen an jr selbe betreffend/ habe er sich gleichwol damit ver-
antwortet/daß er in seiner Predigt nicht in gemein allen Friden
mit seinem Gegentheil zuhalten verbotten/ es habe aber gleich-

P ij   wol

wol bey vilen hiemit ein seltzames Ansehen gehabt: Ihr F. G.
hetten sich dessen zu jhme versehen / daß er solche Sachen nicht
gleich also baldt auff die Cantzel gebracht / sonder dieselbige zuuor bey Ihr F. G. angebracht / vnd hiebey nicht gleich also auff
hören sagen gegangen were: Es beuelhe Ihr F. G. jhnen beiden / daß sie in Politicis fürohin Friden mit einander halten/
vnnd auff der Cantzel bescheiden seien/vnnd da je einer künfftiglich auff der Cantzel ettwas wider den andern predigen solte / so
solle alsdann der ander seinen Gegentheil selbst drumb zuted
stellen/ oder sich desselbigen gegen Ihrer F. G. selbs beklagen/
dann Ihre F. G. gedächten/einem theil so wol als dem andern/
Schutz vnd Schirm zu leisten: Was sich auch jetzunder bey diser gepflognen Handlung begeben/solte D. Zimmerman nicht
auff die Cantzel bringen/sonder es hiebey bleiben lassen. Es weren auch Ihre F. G. bedacht / den Sachen ferner nachzuden-
cken/wie ein Colloquium zwischen beiden Partheien möge angestellet werden:Vnd seie endtlich Ihrer F. G. begeren an Doctorem Zimmerman/daß er für sein Person fürohin dem Seni-
or Raht widerumb beywohnen/vnd die von Ihrer F. G. desig-
nierte Personen in vnser Colloquium der Eltesten annemen
wölle.

Auff solchen gegebnen Abschied/erklärte sich D. Zimmerman volgender gestalt: Ihme were gantz beschwerlich zuhören/
daß jhme eine schrifftliche Designation der Klagpuncten seines
Gegentheils abgeschlagen/ vnd jhme also die Gelegenheit/sich
ferner auff jede Klagpuncten gnugsamlich zuuerantworten/ab-
geschnitten würde / bete nochmals vnderthänigst/ vmb zustel-
lung solcher Designation / da ers aber ja nicht erhalten könne / so wolte er doch hierinnen Ihren Fürstlichen Gnaden
nicht auß den Händen gehen / sonder es hiebey bleiben lassen : Er hette solche Predigt gethon / nicht auß begirden
zuzancken / oder durch priuat Affect dahin getriben / sonder

der sein officium, vnnd der Sachen Notturfft hette jhn hierzu gezwungen. Daß er nun nicht allen Friden in gemein mit seinem Gegentheil zuhalten verbotten/ sonder allein disen/ da man vmb zeitlichen Fridens willen/ vnserer Christlichen Lehr des H. Euangelij/ vnd der Göttlichen Warheit ettwas begeben wolte/ dessen werden jme alle seine Zuhörer/ die jn dazumal gehöret/ vnd sein Concept selbs/ so Iren F. G. abgelesen/ Zeugnus geben/ darbey ers auch bleiben liesse. Daß er solche Sachen nicht zuuor bey J. F. G. angebracht/ sonder damit gleich auff die Cantzel kommen/ dessen hette er zuuor dise Vrsach vermeldet/ daß wir Prediger hierzu (dieweil die Calumnien so gar weit außkommen) nicht länger haben stillschweigen können/ sonder dieselbige publicè ableinen müssen/ damit wir nostro silentio, nicht darfür gehalten wurden/ als ob wir hieran schuldig weren/ seie auch hiebey nicht gleich auff hören sagen gegangen/ sonder er wisse vil fürnemer Leut/ nicht nur allein zu nennen/ sonder da es vonnötten/ auch darzustellen/ die solche Calumnias von vnserm Gegentheil gehört hetten. Erbote sich/ wie biß anher von jhme geschehen/ auch fürohin auff der Cantzel bescheiden zusein. Das Colloquium betreffend/ seien wir Prediger so fern mit zufriden/ wann man zuuor desselbigen rechtmässigen Proceß/ auff solche weise/ darauff wir newlich in vnserer vbergebnen Supplication gedeutet/ anstelle. Was dann J. F. G. des Senior Rahts halben jhm vermelden lassen/ könne J. F. G. er nicht vnangezeigt lassen/ daß er biß anhero nur ein einiges votum im Senior Raht gehabt/ habe vil Collegas, nämlich das gantze Ministeriü/ vnd auß allen Ständen zum allerwenigsten je zwo Personen/ denen jme nit gebüre fürzugreiffen/ Ire F. G. aber bete er vnderthänigst/ dieselbige wölle solches/ so jme aufferlegt worden/ durch ein Rescriptum bey einem gantzen Senior Raht gnädigst suchen/ da man sich dann zweiffels ohne/ aller gebür gegen J. F. G. erklären werde.

de. Letstlich habe er vnderthänigst/ weil im Vortrag vermeldet
worden/ daß wir Prediger nicht allein auff Irer F. G. Lehrer
vnd Religion/ sonder auch deroselben Person/ in vnsern Predigten stocherten/ J. F. G. wolten solchen Verdacht nicht auff
vns werffen/ als ob wir auch nur mit dem geringsten auff Irer
F. G. Person stochern solten/ wir wüßten vns dißfahls vnschul-
dig/ vñ hetten auß Gottes Wort nunmehr wol souil gestudiert/
daß wir wissen/ wie wir vns gegen vnserer ordenlichen Obrigkeit gebürlich verhalten solten/ ꝛc.

Als solchen letsten Puncten seines anbringens Ihre F. G.
anhörten/ befalhe Höchstgedachte Jre F. G. deroselben Cantz-
lern/ jme zuuermelden/ Ihre F. G. hetten ein solches weder jn
noch seine Collegas gezigen/ sonder also were solches im Fürtrag angezoge worden/ daß wir in vnserer gesterigs Tags vbergebner Supplication/ vns dessen beschweret hetten/ wir seien
bey Ihren F. G. angegeben worden/ als ob wir wider Ihrer
F. G. auch stocherten.

Tossanus aber erbote sich gegen Iren F. G. aller Beschei-
denheit/ die er auff der Cantzel gebrauchen wolte/ bete auch J.
F. G. wolten das Colloquium befürdern/ dann er vrbüttig/
darbey zuerscheinen/ auch ohne einichen Proceß/ vmb wölchen
wir anhielten/ vnd seie von vnnöten/ daß man vmb seinet wil-
len/ ein solch groß wesen/ wie von vns geschehe/ zur anstellung
des Colloquij habe.

Auff solches als eben 11. Vhr schluge/ stunden Jre F. G.
auff vom Consilio, deren alsbald nachfolgete die Herrn Räh-
te/ vnd wurden sie beide/ Tossanus vnd Doctor Zimmerman/
auch widerumb zu Hauß gelassen.

Sambstags aber/ nämlich den 11. Ianuarij, nach Mittag
vmb 12. Vhren/ kam zu erstgedachtem D. Zimmerman in sein
Pfarrbehausung J. F. G. Cammersecretarius/ vnd zeigte jm
an: Es were J. F. G. Befelch/ daß Ihrer F. G. er seine ge-
schribe-

schribene Predigt durch jne vberschickte / darauff er geantwort/
es seie jm ettwas bedencklich / sein geschriben Concept, so J.
F. G. er den 9. Ianuarij in der Churfürstlichen Cantzley ab=
gelesen / auß den Händen zugeben / dessen aber / were er vnder=
thänigst vrbüttig / solch Concept bona fide abzuschreiben / vnd
Ihrer F. G. zukommen zulassen / vnd dieweil er eben dieselbige
Stund noch / ratione officij, Communicanten verhören / vnd
morgen predigen müsse / so könne er auch zu solcher Abschrei=
bung so bald nicht kommen / dann ausser jme sonsten niemand
leichtlich seine Schrifft desselbigen Concepts lesen könne / wöl=
le aber folgendes Tags / nämlich den 12. Ianuarij / gleich nach
der Predigt sich vbersetzen / vnd solch Concept eintweder selb=
sten abschreiben / oder ja durch einen andern / der seiner Schrifft
ettwas gewohnet / abschreiben lassen / bete / er wolte solches J.
F. G. in seinem Namen vnderthänigst vermelden / wölches er
zuthun auff sich genommen.

Dinstags den 14. Ian. vor Mittag nach 7. Vhren / kompt
jme / D. Zimmerman / auß der Cammercantzley ein Scheda zu /
durch einen Schreiber / darinnen jm aufferlegt worden / die Ab=
schrifft seines Concepts / demselbigen Schreiber mitzutheilen.
Als er aber solch Abschrifft noch nit allerding mit seinem Con=
cept collationieret hatte / hat ers hernacher erst nach 8. Vhren /
durch einen Studiosum Dionysianum hinauff in die Cam=
mercantzley geschickt / vnd gedachtem Secretario, durch den=
selben vermelden lassen / wann die Sach nur noch denselbigen
Tag Verzug leiden möchte / so wölte er gern solche Predigt
noch einmal ad mundum abschreiben lassen / dann solche er=
ste Abschrifft an vilen orten vbel / vnd vnläßlich geschriben / wa
aber nicht / so seie er zufriden / daß er solche erste Abschrifft zur
Hand neme / wölches er gethon / die Abschrifft zur Hand ge=
nommen / vnd den Studiosum mit disen worten hingewisen /
daß er gesagt / er wöls wol lesen können.

Diß

Diß ist nun auch also kurtzlich die Handlung / so sich
mit Doctor Zittermann vber seiner gehaltenen Predigt begeben/
wölche gleichwol von den Narratoribus auff das aller feindse-
ligst angezogen würdt / würdt aber (wie hoffentlich) durch
hieuon gegebnen warhafften Bericht / bey dem Christlichen vn-
partheijschen Leser / wider die Calumnien diser Narranten/
nunmehr gnugsam verwahret sein/ vnd bleiben. Darumb wir
dann auch weder vns noch den Christlichen Leser/ mit fernerer
Verantwortung derselbigen auffhalten / sonder diß allein hiebey vermelden wöllen/ daß / wann alle Predigten diser Narratoren / mit solchem Ernst weren examiniert / vnd mit solchem
fleiß darüber inquiriert worden / als mit diser Predigt ge-
schehen/ so hette man alle Tag hierüber in der Cantzley einen
besondern Rahtt halten müssen/vnd hette man alsdann/ also vil
grewlicher Lösterungen/ Calumnien, conuitien vnd menda-
tien, die sie täglich wider vns vnd vnsere Lehr / ohne alle schew
außgegossen/ in denselbigen befunden/ daß sie diser Predigt/ die
da Christlich/ dem Wort Gottes gemeß/ zum Politischen Friden dienlich / vnd zur rettung der lieben Warheit / wider aller
Hand außgeossene Calumnien, erbarlich vñ notwendig / gar
leichtlich vnd bald wurden vergessen haben. Derwegen dann/
was dise Narratores des Königs Darij Memnonis wegen/ wider vns einführe/ billich vñ füglich wider sie zu retorquieren ist.

Nachdem aber den Caluinischen Theologen zu Heidelberg alle ihre hieuor erzölte Practicken/ so weit nicht erschieß-
lich sein wöllen/ daß sie vns hetten können von vnsern Kirchen abtreiben vnnd fortschicken/ vnnd ihnen doch die Weil
vnnd Zeit zulang sein wöllen/ vns vor ihren Augen länger zusehen/ brechen sie entlich auß vnnd herfür mit dem
Mandat/ wölches sie (da es ihnen sonsten allerdings fehlen
solte) zum Stichblat behalten/ vnnd dasselbige mit solcher
Arglistigkeit gesiddert haben / daß es den Namen bekom-
men/

men: Es seie nur allein wider das verlöstern vnnd condemnieren gerichtet / da es doch in rei veritate mit disem Mandat
also geschaffen / daß / wie Caluinus (wiewol solches mit Vngrund von jme geschehen) von der Augspurgischen Confession
vermeßlich geschriben / daß sie seie fax ad excitandum incendium, quo conflagratura sit tota Gallia: Also kan man wol vnd
mit Warheit sagen / daß eben diß Mandat seie fax ad excitandum incendium, dardurch Kirchen vnd Schulen in Churfürstlicher Pfaltz in die Eschen gelegt / verherget vnnd zustöret
werden.

In Epistolis Calui-
ni, Anno &c. 75.
zu Genff getruckt.
Pag 251.

Was sich nun vber disem Mandat zu allen Theilen begeben / dauon soll neben gebürlicher Ableinung allerhand beschwerlicher Aufflagen / so die Referenten in jrem vnwarhafften Bericht außsprengen / nun hinfüro von vns die grundtliche
Warheit berichtet werden. Es erzöhlen aber die Narratores im
Eingang jrer Narration / so sie hieuon thun / ettliche Vrsachen /
darumb nicht nur allein ettliche Prediger im Februario
seind beurlaubet / sonder vmb wölcher willen auch das Mandat
publiciert worden: Als nun / schreiben sie / das vngegründt ärgerlich schmehen vñ löstern / in der Statt /
vnd auff dem Land / nicht nachlassen wolt / sondern
alle Tag vberhand nam / jrer ettliche auch in fürnemen Stätten also außgelassen / daß sie auch vnsern
gnädigsten Herrn mit Namen häßlich auff der Cantzel / vnd sonst angezogen / vnd hin vnd wider die vnsern geschmähet / von der Kindertauff / als wann sie
nicht werth weren / zu Geuatterschafften zustehn /
außgeschlossen / wölches allerding wider jhre eigne
Kirchenordnung / vnd Pfaltzgraff Ludwigs Chur-

Num. 20.21.

Q   fürstens

fürstens / Christseliger Gedächtnus / ꝛc. Meinung
vnd Intent war / wie jnen hell vnd klar bewisen / seind
im Februario ettlich wenig von solchen auffrhüri-
schen / halsstarrigen vnnd frechen Predigern / nach
gebürender Inquisition / Verhör vnd Vberweisung /
vnnd gegebnen leidlichen Termin / beurlaubt / vnnd
J. F. G. verursacht worden / das Christlich / löblich
vnd fridfertig Mandatum vnnd Befelch / von Vn-
derlassung vnnd Abschaffung des eingerißnen condemnierens vnd lösterns / auff der Cantzel vnnd in
den Schulen / den 19. Februarij diß lauffenden 1584.
Jars / mit gehabtem Raht des gantzen löblichen
Hohenrahts / außgehn vnd publicieren zulassen / ꝛc.

Es erzöhlen dise Narratores dreyerley Vrsachen / vmb wölcher willen im Februario nicht allein ettliche Prediger beurlaubet / sonder auch das Mandat publiciert worden: Nämlich / dieweil das vngegründt / ärgerlich schmehe vñ löstern / in der Statt
vnd auff dem Land nicht habe auffhören wöllen. 2. Dieweil ettliche auch in fürnemen Stätten also außgelassen / daß sie auch
den Hertzogen mit Namen häßlich / auff der Cantzel / vnnd sonsten angezogen. 3. Weil die jenigen / so dem Caluinismo zugethon / von der Kindertauff / als wann sie nicht werth weren / zu
Geuatterschafften zustehn / außgeschlossen worden.

Nun wöllen wir vns gleichwol deren Prediger / die im Februario beurlaubet worden / nicht annemen / (dann sie selbsten jr
Vnschuld zuretten vnd darzuthun / gnugsam seind / vnd wir ihnen billich hierinnen nicht vorgreiffen sollen) das nimpt vns aber
gleichwol hiebey wunder / dieweil die Berichtsgeber melden / daß
auß den erst angezeigten Vrsachen / ettliche wenig von solchen
auffrühischen / halsstarrigen vnd frechen Predigern / nach ge-
büren-

Num. 21.

1.
2.
3.

bürender Inquisition/Verhör vnd Vberweisung/vnnd gegebnen leidenlichen Termin beurlaubet worden/ auß was Vrsachē
dann vnsere gewesene Collegæ, D. D. Petrus Patiens, D. D.
Timotheus Kirchnerus, vnnd D. D. Iacobus Schopperus,
jhrer Dienst vnnd Predicatur seien erlassen worden. Dann gedachte drey Doctores/ nicht von wegen der dreien obgesetzten
Vrsachen jres Diensts entsetzt wordē/ dessen würde jnen jedermeniglich genugsame Zeugnus geben/ wie sie dann auch das
Fürstliche schrifftliche Decretum selbsten/ dardurch sie beurlaubt worden/ deßwegen entschuldigen muß/ vnnd in der Beurlaubung deren Vrsachen keine Meldung thut. Das Decretum, D. Patienten betreffend/ lauttet also:

  Demnach Churfürstlicher Pfaltz Administrator/ allen
vberflüssigen Vnkosten/ zu Hoff vnnd in der Regierung abzu-
schaffen/ entschlossen/ vnnd also die grosse Anzal im Kirchen-
raht/ oder auch einen General Superintendenten zuerhalten/
nicht gemeint/ also wölle Ihre F. G. hernach benannte Personen ihrer Dienst hiemit erlassen haben/ wölches jhnen durch den
Verwalter anzuzeigen/ vnnd deren Dienstbesoldung halben/
mit jnen zu ratificieren.

  D. Petrum Patientem.

  Hans Jörg Hüngerlin.

  Alexander Hohenbuch.

  Peter Struppen/ Kirchenrahts Secretarien/ an dessen
statt Ihre F. G. einen andern zuordnen gemeinet/ Signatum
den 15. Januarij/ Anno 2c. 84.

  Als auch beede Doctores vnd Professores Theologiæ, D.
Kirchnerus vnd D. Schopperus, den 18. Feb. jrer Predicatur
durch den Verwalter seind entsetzt wordē/ hat jnen derselbige ein
Fürstliches/ schrifftliches Decretū/ dises inhalts fürgelesen/ dieweil J. F. G. die Kirch zum H. Geist/ anderwerts vñ gnugsamlich mit Predigern bestellt vñ versehen/ vnd man deßwegen jres
Predigampts nicht mehr bedürfftig/ also wölle J. F. G. sie bee-

Nota. Wie ist den
der Rost gespart
worden?

                    Q 2   de jrer

de jrer Prædicatur hiemit erlassen haben/vnd solle jnen hinfüro
keine Besoldung mehr hieuon gereichet werden.

So haben sich dise Berichtsgeber auch dessen zuerinnern/
daß die newe Caluinische Kirchenrähte den 28. Febr. als sie
eben selbigen Tags das erste mal in der Cantzley zu Raht ge-
gangen/jhrer zwen beurlaubet haben/ nämlich Tobiam Vrsi-
num, Pfarrherrn zu Rohrbach/vnd Theodorum Eschelbruñ/
Pfarrhern zu Neckarelz/auß keiner der obgesetzten Vrsachen/
sonder allein darumb/dieweil sie bey des Christlichen Churfürsten Ludwigen/seligster Gedächtnus/Lebzeitten vñ Regierung/
dem Caluinismo (wölchem sie/als alumni domus sapientiæ
zuuor zugethon gewesen) valedicirt/vnd sich zu vnserer Christlichen Confession begeben/ Kirchendienst bey dem frommen
Churfürsten p. m. angenommen/vnnd dem Concordibuch sub-
scribiert haben. Daß daß gedachte zwen Pfarrherz an der vorgesetzten dreien Vrsachen keiner schuldig gewesen/ dessen haben
jnen jhre liebe Pfarzkinder gnugsame vberflüssige Zeugnus in
jren Supplicationibus mitgetheilet/ so sie dem Hertzogen vber-
geben/ darinnen sie für jre trewe Seelsorger auff das fleissigst
intercedieren,jnen hertzliche Testimonia doctrinæ & vitæ ge-
geben/vnd vmb Gottes willen gebetten/ daß man jnen jhre liebe
Seelsorger/an denen sie durchauß kein Klag haben/lassen/vnd
sie ja derselbigen nicht berauben wölle. Solten demnach dise
Berichtsgeber (wann sie hetten einen warhafften Bericht von
solchen Sachen stellen wöllen) nicht also in gemein dahin se-
tzen/es weren im Febr.ettlich wenig von solchen auffrhürischen/
halsstarzigen vnd frechen Predigern beurlaubet worden/sonder
solten dieselbige fein specificirt haben/ damit man gewüßt het-
te/wer sie weren/vnnd damit nicht die andern/ so hieran vn-
schuldig/vnd doch auch vmb selbige Zeit beurlaubt worden/mit
vnbillichem Verdacht/ als ob sie ein solches beschuldet hetten/
beschweret wurden. Die Vrsachen aber an jnen selbs betreffend/
viß wölcher willē nit allein ettliche Prediger im Feb.beurlaubet/

sonder

fonder auch das Mandat publiciert worden/folle erſtlich diſer
Narratorn fürgeben nach/ ſeit das vngegründt ärger= Num.20.
lich ſchmähen vnd löſtern in der Statt/ vñ auff dem
Landt/wölches nicht nachgelaſſen/ ſonder alle Tag
Vberhandt genommen. Es wölle der Chriſtliche Leſer
allhie erinnert vñ gebetten ſein/daß er die Caluiniſche Sprach/
daran ſie ſich in jrem vnwarhafften Bericht/durch vnd durch/
wie dann auch allhie/gebrauchen/ recht verſtehn lerne/vnd der=
ſelbigen an jnen gewohne/ nämlich/daß/ wann ſolche Leut vber
vnſer Schmähen vnnd Löſtern klagen/ alsdann hiedurch an=
ders nichts/dann allein diſes zuuerſtehn ſeie/ daß getrewe eiffe=
rige Prediger/in Churf. Pfaltz/die Chriſtliche Lehr von dem
H. Abentmal/vnnd Perſon Chriſti/wie dieſelbige in Gottes
Wort/Augſpurgiſcher Confeſſion/vnd Formula Concordiæ
gegründet/jrem anbefohlenen Pfarrkindern mit fleiß fürgetra=
gen/dieſelbige für der Gegenlehr trewlich gewarnet/vnd gemel=
te Gegenlehr/mit Grundt Göttlicher Schrifft abgeleinet/ vñ
vmbgeſtoſſen haben: Wölches ja bey allen verſtendigen Chri=
ſten kein Conuitium, ſonder aller getrewer Prediger Offici=
um iſt.

Die ander Vrſach belangendt/wiſſen wir geurlaubte Pre=
diger/ für vnſere Perſonen/vns derſelben halben vnſchuldig:
vnnd haltens darfür/ da vnſer einer/den Hertzogen mit Na=
men häßlich auff der Cantzel/ oder ſonſten angezo=
gen hette/man würde jn drüber/ als wir zu Heydelberg noch
in Officio geweſen/ gerechtfertiget/ vnnd der Gebür geſtrafft
haben.

So wiſſen wir vns auch der dritten Vrſach halben vn=
ſchuldig/ wie wir dann ſolcher Vrſach wegen/ als ob wir je=
mandts/ſo dem Caluiniſmo zugethö/ von der Geuatterſchafft
Q 3   ſolten

solten außgeschlossen haben/für vnsere Personen nie seind verklagt oder gerechtfertiget worden . Dann ob es schon nicht
ohne/daß wir in zeit wehrender Religionsenderung/sonderlich/
da sich die Caluinische Zuhörer / von vnserer Kirchen offentlich abgesöndert / vnnd weder Predigten/ noch andere Gottesdienst bey vns besucht haben / es nicht gern gesehen/daß vnsere
Glaubensgenossen/ die jenige zur Geuatterschafft in vnserer
Kirchen gebetten/die von vns vnd vnserer Kirchen offentlich
abgewichen/vnd sich zu der Caluinischen Kirchen geschlagen/
so haben doch wir in vnserer Kirchen zu Heidelberg/ niemandts
vmb des Caluinismi willen / weder in zeit werender Religions
enderung / noch auch zuuor/ von der Geuatterschafft außge-
schlossen/ vnnd sonderlich hierinnen vnserer lieben Kirchen
daran in zeit werender Religionsenderung verschonet/auff daß
dieselbige dardurch vnsers Diensts nicht beraubt würde / wann
wir die Caluinisten von der Geuatterschafft außschlössen / wie
wir dann mit grosser Betrübnuß gesehen / daß ettliche Kirchendiener auff dem Landt/allein auß diser Vrsach/ von jren Kirchen verstossen worden.

Also hoffen nun wir geurlaubte Prediger/ daß wir auch
die geringste Vrsach zur publicierung des Mandats nicht gegeben / dieweil wir nicht anders geschmächt vnnd gelöstert/
dann daß wir/vermög vnsers tragenden Ampts/ die Thesin
vnd Antithesin, vnd bißweilen auch die Hypothesin in Articulis controuersis getractiert/vnd wir der andern 2.Vrsachen
wegen/allerding vnschuldig seind.

Daß aber dise Narratores weitter melden / daß das Mandat auß vorgesetzten 3. Vrsache/mit gehabtem Raht des

Num. 21. gantzen löblichen Hohen Rahts außgegangen
vnnd publicieret worden/vnnd solches/vermög des
Exempels anderer löblichen Fürsten/ vnd der Brü-

der-

derlichen Vergleichung / so zwischen Herrn Brüdern / Pfaltzgraff Ludwigen Churf. p. m. vnd Hertzog Johann Casimirn / Anno / ꝛc. 78. solle geschehen
sein. Können vnnd sollen wir erstlich dem Christlichen Leser
nichte bergen / Daß die jenigen auß den Herrn Hohenrähten / so
vnserer Christlichen Confession seind / weder disen Referenten /
noch auch andern höhers Standts Personen gesendig seind /
daß diß Mandat mit jrem Raht außgegangen / vnd
publiciert worden / sonder das sagen sie vil mehr / daß dasselbige / als es schon allbereit droben zu Hof / von ettlichen Caluinischen Practicanten geschmidet gewesen / hernacher allererst in
die Cantzley herab gebracht / vnd in beysein des gantzen Hohenrahts abgelesen worden / deme aber sie widersprochen / vnnd die
Publication desselbigen auff das hefftigste widerzahten / mit
wölchem sie gleichwol nichts erhalten können.

Daß dann Tossanus vnd seine Rottgesellen / mit publicie- Num. 21.
rung dises Mandats / sich referiren auff das Exempel anderer
löblichen Fürsten / deren sie in jhrer Gegenwarnung gedacht /
darinnen sie sonderlich des Hertzogen von Braunschweig Er-
empel anziehen / Antworten wir mit D. Osiandern / in seiner
Abfertigung der Gegenwarnung / also / daß wir nämlich keinen
Hertzogen in Braunschweig wissen / so in seiner Fürst. G. vnnd
des Nidersächsischen Kreiß Namen / ein Edict publiciert / vnd
darinnen den Predicanten aufferlegt / daß sie des vnerbawli-
chen Scheltens vnd Schmähens auff der Cantzel sich enthalten sollen / wölcher nit dem Caluinischen Gifft von hertzen feind
were / . darumb dann auch die Sachen mit disem Edict /
keines wegs dahin gemeinet gewesen / daß die Zwinglische
Jrthumb nicht solten auff der Cantzel gestrafft werden /
sonder-

ſonderlich / dieweil das nechſt vorgehende Jar / nåmlich An-
no/rc. 61. der Nidersåchſiſche Kreiß/ ſeine Geſandten / Råht
vnd Theologen zu Braunſchweig/in der Statt gehabt/die den
Zwingliſchen Jrrthumb verdampt/ vnd Doctori Hardenber-
gio, dem Zwingliſchen Bremiſchen Predicanten/aufferlegt vñ
befohlen haben / auß dem Nidersåchſiſchen Kreiß hinweg
zuziehen/vnd denſelbigen fürderlich zuraumen.

Num. 21.   Wie dann auch die Chur vnd Fürſtliche vergleichung/ ſo
Anno/rc. 78. zwiſchen beiden Herrn Brüdern geſchehen/ niemals dahin gemeinet oder verſtanden worden/ als ob vns Predigern dardurch ſolte genommen oder gewöhret ſein worden/
dem Caluiniſmo zu widerſprechen/ denſelbigen auß Gottes
Wort zuuerwerffen / vnnd vnſere Zuhörer darfür zuwarnen/
daſs vns gewißlich ſonſten ein ſolches von vnſerm Gnådigſten
Churfürſten vnnd Herrn p. m. (wölches doch in der warheit nicht geſchehen) were geſagt vnd aufferlegt worden.

Wolan/ wir wöllen nun auch/ nachdem der Narratorn
Bericht nach/das Mandat/ auß vorgemelten Vrſachen/ mit
Raht des gantzen Hohen Rahts/rc. publiciert worden/mit diſen
Berichtsgebern ferrner hören/wie ſolch Mandat / beides von
Predigern vnd Amptleutten/ſampt den Vnterthonen empfan-
gen vnnd excipiert worden / von wölchem ſie alſo ſchreiben:

Num. 21. Gleich wie nun der fromme Churfürſt/Hochſeliger
gedåchtnuß/bey dero Kirchendiener nicht erhalten
können/daß ſie ſich angeregter Chriſtlicher vergleichung gemeß erzeigt / ſonder in vil weg/ dieſelbe wider ſeiner Churf. G. außtruckenliche Befelch vber-
ſchritten vnd verbrochen/rc. Daß der fromme Churfürſt/
Hochſeliger gedåchtnuß/bey vns Kirchendienern nicht erhalten können/daß wir vns der Brüderlichen/ Chur vnnd Fürſtlichen

chen Vergleichung gemeß erzeigten/sonder daß wir in vil weg/
Jrer Churf. G. außtruckenlich Befelch vberschritten vnd ver-
brochen/das ist abermals ein Caluinische Warheit/ vnnd helt
sich vilmehr die Sach im Widerspil also/ wie volget.

Als Höchstgedachter fromme Churf. Christmiltester ge-
dächtnuß/ Anno/ꝛc. 76. in die Churfürstliche Regierung ge-
tretten/ ist es nit one/ daß von derselbigen zeit an/auch vor der
auffgerichten Brüderlichen Chur vnnd Fürstlicher Verglei-
chung/biß auff Annum/ꝛc. 78. wir dazumal jrer Churfürst. G.
Prediger/in allen vnsern Predigten/auch in denen/ die wir de
S. Cœna ex professo gehalten / also bescheiden gewesen/vnnd
also leinß gegen den Caluinisté gefahren/ daß auch vil der vn-
sern/die solche Predigten von vns angehört/ vns ettlicher massen im verdacht gehalten/als wann wir heimlich mit den Caluinisten colludierten/ oder ja sonsten den Teuffel nicht erzürnen dörfften: darinnen wir nit nur allein dem frommen Chur-
fürsten/p.m. (dessen Churf. G. allwegen zur Miltigkeit/auch
gegen Feinden / dann zur Strenge geneigter) vnderthänigst
gewillfahrt/ sonder auch vnserer Zuhörer Gelegenheit/ dazumal haben warnemmen müssen.

Vnnd daher ist es auch geschehen/ daß Höchstgedachter
fromme Churf. p.m. nach auffgerichter Brüderlicher Chur vnd
Fürstlicher Vergleichung/vns Prediger nicht allererst zur gebürlichen Bescheidenheit/ weil wir vns derselbigen zuuorhin in
vnsern Predigten (wölches Ihr Churf.G. wol gewust) befliß-
sen/hat vermahnen/vnd vns solche Brüderliche Vereinigung
fürhalten dörffen. Vnnd können die jenigen vnder vns (die dazumal zu Heydelberg im Ministerio gewesen/ da solche Brüderliche Chur vnnd Fürstliche Vergleichung geschehen) solches in der warheit bezeugen/ daß nach getroffner Verglei-
chung/ weder durch den frommen Churfürsten/p. m. selbsten/
noch in deroselben Namen/ durch die Herrn Rähte jemals sol-

R   cher

cher Vergleichung also gegen vns Predigern gedacht worden/
daß wir vermög derselbigen vns gebürlicher Bescheidenheit
auff der Cantzel befleissigen solten.

Nachdem aber der fridfertige vnd bescheidene Man Tos-
sanus/mit seiner fridfertigen vnnd bescheidenen Trostschrifft/
scilicet/ bald nach getroffener Brüderlicher Chur vnd Fürstlicher Vergleichung in offenem Truck herfür/ vnnd auff die
Bahn kommen/in wölcher er sich solcher getroffener Brüderlicher Vergleichung gantz gemeß(nämlich/im Widerspil)erzei-
get/vñ hiemit ein fein specimen ediert/wie er vñ seine Rotgesel-
len gegen solcher Brüderlichen Vergleichung/ja in gemein gegen dem lieben Friden/vnd Christlicher Einigkeit gesinnet/da
hat solches den frommen Churfürsten/p.m. dermassen bewegt/
daß er drüber bald darauff in eigner Person/Raht gehalten/
vnd zu solchem Consilio nicht nur alleine S.Churf.G.Theo-
logen/auch nicht nur allein solche Politische Rähte/die ex professo vnserer Confession gewesen/ sonder auch ettliche Politische Caluinische/Hohe Rähte/als sonderlich den Herrn Vice-
cantzlern/D.Gerhardum Pastorn/ vnnd H.D.Iustum Raubern gezogen vnd gebraucht hat/vnnd in solchem Consilio/in
eigner Person decretiert vnd geschlossen/daß nunmehr vnd lenger nicht gegen den Caluinisten/vnnd sonderlich gegen diser lösterlichen Trostschrifft stillzuschweigen/ sonder derselbigen gebürlich in offnem Truck zubegegnen/dann ja einer nicht lenger
Friden halten könne/dann sein Nachbawr will/wie dann auch
Ihre Churf.G.also bald drauff/vnnd eben in solchem wehren-
dem sitzendem Rahte vns/ den dazumal anwesenden Theologen gnädigst befohlen vnd aufferlegt/ein ableinung solcher lösterlichen Trostschrifft zustellen/vnnd dieselbige fürderlich in
offnen Truck zuverfertigen.

Vnd daß dises warhafftiglich also ergangen / beruffen wir
vns nicht allein auff vorgedachte zween Herrn Hohen Rähte/
die

die ja noch bey leben/vñ darzu nicht vnserer Christlichen Con-
fession/sonder der Caluinischen zugethon seind/sonder auch
auff das Churf. Protocollum selbsten/wölches ja noch in der
Cammercantzley würdt zufinden sein.

Daß aber solches nicht ins Werck gericht worden/dessen
ist dises die Vrsach/daß gleich also bald darauff andere be-
nachbarte/vnserer Christlichen Confession verwandte Theo-
logen/vnd sonderlich D.Osiander zu Stuttgarten/vnnd D.
Johan Marbach zu Straßburg/dem friedhässigen vnnd vn-
rhuwigē Tossano/auff sein feindtliche lösterliche Trostschrifft/
also Christlich/stattlich/vnd gnugsamlich in offnem Truck ge-
antwortet/daß man es von vnnötten gehalten/weitter mit disem zerrütten Kopff Tossano sich einzulassen.

Auff solche Trostschrifft/darinnen der Churf.Pfaltz Kirchen vnd Schuldiener/vast durch vnd durch perstringiert wer-
den/seind auch andere Schrifften zur Newenstatt/von solchen
fridfertigen (ſcilicet) bescheidenen Caluinischen Clamanten
vnd Practicanten außgegangen/als nämlich/der Wegweiser:
Der Anhaldischen Theologen Bedencken/vber des Concordi Buchs Prefation/vnnd Bericht auff der dreien weltlichen
Churf.Theologen Refutationschrifft: Vnd alle die Tractät-
lin/so Sturmius zu Straßburg/nicht allein wider D.Pappum/
sonder auch wider der Churf.Pfaltz Kirchen vnd Schulen/vñ
deroselben Diener/ja auch wider den frommen Churf. p. m.
selbsten geschriben hat.

Von derselben zeit an nun/als wir nemlich gesehen/daß vnsere Widersächer zur Newenstatt/schon allbereit den Friden vilfältiglich gebrochen/vnd daß solche Lösterschrifften vnsers Gegentheils wider vnsere Zuhörer/hauffenweiß spargiret/dz auch
der from Churfürst p. m. selbsten vns aufferlegt/die Warheit
vnserer Christlichen Confession/wider solche außgesprengte Calumnien vnnd Conuitien/auch in offnem Truck

zuuer-

zuuerfechten/da habe wir fürwar (wölches wir gern gestehn) nie
mehr zu solchen Sachen (wir hetten dann mit vnserm vnzeittigen stillschweigen / vns der lieben Warheit/ vnnd derselbigen
rettung entschlahen wöllen) stillschweigen können / sonder auff
der Cantzel/ so offt wir solches zuthun Gelegenheit gehabt/ solche außgesprengte Calumnien vnd Vnwarheitten vnsers Ge-
gentheils/ damit vnsere Confession beschmitzt worden/ gebürlich
bey vnsern Zuhörern abgeleinet/ daß also wir auff vnser Sei-
ten/ vil billichere Vrsachen/ dann vnsere Widersächer gehabt/
dise gantze zeit vber/ weil wir zu Heydelberg gewesen/ mit dem
lieben Dauid/ auß dem 120. Psal. zusagen vñ zuklagen: Da ich
Frid halte/ vñ vom Friden reden will/ fahen sie Krieg an.

Auß diser warhafftigen erzöhlung/ befinden sich nun ettliche greiffliche Vnwarheit vnsers Gegentheils / damit sie vns
für der gantzen Christenheit beschweren.

Dann erstlich/ so ist dises nicht war/ daß der from Chur-
fürst/ p. m. die Brüderliche Chur vnnd Fürstliche Verglei-
chung/ vns Kirchendienern jemals fürgehalten/ vnd vns auff-
erlegt/ vns derselben gemeß zuuerhalten. So spacieren Tossanus
vnd seine Rottgesellen auch in dem/ neben der Warheit hin/ daß
sie fürgeben/ der fromme Churfürst/ seligster gedächtnuß/ habe
bey vns nicht erhalten können / daß wir vns solcher Vergleichung gemeß erzeigten. Dann weil vns dise Vergleichung nie
fürgehalten worden / wie haben dann Höchstgedachte Ihre
Churfürstliche G. derselbigen haltung bey vns nicht erhalten
können?

Num 21. Es ist auch dises ein gute starcke Caluinische Warheit/ das
sie fürgeben dörffen/ wir haben Ihrer Churfürstlichen G. außtruckenlichen Befelch/ so hieuon vns gegeben worden/ vberschritten vnnd verbrochen. Dann das Widerspiel war/ daß nämlich Ihre Churfürstliche G. vns aufferlegt/ auch in offenem
Truck/

Truck/die außgefprengten Calumnien vnd Vnwarheiten des Toffani vnd feiner Rottgefellen/ gebürlich abzuleinen.

Darumb dann der Chriftliche Lefer/der jhren vnwarhafften Bericht lifet/ wölle gewarnet fein/vnnd weil in difen vier Elnien difes Periodi / der da anfacht : **Gleich wie nun der** Num. 25. **fromme Churfürft** / drey grober Vnwarheiten ftecken/ fo wölle der Chriftliche Lefer/ fo offt er ein dergleichen befchwerliche Aufflag vnnd Bezüchtigung in dem vnwarhafften vnfers Gegentheils Bericht lifet/ gleich alfo bald bey fich felbs gedencken : Wer weiß/obs war feie/vnd wölle alfo bald darauff vnfern Bericht dargegen halten/ fo werden fich die Caluinifche Warheiten mit hauffen finden.

Es werffen die Narratores allhie allerley Sachen in einen Num. 21. Hauffen/auff wölche alle außführlich zuantworten/vns gleichwol nicht fchwer fein folte/ wo dife Schrifft hiedurch nicht zugroß vnd weitläuffig würde.

Mit was vnbefügter Weiß wir vns verweigert Num. 22. haben/ dem außgegangenen Mandat zuparieren/ das würdt fich in vnferer Refolution Schrifft hernach finden.

Was fie von den Amptleutten vnnd Vnderthonen der Churfürftlichen Pfalß melden/wie diefelbige meh:ertheils mit dem Chriftlichen Mandat wol zufriden: Ift abermal ein Caluinifche Warheit. Daß da man alle Amptleut/ die dazumal noch in Dienften gewefen/ vnd alle Vnderthonen hierunder hören folt/ vnd fie kecklich folches außfagen dörfften/ würdt fich fürwar ein kleins Häufflin finden/ von denen doch dife vnwarhaffte Narratores fchreiben dörffen/daß fie der meifte theil feien/ die mit difem Mandat wol zufriden.

R iij   Daß

Daß vns Kirchendienern vnsere gantze Kirchenordnung vnnd Vbung vnsers Kirchendiensts vnd Catechismi / durch das Mandat frey gelassen / weiset das Mandat selbsten das Widerspil auß / wie hieuon hernacher weitläuffiger würdt gehandlet werden. Vnd da ein solches im Mandat zufinden gewesen / solte es ja nimmermehr dahin kommen sein / daß wir von vnsern Schäfflin weren vertriben worden / sondern wolten mit grossen Frewden bey vnsern Schäfflin gebliben sein.

Was für Gespräch die Caluinische Prediger vns angebotten / daruon ist droben gehandelt worden / mit wölchen wir auch die streittige Religionssachen nicht ehe wurden außgeführt haben / wir hetten dann wider vnsere Gewissen vnsere Christliche Glaubens Bekandtnus fallen lassen / vns zu jhrem Caluinischen Schwarm begeben / vnnd vnsere liebe Zuhörer vnnd arme Schäfflin dem Wolff in seinen Rachen gesteckt / wölches vns noch lang nicht gelegen / vnd haben wir Gott dem HERRN hertzlich hierüber zudancken / daß er vns hiefür behüttet hat / der wölle auch fürohin / vmb seines lieben Sohns Christi willen / vns bey der Warheit seines Göttlichen Worts erhalten / vnnd vns vor dem Sacramentierischen Schwarm gnädiglich behütten vnd bewaren.

Ob die vornembste Bekenner der Augspurgischen Confession / als Melanthon / Bucerus / Cruciger / vnnd andere / die Caluinische Lehr für Christlich gehalten / Daruon mag der Christliche Leser der vnsern hieuon außgegangene Schrifften lesen / dahin wir vns auch vmb geliebter kürtze willen / wöllen referiert haben.

Wölcher

Wölcher gestalt aber eben die Caluinische Lehr auß dem
Wort Gottes / Augspurgischer Confession vnd A-
pologia zubewehren / das haben vnsere / Christlicher Confession Theologi in dem Concordi Buch / vnd derselben Apologia / wie daß auch in andern dergleichen Schrifftē außgeführet / vnd würdt auch hieunden / wañ von dem Mandat würdt gehandlet werden / daruon ettlicher massen Meldung beschehen.

Wie vermessen wir 5. Prediger in Vbergebung Num. 11.
vnserer schrifftlichen Resolution gewesen / vnnd wie
vngegründt / gifftig vnnd lösterhafftig vnsere Exce-
ptiones oder Resolution seie / das würdt sich / ob Gott
will / hernacher / da von solcher Resolution würdt gehandelt /
sein finden.

Daß aber wir die 5. Prediger / nicht authores oder Num. 12.
Dichter diser vnserer Resolutionschrifft seien / sonder daß vnser fürnembster Doctor vnnd Professor
Theologiæ / der von jme selbsten bald hernach auß-
gerissen / vnd sein Vocation in der Hohenschul dese-
riert hat (wie dise Narratores fürgeben) helt sich die gantze
Sach / das Mandat vnd die Publicierung desselbigen / vnd was
disem anhengig / betreffend / in der Warheit also.

Als den 2. Martij alle beeder Religionen Kirchendiener /
deßgleichen der Statt Raht / die von der Gemein / vnnd alle
Zunfftmeister der Statt Heidelberg / auff das Rahthauß vm 1.
Vhr nach Mittag erfordert / seind wir 5. Prediger / deren Namen in vnser Resolutionschrifft vnderschriben / (dann die zwen
Hoffprediger / sampt D. Patienten / D. Kirchnern / vnnd D.
Schoppern / dazumal schon allbereit jhrer Kirchendienst erlassen gewesen /) vnnd neben vns drey Caluinische Prediger /
nämlich

nämlich/Stybelius, Angarius, vnd Reckius/ (dann die andern
zwen/als Tossanus vnnd Mylæus/ zur selben Zeit nicht vorhanden) in die Rahtstuben hinein erfordert/ vnnd vns durch den
Fauthen Doctorem Hartmannum Hartmanni/ in beysein
des Landt vnd Amptschreibers/ vnd des Schultheissen zu Hei-
delberg/ fürgehalten worden: Es hette der alte Churfürst Fri-
dericus III. p. m. den 12. Tag Augusti/ Anno ꝛc. 70. einen
Befelch/ allen Kirchendienern der gantzen Churfürstlichen
Pfaltz/ des Innhalts zukommen lassen/daß sich die Prediger
auff der Cantzel alles condemnierens/ holhippens vnnd lösterns enthalten solten/ wie dann auch deßwegen eine Vergleichung zwischen jhrer Churf. G. vnnd andern Fürsten/ hierüber ernstlich zuhalten/ geschehen/ vnd dahin auch die Præfation
Pfaltzgraff Ludwigs Churf. p. m. Kirchenordnung gerichtet/
daß man sich auff der Cantzel vnd sonsten/solches condemnie-
res gäntzlich enthalten solle: Das alles aber ohnangesehen/ habe sich (leider) biß anhero das Widerspil befunden/ also gar/
daß auch des alten Churfürsten p. m. selbsten/vnd Hertzog Johann Casimirs Person/ von ettlichen auff der Cantzel nicht seie
verschonet worden/ zu wölchem dann Ihre F. G. nicht mehr
vnnd lenger also zusehen könne: seie deßwegen verursacht worden / wider solch condemnieren vnnd löstern ein offentlich
Mandat zustellen/ vnnd dasselbige publicieren zulassen/wöl-
ches er/der Fauth/ im Namen Ihrer F. G. Vns/ den Predigern fürzuhalten/vnd offentlich fürlesen zulassen/ Befelch habe . Vnd wölle sich Ihre F. G. dessen zu Vns gäntzlich versehen vnnd getrösten/ wir werden demselbigen allerding nachse-
tzen/ damit durch Vbertrettung desselbigen Ihre F. G. nicht
verursacht werde/ nach solchen Mitteln zugedencken/ deren
Ihre F. G. selbsten lieber wolten vberhaben sein.

Auff solchen des Fauths Fürtrag ward durch den Ampt-
schreiber erstlich das Mandatum den 12. Augusti/ Anno ꝛc. 70.
außge-

außgegangen/vnd darauff das newe Religion Mandat offentlich abgelesen / vnnd desselbigen getruckt Exemplar mit dem
Fürstlichen Secreto confirmiert / jedem Kirchendiener eines
durch den Fauth vbergeben.

Hierauff nun haben wir 5. Prediger ohne allen genom-
menen Abtritt vnnd Bedacht geantwortet/ wir hetten den Fürtrag vnnd die Ablesung des newen Mandats in Vnderthänigkeit angehört / hetten gleichwol gern vns also bald gebürlich
darauff resoluiert/ dieweil wir aber solches zuuor nicht gelesen/
vnd die Sachen/ so demselbigen einuerleibt/ so hoch vnnd wichtig / daß sie vnsere Gewissen / vnsere Christliche Glaubens
Bekandtnus / vnsere Kirchen / vnser Ministerium/ ja auch vnser Seelen Heil vnd Seligkeit antreffen/ also hoffen vnnd beten wir / man werde vnnd wölle vns nicht verdencken/ daß wir/
damit nichts vnbedachtsams in so hohen wichtigen Sachen
von vns fürgenommen werde / Bedenckzeit begereten / vnnd
macheten vns vrbittig / innerhalb wenig Tagen / gegen
Ihren Fürstl. G. selbsten vns schrifftlich der gebür zuerklären.

Diser vnserer Resolution antwortet der Fauth also / daß
er sagte / was er im Befelch gehabt / habe er nunmehr verrichtet / hette keinen Befelch vil mit vns zucausieren / wolte aber
gleichwol vns nicht wöhren / vns vnserm erbietten nach/
schrifftlich gegen Ihrer F. G. zuresoluieren.

Stybelius aber zeigte an / daß gleichwol nicht alle seine
Collegæ vorhanden/ er dancke aber für sich vnd alle seine Col-
legas/ beides Gott dem HErrn/ vnnd dann auch seinem gne-
digsten Herrn/ daß die Sachen dermalen eins dahin kommen/
daß ein solch Christlich Mandat in der gantzen Churfürstlichen Pfaltz publiciert werden solle / haben zuuor wol die
Contenta dises Mandats gewüßt/ seiend vrbittig denselbigen

G   in allem

in allem zupariexen/vnnd laſſen der andern Prediger (vns hiemit meinend) vermeindte Vrſachen/ darumb ſie Bedenckzeit
begeren/auff jrem Werth vnd Vnwerth beruhen.

Diſem letſten Puncten Stybelij begegneten wir alſo/vnd
ſagten/was es jhn angehe/ daß wir Bedenckzeit gebetten/ mit
jhme haben wir ja nichts zuthun/ ſeien auch nicht von jhme/
ſonder von Illuſtriſſimo Principe auff das Rahthauß erfordert worden/ dero F. G. nun zu vnderthänigſtem Gehorſam/
vnnd nicht jhme/ dem Stybelio/ mit dem wir nichts zuthun
hetten/ zu gefallen/ſeiend wir auff dem Rahthauß erſchinen.
Aber der Jauth/ dem ſolcher des Stybelij Trutz / (wie man
wol an jhme ſpürete) nicht geſiele/ ſchlug ſich drein/ vnnd zeiget vns an/ wir ſolten zufriden ſein/ vns ſeie vngewöhrt/ vns
ſchrifftlich gegen Illuſtriſſimo Principe zureſoluieren.

Als nun wir widerumb zu Hauß gelaſſen / vnnd dem
Stattraht / denen von der Gemein/ vnnd allen Zunfftmei-
ſtern das Mandat fürgeleſen / vnnd deſſelben Copien jhnen
mitgetheilt worden / haben wir vns noch deſſelbigen Tags
eines Iudicij von diſem Mandat verglichen. Nachdem auch
ein jeder vnder vns/ was für Fehl vnnd Mängel an diſem
Mandat/ darumb wir demſelbigen nicht gehorchen kündten/
auffs Papir gebracht/ ward Doctori Zimmerman von ſeinen
Collegis aufferlegt/ die Feder anzuſetzen / vnnd ein gemeine
Reſolutionſchrifft an Illuſtriſſimum Principem zuſtellen/
wölches er dann auch auff ſich genommen.

In deſſen/ als ſolche Schrifft nunmehr gefertiget/ kompt
vns nomine facultatis Theologicæ für/ daß auch dieſelbige
mit einem Iudicio vber ſolch Mandat ſich gefaßt mache/ vnnd
daß D. Kirchnerus ſich ſchon allbereit vbergeſetzt/ vnnd daran
arbeitte/

arbeitte / da es nun vns im Ministerio nicht zuwider / so möch=
ten wir dasselbige Scriptum / für das vnserige anneinen / vnnd
vbergeben / auff wölches auch sie / die Facultas Theologica/
wann jnen solch Mandatum solte aufferlegt werden / sich her=
nacher referieren wolten.

Wir / dieweil wir zu beiden Theilen in ipsa substantia diß
Mandat betreffend / der Sachen einig / vnd es für nutz vnnd nö=
tig hielten / daß / wie biß anhero in solcher werender Religion
Enderung / die Facultas Theologica / vnnd das Ministerium
zu Heidelberg / in Verantwortung vnserer Christlichen Con=
fession / für einen Man gestanden / also auch in diser beschwer=
lichen Sach des publicierten Mandats dergleichen geschehe /
haben wir gern darein bewilliget.

Nachdem aber diß Scriptum D. Kirchnero vnder den
Händen gewachsen / vnnd wir auß seiner Designation der für=
nemsten Capitum / darauff solch Scriptum hat sollen gerich=
tet werden / gesehen / daß es mit Verfertigung desselbigen sich
vil zulang verweilen wurde / also haben wir auß solcher Desi=
gnation / vnnd auch vnserm gefaßten bedencken / vnsere Reso=
lutionschrifft gefasset / gestellet / vnd sie / als nunmehr vnser eigen
Scriptum / nachdem sie nunmehr in ein Form gebracht / vnnd
mit vnsern Händen vnderschriben worden / Hertzog Johann
Casimirn / den 7. Martij vbergeben vnd behändigt.

Nach vberreichter diser vnserer Resolutionschrifft / gieng
bald darauff ein Geschrey in der Statt auß / dieweil wir in vn=
serm Scripto die Caluinische Lehrer vnnd Prediger / nicht sol=
cher gestalt / wie dasselbige durch das Mandat gesucht / des A=
rianismi vnnd Nestorianismi wegen für entschuldiget halten /
vñ nemen wolten / so were es an dem / daß Höchstgedachter Her=
tzog von vns begeren würde / Jrer F. G. solches ad oculum zu=
demonstrieren vnd zuerweisen / daß derselben Theologen ettwas
mit dem Arianismo vnd Nestorianismo verwandt seien.

　　　　　　Darumb

Darumb ward vns auch den 16. Martij zu Abend ange-
zeigt/ wir solten volgendes Tags/ als den 17. Martij/ coram
Illustrisſimo Principe zu Hoff vor 7. Vhren erscheinen/ wölchem Befelch nachzuſetzen/ wir Morgens früh/ media septi-
ma/ zu Hoff erſchinen/ vnd daſelbſten auffgewartet haben.

Bald nach ſiben Vhren würdt die Handlung mit vns für-
genommen/ wider vnſer verhoffen eine Trennung vnd Abſön-
derung gemacht/ vnd demnach D. Zimmerman zum erſten/
vnnd allein in des Hertzogen Gemach hinein gefordert. Im
Fürſtlichen Gemach ſaſſen der Hertzog ſelbſten/ vnnd neben
Jrer F. G. deroſelben Statthalter/ Juncker Philips Wam-
bold/ der Fauth/ D. Hartmannus Hartmanni, D. Juſtus
Räuber/ D. Chriſtoff Ehem/ vnnd Ab. Colbinger/ Cammer
Secretarius/ ſo das Protocol gehalten.

D. Rauber thet in Jrer F. G. Namen den Fürtrag/ vnnd
vermeldete/ er/ D. Zimmerman/ wüßte ſich zuerinnern/ nachdem der Durchleuchtigſt Hochgeborn Fürſt vnd Her: / Her:
Johañ Caſimir/ Pfaltzgraff bey Rhein/ Hertzog in Beyern/ ꝛc.
vnſer gnädigſter Her: / ordenlicher weiß zur Adminiſtration
der Churfürſtlichen Pfaltz kommen/ daß Jre F. G. gleich bald
darauff den Predigern allhie ernſtlich gebotten vnnd befolhen/
ſich auff der Cantzel vnnd in den Predigten alles condemnie-
rens/ verlöſterns vnd verkätzerns zuenthalten/ wölcher geſtalt
auch Jre F. G. nicht lang hernacher ſie widerumb fürbeſchei-
den/ vnnd ein beſondere Handlung mit ihnen angeſtellet/ vnnd
dieſelbige zu diſem End gerichtet/ daß ſie durch Jhrer F. G.
Theologen berichtet wurden/ von denen calumnijs/ mit denen Jhrer F. G. Religion vnnd Theologen beſchwert wur-
den/ daß es nämlich mit denſelbigen ſich nicht alſo hielte/
wie wir die Prediger biß anhero fälſchlich beredt geweſen/
vnd demnach Jhrer F. G. Religion vnnd Theologen biß anhero zur vngebär mit ſolchen calumnijs beſchweret worden:

Wir

Wir aber die Prediger hetten vns dazumal gar vnbescheiden
gehalten/haben Jhre F.G. nit obscurè iniustitiæ accusiert/ vñ
gesprochen/administretur nobis iustitia, vnd seiend sine mandato Illustrissimi Principis. von Jhrer F.G. auß der Rahtstuben vnd daruon geloffen: Er/ D. Zimmerman/ wisse auch sich
dessen zuberichten / daß Jhre F.G. jhme ettlich Kirchenräht
zu ordnen wöllen/er aber habe nit neben vnnd bey jnen/ im Kirchenraht sitzen wöllen/ wie er dann auch nicht neben Jhrer
F.G. Theologen/vnd andern/so Jhre F.G. hierzu deputiert/
im Senior Raht habe sitzen wöllen: mit wölchem allem denn/
wir/die Prediger/sich vnderstanden de facto/ Jhrer Fürst.G.
Confession zuuerdammen/ vnnd gleichsam für Türckisch zu
halten: Seie derowegen Jhre F.G. hierdurch verursacht wor-
den/ein Mandatum des Condemnierens halben außgehn / vnd
jnen fürhaltē zulassen/der zuuersicht/ weil dasselbige Christlich/
vnd nichts newes damit gesucht/wir die Prediger würden demselbigen in allen inuerleibten Puncten gehorsamlich parieret haben: Jhre F.G. verstehen aber/auß vnserm der Prediger/vber-
gebenem Scripto souil/das wir fürgebē/ wir können bona conscientia, ac salua veritate & confessione, solches Irer F.G.
Mandat nicht annemmen/ wölches Jhre F.G. nicht wenig
befrembde: Nun seiend gleichwol Jhre F.G. nicht gemeinet sich
mit vns/den Predigern/des Mandats halber in einig Dispu-
tion einzulassen/Jre F.G. begeren aber/von jme/D. Zimmerman zuwissen/ ob er nochmal gedencke / solchem Jhrer F.G.
Mandato nicht zuparieren: 2. Weil newe Calumnien in jrem/
der Prediger Scripto gesetzt/ vnnd begriffen/ so solle er anzei-
gen/wer der Tichter diser Schrifft seie: 3. Diewil D. Patiens/
für die geurlaubte Pfarrer Testimonia gestellet/so solle er anzeigen / was er hieuon wisse/vnd wie es hiemit geschaffen: vnnd
diß alles solle er außsagen/ bey den Pflichten vnd Eyden/mit
wölchen er der Churf. Pfaltz verwandt vnnd zugethon/ deren
er noch nicht erlassen seie.   .   S 3   Als

Als nun D. Zimmerman/die bezůchtigung der vnbeschei-
denheit/vnd des condemnierens vnd verlösterns nottůrfftiglich
abgeleinet/vnnd auff die drey fůrgehaltene Interrogatoria ge-
bůrlich / vnd seinem Wissen vñ Gewissen nach/auch sonderlich
daß jhme niemals zugemutet worden/ daß er sich in Kirchenraht fermer solte gebrauchē lassen/geantwortet/ward jme ferner auß Befelch Illustrißimi Principis aufferlegt/ daß er solte
abtretten/vnd draussen auffwarten/biß daß man jhn widerumb
erfordere/vnnd ferner des vbergebenen Scripti halber mit jhm
handle/daß er auch bey denen Pflichten vnd Eiden/deren er zuvor erinnert worden/ seinen Collegis / so noch fůrzufordern/
von disen fůrgehaltenen Sachen/noch der zeit nichts vermelden
wölle.

Er aber D. Zimmerman/zeigte hierauff an/Es were vergebens vnd vmb sonst/ daß man allererst vil mit jhme vber dem
Mandat/vnd daß er dasselbige anneme/ causieren wölle/ dann
er in seinem Gewissen gefangen/vnnd deßwegen gäntzlich bey
sich entschlossen/solchem Mandato auß denen.Vrsachen/die in
vnserm Scripto eingewendet/nicht zu parieren/wolte sonsten in
allen Politischen gebůrlichen Sachen/Jhrer F. G. auch mit
seinem eussersten Schaden/vnderthänigsten vnd demůtigsten
Gehorsam leisten/vnd sich gern auch gebůrlicher Bescheiden-
heit/auff der Cantzel befleissigen/vnd alles vngebůrliches condemnierens vnd lösterens (wie auch biß anhero von jme vnd seinen Collegis beschehen) enthalten : Bete vnderthänig/ Jhre
F. G. wolte jhrer selbsten / vnd auch seiner hiemit verschonen/
vnnd jhne mit vergeblichem causieren nicht beschweren noch
auffhalten.

Darauff antwortet der Hertzog selbsten/ er D. Zimmerman vnnd seine Collegæ/hetten in jrem Scripto/ Jhrer F. G.
Theologen/des Arianismi vnnd Nestorianismi bezůchtiget:
Das weren ja grosse Sachen / Jhre Fůrst. G. gedächten keinen

ten Arzianer in deroselben Landen zugedulden/ er wüste selbsten wol/wie ettwann die Arzianer weren in Churf. Pfalz gestrafft worden: Seie deswegen billich/daß er vnnd seine Colle-
gæ/den Arianiſmum auff Ihrer F. G. Theologen erweiſen/
deßwegen dann mit vns ferrner werde gehandlet werden.

Auff diſes reſoluiert ſich D. Zimmerman alſo/daß er ſag-
te/was er vnd ſeine Collegæ in jrem Scripto, von dem Arianiſmo vnd Neſtorianiſmo geſetzt/das wolten ſie/ ob Gott will/
beweiſen/vnd ad oculum demonſtrieren / mache ſich ſolches zu
thun vrpüttig/ vnd wölle darauff drauſſen auffwarten. Darauff dann der Hertzog ſagte: das ſolt jr thun.

Als er nun auff ſolches alles abgetretten/ ward gleich darauff fürgefordert/ D. Philippus Felſinius, vnnd nach jhme M.
Dionyſius Dehem/vnd nach diſem D. Conradus Lautenbach/
vnd dann letzlich D. Ioannes Schadius , vnnd geſchahe gegen
einem ſeglichen inſonderheit gleicher Fürtrag/ mit gleichen In-
terrogatorijs, ſampt gleicher aufflegung des ſilentij: allein
daß ettlichen auß jrem mittel auch diß vierte Interrogatorium
fürgehalten worden/ ob nicht die Pfarrherrn auff dem Lande/
diſes Ihres F.G. Mandats halben/ ſich Rahts bey jhnen erholet haben : auff wölches alles inſonderheit/ ein jeder gebürlich
ſeinem Wiſſen vnnd Gewiſſen nach / vnnd mit den andern
ſeinen Collegis gleichſtimmend geantwortet / vnnd nach
empfangenem Abtritt/ biß daß ſie alle ordenlich nacheinan-
der verhöret worden/ das aufferlegte ſilentium trewlich gehalten hat.

Wiewol nun vns den Predigern/one zweiffel/ diſer Vrſachen halben aufferlegt worden/drauſſen vor des Hertzogen Gemach zuuerziehen/vnd auffzuwarten/damit nach ſolchem Exa-
mine /fernere Handlung vnſers Scripti halben/ mit vns fürgenommen würde: Jedoch/dieweil es ſich mit gedachter Inqui-
ſition

sition drey gantzer Stundt/nämlich von 7.Vhren an/biß nach
den 10. verzogen/als liessen Ihre F. G. durch derselben Cammer Secretarium Colburger vns Predigern anzeigen/ Ihrer
F. G. Befelch were/ daß wir vns mit einander/in das Keller-
stüblin verfügen/daselbsten das Mittagmahl halten/ vnd nach
eingenommenem Imbiß/vns widerumb zu Hauß verfügen/vñ
ferners Bescheidts gewertig sein sollen/ dann Ihre F. G. mit
vns selbigen Tags nicht weitters handlen wölte / vmb der
Leichpredigt willen/so nach Mittag vmb 3.Vhren/bey der Be-
gräbnuß H. D. Christophori Ludouici Rheineri, p. m. ge-
weßnen Churf. Pfaltz KirchenRahts (wie ire F. G. weren berichtet worden) von einem auß vnserm/ der Prediger Mittel/
würde gehalten werden. Disem Ihrer F. G. Befelch nachzu-
setzen/haben wir vns an gedachtes Ort verfüget/daselbsten das
Mittagmahl gehalten/vnd vns darauff widerumb zu Hauß be-
geben/vnd auff fernern Bescheid gewartet.

Mitwochen den 18. Tag Martij / morgens früh nach 6.
Vhren/ seind wir widerumb durch des Kirchenrahts Pedellen
erfordert worden/noch desselbigen Tags vmb 8. Vhren /nach
gehaltener Predigt/vor Irer F. G. in der Churf. Cantzley zu-
erscheinen/wölches dañ auch von vns gehorsamlich geschehen.

Warden also bald nach 8.Vhren/in die Rahtstuben beruf-
fen/darinnen gesessen der Hertzog selbsten/ sampt ettlichen derselben Hohen Rähten/vnd Vvendelino Regenspurgern Pro-
tonotario/ so protocolliert. Es sasse auch allda Daniel Tossanus , vnnd mit ihme D. Ioannes Iacobus Grynæus, Professor
Theologiæ zu Basel.

Der Fürtrag geschahe abermal durch D. Iustū Raubern/der
vns Stattprediger also angeredt/ daß er gesprochen: Wir wüsten vns zuberichti/ was gesterigs tags zu Hof mit vns gehandelt worden/vñ wölcher gestalt vnd massen/wir all einhelliglich/
vns dahin gegen Irer F. G.resoluiert/ dz wir derselben Christ-
liches

liches Mandat bona conscientia nit annemen könten : Nun
weren/wie auch gestern gemeldet worden/gleichwol Ire F. G.
nicht bedacht/mit vns vber disem Ihrer F. G. Mandat vil zu
causieren (denn Ihre F. G. gedächten mit allem ernst ob dem-
selbigen/daß demselbigen pariert werde/zuhalten) dieweil wir
aber alle/vnsere Gewissen fürgewendt hetten/vmb wölcher willen wir disem Mandato nicht parieren könten oder wölten/als
hetten Ihre F. G. vns an jetzo darumb für bescheiden/auff daß
vns solcher Vnderzicht geschehe/daß wir hernacher mit gutem
Gewissen/solchem Ihrer F. G. Mandato gehorcheten : Seie
derowegen Irer F. G. begeren/daß wir solchen Vnderzicht mit
fleiß anhören/vnnd demselbigen in der forcht Gottes nachden-
cken/dann es hiemit nicht die Meinung habe/daß wir vns gleich
also bald auff solchen Vnderzicht erklären solten oder müssen/
sonder wir mögen vns hierüber ein geraume zeit wol bedencken/
dann wir von Irer F. G. vnübereilet sein sollen.

Auff disen Fürtrag antwortet D. Zimmerman für sich : er
hette sich gesteriges Tags gegen J. F. G. vnder anderm dahin
erkläret/daß er nicht gedächte das Mandatum anzunemen/dar-
bey ers auch nochmals bleiben liesse/dann er in seinem Gewissen gefangen/vnd salua conscientia nicht anders könne : Bete
deßwegen vnderthänigst/man wolte seiner mit vilem Causieren
verschonen/daß es vergebens/vñ er auch vmb deren Vrsachen
willen/so vnserm Scripto einuerleibet/von seinem proposito
nicht weichen könnte oder wölte.

Als jhn aber Illustrissimus Princeps also beantwortete :
Ire F. G. hette vns/den Predigern/auff vnser vnderthänigst
suchen vñ bitten/so vor diser zeit geschehen/ein Ohr gegönnet/
vnd vnser Scriptum/so wir auff das Religion Mandat gestel-
let/vnd Irer F. G. vbergeben/fleissig/vnd ettlich mahl durchle-
sen/vnd wol erwegen : Seie deßwegen billich/daß Ihre F. G.
mit deroselben Vnderzicht/auch von vns den Statpredigern

T   ange-

angehört werde: Haben er D. Zimmerman / vnd seine Collegæ / vnderthänigst solchen Ihrer F. G. Bericht anzuhören eingewilliget.

Warden demnach durch den Hertzogen selbsten dem Tossano zu reden aufferlegt / wölcher vber die anderhalb Stund /
zum theil ex Scripto / zum theil memoriter geredt / vnnd sich
hefftig damit bemühet / daß er die Vrsachen / so wir Stattprediger in vnserer Resolution Schrifft eingeführt / vmb wölcher
willen wir vns dem Religion Mandat zu parieren gewegert /
refutiere / ableine vnnd vmbstoße / mit angehengter ernstlicher
Vermanung / wir wolten doch disem so Christlichem Mandat vns fürohin nicht widersetzen / sonder demselbigen in vnserm
Ministerio vns gemeß erzeigen vnd verhalten.

Auff solche des Tossani gehaltene vermeinte ableinung /
vnserer der Stattprediger vbergebenen Scripti / baten wir vnderthänigst / Ihre F. G. wolten vns einen kurtzen abtritt gnädigst gestatten / vnd erboten vns / Ihre F. G. nicht lang auffzuhalten / sonder gar bald / vnnd mit wenig worten vns zu resoluieren.

Aber der Hertzog selbst antwortet vns / vnd sagte: Es were
nun vber die zeit / es hette schon 10. Vhr geschlagen / wir solten
vns zu einer andern zeit resoluieren.

D. Zimmerman aber stunde für / bate Ihre F. G. vnter-
thänigst / jn in Gnaden anzuhören / dann er sich für sein Person
also bald mit wenig worten resoluieren wölle: Vñ sagte ferꝛner:
Er hette angehört die lange Predigt / vnnd Inuectiuam Tossani: Sage Gott danck / daß es mit derselbigen so wol abgangen /
in erwegung / weil Tossanus in solchem seinem langen dicentes, vnser Scriptum nicht allein mit Grunde nicht abgeleinet /
sonder sie auff ein newes mit vilen Calumnijs beschweret / vnnd
viel ding / die er weder auß Gottes Wort / noch auch sonsten nie
beweis

beweisen könne/auff die bahn gebracht: So seie er auch hiedurch
in seinem Glaubens Bekanntnus/ vnd proposito des Mandats halben/ noch mehr gesterckt worden/ vnnd könne vil weniger jetz/ als zuuor jemals geschehen/ das Mandat annemmen/
wölle sich rotundè hiermit gegen Ihrer F. G. dahin resoluiert
haben/ daß er solch Mandat nicht könne oder wüßte zuhalten/
vnd solches auß deren Vrsachen/ so dem Scripto einuerleibt/
vnnd noch nicht widerleget seind: Bete für sein Person/ Ihre
F. G. wolte Tossanum dahin halten/ daß er jme seine vermeinte ableinung/ die bey den anderhalb Stunden gewehret/ vnnd
deren contenta nicht alle/ wie wol von nötten/ von jhme hetten
können eingenommen werden/ schrifftlich zustelle/ damit er gebürlich auff dieselbige antworten möge/ zu wölchem er sich daß
vrbüttig mache: Vnnd solches alles/ wölle er allein für sich geredt haben / dann seinen Collegijs frey stehe / sich in einen oder
den anderen weg zuerklären.

Hierauff haben gleich in ipso puncto / die **andere** vier
Prediger in eandem sententiam/ einer nach dem andern sich
gegen Ihrer Fürst. G. erkläret. D. Philippus Felsinius sagte
vnder anderm/ Tossanus hette in seinem langen dicentes, vil
ex S. Patribus herfür gebracht/ er aber wölte jhme ex S. Patri-
bus/ die er auch gelesen/ das contrarium beweysen / ꝛc. M.
Dionysius Oehem/ liesse sich vnder anderm vernemmen: da
er zuuor (das doch nicht were) gezweiffelt hette / an seiner
Christlichen Confession/ vnnd ettwas im zweiffel gestan-
den/ das Mandat anzunemmen/ oder nicht/ so were er jetzunder durch solche vermeindte ableinung/ die so gar keinen Grund
habe/ in seiner Christlichen Confession gesterckt/ das Mandat
mit nichten anzunemmen/ ꝛc.

T 2　　　　D. Con-

D. Conradus Lautenbach meldet vnder anderm: Er könte nicht glauben/daß Ire F. G. dem Tossano befohlen/also mit vns/den armen Predigern zuhandlen/vnd vns vnser Elend damit auffzurupffen:Daß er vns in seinem langen dicentes, ettlich vilmal per contemptum/die fünff Männer/vnnd fünff Prediger genennet. Man möchte vnser souil allhie zu Heydelberg vrlauben/es würde nicht mehr bey fünff Männern/vnnd Predigern bleiben werden/ja es würde hindenach gar keiner da bleiben.

D. Iohannes Schadius sagte vnder anderm: Es were ein Geschrey in der Statt von jme außkommen / Er habe sich gesteriges Tags/den 17. Martij/ gegen Jrer Fürst. G. vn derselben Räht zu Hof/dahin vernemen lassen/als ob er das Mandat annemmen/seine Christliche Glaubens Bekantnuß fallen lassen/vn sich zu Jrer F. G. Theologen Religion begeben wölte. Weil er sich aber hierinne vnschuldig wußte/wolte er sich hiemit offentlich dahin erklärt haben/daß jme dißfahls vnrecht geschehe. Da er auch gestrigs Tags/auß einfalt/ein vngefährliches wort/wölches dahin gedeuttet werden/vn zu einem solchen Argwohn vnd Geschrey/einige Anleittung vnd Vrsach geben möchte/für J F. G. vn deroselben Räthen geredt hette/ so wölle er vnderthänigst gebetten haben / man wölte es nicht dahin verstehn/ als ob er gedachte sein Glaubens Bekantnuß/die in Gottes Wort gegründet/zu endern/in wölcher er die Tag seines Lebens/biß in sein Gruben hinein/durch die Gnad Gottes/ zuuerharren gedencke.

Als nun jetzgemelter gestalt/ wir Stattprediger alle/ einer nach dem andern/außgeredet/vnnd darauff warteten/was vns für ein Bescheid auff vnser Resolution/vnd sonderlich auff vnser petitum (da wir der vermeinten ableinung copias gebetten) würde gegeben / warde hierauff ein altum silentium/ vnd erfolget anders nichts darauff/ dann daß der Hertzog stillschwei-

schweigend auffstunde/ vnd zur Rahtstuben hinauß gegen Hoff
gienge.

Dieweil dann nun wir fünff Prediger/ ohne einigen Be=
scheid in der Rahtstuben gelassen wurden/ fragten wir der Herrn
Hohenräht einen/ was vns weitter hiebey zuthun/ vnnd ob wir
lenger allda auffwarten solte/ oder zu Hauß gehn müßtene Wöl=
cher dann vns disen Bescheid gegeben/ wir dörfften nicht lenger
auffwarten/ sonder es möchte ein jeder zu Hauß gehn.

Auß diser warhafften Erzöhlung nun/ wie es mit disem
Mandat ergangen/ vnd was sich bey der Publicierung desselbi=
gen/ vnd hernacher begeben/ hat der Christliche Leser dises erst=
lich zubedencken/ durch was Gelegenheit wir darzu kommen/
daß wir auß D. Kirchneri Designation/ vnd darnach auch vn=
serem schon allbereit gefaßtem bedencken/ vnsere Resolution=
schrifft gefasset/ gestellet/ vnnd in ein Form gebracht/ vnnd daß
wir solches zuthun/ erhebliche Vrsachen gehabt.

Da auch Tossanus in einer solchen Inquisition (wie die=
selbige den 18. Martij mit vns gepflogen) bey seinen Pflichten
vnd Aiden solte gefragt werden/ woher vnd warauß er den mei=
sten theil seiner Refutation vnserer Resolutionschrifft/ (dauon
hernacher soll gehandlet werden) genommen/ so würde er beken=
nen vnd ansagen müssen/ daß er dieselbige auß allerhand Calui=
nischen Schrifften/ vnd sonderlich auß seinem Cacodoxo/ oder
wie sie es heissen/ Orthodoxo Consensu genommen habe.

Aber dem seie gleich wie jm wölle/ so ist doch dise vnsere Re=
solutionschrifft/ Vnser Schrifft/ die wir geschriben/ derselbi=
gen vnsern Namen vnderschriben/ sie dem Hertzogen/ als vnser
Scriptum vbergeben/ zu derselbigen vns für J. F. G. rotundè
bekennet/ vnd sie zuuerthedigen vns erbotten/ vnd deßwegen sol=
cher mündtlichen Ableinung Tossani (wölche jetzt in offenem
Truck herauß kommen) copias vnderthänigst begert/ damit wir
vns auff dieselbige widerumb der gebür hetten zuerklären gehabt/
aber nichts erhalten haben können.　　　　T 3　　　So

So befindet sich auch auß solcher Relation/daß die Hand-
lung/so mit vns den 17. Martij gehalten/wider der Narratorū
Num.43. Bericht ernstlich genug gewesen. Dann man bey derselbigen
Handlung vns nicht mehr samptlich / wie ettwan zuuor gesche-
hen/sonder separatim einen nach dem andern fürgestellet/vnnd
einem jeden bey seinen Pflichten vnnd Aiden / mit allem ernst
aufferlegt/nicht nur allein auff die fürgehaltene Interrogatoria
zuantworten/sonder auch keinem auß seinen Collegis/die noch
nicht verhöret/anzuzeigen vnd zuuermelden/was man mit jhme
gehandlet.

Es ist auch dises von disen Referenten zu mild berichtet/
Num 45. daß sie schreiben: Es seie bey den widerwertigen Predi-
digern kein Gespräch / diser Sachen wegen/so im
Mandat begriffen/zuerhalten gewesen. Dann ist jhnen je ernst gewesen/Gespräch mit vns von disen Sachen zu-
halten/warumb haben sie dann vns auff vnser bitten vnnd bege-
ren/den 18. Martij/jhrer vermeinten Ableinung Copias nicht
mitgetheilet/auff daß wir vns auff solche jhre gethone weitläuffige Ableinung widerumb der gebür hetten resoluieren können?

Vnd wie dörffen sie so keck sein/daß sie ein solches von vns
schreiben dörffen/da doch der Hertzog den 17. Martij/in Jhrer
F.G.Gemach zu Hoff/durch D. Raubern vns außtruckenlich
fürhalten lassen/ J. F. G. seien nicht bedacht/mit vns vil vber
deroselben publicierten Mandato zucausieren? Dann Jhre
F. G. solches einmal wölle gehalten haben / wölches hernacher
nechst volgendes Tags in der Cantzley von Höchstgedachter
J. F. G. in beysein Tossani vnnd Grynæi / ist durch D. Raubern widerholet vnd repetiert worden.

Num 43. Daß die Referenten weitter melden: Es seie auß vnserer vermeinten Resolution gnugsam zuuersehn/
daß wir von vnserm löstern vnnd calumnieren ab-

zustehn/

zuſtehn/ nicht entſchloſſen noch reſoluiert. Item/daß
wir dieſelbige Schrifft mit newen gifftigen Calumnien gehauffet/ vnd zuſamen geſtlickt. Item/Wir haben zu ſolchem vnbefügten condemnieren gleichſam zuſamen geſchworen/ vnnd was dergleichen mehr:
Das vnnd anders mehr/ müſſen wir mit Gedult von jhnen lei-
den/ als von ſolchen Leutten/ die mit Gewalt zureden pflegen/
die freilich mehr/als wir/alſo beſchaffen/wie die/daruon Dauid
im 12.Pſal.ſchreibet/vnd wir in der Kirchen ſingen:

Wir haben recht vnd Macht allein/
Was wir ſetzen/ das gilt gemein/
Wer iſt der vns ſolt meiſtern?

Was ſie ſonſten von D. Kirchnero ſchimpfflich ſchreiben:
Wie derſelbige von jme ſelbſt außgeriſſen/ ſeine Vocation in der Hohenſchul deſeriert/das Maul ge-
wiſcht/vnd hinweg gezogen: Hat es hiemit diſe Gelegen-
heit/ daß alle verſtendige Chriſten jhme D. Kirchnern wider
ſolche heßliche vnd löſterliche Bezüchtigung diſer Referenten
leichtlich vnd wol werden für entſchuldiget haben vnnd halten.
Dann daß gedachter D. Kirchnerus den 19. Martij gehn
Weinmar von Heidelberg verreiſet/kan man gleichwol nicht in
Abred ſein: Wie hette er aber auch wol anders thun vnnd handlen können? Sonderlich dieweil es diſe Caluiniſche Narratores
vnd Practicanten dahin mit jne gepracticiert hatten/ daß man
jme ettliche wenig Tag zuuor/ ſein halbe Beſoldung vnnd Be-
ſtallung/ſo mit Churfürſtlicher Handt vnderſchriben/ vnd mit
Churfürſtlichem Secret confirmiert geweſen/ abgeſtrickt/vnd
da er darfür vnderthänigſt ſuppliciert vnnd gebetten/ jhme diſen Beſcheid gegeben/ er möge ſich wol vmb andere Gelegenheit vmbſehen.

Num. 44.

Num. 22.

Num. 43.

Wann

Wann wir/Christlicher lieber Leser/eben dise Ordnung in
gegenwertiger vnser Ableinung des vnwarhafften/Heidelber-
gischen/ Caluinischen Berichts obseruieren wolten/den die
Caluinische Narranten in jrer Lugen vnd Lösterschrifft gehal-
ten/so müßten wir jetzund gleich alsbald antworten/auff die vermeinte Tossanische Ableinung vnserer Resolutionschrifft/so
wir des Mandats halber vbergeben. Damit aber der Christliche Leser die gantze historiam der Heidelbergischen/ Caluini-
schen/vermeinten Reformation / vnd aller deren Sachen vnd
Händeln/die sich mit vns/biß auff vnsere Beurlaubung begeben / beysamen haben/vnnd diß vnser Scriptum mit desto mehrerm Lust vnd Nutz lesen möge/so wöllen wir in vnserer Historien fortfahren/ vnd nun mit den Caluinischen Narranten zur
Heidelbergischen Disputation greiffen / vnd würdt die gebürliche Refutatio/des langen Geschwetz Tossani/jr Ort vnd Zeit
auch finden.

Von der Heidelbergischen
Disputation.

Ir machen vns keinē Zweiffel/es habe der Durch-
leuchtigst Hochgeborn Fürst vnd Herr/Herr: Casimirus Pfaltzgraff/ꝛc. die Sach mit solcher offentlichen Disputation / so im Aprili zwischen
Gryneo vnnd vns zu Heidelberg gehalten/gut ge-
meinet/ vnd darmit dahin gesehen/ob man villeicht durch solche
Gelegenheit zu beiden Theilen vmb ettwas näher zusamen
tretten / vnd vmb ettwas mehr der Sachen einig werden möchte. Wölches man dann auch an Ihren F. G. bey dem ersten
Actu/wölchem Ihre F.G.in der Person beygewohnet/wol hat
spüren mögen.

Wie

Wie wir dann auch durch vnd durch/ bey allen denen Hand-
lungen/so mit vns gepflogen/Hochgedachte J. F. G. gern für
entschuldiget nemen/ vnd halten wöllen / vnd nicht zweifflen/
wann Jre F. G. besser informiert were / vnd andere Leut vmb
sich hetten/vil Sachen weren gar vermitten bliben/ oder ja anders damit ergangen. Aber lieber Gott/ es seind der bösen vnd
gifftigen Schlangen so vil vmb Jhr F. G. geweßt/vnd haben
bey Hochgedachter Jhrer F. G. vns arme Prediger dermassen
angeben vnd verkleinert / vnd auff den Fleischbanck dargehal-
ten/ dz es wol zuuerwundn/ daß J. F. G. souil Gedult mit vns
getragen/ daß sie vns zuuor in einer offentlichen Disputation/
ehe vnd dann wir seind beurlaubet worden/ haben hören lassen.

Wiewol nun/ wie gemeldet/ Jhrer F. G. Hertz vnd Sinn/
ohne allen Zweiffel dahin gestanden / daß sie durch solche Disputation ettwas guts gesuchet/ so haben doch vnsere Feind vnd
Widersächer / die stettigs vmb J. F. G. seind/ vnd deroselben
Gütte zu jrem Mutwillen mißbrauchen/mit diser Disputation
gar anderßwahin gesehen/ nämlich dahin/ daß wir arme Lutherische Prediger / eintweder gar bey solcher Disputation nicht
erscheinen/vnd sie alsdann hernacher / sich desto mehr der Vi-
ctorien rhümen / oder aber / da wir erscheinen solten / daß sie
doch/ als diejenigen/ so brachio carnis armiert weren/ vns mit
jrem grossen Anhang vnd Ansehen gar vndertrucken.

Aber es hat sich der gnädig güttig Gott / vnser vnd vnserer/
ja seiner eignen Sachen / mit solchen Gnaden vnderfangen
vnd angenommen/ daß es (jme sey ewig lob vnd danck darfür
gesagt) mit solcher Disputation vil ein anders End/ als vnsere
Widersächer gehofft/ gewonnen vnd bekommen.

Wir wöllen aber die vnwarhaffte Narration vnsers Gegen-
theils/ von solcher Disputation/ für die Hand nemen/ vnd was
von derselbigen zuhalten/ mit bestendigem Grund berichten.

Vnd erstlich berichten sie/durch was gelegenheit dise Dispu- Num. 71.
B · · · tation

tation angestelt worden / nämlich durch dise / dieweil dises
alles (darvon sie in ihrer vnwarhafften Narration narieren)
nichts habe helffen wölle/vñ dieweil vnserer Theologen keiner so keck gewesen/dz er dise gantze zeit/einige
Disputation gehalten/vnd vnsere Theses, Antithe-
ses, vnd Hypotheses (dann solche sanfftmütige Leut / können doch nicht anderst / dann nur mit solchen stacheligen worten vmb sich stechen) in einer Disputation zuuerthädigen / sich vnderwunden hette / dieweil auch vnser
fürnembster Theologus, proprio motu, vñ von jme
selbs sich darvon gemacht / vmd anderßwo vmb
Dienst beworben.

Nun bekennen wir zwar gern / daß vnser Gegentheil mit allen denen Practicken/die vor der Heidelbergischen Disputation
hergangen/ in dem einen blossen gelegt/ daß sie verhoffet/ durch
dieselbige vns eintweder von der verrichtung vnsers von Gott
aufferlegten Ampts/ abzuschröcken / oder vns wol gar von vnsern Kirchen vnd Diensten zuuerstossen / dann es hiemit ihnen
biß auff dieselbige zeit (Gott lob) gröblich gefehlt.

Was aber vns die dazumal gewesene Heidelbergische Professores Theologiæ, anlangt/ist es nicht ohne/ daß wir bey solchem leidigen betrübten Zustand der Kirchen vnd Academien
zu Heidelberg/ mit vnsern gewohnlichen exercitijs Disputatio-
num inngehalten/ es ist aber solches nit geschehen auß einiger
Forcht für den Heidelbergische Caluinisten/sonder vmb deßwil-
len/ dieweil die fürnembste Senatores Vniuersitatis, vns ver-
manet/ die Disputationes Theolog. ein zeitlang einzustellen/
biß daß man sehen möge/ wessen sich Hertzog Johann Casimir/

der

der Priuilegien vnd Statuten der Vniuersitet halber / ferner
erklären wurde / vnd damit wir nicht darfür gehalten wurden/
daß wir mutwillige Vrsach zu einiger Enderung vnd Zerrüttung der Vniuersitet geben / in wölchem wir vns auff Magni-
ficum D. Rectorem D. D. Matthæum Entzlinum , vnd die
andere Senatores Academicos referieren / die vns dessen gern
Kundtschafft vnnd Zeugnus geben werden / daß wir zwar für
vnsere Personen zu disputieren vrbittig gewesen / auß vor ermelten Vrsachen aber / die exercitia disputandi eingestellt
haben.

Es kompt aber vnser Gegentheil / nach angezeigter occa- Num. 71.
sion der gehaltenen Disputation / auch auff die endtliche Vrsachen / dahin man mit solcher Disputation gesehen. Vnd geben erstlich für / man habe mit derselbigen dahin gesehen/
daß wir von vnseren vnbefügten Lösterungen / wider die Caluinische Lehr / abzustehn hierdurch verursacht würden: dieweil wir vns aber keiner vnbefügten Lösterung / wider die Caluinische Lehr bewust / auch vnserm Gegentheil der geringsten nicht gestendig / so hette man auch vmb
deß willen diser Disputation nicht bedürfft.

Darnach schreiben sie / seie solches geschehen der blü- Num. 72.
enden vñ studierenden Jugent zum besté. Wolan / es
hat Caiphas mit seinem Iudicio, da er gesagt: Es were gut daß
ein Mensch würde vmbgebracht / für das Volck / Ioh. 18. recht
vnd wol / wiewol ers nicht gut gemeint / geredt. Also haben auch
vnsere Narratores, einmal ein Warheit geschriben / daß nämlich solche Disputation der studierenden Jugent zum beste habe
kommen sollen / wiewol sie es mit solcher Disputation nicht gut
gemeint / sonder damit dahin allein gesehen haben / daß die bis-
ende studierende Jugendt darburch verwirret / vnd zum Calui-

B ij   nismo

nismo abgeführt vnd gebracht würde. Dann/ Gott lob/ solche
Disputation/der blüenden vñ studierenden Jugent in dem zum
besten kommen/ daß jhnen dardurch die grobe/ greiffliche/ er-
schröckliche Irrthumen / so hinder der Caluinischen Lehr stec-
ken/entdecket/vnd der vnbeweglich Grund Göttlichs Worts/
darauff vnser Christliche Lehr / wider die Pforten der Höllen
stehet/vnd bestehet/ist zur gnüge/ vnd dermassen gezeigt vnd gewisen worden/ daß sie nun mehr/ vnd besser als zuuor/ wissen/
wölchem Theil sie beyfallen sollen/ vñ des sie sich/ die Tag jres
Lebens/ desto fleissiger vnd mehr/ vor dem Gifft / so hinder der
Zwinglischen Lehr stecket/ werden wissen zuhütten/ wie solches
augenscheinlich / bey jrem publicierten Iudicio vber die gehaltene Disputation/ zusehen.

Die dritt endtliche Vrsach der gehaltenen Disputation/ soll
diser Narratorn fürgeben nach/ dise sein/ daß dise **Disputa-**
Num. 71. **tion were ein offentlich Gezeugnus / jhres gutten**
wolgegründten Gewissens. Nun wöllen wir zwar von
jrem Gewissen nicht disputieren / allein verwundern wir vns
hierüber nicht vnbillich/weil sie sich rhümen/ sie haben bey diser
Sach ein gutes vnd wolgegründtes Gewissen/ warumb sie sich
dann so hefftig bemühen/ solch jr Sach/ mit offentlichen Vn-
warheitten/ vnd greifflichen Calumnien, deren dise jr Narration vol ist/ zubementeln vnd zubeschönen? vnd warumb sie sich
so hefftig gewöhret vñ gesperret/ vñ dasselbig auch in der Cantzley erhalten/ daß man vns keine geschworne Notarios, ex vtraque parte, auff daß dieselbige ein autenticum vnd vnuerwerff-
lichs Protocoll/ bey der Disputation hetten halten mögen/ hat
gestatten vnd erlauben wöllen?

Num. 72. Von der Occasion, vnd endtlichen Vrsach der gehaltenen
Disputation/ kommen vnsere Narratores auff den præsidem,
D. Ioan. Iacob. Grynæum, den sie biß in Himmel hinauff er-
heben/

heben/vnd nennen/vnd heissen jhn/ einen fürnemen Theologum vnd Professorem der löblichen berhümpten
Vniuersitet Basel/ der nicht allein seiner trefflichen
Lehr/ sonder auch einer besonderer Saufftmut vnd
Bescheidenheit halben/ hin vnnd wider/ auch bey
vns/ als jrem Gegentheil/ bekannt vnd berhümpt
sey. Dessen Vorfarn vnnd nechst Verwandte/ ohne
das in der hoher Schul Heidelberg erzogen/ vnnd
zum theil mit grossem Lob darinnen proficiert ha-
ben/rc.

Nun mögen wir aber gedachtem Grynæo/ sein gebürlichs
Lob wol gönnen/ vnnd wolten wünschen/ daß er seine/ jhme von
Gott verliehene Gaben/ recht/ wol/ vnnd heilsamlich anlegete/
vnd sie vil mehr zur Erbawung/ der Kirchen vnd Schulen ge-
brauchte/ (wie er vor Gott solches zuthun schuldig) dann daß er
sie so vbel zu Zerstörung derselbigen mißbrauchet/ vber wölchem er zu seiner zeit/ dem gestrengen Richter Christo/ schwere
Rechenschafft würdt geben müssen.

Darneben aber/ was von den Thesibus Grynæi zuhalten/
wöllen wir den Christlichen vnpartheischen Leser auff die Con-
futationem solcher Thesium D. Iacobi Andreæ, Probsts vnd
Cantzler zu Tübingen/ wie auch auff die Acta Disputationis/
so zu Leipzig getruckt worden/ remittiert haben/ auß wölchen
Schrifften/ wie dann auch auß den Thesibus selbsten/ leichtlich
zu judicieren/ was von solchen Thesibus zuhalten/ vnnd ob die-
selbigen/ diser Narratorn fürgeben nach/ mit solcher Christlichen Bescheidenheit vnnd feiner Ordnung gefas- Num. 71. & 73.
set/ daß ein jeder Gottsförchtiger Christ/ drauß

V iij · sehen

sehen vnd spüren könne / ob man den Friden / vnd nit Trennung (souil müglich der Warheit vnuerletzt) gesucht habe oder nicht.

Die Disputation aber an jhr selbsten betreffend / in wölcher von solchen Thesibus hat sollen disputiert werden / hetten wir gleichwol gern gesehen / vnnd wer zwar auch an jhm selbst billich gewesen / daß ein rechtmessiger Proceß mit Verordnung geschworner Notarien / die alle fideliter protocolliert / angestelt worden were. Dieweil wir aber solches nit bey vnserm Gegentheil / so das Liecht gescheucht / haben erheben vñ erhalten kösten / haben wir es wol müssen also geschehen lassen / vnnd dem getrewen allweisen Gott / dessen dise Sach eigen / darüber vertrawen / er werde dennoch der Sachen recht zu thun wissen.

Num. 73. Daß wir aber diser Narratorn fürgeben nach allerley Ränck vnnd Mittel / die Disputation dardurch zu verhindern gesucht / vnnd da wirs nicht zu verhindern vermöcht / allerley Calumnien wider dieselbige hin vnnd her spargiert haben solten / das ist abermal ein offenbare Vnwarheit. Dann lieber was seind doch das für Ränck vnnd Mittel / die wir zur Verhinderung solcher Disputation gebraucht? Ists war / was sie dises fahls von vns schreiben / warumb specificieren sie nicht solche Ränck vnd Mittel / so hette man gewust / woran man were? Vnd was seind das für Calumnien / die wir darwider spargiert / sie zeigens in specie an / so kan man sich drauff verantworten. Aber dise Leut reden vnnd schreiben mit Gewalt / vnnd was jhnen nur zufelt.

Num. 73. Daß wir aber den 12. Junij dem Hertzog ein
Schrifft

Schrifft vbergeben / vnd darinnen auch diſer gehaltenen
Diſputation / vnder anderm Gedancken / ſeind wir ſolches gern
geſtendig. Es iſt aber darumb ſolche Vbergebung vnſerer
Schrifft an vns kein Frechheit geweſen / wie diſe vnwarhaffte Narratores berichten dörffen: Sonder es hat ſolches die
euſſerſte vnnd vnuermeidenliche Notturfft von vns erfordert / vnnd ſeind wir hierzu gezwungen vnnd gedrungen worden / durch die grewliche vnnd vilfältige Vnwarheiten / Calumnien / vnnd Conuitien / der vnreinen Heidelbergiſchen
Caluiniſchen Prediger / die ſie in ihrer Gegenwarnung / ſo
ſie ar: Doctorem Oſiandrum geſtelt / wider vns fünff beurlaubte Prediger / ohne alle ſchew / vnnd vngeachtet / daß wir
mit Doctoris Oſiandri Warnung / vnnd vnſers Gegentheils
Gegenwarnung / gar nichts zu thon vnnd zuſchaffen gehabt /
außgegoſſen haben: Zu wölchem wir vnſers guten leimandts
halben / nicht ſtillſchweigen haben können / wie der Chriſtlich
Leſer ſelbſten / auß ſolcher vnſerer vbergebenen Schrifft / ſo
hierunden ſub litera A. & B. geſetzt / abnemen kan. Dahin
wir dann vns / auch hiemit wöllen referiert haben.

Eines eintzigen Stücklins müſſen wir allein hie noch gedencken / daß diſe vnwarhaffte Referenten ſchreiben dörffen.
daß vns beurlaubten Predigern / ſolche vnſere Ver-
meſſenheit / von den Herrn Rähten / auß Beuelch
Ihr F. G. höchlich beſchweret worden ſeie. Wölches
abermal / ein grobe / greiffliche / offenbare Caluiniſche Vnwarheit iſt / deren ſich ſolche Leut billich ſchämen ſolten. Dann ob
ſchon zwiſchen der gehaltenen Diſputation / vnd vnſerer Beurlaubung / wir noch einmal / nämlich / den 25. Junij / als der Hertzog bey ſeiner F. G. Herrn Schwehern dem Churfürſten von
Sachſen / im Saurbrunnen geweſen / in die Cantzley für etliche
Herrn

Num. 73.

Herrn Räht/nämlich/ dem Herrn Fauthen/ vnnd dem Herrn
Vicecanlern/in beisein eines Secretarij/ seind fürgefordert wor
den: So wissen doch gemelte Herrn Räht selbsten/ vnd werden
vns dessen müssen Kundtschafft vnnd Zeugnus geben/ daß dazumal der gehaltenen Disputation mit keinem Wort ist gedacht
worden : Sonder nachdem wir vns in vnserer vbergebnen
Schrifft vernemen lassen/dieweil wir vnschuldiger vnnd vnbillicher Weiß von vnserm Gegentheil/in ihrer Gegenwarnung/
mit vilfeltigen Calumnien angriffen worden/ so werden wir gezwungen vnd gedrungen/vns in offnem Truck hinwider zuuer-
antworten/ so haben vorgedachte Herrn Räht/im namen hochgedachter Ihrer F. G. vns aufferlegt vnnd befolhen/ hiezwi-
schen/biß Ihre F. G.widerumb heimkommen/ mit dem Truck
vnd Publicerung vnserer Schrifften nichts fürzunessen. Darinnen wir auch Ihrer F. G. gern vnnd vndterthänig wilfahret
haben/sonderlich weil wir vertröstet worden/Ire F. G.würde/
so baldt dieselbige zu Hauß komme/ sich fürderlich wol auff vnsere Ihrer F. G.vbergebene Schrifft resoluieren. Vnnd zwei-
felt vns gar nicht/gedachte Herrn Räht/ werden jhnen solche
offenbare diser Narratorn Vnwarheit mit nichten gefallen
lassen/sonder jhnen dieselbig gebürlich verweisen.

Dieweil aber dise Narratores die gantze Welt bereden wöl-
len/ sie haben bey vilgedachter Disputation auff jhrer Seitten
herrliche Victori vnd Sig erhalten:So brauchen sie hiezu/vnd
zur Beweisung jhres fürgebens ettliche præsumptiones vnnd
coniecturas/darnach führen sie auch Zeugen ein.

Dann erstlich/ daß wir auff vnserer Seitten der Sachen
vndergelegen vnnd vberwunden seien worden / solle dises eine
Præsumption/ja ein starcke Beweisung sein/daß dise Narratores schreiben: Vnd zwar wer ermelten Grynæum/ vnd
dise Prediger kennet / er seie Freund oder Feind/
wúrdt

Num. 73.

würdt sich nimmer bereden lassen/ daß sie jhme ettwas abgewonnen haben. Gleich als wann Dauid (der
noch ein Knab war) den Goliath nicht hette können schlagen.
Vnd ein einfältiger Leye nicht ein gelehrten Philosophum, zur
zeit des Nicenischen Concilij hette können geschweigen ê
wann wir sie den Heidelbergischen Theologen so gar vngelehrte Leut sein müssen: Dann sie niemand für gelehrt halten/ er sey
dann mit jhrer Caluinischen Sect eingenommen.

Die ander Praesumptio diser Narratorn/ ist dise/ dz srem für-　*Num. 73.*
geben nach/ wir selbst vns darfür gehalten/ daß wir der Sachen zu schlecht gewesen/ darumb wir dann die Widerlegung der Disputation/ erst vnserm Praeposito,
D. Iacobo Andreae befohlen.

Man kan/ sagt man im Sprichwort/ dem guten nicht zu
uil thun/ darumb es dann wol angesehen/ daß neben vnd vber die
mündtliche Widerlegung/ so durch die Opponenten geschehen/
auch ein schrifftliche Widerlegung durch D. Iacobum Andreae, Praepositum & Cancellarium Tubingensem, ist im
Truck verfertiget worden/ auff daß auch die jenigen/ so der Heidelbergischen Disputation nicht haben beiwohnen können/ wissen mögen/ was von solchen Caluinischen Thesibus Grynaei
zuhalten. Wir zwar für vnsere Personen/ haben D. Iacobo
Andreae die Widerlegung der Disputation Grynaei nicht auff-
getragen: Sonder er hat solches für sich/ auß ehehafften erheblichen Vrsachen gethon. Wir sagen aber gleichwol/ jhme für
solche gehabte Mühe vnd Arbeit höchlich danck/ vnd wissen/ daß
er hiemit der Kirchen Christi höchlich gedienet. Vnnd ob schon
dise Narratores, solche schrifftliche/ vnnd in Truck verfertigte　*Num. 73.*
Widerlegung der Disputation Grynaei, so durch D. Jacob
Andreae gestelt/ ein langes/ breittes/ vñ hefftiges Plau-
X　　　　　　　　derment

derment nennen: So werden doch Grynæus vnd alle seine
helffers helffer / ein weil dran zu däwen / vnnd damit zuschaffen
haben / vnnd doch nichts beständigs vnnd gründtlichs darwider
auff die Ban bringen können / wie solches an der Schand vnnd
lösterlichen Apologia Grynæi augenscheinlich zusehen.

Num. 73.

So würdt auch er / D. Jacob Andreæ / nach seinen herr=
lichen / jhm von Gott verlihenen Gaben / seine Wittembergi=
sche vnnd andere seine Disputationes, wol wissen zuuerthädi=
gen / waß schon auch dise Referenten jnen kein grawe Har drü=
ber wachssen liessen. Vnd dieweil es se Gott dem HErrn also

Num. 73.

gefallen / daß sein / D. Iacobi Andreæ Hand wider jederman /
(wie Beumlerus schreibt) das ist / wider alle Papisten / Calui=
nisten / vnnd andere Rottengeister vnd feind Christi ist / vnnd
daß jedermans / ders nicht mit der Kirchen halten will / hande
wider jhne / vnd alle Papisten / Caluinisten / auch andere Se=
ctierer / jhme spinnen feind seind: Vnnd aber der gütige Gott
jhme bißanher mit seiner Gnad solchen Beistandt gethon / daß
alle die jenigen / deren Hand bißhero wider jhn gewesen / darü=
ber zuspott vnnd zuschanden worden / so würdt er freilich auch
durch Gottes Gnad / für disem Grynæo, Tossano, vnnd an=
dern Caluinisten wol bleiben.

Num. 73.

Was dann die Zeugen anlangt / die von solchen Narrato=
ribus allhie eingeführt werden / in dem sie schreiben / daß ne=
ben Ihren Fürstlichen Gnaden vnnd den trefflich=
en Rähten / so vil fürnemer erbarer Zeugen / der
obgemelten Disputationen bey gewohnet / daß die
außgesprengte Calumnien / niemandt jrr ma=
chen werden / dann die jenigen / wölche wöllen
betro=

betrogen sein/ist hierauff dises vnser bestendige Antwort/daß
vns nicht wenig befrembdet/daß dise Narratores, Jhr Fürstlich
Gnad zu Zeugen einführen / dieweil Hochgedachte Jhr
Fürstliche Gnad nur ein einig mal / da / nämlich / der Anfang zu solcher Disputation gemacht / vnnd nur allein/ von
zweien Studiosis, ettliche argumenta seind proponiert worden/
solcher Disputation beigewohnet/ vnd hernacher nicht mehr/in
dieselbige kommen / biß sie den 14. Aprilis (in wölchem tag
gar nichts ist opponiert worden) de improuiso , vnnd da der
wenigst Theil noch auff vnser seitten gehöret war / ist abrumpiert worden.

Die treffliche Rähtt betreffend / were hoch zu wünschen/ Num. 73.
daß dieselbige alle/ so der Disputation beigewohnet/vnnd nicht
nur allein die dem Caluinismo verwandt / sonder auch vnserer
Confession zugethone Rähtt/hierunder/als Zeugen/ weren gehört worden: so wolten wir nicht zweifflen / Jhre Fürstliche
Gnad würden vil ein andern vnd bessern Bericht von der gantzen Disputation angehört haben/ dann also geschehen/da man
allein die jenigen gehört/die vnsern Personen vnd vnserer Confession spinnen feind / vnnd allein dem Grynæo, Tossano,
vnd andern ihren Rottgesellen/gewogen vnd geneigt seind.

So sagen wir auch selbsten/ daß vil fürneme erbare Zeu- Num. 73.
gen/der obgemelten Disputation beigewohnet/ wölches vns ein
grosse Frewd gewesen/vnd noch ein grosser Trost ist.Warumb
hat man aber nicht solche fürneme erbare Zeugen alle mit ihrer
außsag angehört? Ja warumb hat man nicht das gantz Auditorium,die Herrn Rähte/Professores,die frembde Gäst /vnd
alle Studiosos, vnnd Auditores, gleich also baldt auff geendte
Disputation/ mit ihrer Außsag vnd Zeugnus angehört? Ha-

X ij den

ben nicht wir beurlaubte Professores Theologiæ/ vnnd Predi-
ger/ den 15. Aprilis/ das ist/ gleich den nechst volgenden tag/ nach
gehaltener vnnd vollendter Disputation/ ein sondere Schrifft
dem Hertzogen vbergeben/ vnnd darinnen nicht allein solenniter protestiert/ wider des Grynæi vnnd D. Ehems Verdam-
mung/ da sie beide/ vns in publico Auditorio, als die Disputation beschlossen worden/ in beisein Ihrer F. G. vnnd so vil
fürnemer ehrlicher Leut/ wider alle Recht vnd Billichheit/ con-
demniert/ vnnd jhnen selbst die Victori zugeschriben: Sonder
haben auch eben in derselben Schrifft/ Ihre F. G. vnderthä-
nigst/ vnd vmb der Justitien vnnd Gottes Ehr willen gebetten/
Ihr F. G. wölle doch disen vnbillichen Verdammungen des
Grynæi/ der so wol part/ als wir/ vnnd des D. Ehems/ wölche
beide vns/ wider alle Recht vn Billichkeit/ publicè condemnirt/
nit Glauben zustellen/ sonder das gantz Auditorium, wölchem
ja mehr/ als disen zweien verdächtigen Personen/ zu glauben/
darunder hören. Dannoch haben wir mit solchem billichen pro-
testieren/ flehen vnd bitten/ nichts erhalten können. Vnd müssen dazu auch aller erst erfahren/ daß dise vnuerschämpte Leut/
den Hertzogen/ die treffentliche Räht/ vnnd vil fürneme erbare Leut/ die man doch mit jhrer Außsag vnd Zeugnus/ auff vnser Bitt nicht hören wöllen/ zu Zeugen einführen/ die wider
vns/ daß wir der Sachen vndergelegen/ zeugen sollen. Wol-
an/ wir müssen solches/ wie dann andere vnbillichheit mehr
leiden: Vnnd wöllen hieneben der Hoffnung geleben/ die
rechte Hand des Höchsten/ werde solches alles endern/ Psal-
mo 77.

Num. 74.
August. Epist. ad
Bonifacium.

Dieweil dann die Sach hiemit also/ wie wir/ als die wir vor
Gottes Angesicht reden/ jetz berichtet/ so haben wir vil billicher
Vrsachen dann sie/ die Sprüch S. August. vnd des alten Her-
ren Mathæsij, wider Grynæum, Tossanum, vnnd andere ihre
Cal-

Caluinische Rottgesellen/ zuführe/ zubrauchen/ vñ zusprechen:
daß/ wie die Donatisten/ so Ketzer gewesen/ so vnuerschämbt gewesen/ dz/ da sie schon von den Rechtglaubigen vberwunden worden/ sie dannoch sich be-
rhümbt haben/ daß sie zu Carthago/ den Cæcilia-
num vberwunden/ Also halten vnd erzeigen sich auch Grynæus, Tossanus, mit ihrer schönen Disputation/ daß/ ob sie
schon in derselbigen durch vns/ auß Gottes Wort vberwunden
worden/ sie dannoch sich noch herzlicher vnnd grosser Victori
rhümen/ vnd zu Zeugen auch die jenigen einführen dürffen/ die/
wañ sie solten gehört werde/ gewißlich wider sie zeugen wurden.
Vnd dieweil wir vns auff des gantzen Auditorij, Kundischafft
vnd Zeugnus referiern/ wölches doch bey Grynæo vnd Tossano nichts helffen noch gelten will/ so können wir ja nicht an-
derst/ dann/ daß wir mit dem alten Herrn Matthæsio (dessen
nachfolgende wort/ die Heidelbergische Caluinisten selbsten angezogen) klagen/ vnd sagen: Wann man ein ding beweisen soll/ wie die Welt beweisung will haben/ da gehört bey grossen BVBEN/ vil guter vnd gewisser
Zeugnus zu/ die Leut seind trefflich subtil/ vnd wöllen vngestrafft sein/ vnnd können ihre Bubenstuck/
die sie ohne das selber wol fühlen/ scheinlich beschö-
nen/ 2c. Vnd souil von dem Præambel/ wölches dise Referen-
ten/ der Narration von gehaltener Disputation/ præmittieren.

Matthæsius Do-
minica 2. Trinit.

Auff wölches sie sich endtlich vernemen lassen/ sie wöllen
nunmehr von diser Disputation/ die runde Warheit erzöhlen/ wie es ergangen/ vnd Ihr. F. G. die
träffenliche Rähte/ vnd vil andere vorneme Män-

Num. 74.

ner/ auch Papisten gute Zeugen seien. Dann es ist nun
mit den Zwinglianern vnd Caluinisten dahin kommen/ daß sie
in disem Sacramentsstreit/ vnnd sonderlich in dem strittigen
Artickel/ von der Person Christi/ sich gern zu den Papisten/
vnd fürnämlich zu den Jesuitern/ halten/ mit jnen colludieren/
vnd sich mit jrem Zeugnus behelffen.

Dieweil aber vnsere Narratores, vnder vnnd mit jhrer ver-
schlagenen kürtze/ derer sie sich in der Beschreibung diser Disputation besleissen/ darauff vmbgehn/ daß sie das jenig/ was
nöttig ist/ vnd zur Sachen dienet/ außlassen/ das jenige aber/
wölches sie setzen/ eintweder gestümpelt vnd gerabbrecht/ oder
fälschlich erzöhlen/ so wölle der Christliche Leser vnuerdrossen
sein/ die gantze gründtliche Warheit/ wie sich die fürnembste
Sachen/ mit diser Disputation begeben/ zuuernemen/ darbey
wir vns/ ob Gott will/ der Warheit besleissen/ vnd vns hierin-
nen/auff das Zeugnus/aller der jenigen/so vmb solche Sachen/
gute eigentliche Wissenschafft haben/ wöllen referiert vnd gezogen haben.

Als ein geraume vnd gute Zeit/ vor gehaltner Disputation/
in der gantzen Statt Heidelberg/ ein grosses vnnd bestendigs
Geschrey/ von einer Disputation entstanden/ die von vnserm
Gegentheil/ mit vns/ de Cœna Domini, publicè in Academia soll gehalten werden/ seind endtlich/ den 29. Martij, Dominica Lætare, die getruckte Theses, an der Kirchenthür zum
H. Geist/ vnd an der Vniuersitet Hauß/ gleich wie mit andern publicis Disputationibus pflegt zugeschehen/publicè affigiert worden. Der Tittel solcher Disputation lauttet also.
De Eucharistica controuersia capita doctrinæ Theologicæ,
de quibus, mandatu Illustriss. Principis, & Domini D.
Ioannis Casimiri, Comitis Palatini ad Rhenum, Tutoris
& Administratoris Electoralis Palatinatus, Bauariæ Du-
cis, &c. in inclyta Academia Heydelbergensi (Respondente Mar-

te Marco Beumlero) die 4. Aprilis, in Theologica Disputatione, è Verbo Dei, fidei Orthodoxæ rationem interrogantibus, placidè, Deo iuuante, reddet Iohannes Iacobus Grynæus. Das ist: Fürneme Hauptpuncten Christlicher Lehr/ von dem Stritt vber dem H. Abendtmal/ von wölchen/ auß Befelch des Durchleuchtigsten / Hochgebornen Fürsten vnnd Herrn/ Herrn Johann Casimirn / Pfaltzgraffen bey Rhein / Vormunds vñ Administrators der Churfürstlichen Pfaltz/ Hertzogen in Bayern/ ꝛc. Ioannes Iacobus Grynæus, seines Christlichen Glaubens rechenschafft / allen denen / so mit jme hierüber disputiern werden / bey einer Theologischen Disputation / in der Hochtöblichen Vniuersitet Heidelberg / den 4. Aprilis/ durch Gottes Hülff vnd Gnad / bescheidenlich geben/ vnnd zu einem Respondenten Marcum Beumlerum brauchen würdt.

So ließ aber zuuor/ nämlich den 26. Martij, Hertzog Joh. Casimir/ dem Rectori Academiæ, Doctori Matth. Entzlino befehlen/ dz er nach Mittag / hora 2. den Senatum zusamen forderte/ dann J. F. G. der Vniuersitet ettwas fürzuhalten hette.

Als nun Senatus Academicus, auff ermelte zeit beysamen war/ erschinen ettliche auß den Churfürstlichen Hohen Räthen/ nämlich D. Gerhardus Pastor Vicecantzler/ vnd Hartmannus Hartmanni Fauth / sampt dem Secretario Colbinger/ vnd brachten für/ wie Ihre F. G. sie hette abgefertiget/ der Vniuersitet zuuermelden/ daß Höchstgedachte Ihre F. G. ein Mandat hette außgehn lassen / in wölchem sie das calumnijeren vnd löstern der Religion halber verbotten. Dieweil nun in Lectionibus Theologicis, vnd sonsten bißhiehero hierwider were gehandlet worden/ so liesse Ihre F. G. solch Mandat der Vniuersitet insinuieren/ ernstlich befelhend/ sich demselbigen gemeß zuuerhalten / vnd vbergeben zumal hiemit/ den vier Facultatibus, vier getruckte Exemplaria gedachts Mandats / mit des Hertzogen Secret confirmiert vnnd besiglet.

Dars

Darnach (brachten sie für) so hetten Ire F. G. einen außländischen/ gelerten/ bescheidnen Theologum, nämlich Doctorem Ioannem Grynæum allhero fordern lassen/ vnd jme aufferlegt/ ein publicam Disputationem von dem H. Abendtmal zuhalten/ ob villeicht durch solche Collation desto mehr Einigkeit erfolgen möchte / vnnd dieweil dieselbige den künfftigen 4. Aprilis im Auditorio Philosophico fürgehn wurde / so solten nicht allein die Theologi, sonder auch die andere Professores vnd Studiosi, zu opponieren/ vnd sich in solcher Disputation hören zulassen/ gefaßt machen.

Hierauff antwortet Magnificus D. Rector: Er hette von seines Gnädigsten Fürsten vnd Herrn wegen angehört/was die Herrn Rähte fürgebracht/ er wölle den Senatum hierüber anhören / vnd J. F. G. ein schrifftliche Resolution / wie breuchlich/ fürderlich zukommen lassen. Darauff dann die Hohe Räht replicirt/ Sie wöhreten gleichwol solches zuthun nicht/es werde aber doch bey disem endtlichen Bescheid verbleiben.

Also wurd hierüber Senatus gehalten/ vnd durch die Vota concludiert/ daß nachfolgende Schrifft an den Hertzogen gestelt/ vnd geliffert wurde/ vnd lauttet die Schrifft also:

GNädigster Fürst vnnd Herr/ ꝛc. was E. F. G. an vns abgeordnete Räht/ gesterigs Tags/ in vnser gemeinen Rahtsversammlung / im Namen E. F. G. von wegen durch dieselbige verzuckter zeit publicierten Mandats/ vnd dann des Auditorij Philosophici, solches zu vorhabender Disputation zugebrauchen/ vns der lenge nach angezeigt/ꝛc. das haben wir mit gebürender Reuerentz vnderthänig angehört. Sollen demnach E. F. G. zur Widerantwort/ vnserm gethonen erbietten nach/ vnderthänigst nicht verhalten/ daß was solch benannt Mandat/ vnd dessen vns beschehen Insinuation / neben gethoner weitläuffigen anzeigung / betreffen

thut/

thut/wir nichts liebers sehen/ dann daß in Religionssachen
ein gemeiner Frid vnd Einigkeit erhalten wurde/ Seind auch
vnsers theils dahin gantz gemeint/ wie wir bey neben vnsern
angehörigen verhoffentlich bißhero gethon/ daß alle schmäliche antastung oder traducierung verbleibe vnnd vnderlassen
werde/ wie auch Facultas Theologica einiger Lösterung oder
calumnijerens mit nichten bewust/ sonder in allem die Warheit/
auß grund heiliger Schrifft/ vermög jres Ampts/ Juraments/
vnnd Gewissens/ zur zeit/ in Lectionibus publicis fürgetragen.

Daß aber mehrbemelt Mandat wir approbieren/ vnnd
durchauß annemen/ oder auch den vnsern solcher gestalt insi-
nuieren sollen/ das will vns viler hochbedencklicher Vrsachen
halber/ gantz beschwerlich fallen/ wie wir denn auch solches
Mandat/ dessen ettliche asseuerierte Narrata vnserer Confession vngemeß/ nicht anzunemen gäntzlich entschlossen. Bitten derwegen E. F. G. vnderthänigst/ vnser damit zuuer-
schonen/ fürnämlich/ dieweil dasselbige nicht auff die Vni-
uersitet/ sonder Kirchen vnd Schuldiener/ gerichtet/ vnd vnser Iuridicam, Medicam, vnnd Philosophicam Professio-
nem nicht sonderlich angehet/ vnnd wir alle ohne das auch
vnsern Statuten/ Priuilegien/ vnnd Herkommen/ gelobt vnd
geschworen/ vnnd des vnderthänigsten verhoffens/ E. F. G.
werde vns der gnädigsten Vertröstung nach/ darbey schü-
tzen/ vnnd einem jeden sein Conscientz vnnd Gewissen/ sicher
vnd frey lassen.

Was das Auditorium Philosophicum anlangt/ bringen nicht allein die Statuta/ sonder das Herkommen mit sich/
daß keiner/ der nicht membrum Vniuersitatis, vnnd zu ei-

y   ner

ner gewissen Facultet sich begeben / ad legendum, vel disputandum in publico Auditorio zugelassen werde / Wie dann
auß vnsern Actis sich befindet / was für Vnraht sich zugetragen / da Petrus Ramus im berhürten Auditorio, mit lesen
sich einzutringen vnderstanden : auch Doctori Boquino,
ob er gleich Professor Theologiæ , vnnd der fürnemeste Dis-
putator gewesen / als er mit Stösselio , vnnd andern / vor
24. Jaren / Disputationem Theologicam angestelt / von
der Vniuersitet beschwert worden / daß er ohn Vorwissen
vnnd Bewilligung derselben / solche Disputation / im gedachten Ort angestellet.

Gelangt demnach an E. F. G. vnsere vnderthänigste Bitt / vns bey vnsern Statuten vnnd Herkommen/
gnädigst bleiben zulassen / beuor auch / dieweil kein Zweiffel
zumachen / nachdem dise Disputation / ein grossen concur-
sum haben würdt / daß der Ort zu einer solchen Frequentz/
vil zu eng sein wurde / vnnd also ein besorgliche Confusion erfolgen möchte. Als auch bey der Vniuersitet vnerhört / vnd
bey meniglich ein seltzam Ansehen haben würdt / da so wol
den Professoribus , als den Studiosis gebotten würdt / die
angestelte Disputation nicht allein zubesuchen / sonder auch zu
opponieren.

Bitten derwegen E. F. G. vnderthänigst / solche Sachen / wie herkommen / einem jeden frey zulassen / würdt sich
ein jeder sonders zweiffel der Gebür zuuerhalten wissen / als
dann Facultas Theologica sich dahin erbotten / da solche
Disputation debito loco & processu angestellet / derselben
gutwilliglich bey zuuerharren. Sollen E. F. G. wir kurtzlich zur Antwort vnderthänigst nicht verhalten. Thun der-
selbi

selbigen vns zu Gnaden gehorsamlich befelhen. Signatum
den 27. Martij, Anno, &c. 84.

E. F. G.

Vnderthänigste

Rector vnd Professores
der Vniuersitet allhie.

Solche Schrifft ist durch den Syndicum, M. Lauren-
tium Herderum den Herrn Hohen Rähten geliffert worden.

Den 28. Martij aber / ward Doctor Caspar Agricola / als
Vicerector (in abwesen des Herrn Rectoris, D. Entzlini)
in die Cantzley erfordert/ wölcher zu sich name L. Eustachium
Vlnerum/ Iuris Professorem , vnd vorermelten Syndicum,
da jhnen dann von den Herrn Hohen Rähten vermeldet worden: Erstlich / was das Mandat belangt / so seien Jhre F. G.
mit jhrer Antwort zufriden / daß sie / nämlich dem Befelch
de non calumniando gehorsamen wölten / was die asseurier-
te Narrata betrifft / stelle Jhre F. G. einem jeden frey / daß er
solche möge glauben oder nicht.

Was die Disputation belangt / solle vnnd werde dieselbige
fürgehn / vnnd wölle Jhre F. G. daß man das Auditórium
Philosophicum hiezu nicht verwegere / dann sonsten Höchstgedachte Jhre F. G. Mittel gebrauchen werde / damit dasselb-
bige geöffnet werde. Was die Studiosos betrifft/ solle die Vniuersitet verschaffen / daß alle Vnbescheidenheit vnd Tumult
verhindert werde/ So werde es auch ein freie Disputation sein/

Y ij   da et-

da einem jeden erlaubt sein solle/ zuopponieren / vnnd sich hören zulassen.

Da nun die Facultas Theologica gesehen/ daß solche Disputatio in loco Academico fortgehn wurde/ hat sie in publico Vniuersitatis Senatu proponiert / dieweil sehr vil an diser
Disputation gelegen/ vnd jeder Theil/ nach vollendung dersel-
bigen/ jme die Victori zu schreiben möchte/ so were es rahtsam/
daß von beiden Theilen Notarij vnnd Testes verordnet wur-
den/ wölche alles/ was zu beiden Theilen geredt wurde/ fleissig/
sub Iuramento, & sine omni affectu, beschriben.

Warde demnach in Senatu für gut angesehē/ diß der Theologischen Facultet rahtsam bedencken / dem Herzogen durch
ein Scriptum anzuzeigen/ damit Ihr F. G. auch ihres theils/
Testes vnnd Notarios bestellen liessen / wölches Scriptum
dann auch den Herrn Hohen Rähten geliffert worden / vnd
lautet dasselbige also:

GNädigster Herr vnd Patron / demnach E. F.
G. nechstkünfftigen Sambstag / ein Disputationem
Theologicam gnädigst angeordnet / vnd so wol vns/
als den Studiosis diser Vniuersitet/ gnädigst erlaubet / vnd
freygestelt / dieselbige zubesuchen/ auch darbey ohn einig præ-
iudicium Vniuersitatis, vel priuatorum, wie sich dann Prorector, vnd zugeordnete nechst den 28. Martij protestiert/ zu op-
ponieren/ als seind Professores Theologiæ, vñ villeicht andere/
ihre Argumenta, wider die publicierte Theses, mit gebürender
Bescheidenheit/ fürzubringen gemeinet. Damit dann/ was also
hinc inde fürbracht/ wie in dergleichē Disputationibus pfläg-
lich / gleichmässig auffgemerckt vnnd verzeichnet werde/ nicht
allein propter absentes , sonder auch propter posteritatem,

weren

weren wir fürnämlich auß Anregung Facultatis Theologicæ entschlossen / zwo vnuerdächtige Personen zuordnen / vnnd
mit Pflichten vnnd Eiden zubeladen / alles vnnd jedes / was
dann also proponiert vnnd fürgetragen werden möchte / adhi-
bitis aliquot testibus / fleissig / ohne einige Affecten / zu pro-
tocollieren / auch fürter beide Protocoll zu collacionieren / vnnd
in ein Corpus zubringen / wie solches villeicht Ewer Fürstliche
Gnad / Ihres theils ebenmässig gnädigst bestellen werden. Auff
daß dann diß vnser fürhaben / nicht ettwan anderer Meinung
gedeuttet vnnd außgelegt / haben Ewer Fürstlich Gnad dasselbig wir vnderthänigst nicht verhalten sollen / vngezwiffelt / die
werden jhnen solches gnädigst belieben lassen. Vnnd thun E.
F. G. vns damit vnderthänigst in Gnaden befelhen. Signiert
Heidelbergæ 2. Aprilis, Anno, &c. 84.

E. F. G.

Vnderthänigste

Prorector vnd Senatoren.

Auff Vbergebung solcher Schrifft / ist Magnificus D.
Prorector, den 3. Aprilis nach Mittag / von ettlichen hohen
Räthen widerumb in die Churfürstlich Cantzley erfordert worden / die jhme im Namen Illustrissimi Principis fürgehalten
daß J. F. G. nit bedacht / die fürgeschlagene / geschworne Notarios vnd testes jhnen passieren zu lassen / dann solches kein Colloquium , sonder ein freie publica Disputatio sein werde / bey
wölcher man solcher geschworner Notarien vnd testium nicht
bedürfftig / mit Befelch / daß dieselbigen abgeschaffen werden /
wölches dann auch endlich von den Academicis geschehen.

Y iij   Vnd

Vnd dises einig Stücklin/ wie man auff vnserer Seitten
vmb gewisse Notarios angesucht/ setzen vnd erzöhlen die Referenten auß der gantzen Handlung/ so vor gehaltener Disputation fürgeloffen/ dessen sie villeicht auch würden geschwiegen ha-
ben/ wann sie nit gefürchtet/ es würde bey vilen Leuten allerley
nachdenckens machen/ wann sie hören vnnd vernemen sol-
ten/ man habe vns gewisse Notarios/ die schon bestelt gewesen/
abgeschlagen/ vnd es were solches von jhnen vnuerantwort gebliben. Dann ja jeder meniglich erkennen vnd bekennen muß/
(wölches dann auch Magnificus Dñs Prorector, vnd der gantz
Senatus Academicus bedacht vnd erwogen) dz weil wir so hart
auff gewisse geschworne Notarios/ die alles bey solcher Disputation auff das fleissigst protocollieren/ getrungen/ wir hiemit
genugsam zu verstehen gegeben/ daß wir begern bey solcher Disputation candidè zuhandlen/ vnd nichts liebers vnd erwünsch-
lichers zusehen/ dann daß die Warheit an tag köme/ vnnd man
auß einem authentico Protocollo, so von beiden theilen gehalten vnnd approbiert/ wie es allenthalben mit diser Disputation
ergangen/ nottürfftigen vñ warhafftigen Bericht schöpffen vñ
nemen möchte/ Damit man sich im fall der Not/ desselbigen gebrauchē möchte. Da man auch disem vnserm billichen begern/
hette statt vñ platz geben/ dörffte es jetzunder nit vil disputierens
vnd wesens/ wölche Parthey die oberhand in solcher Disputation behalten/ sonder man hette zu beiden theilen sich auff das allgemeine autenticum vñ zu beider seits approbiert Protocol zu
referieren/ vñ schlechts das Vrtheil dem Christlichen vnpartei-
schen Leser heim zustellen. Aber eben darumb/ dieweil vnser Gegentheil durch solche Disputation vns vnnd vnsere Christliche
Confession/ von dem hochwürdigen Abentmal Christi/ vnderzutrucken bedacht/ vnnd entschlossen gewesen/ so haben sie
auch mit Händen vnd Füssen gewöhret/ damit nur kein zubei-
den Theilen bewilligte/ vnnd authenticum Protocollum ge-

halten

halten werde. Auff daß sie sich hernacher / der Victori wider
vns desto fůgticher zu růhmen haben möchten.

Dann daß sie erstlich fůrwenden/es seie ein solches/ dz gewiß- Num. 74.
se Notarij, vnd ein solenne & publicum Protocollum gehalten werde/ in hohen Schulen nicht bräuchlich/ vnnd
herkommen/ dann ein Vnderschied seie zwischen solchen freien Disputationibus in hohen Schulen/ vnd
zwischen angestelté Coloquijs/ ist solches kein gnugsame
Vrsach/ der Verwegerung vnnd Abschlagung der Notarien/
vñ des Protocols. Daß wie ein Vnderscheid ist zwischen freien
Disputationibus in hohen Schulen / vnd zwischen angestelten
Colloquijs: also ist auch ein Vnderscheid zwisché solchen freien
Disputatiónibus/die nur exercitij gratia instituirt vñ gehalten
werden/ vnd zwischen solchen Disputationibus / da es ein ernst
ist/vñ in denen es ernstlich gemeint würde/daß man dadurch begert zu erkündigen/wölche Parthey in Religions vnd in Glaubens Sachen/ die vnser Seelen Heil vnd Seligkeit betreffen/
recht oder vnrecht habe/vnnd wölcher Parthey beizufallen oder
nicht. Vnnd wie wir gern zugeben/daß es vnuonnöten/daß bey
jenen Disputationibus gewisse Notarij geordnet/vnd ein publicum vñ solenne Protocollum gehalten werde : Also ist keiner der nicht verstünde/ daß in disen / darinnen von so hohen/
vnnd vnserer Seelen Heil vnd Seligkeit antreffenden sachen
(vnnd mit solcher Gefahr des einen oder andern Theils) gehandlet würde/ billich gewisse Notarij zubestellen/ vnnd ein solenne & publicum Protocollum zuhalten seie/vnd daß billich
auch dergleichen / in diser Disputation/ mit wölcher es freilich
ein Ernst gewesen/solte geschehen/obseruiert vnd gehalten worden sein.

Daß

Num. 74. Daß sie auch ferner dises / als ein Ursach der Verwegerung der Notarien / vnnd eines gewissen Protocols / setzen /
daß gleichwol Anno 64. zu Maulbron ein Proto-
col gehalten / vñ ein gewisse Vergleichung geschehen /
aber von den vnsern ein Außzug zu jhrem Vortheil
außgesprengt worden: Berichten dise Narratores in disem fall abermal / das jenige / was zu jhrem Glimpff / aber gar nit
zur Befürderung der Warheit dienlich. Dann ob schon die
Würtembergischen Theologi, nach gehaltenem Maulbrun-
nischen Colloquio, einen Außzug des gehaltenen Colloquij
publiciert / so haben sie doch solches nicht vmbgehen können / sonder seind gleichsam hierzu gezwungen worden / daß sie der Warheit zu gutem / disen Extract e / gestelt vñ publiciert habe. Dañ es
hetten doch die Heidelbergischen Caluinischen Colloquenten / so
disem Colloquio beigewohnet / hin vnnd wider mit Vngrund /
wider alle geschehen Vergleichung / jhrem Brauch nach / spargiert / es weren die Würtembergischen Theologi, in vilgedachtem Colloquio, also vbel bestanden / daß auch der Hertzog von
Würtemberg selbst / dardurch bewegt / jhnen (den Caluinisten)
beifall zuthun / vnd dem Caluinismo sich anhängig zumachen.
Damit nun die Warheit in disem fall nicht not litte / sonder an
tag gebracht / vnd die vnschuldige Parthey nicht vndergetruckt
würde: Haben die vnsern zur Rettung der Warheit / vnnd jhrer
Entschuldigung / wol müssen in offenem Truck Summarischen
Bericht thun / wie es mit vilgemeltem Colloquio ergangen / vñ
was sich beider seits bey derselbigen begeben / wölches sie sonsten
gern vnderlassen hetten / wann die Heidelbergischen Caluinischen Colloquenten / vermög geschehener Vergleichung / miteinander innen gehalten / oder aber die Warheit bericht hetten.

Vnnd eben darumb / vnnd auß diser Ursachen / solte billich
auch bey diser Heidelbergischen Disputation / gleiche Ordnung
mit

mit geschwornen Notarien/ vnnd einem gewissen Protocollo/
vnserm billichen begeren nach/ gehalten seind worden. Damit/
wann dise oder jene Parthey sich vnbillicher weiß der Victori
hette wöllen rhümen/ vnnd die andere vnschuldige Parthey hiemit hette wöllen trucken/ die getruckte Parthey alsdann sich wider solche vnbilliche Bezüchtigung/ eintweder mit Publicierung eines Extracts/ oder wol auch des Protocoll selbsten/ hette erwöhren mögen. Aber ein verbrendts Kind fürcht das Fewr/
darumb dann auch vnser Gegentheil sich so hefftig darwider
gesperzt vñ gewöhrt/ daß kein gewisses Protocoll/ neben gewissen Notarijs gehalten wurde/ damit sie nicht auß solchem Pro-
tocoll/ wann sie sich der Victori vergeblich rhümbten/ zuschanden wurden/ wie es jren Rottgesellen/ Anno 64. mit dem Maul-
bronnischen Extract vnd Protocoll geschehen.

So hilfft auch dises vnsern Gegentheil zu jrer Entschul- Num. 74. 75.
digung gar nichts/ daß sie fürgeben: Es seie deßhalben
keins Protocolls bey diser Disputation von nötten
gewesen/ dieweil ohne das vil namhaffter vnnd fürnemer Zeugen/ von allen Ständen/ frembden vnnd
einheimischen vorhanden gewesen/ die der Disputation beygewohnet/ vnnd der Warheit Kundtschafft
zu jederzeit geben werden. Dann ein gewisses vnd zu beiden Theilen approbiertes Protocoll/ die jenigen/ so diser Di-
putation nicht beygewohnet/ vnd doch/ wie dieselbig abgangen/
gern wissen wolten/ vil besser den Grundt der Warheit hieuon
hette berichten können / als die Auditores/ so solcher Disputation beygewohnet/ wölche gemeinglich/ wie sie affectioniert
seind/ also auch zujudicieren vnd zureferieren pflegen. Wiewol
wir vns gern aller Ehr vnnd Warheit liebender Zuhörer/ so
in solcher Disputation gewesen / Iudicio wöllen vnderworffen
haben/ wie daß auch zu vilen malen/ auch in wehrender Dispu-

Z   tation

tation von vns beschehen. Als aber nun die Disputatio den
4. Aprilis in Auditorio Philosophico angehn solte / ist Hertzog Johann Casimir auff erstgedachten Tag / morgens vmb
siben Vhr / mit zimlicher Anzal seiner Hoffleut daselbsten erschinen / wie dann auch in solchem ein mercklishe Menge
Volcks sich versamlet / von Professorn / Theologis / Kirchendienern / in der Statt / vnd auff dem Land / von Studiosis / von
frembden Leutten / vnnd auch von ettlichen Burgern / also daß
das Auditorium von den Auditoribus gantz vol worden ist.

Den Anfang an solcher Disputation hat gemacht D.
Christophorus Ehem / so neben dem Hertzogen gestanden /
vnnd in teutscher Sprach Vrsachen angezeigt / vmb wölcher
willen dise Disputation von Ihrer F. G. angestellt worden /
mit Vermanung / daß man bescheidenlich auß Gottes Wort /
zu beiden theilen von solchen Thesibus / ohn alle Affecten mit
einander sich besprache.

Als nun hierauff Grynæus ein kurtze Vorred / vnnd das
Gebet gehalte / hat er dem Decano facultatis Theologicæ locum disputandi offeriert / wölchem D. Phil. Marbachius geantwortet / daß gleichwol D. Kirchnerus jetziger zeit Decanus
seie / weil er aber abwesend / seie er an desselben statt Vicedeca-
nus / vnd vrbittig wider seine / des Grynæi Theses zu disputiern.
Er könne aber jhme / dem Grynæo / nicht verhalten / daß diser
hochlöblichen Academien Brauch / von alters her solches mit
sich bringe / daß in dergleichen publicis Theologicis Disputationibus / zum fördersten die Studiosi Theologiæ gehört werden / vnd dann auff sie allererst die Professores vnnd Theologi /
stelle jhm solches anheim / ob er solchem löblichen Brauch sich
gemäß erzeigen vnd verhalten wölle.

Solchen / des D. Marbachij / Fürschlag liesse jhm D. Grynæus nicht mißfallen / zeiget an / daß eben ein solches auch bey
der Vniuersitet zu Basel / vnd andern Vniuersiteten / bey denen
er gewe-

er gewesen/bräuchlich seie: Darumb da es anders dem Hertzogen also gefällig/möge er wol leiden/daß den Anfang zuoppo-
nieren/die Studiosi Theologiæ machen.

Als nun auff solches Ihre F. G. durch D. Ehem sich dahin erkläret/daß diser alter wolhergebrachter Brauch gehalten/
vnnd der Anfang zudisputieren/von Studiosis Theologiæ gemacht werde/hat Grynæus zudisputieren mit Namen auffge-
manet/einen Caluinischen frembden Sudiosum/nämlich Qui-
rinum Ritter/so von Newenstatt gehn Heidelberg konmen/
wölcher auch also bald ettliche Argumenta/wider die Theses
Grynæi/die ware Gegenwart des Leibs vnnd Bluts Christi im
H. Abendtmal zubeweisen/herfür vnnd auff die Ban gebracht:
Aber also liederlich vñ heilloß vrgiert/daß jederman gemercket/
jm seie nicht ernst zudisputieren/daß auch der Hertzog selbst dardurch verursacht worden/zufragen/wer doch solcher Disputa-
tor seie: Vnnd als Ihre F. G. vernommen/daß er der Caluinischen Confession zugethon/jhme Stillschweigen durch Tossanum auffzulegen/vnd denen in domo Sapientiæ, als Churfürstlichen Pfältzischen Stipendiaten/die Disputation anzu-
greiffen Platz zugeben.

Dises/weil es dem Grynæo schlechten Ruhm gebracht/da
er sich vnderstanden/die Zeit also vergebenlich mit seinen Leutten zuzubringen/vnnd des gantzen Auditorij gleichsam daran
zuspotten/würdt es von den Narratorn/gar mit stillschweigen
vbergangen/vnd die Narratio also angestellt/als wann der Anfang der Disputation von den vnsern were gemacht worden/
wölches denen Leutten/so Historias beschreiben wöllen/gar vbel
ansteht/vnd vom Christlichen Leser wol zumercken ist.

Da nun also nach Abfertigung dises Quirini/in gemein/
die vorgemelte Stipendiaten von Grynæo zudisputieren an-
gefordert worden/hat M. Josephus Cóllinus (wölcher von
dem Christlichen Churfürsten Ludwigen seligster Gedächt-
nus/nur ein zeitlang zu disem End in die Sapientz/ vngefähr-

S 2   lich

lich vor drey vierthel Jaren geordnet worden / auff daß er daselbsten auff ein Kirchendienst / seiner Qualification gemäß /
auffwartete) angefangen / die 18. Thesin / darinnen die Näs-
sung der Vnglaubigen verworffen würdt / zuwiderfechten / vnd
die Nüssung der Vnwürdigen / wider die Theses Grynæi auß
Gottes Wort / vnd den heiligen Vättern zuuerfechten / vnd solches fortgetriben / biß auff 10. Vhr / in wölcher Stund der erst
Actus solcher Disputation beschlossen worden.

Als man nun nach Mittag / zu zweien Vhren / (da gleichwol Hertzog Johann Casimir / von wegen schneller vnd vnuersehener Kranckheit / abwesend gewesen / wie dañ auch erstgedach-
te J.F.G. die volgende Tag vber / vnd so lang die Disputation
gewehret / biß auff den letstẽ Actum bey derselbigen nicht mehr
erschinen) widerumb die Disputation fortzutreiben / zusamen
kommen / ist gedachter M. Cöllinus in seiner Proposition fortgefahren / biß ime / vmb drey Vhren / durch den Herrn von Dona / in Hertzog Johann Casimirs Namen stillschweigen aufferlegt / vnd den vberigen Sapientisten platz geben worden ist.

Was nun disen M. Cöllinum / vnnd seine Argumenta / so
er proponiert / anlangt / gedencken gleichwol dise Narratores in
irer Narration seiner nicht am besten / geben für / er habe / (als
wann ers seinen Predigern auff der Cantzel hette
wöllen nachthun) an statt des disputierens ange-
Num. 75. 76. fangen / mit spitzigen Worten / vnnd langen discurs /
die Theses vñ Caluinum zuuerlöstern / vñ sich eines
besondern Eifers / vnd besonderer Bestendigkeit zu
uermessen. Es würdt aber der Christlich Leser / dessen nunmehr an denen Leutten gewohnet sein / daß ihnen niemandts / er
laiche dann mit inen im Caluinismo / gut gnug ist / vnd daß bey
inen nichts gemeiners / dann löstern vnd liegen / vnnd müssen ihnen doch alle andere Menschen Lösterer sein.

Sie

Sie berichten auch ferner von jhme/ daß er die gantze Num.76.
Morgenzeit/die er mit disputieren zubracht/ nichts
gewüßt fürzubringen/ dann daß er sich vnderstanden zuerweisen/ daß auch die Gottlosen den Leib
Christi essen (wie dann solches in der gantzen Dis-
putation/ so eilff Tag geweret diser Narzatorn fürgeben
nach) am meisten solle getriben sein worden vnd hab
er M. Cöllinus/ jr 18. Thesin angefochten/darinnen
gelehrt würdt/ daß die Gottlosen den Leib Christi
nicht essen/ in betrachtung/ daß sie nicht eins seind
mit Christo/vnnd nicht Gemeinschafft mit jhme ha-
ben/wölches er M. Cöllinus widerfochten/ vnnd
fürgegeben/die Gottlosen haben Gemeinschafft mit
Christo / dieweil Christus menschliche Natur/
wölche allen Menschen gemein ist/ angenommen
habe.

Es werden/ Christlicher Leser/ nunmehr die jenigen/ so solcher Disputation beygewohnet/vnd fleissig auffgemercket/ sich
nicht mehr darüber verwundern/warumb Grynæus vnnd seine
Rottgesellen/keine gewisse Notarios/mit jren gewissen Proto-
collis/haben bey solcher Disputation / weder wissen/sehen noch
hören wöllen: nämlich/daß sie hernach/wann kein gewiß Protocoll vorhanden/desto frecher vnnd vnuerschämpter/ allerley
vnwarheit / von solcher Disputation außsprengen möchten.
Dessen sie dann bey disem Stücklin/ein feine Prob gethan/da
sie so grob vnnd greifflich/neben der Warheit abher spazieren/
daß es einem/der vß dise Sach eigentliche wissenschafft hat/in
seinem Hertzen wehe thut/ wann er solche grobe Vnwarheit le-

B 3 sen

sen solte. Dann erstlich/so ist dises nicht war/daß die Disputa-
tores in der gantzen Disputation/ solches am meisten sollen getriben haben/daß die vnglaubigen vñ Gottlosen/den Leib Christi sollen essen.

Es haben ja vnser nur fünff opponiert/ vnder wölche der erst
M. Cöllinus/dise Materiam für jme gehabt/vnd daß der vierd-
te/ nåmlich D. Schopperus/wölcher gar ein kurtze zeit/wie solches der Methodus seiner Argumenten mitbringt/hiemit zuge-
bracht/hieruon disputiert hat. Wir drey vbrigen aber / haben ja
andere Materias tractiert/ vnd solchen Puncten/ von der vnwürdigen Nüssung/auch im geringsten nicht angeregt/wie vns
dessen das gantz Auditorium weißt Kundtschafft zugeben/daß
also in denen Tagen allen miteinander / daran disputiert
worden/ vber 7. Stundt nicht mit diser Materien seind zu-
bracht worden. Zwar/da es Grynæo, Tossano, vnd jren Rott-
gesellen/ also gar zu wider gewesen/von der vnwürdigen Nüssung zu disputiern/warumb haben sie dann ein besondere Thesin
hieruon in jr Disputation gesetzt? Vnd dieweil es. S. Paulum
nicht verdrossen hat/mit vilen vnnd herrlichen worten/ von sol-
cher/der vnwürdigen Nüssung zuschreiben/ was solte man vns
dises übel deutten/daß wir in der Disputation ettliche Stunde
damit zugebracht haben? So ist vns auch hieran/ nicht ein
schlechts vnd gerings gelegen/ sonder es ist die Nüssung der
vnwürdigen/der beweisungen eine/damit die ware Gegenwart/
vñ die Sacramentliche mündtliche nüssung des Leibs vñ Bluts
Christi im H. Abentmal/erstritten/vnd behauptet würdt. Daß
so dises auß Gottes Wort erwisen/dz auch die vnwürdigen den
Leib vnd Blut Christi im H. Abentmal / wiewol jnen zum Gericht vñ ewiger Verdamnus/empfahen/so fellet schon der Caluinischen Meinung dahin/da sie bestreitten/es seie kein andere
Nüssung des Leibs vnd Bluts Christi/im H. Abentmal/ dann
allein die Geistliche/da man den Leib vnd Blut Christi / Geistlich

1. Cor. 11.

lich durch den Glauben jsset vnd trincket/das ist/an den HErrn
Christū glaubet:wölche geistliche Nüssung/auch ausserhalb des
H.Abentmals geschehen kan/vnd nit allen Communicanten zu
mahl/das ist/würdigen vnd vnwürdigen/sonder allein den würdigen vnd glaubigen gemein ist. Vnd souil von der ersten Vn-
warheit/so die Narratores,Numero 76.setzen.

    Die ander Vnwarheit / die eben am selbigen ort gesetzt *Num.76.*
würdt/ist dise/daß sie schreiben dörffen/ es habe solche Disputation eilff Tag lang geweret.

    Wie ein böß ding ist es doch vmb ein böse Gewonheit. Es
haben dise Leut des liegens also gar gewohnet/ daß/weil sie je jhr
Narration mit liegen angefangen / so können sie auch nit auff-
hören/wölches der Christlich Leser wol mercken / vnd demnach
disen/der Heidelbergische Caluinischen Predigern Bericht/für
ein rechts Plauderment halten solle / darinnen fast lautter offenbare Vnwarheitten zufinden. Die Disputation ist ja den
4. Aprilis / Sambstags vor Iudica angefangen worden: den
5.Aprilis hat man nicht disputiren können/dieweil es der Son-
tag/nåmlich/ Dominica Iudica gewesen. Die nechst volgende
Wochen/post Dominicam Iudica, hat man nicht mehr/als
fünff halber Tag disputiert/nåmlich/ Montags/ Zinstags/
Mittwochs/Donnerstags vnd Freytags/ dann man denselbigen Sambstag/ den 11. Aprilis /von wegen einer Iuristischen
Disputation/so gehalten warde/mit solcher Theologischē Disputation ingehalten. Den 12.Aprilis hat man abermal nit disputieren können/dieweil es der Palmsontag gewesen. Den 13.
Aprilis aber/Montags post Palmarum, hat man denselbigen
halben tag/das letstmal disputiert/daß der volgendt 14. Aprilis,
gar nichts mehr mit disputieren / sonder von Grynæo vnnd D.
Ehem / mit lautter verdammungen/ da sie vns offentlich ver-
dampt/vnd jnen selbst die Victori zugeschriben/zugebracht worden ist.   Ist

von Nüſſung der Vnwürdigen/ gründen/ zulegen. Vñ für das
dritte/ vnſere Chriſtliche Lehr auß den H. Vättern zubeſtetti-
gen. Nun hatte aber Grynæus in gedachter 18. Theſi/vnder an-
dern/ mit diſer Schlußrede vnſer Chriſtliche Lehr/ von der
vnwürdigen Nüſſung angefochten/ daß er alſo argumentiert:
Wer nicht eins mit dem HErꝛn Chriſto iſt/ oder mit jhm verei-
niget/der kan vnd mag auch des Leibs vnd Bluts Chriſti nicht
theilhafftig werden: Die Gottloſen ſeind nit eins mit Chriſto/
Ergo,ſo können ſie auch ſeines Leibs vnd Bluts nicht theilhafftig werden. Diſes des Grynæi Argument/hat M. Cöllinus alſo vmbgeſtoſſen/daß er geſagt/diß Argumentum ſeie falſch/vñ
ſchlieſſe darum̃ nichts/dieweil ein vngleicher Verſtandt in dem-
ſelbigen/vnnd ſonderlich in der Art zureden/mit Chriſto einig .
ſein / oder vereinigt werden : Daher es dann geſchehe/ daß 4.
Termini in diſem Syllogiſmo ſeien: Dann eins mit Chriſto
ſein/ oder mit jme vereiniget werden/werde auff zween weg ver-
ſtanden/erſtlich Geiſtlicher weiß/durch rechten Glauben/vnnd
reine Liebe/wie Cyrillus daruon redet/wölcher geſtalt die Gott-
loſen/weil ſie keinen rechten Glauben / vnnd reine Liebe haben/
nicht mit dem HErꝛn Chriſto vereiniget können werden: Darnach aber werde der HErꝛ Chriſtus mit vns vereiniget / durch
die warhafftige gegenwertige Nüſſung ſeines warhafftigen vñ
gegenwertigen Leibs vnnd Bluts /wölche Gemeinſchafft vnd
Vereinigung Chriſti/mit vns geſchehen könne/wann ſchon er/
der HErꝛ Chriſtus/nicht durch waren Glauben/vnd reine Lie-
be/in vnſern Hertzen wohnet : vnnd dannoch allen Communi-
canten/würdigen vnd vnwürdigen/Glaubigen vnd Gottloſen/
gemein ſeie/ wölches M.Cöllinus/auß dem ſchönen vnd herꝛli-
lichen Spruch Auguſtini , Serm. 11. in Matthæum erwieſen/
da er alſo ſpricht:Illud quòd ait, Qui manducat carnem meam,& bibit ſanguinem meũ,in me manet,& ego in eo: quomodo intellecturi ſumus? Nunquid autem illos poterimus

A a   accis

accipere, de quibus dicit Apoſtolus, quòd iudicium ſibi mã-
ducant, cùm ipſam carnem manducant, &ipſum ſanguinem
bibant? Nunquid & Iudas, Magiſtri venditor & traditor im-
pius, quamuis ipſum manibus eius confectum Sacramentum carnis & ſanguinis eius, cum cæteris diſcipulis eius, mã-
ducauerat & biberat, manſit in Chriſto, aut Chriſtus in eo?
Multi deniq;, qui vel corde fucato carnem illã manducant,
& ſanguinem bibunt, vel cùm manducauerint & biberint,
Apoſtatæ fiunt, nunquid manent in Chriſto , & Chriſtus in
eis? Wie wöllen wir doch (ſpricht Auguſtinus) das jenige ver-
ſtehn/das er (Chriſtus) ſagt: Wer mein Fleiſch iſſet/vnd mein
Blut trincket/ der bleibet in mir/ vnnd ich in jhme? Sollen
wir auch diſe allhie dardurch verſtehen/ von wölchen der Apoſtel ſagt/ Daß ſie jhnen ſelbſt das Gericht eſſen/ wann ſie
ſein Fleiſch eſſen/ vnnd ſein Blut trincken? Solte dann auch
Judas der Gottloſe Verkäuffer vnnd Verzhäter ſeines Mei-
ſters/ ob er ſchon das Sacrament ſeines Fleiſches vnd Blute/
ſo er mit ſeinen Händen zubereittet/ mit den andern Jüngern
geeſſen vnnd getruncken/ in dem HERRN Chriſto gebliben
ſein/ vnnd Chriſtus in jhm? So ſeind auch jrer vil/ ſo eintweder auß falſchem Hertzen/ das Fleiſch Chriſti eſſen/ vnnd ſein
Blut trincken / oder aber/ wann ſie es ſchon allbereit geeſſen
vnnd getruncken haben / doch zu Mammelucken werden/
ſolten ſie darumb in Chriſto bleiben/vnd Chriſtus in jnen?

Diſen Locum des heiligen Auguſtini, wie jhn M. Cölli-
nus/in gehaltener Diſputation hat allegiert/ haben wir hieher
ſetzen wöllen/ auff daß der Chriſtlich Leſer/ auß demſelbigen
ſehen möge / wohin M. Cöllinus / mit ſeinem Argumento
geſehen/ nämlich dahin/ daß er bewieſen/ Grynæi Syllogiſ-
mus/wie derſelbig droben geſetzt/ weil ein æquiuocatio in der
phraſi ſtecke/ (mit Chriſto eins ſein/ vnnd mit jhme vereiniget werden) ſeie falſch/ vnnd ſchlieſſe nichts. Dann ob ſchon die
vns

vnwirdigen vnd Gottlosen nicht also / vnd in disem verstande /
mit Christo vereiniget werden / daß er in jhnen durch waren
Glauben / vnd reine Liebe Geistlich wohnete / so werden sie doch
also mit jhm eins / vnnd mit jhm vereiniget / daß sie im heiligen
Abentmal / seinen waren Leib vnnd Blut essen vnnd trincken /
wölche vereinigung Christi / er auß dem Spruch des heiligen
Augustini erwisen vnd dargethan. Nun ist es gleichwol nicht
one / es hat ja der Respondens / das Argumentum M. Cöllini also assumiert / als wann M. Cöllinus / die Gemeinschafft
Christi mit den Gottlosen darauß geschlossen / vnnd erwisen
hette / dieweil Christus menschliche Natur / wölche allen Menschen gemein / an sich genommen (wie diser rhumrähtig Man /
schier kein einiges Argumentum , so opponiert worden / recht
hat assumieren können.) Es hat aber M. Cöllinus / solcher
falschen vnnd vnrechten Assumption des Respondentis /
gleich also bald publicè widersprochen / vnnd sich dessen beklagt / sein Argumentum seie vom Respondente nicht recht
assumiert worden : vnd seind dises seine verba formalia : (wie
dieselbigen vil gelehrter Studiosi auß seinem Mund verzeichnet haben) gewesen : Hæc responsio Respondentis nihil facit ad meum argumentum : nam ego locutus sum de Vnione illa , qua Christus vnitur nobis, per Spiritum sanctum:
Deinde de illa, qua Christus corporaliter, communicatio-
ne carnis suæ, in vsu cœnæ nobis vnitur : Vos autem loqui-
mini de illa Vnione, qua Christus per assumptionem hu-
manæ naturæ frater noster factus est : Das ist : Dise des
Respondenten Antwort / reimet sich nicht auff mein Argument / dann ich hab in meinem Argumento geredt von solcher Vereinigung / da Christus mit vns vereiniget würdt /
durch den heiligen Geist: Vnnd darnach von solcher / da
Christus leiblich / durch mittheilung seines Fleisches / in dem
Gebrauch des heiligen Abentmals / mit vns vereiniget würdt.

Aa 2   Ihr

Jhr aber redet von einer solchen Vereinigung / da Christus
durch annemung menschlicher Natur / vnser Bruder worden ist.

Wiewol sich nun M. Cöllinus publicè, runde vnd dürr/
hell vnd klar dahin erklärt / daß es sein Meinung nicht seie / die
Gemeinschafft des HErrn Christi / mit den Vnwürdigen vnd
Gottlosen / daher zubeweisen / dieweil der Herr Christus menschliche Natur / die allen Menschen gemein ist / an sich genommen /
dannoch dörffen dise Narratores / in jhrem vnwarhafften Bericht / jhme ein Meinung auffdrechen / deren er offentlich widersprochen. Ob dises ein redlich Stuck an denen leutten seie /
gibt man dem Christlichen Leser zuerkennen. Vnd dieweil das
præsuppositum / wölches sie dem M. Collino fälschlich auffdrechen / falsch / vnd sich M. Cöllinus zu demselbigen niemals
bekennet : so gelten auch die Gründe nichts / wölche dise Referenten / solch falsch præsuppositum dardurch vmbzustossen / allhie einführen : vnnd solches vmb souil desto mehr / dieweil auch
solche Gründe / an vñ für sich selbsten nichts taugen. Daß dz sie
Num 77. fürgeben: Es seie M. Cöllino in gehaltener Disputation geantwortet worden / ob schon Christus der
menschlichen Natur halber / gleiches Wesens mit
allen Menschen seie / so habe er doch kein Gemeinschafft mit dē Gottlosen / sintemal die gantze Schrifft
zeuge / daß allein die jenigen gemeinschafft mit Christo haben / die mit jne eins seind / jhme einuerleibet /
vnd eingepfropffet / durch den heiligen Geist / vermög des spruchs / 1. Joh. 1. So wir aber sagen / dz wir
gemeinschafft mit jne haben / vnd wandeln im Finsternus / so liegen wir / vnd thun nicht die Warheit:

Ist

Iſt in gehaltener Diſputation / auß vor angezogenem Spruch
S. Auguſtini / erwiſen worden / daß nicht allein ein Geiſtliche
Gemeinſchafft ſeie der Glaubigen / mit Chriſto / ſo durch waren
Glauben vnnd reine Liebe geſchicht / wölche Gemeinſchafft al-
lein der Glaubigen iſt / von wölcher Gemeinſchafft auch der
Spruch / 1. Joan. 1. zuſehen / ſonder auch ein leibliche Vereini-
gung vnd Gemeinſchafft des Herrn Chriſti / in gemein mit al-
len denen / die das heilig Abendtmal empfahen / ſie ſeiend gleich
würdig oder vnwürdig / daruon D. Auguſt. in vilgedachtem
Spruch / Serm. 11 in Matthæum handlet.

    Es zwacken aber vnſere Narratores noch ettwas auß dem Num 77.
ſenigen / was M. Cöllinus ſolle in gehaltener Diſputation proponiert haben / vnnd ſchreiben: Er ſeie mit einem andern
ſeltzamen Argument herfür kommen / mit wölchem
er beweiſen hab wöllen / daß die Gottloſen den Leib
Chriſti wol können eſſen / weil Chriſtus ihnen nach
der Gottheit gegenwertig ſeie / dann die Gottheit
ſeie doch mehr / als die Menſchheit / haben ſie die eine / ſo könden ſie auch die andere haben. Hierauff iſt diſes der gründtliche vnd eigentliche Bericht / dieweil die 18. Theſis ſtracks dahin gehet / daß ſie die Nüſſung der Vnwürdigen
nicht will paſſieren laſſen / derwegen ſo hat M. Cöllinus ſolche
Nüſſung der Vnwürdigen zubeweiſen / ein ſolches Argument
à maiori ad minus geführt: So der Sohn Gottes die Gottloſen im Brauch des heiligen Abendtmals theilhafftig machet
ſeiner Göttlichen Natur / warumb ſolle er ſie dann auch nicht
theilhafftig machen / nach ſeiner Menſchlichen Natur / oder
ſeines Leibs vnd Bluts / ſonderlich dieweil die beiden Naturen /
die Göttliche vnd Menſchliche / durch die perſönliche Vereinigung / ἀδιαςάτως / mit einander vereiniget ſeind / alſo daß keine

             · Aa 3   ohn-

ohn die ander nun mehr sein kan: Nun machet aber der Sohn
Gottes die Gottlosen/im Gebrauch des heiligen Abendtmals/
seiner Göttlichen Natur theilhafftig . Ergo auch seiner
Menschlichen/oder seins Leibs vnd Bluts.

Num 77. Disem vngereimbten Argumento (sagen dise Narratores) seie bald begegnet / vnnd dargethon worden:
Es volge gantz vnd gar nicht/Die Göttliche Natur
ist allen Creaturen/auch den Teuffeln gegenwertig:
Darumb kan auch die Menschliche Natur jnen gegenwertig sein/dann es seie ein gar grosser Vnderschied / zwischen disen beiden Naturen / zwischen
Schöpffer vnd dem Geschöpff. Antwort: Daß solches
gantz vnnd gar/vnnd recht volge: Die Göttliche Natur des
Sohns Gottes/ist allen Creaturen/auch den Teuffeln/gegen-
wertig:Darumb kan auch der HErr Christus mit vnd nach seiner angenommenen Menschlichen Natur jhnen gegenwertig
sein·Ist diser Consequentz/diß die Vrsach/dieweil der Sohn
Gottes die Menschliche Natur/in Einigkeit seiner Person an-
genommen/vnd sie jme ἀδιασάτως/indistanter/vnzertrennlich/
(wie Damascenus daruon redet) vereiniget/also vnnd der mas-
sen/daß wo die Göttliche Natur des Sohns Gottes ist/da muß
auch/vm solcher persönlicher Vereinigung willen/die Menschliche Natur sein/doch ein jede auff jre besondere Weiß vñ Maß/
vnd bleibet nichts desto weniger allein die Göttliche Natur der
Schöpffer/die Menschliche aber ein Geschöpff / wie solches in
der vnsern Schrifften weitläuffig außgeführt würdt . Es zeigen auch die Referenten noch ein ander Vrsach an / warumb
Num 77. des M.Cöllini Argumentum nichts schliesse: Zu dem/spre-
chen sie/volget nicht / Christus ist den Gottlosen gegenwertig /nach dem Göttlichen Wesen/vnnd der
allge-

allgemeinen Gegenwart / darumb ist er jhnen auch
nach der Gnaden gegenwertig/wie dañ im Abendtmal solche Gegenwart bezeuget/vnnd verheissen/
nach wölcher wir ein Leib in Christo. Antwort: Mit
wem streitten dise Narratores allhie? Fürwar weder mit M.
Côllino / noch auch sonsten mit vnser einem / auß vnserm
Mittel. Dann weder M. Côllinus in gehaltener Disputation
also argumentiert/ noch wir auch also zuargumentieren pflegen: Christus ist in den Gottlosen gegenwertig / nach dem
Göttlichen Wesen/vnnd allgemeinen Gegenwart: Darumb
ist er jnen auch nach der Gnaden gegenwertig. Dann wir doch
niemals solche Gegenwertigkeit des HErrn Christi bey den
Gottlosen/nach der Gnad/oder mit Gnaden/gelehret
vnd gehalten/lehrens vnnd haltens auch noch nicht. Sonder
das ist vnser bestendige vnnd Christliche Lehr hieruon: Daß
Christus nach der Gnad/ allein den Glaubigen gegenwertig seie/ vnnd nicht den Gottlosen: Bey wölchen er vil mehr
nach seinem Zorn vnnd Vngnaden/ als ein strenger gerechter
Richter gegenwertig seie: Wie dann auch die Vnwürdigen
vnnd Gottlosen / den Leib vnnd Blut Christi im heiligen
Abendtmal nüssen vnnd empfahen/nicht jhnen selbs zum Heil/
sonder zum Gericht. 1. Cor. 11.

Daß die Narratores ferners melden: Es seie auff die Num 78.
Loca August vnd wie er sich hin vnd wider erkläre/
von der Nüssung der Vnglaubigen/durch den Præsidem außführlich berichtet worden: Soll der Christlich Leser wissen/daß auff alle Loca Augustini / die auff die
Ban gebracht worden/wie hell vnnd klar sie auch von der Vnglaubigen

glaubigen Nüſſung zeugen / vnnd reden / durch Grynæum anders vnnd mehr nicht geantwortet worden / dann daß er ſtettigs
vnd jmmerdar geſprochen: Alle dieſelbige Loca ſeind ſacra-
mentaliter / das iſt / alſo zuuerſtehn / daß / wann Auguſt. mit hellen klaren Worten ſagt: Die Vnglaubigen nüſſen auch den
Leib Chriſti / ſo ſeie ſolcher Leib Chriſti allein von dem euſſerli-
chen Element / das iſt / vom Brot zuuerſtehn: Alſo daß / wann
Auguſtinus ſagt: Judas habe den Leib ſeines Herrn / den er
verrahten / empfangen / vnd geſſen / ſo ſeie ſolches anders / vnnd
mehr nit geredt / dann er habe nur ſchlecht Brot empfangen vnd
geſſen / vnd gar nicht den Leib Chriſti.

Vnnd ſouil allein zwacken diſe Narratores von dem jenigen / was M. Cöllinus opponiert / zu jhrem Vortheil herauß:
Da ſie doch billich / wann ſie dem prächtigen Tittel / damit ſie
ſolche jhr Schrifft intitulieren / hetten nachſetzen / vnnd einen
warhafftigen Bericht von gehaltner Diſputation zu Heidelberg / ſchreiben wöllen / die andern vnnd vberige Argumenta M.
Cöllini / damit er jhre Fundamenta vmbgeſtoſſen / vnd vnſere
Chriſtliche Lehr von der Nüſſung der Vnglaubigen beſtettiget
vnd bekräfftiget / fein ordenlich nach einander / ſampt den ſolu-
tionibus / ſo darauff ſeind gegeben worden / ſolten geſetzt vnnd
beſchriben haben.

Num. 78. Darumb ſo hat freilich der Chriſtliche Leſer ein Muſter
der Redlichheit diſer Narratorn / deren ſie ſich in jhrer Narration befliſſen / vnnd dann auch der köſtlichen Solutionen / ſo
Grynæus auff die fürgebrachte Argumenta M. Cöllini gegeben.

Num 78. Es kommen aber vnſere Narratores von M. Cöllino / auff
M. Chriſtophorum Seitzlerum Brettanum, einen Pfältzi-
ſchen Churfürſtlichen Stipendiaten / wölcher / nachdem durch
den Herrn von Dona / dem M. Cöllino / den 4. Aprilis / vmb
3. Vhren nach Mittag / Stillſchweigen aufferlegt / vnnd den
vberigen

vberigen Sapientiſten in gemein Locus gegeben worden/ange-
fangen zuopponieren/vnd das ⸗ en ⸗p verborum ſacræ Cœnæ,
das iſt/auff die klare Wort der Einſatzung des heiligen Abendt-
mals/wider die Theſes Grynæi getrungen/vnnd ſolches biß
nach fünff Vhren fortgetriben/mit wölchem denn der andere
Actus Diſputationis iſt beſchloſſen worden.

Von diſem M. Seitzlero ſchreiben die Narratores / daß Num. 78.
man faſt die gantze Nachmittagszeit/einem langweiligen Opponenten von vnſern Magiſtris vnnd
Diſcipulis/zugehöret / der beweiſen wöllen / daß in
den Worten Chriſti/keine figurliche oder verblüm-
te Rede were / ſonder man ſolt ſie verſtehn/wie ſie
lautten/ dann weil kein Figur ſeie in dem ſubiecto/
das iſt/in dem Wort/Brot/noch auch in dem præ-
dicato/das iſt/in dem Wort/Leib/noch in den Wor-
ten/die vom Leib lautten/ſo ſeie allerdings kein Fi-
gur/oder figurliche Rede da. Wir wöllen hierüber nicht
vil mit diſen Narratoribus cauſieren/daß ſie diſen M. Seitzle-
rum/einen langweiligen Opponenten nennen/ſonder wöllen
ihnen gern glauben/ er habe dem Grynæo mit ſeinen wolgegründten Argumentis/ die Grynæus nicht hat ſoluieren kön-
nen/zeit vnnd weil lang genug gemacht/ſonder von der Sach
an ir ſelbſt handlen.

Es hat M. Seitzlerus das ⸗ en ⸗p verborum Cœnæ (die
klaren Wort der Einſatzung des heiligen Nachtmals/ in ihrem
einfeltigen Verſtand zuerhalten) alſo argumentiert: Wann die
Wort / das Brot iſt der Leib Chriſti /nicht zuuerſtehn weren/
wie ſie lautten/ ſonder es wer ein Figur/oder ein figurliche vnnd

verblümbdte Rede in denſelbigen / ſo müſſte ſolche Figur ſein/
eintweder in ſubiecto / das iſt / in dem Wörtlein Brot / oder in
prædicato / das iſt / im Wörtlein Leib / oder in copula / das iſt /
in dem Wörtlein / Iſt : Nun ſeie aber kein Figur / weder im
Wörtlein / Brot / noch im Wörtlein / Leib / noch im Wörtlein/
Iſt: Darumb ſeie gar kein Figur in ſolchen Worten / ſonder
ſeien dieſelbigen / wie ſie lautten / zuuerſtehn.   Minorem propoſitionem hat M. Seitzlerus gnugſam vnd außführlich / vnd
dermaſſen bewiſen / vnnd den Grynæum mit Beweiſung derſelbigen alſo eingetriben / daß er bißweilen geſagt / die Figur ſtecke in der copula / das iſt / in dem Wörtlein / Iſt / bißweilen aber
hat er geſagt / die Figur ſtecke zum theil in copula eſt , zum theil
aber in prædicato / das iſt / im Wörtlein Leib. Vnd helt ſich die
Sach in der Warheit hiemit alſo / daß / wie verworzen auch
der M. Seitzlerus allhie von denen Narratorn geſcholten
würdt / dannoch weder jhm / noch andern / in ſeinem Argumento / durch Grynæum genug geſchehen : Darüber dann
alle die jenigen / ſo dazumal in der Diſputation geweſen / wol
werden zuzeugen wiſſen / in wölchem / wie dann auch ſonſt diſe gantze Diſputationem betreffend / wir vns auff die Acta
Diſputationis / die verſchinen Faſtenmeß zu Leipzig getruckt/
wöllen referiert / vnnd den Chriſtlichen Leſer dahin gewiſen
haben . Wir wöllen aber die Narratores mit jhrem Bericht
anhören / vnnd vernemen / wie jhrer Meinung nach / auff diſes
des M. Seitzleri Argument ſeie geantwortet worden: Ward
jhme aber (ſchreiben ſie) angezeigt / wie ſolches nicht
volge / dann die Figur ſtelle man nicht im Wort/
Brot / als wann ein figurlich Brot da were / auch
nicht im Wort / Leib / als wann Chriſtus ein Figur / vnnd nicht einen waren Leib für vns hette
gegeben:

Num. 78.

gegeben: Sonder in der Art vnnd Weiß zure-
den/in modo prædicationis/wie vnnd wölcher gestalt vom Brot gesagt seie/daß es seie der Leib
des HERRN/nicht zwar leiblich vnnd natür-
lich/sonder Sacramentlich/so fern es ein Sacramentum ist des waren Leibs Christi.

Antwort: Zuuor ist angezeigt worden/daß Grynæus
auff die Minorem des vorgesetzten Syllogismi/so M. Seitzlerus auff die Ban gebracht/also geantwortet/daß er zum
mehrer theil bestritten/die Figur stecke in der Copula/oder
im Wörtlein/Ist/wiewol er sich ettwan auch dahin verlautten lassen/daß die Figur auch zum theil in prædicato/das
ist/im Wörtlein/Leib/stecke/wölches beides doch ihme
durch M. Seitzlerum abgeleinet worden/dann man kein
figuratam locutionem weisen vnnd zeigen könne/da Fi-
gura in Copula seie: so seie auch kein Tropischer vnnd figurlicher Leib Christi für vns gecreutziget worden/sonder
der warhafftig wesentlich Leib Christi. Solches haben vnsere Narratores ettwas zu Gemüt geführt/vnnd behertzi-
get/darumb sie dann nicht gern mit Grynæo sagen wöl-
len/daß die Figur eintweder allein in copula/das ist/in
dem Wörtlein/Ist/oder zum theil in derselbigen/zum
theil aber in prædicato/das ist/in dem Wörtlein/Leib/
seie/sonder sie sagen/die Figur seie allein in der Art vnnd
Weise zureden/in modo prædicationis/wölches dann der
Christliche Leser wol mercken/vnnd hiebey erwegen wölle/
was für vngleiche Meinungen/Grynæus vnnd dise Narratores in disem Fahl haben.

Es ant-

Es antworten aber auch dise Narratores nicht gnugsamlich / auff den vorgesetzten Syllogismum M. Seitzleri / in dem
sie sagen / die Figur seie in modo prædicationis. Dann hie ist
nicht die Frag / was für ein Art zureden / für ein modus prædicationis in den Worten seie: Das Brot ist der Leib Christi /
sonder dauon ist die Frag / ob gemelte Wort anders / dann wie
sie lautten / zuuerstehn / vnnd nur von einem Gedenckzeichen /
des abwesenden Leibs Christi außzulegen seien? Dann man
neme gleich die Prædicationem wie man wölle / so mũß doch
das immer fest stehn bleiben / daß dise Wort in keinem andern
Verstand / dann wie sie natürlich lautten / sollen außgelegt
werden / also nämlich: Daß Brot Brot / Leib Leib / heisse /
vnnd zwar Christi Leib selbst / den er für vns in Todt gegeben.
Dann solches erzwingt der gantze Contextus der Wort der
Einsatzung / vnnd sonderlich die particula Exegetica: Der für
euch gegeben würdt. Wann man aber von der gantzen Proposition / das Brot ist der Leib Christi / fraget oder handlet /
weil keine Verwandlung da geschicht / sonder ein jedes in seinem Wesen vnuerruckt bleibet / Brot vnnd der Leib Christi /
vnnd doch Sacramentlich / wie mans nennet / oder nach den
Worten der Einsetzung / mit einander vbernatürlicher weiß
vereiniget seind / so würdt recht geantwortet / daß dise Art zureden / könne sacramentalis, singularis, oder inusitata genennt
werden.

Vnnd dise Art zureden / hat D. Lutherus in seiner grossen
Bekanntnus (wölche auch allhie von den Narratoribus allegiert würdt) Synechdochicam prædicationẽ geheissen / nicht /
daß continens pro ABSENTE contento allda gebraucht
werde / das ist / daß das Brot den abwesenden Leib Christi be-
deute / (wie es von vnserm Gegentheil verstanden würdt) sonder vmb der Vereinigung der zweien ding willen / wölcher eines

jr:disch

jrꝛdiſch iſt / als das Brot / das ander aber Himliſch / als der
ware gegenwertige Leib Chriſti/wölche Sacramentaliter/ oder
auff Sacramentliche weiſe miteinander im Abentmal vereiniget
ſeind: vñ dieweil ſolche arꜩu reden/nicht allein in der Schrifft/
ſonder auch in allen Sprachen gemein ſeie. Nennet alſo die art
vnd weiß zu reden/ in den worten des Nachtmals/eine Synechdochicam prædicationem , nit/ wie es vnſer Gegentheil deut-
tet/daß er verſtehn ſolte/Brot vnd Wein im Abentmal/haben
des ferꜩen abweſenden Leibs vnd Bluts Chriſti Namen allein/
vnd ſeien nur Zeichen/ daß ſie vns Geiſtlich ſolten mitgetheilet
werden/ob ſie wol ſo weit vnd ferꜩn vom Abentmal ſeind/ als
der öberſte Himmel/ von der vnderſten Erden iſt: Sonder weil
zwey ding da begriffen/oder miteinander Sacramentlich/vnnd
vbernatürlich zuſammen vereiniget ſeind/ vnd in eine Rede zu-
ſammen/und außgeſprochen werden: Wie er ſelbſt D. Luth. die
Synechdochen/ was er damit meine/ alſo erklärel/Tom.3.
Germ.Ienenſ.pag.487. Da nun vnſere Narratores/ ein ſolche
Synechdochen/ wie dieſelbige von Luthero geſeꜩt/ in denen
worten verſtehn/da ſie alſo ſchreiben: Die Figuram ſtellen ſie in
der art vnnd weiß zu reden/ in modo prædicationis, ſo würde
man init jnen der Sachen bald einig werden/ Ja man were nie
miteinander vneins worden.

Daß aber die Narratores ferꜩner ſchreiben: Weil Lutherus/ Num 78.
vñ wir mit jme/die wort/das iſt mein Leib/oder das Brot iſt der
Leib Chriſti/mit andern worten/die im Text nicht ſtehn/ erklä-
ren/als/mein Leib iſt/mit/in/oder vnder dem Brot: vnd damit
zuuerſtehn geben/ daß diſe wort nicht ſo klar ſeind/Darumb ſeie
auch jnen erlaubt/ein Figur/jhr Metonomiam in ſolchen woꜩ-
ten Chriſti zuſuchen/ vnd zubrauchen : hat es hiemit diſe Gele-
genheit/wie ſich die vnſern/in jren Schrifften hieruon / vilfältiglich vñ gnugſamlich erklärt haben/daß wir es gäntzlich darfür halten/ es ſeien keine beſſere phraſes loquendi/ von diſer

Bb 3   Sach

Sach zu finden/als eben diſe ſeind/derer ſich Chriſtus ſelbſt ge=
brauchet/ darumb wir dann auch diſe wort am allerliebſten be=
halten/das iſt mein Leib/oder/das Brot iſt der Leib Chriſti: vñd
ſetzen diſe Rede nit gegen einander/das Brot iſt der Leib Chriſti/
vñ der Leib Chriſti/würdt mit/in oder vnder dem Brot außge=
theilet/oder/ der Leib Chriſti iſt im Brot / ſonder diſe Rede heiſ=
ſen vnd bedeutten vns durchauß einerley/ vnd ſehen damit auff
die Sacramentliche vereinigung des Brots vñ des Leibs Chri=
ſti. Vnd brauchen wir diſe particulas, in, cum, & ſub, in vnſern
Kirchen nit darumb/daß wir die wort Chriſti nit für gnugſam
hell vnd klar halten ſolten/ (wie vnſer Gegentheil dieſelbige für
tunckel halten/vnd ſie deßwegen/durch jhre Metonomiam er=
klären wöllen) ſonder weil der Stritt vber der Lehr vom heili=
gen Abentmal fürgefallen/vnd die Papiſten auff jhre Trans=
ſubſtantiation dringen / vnſer Gegentheil aber ſtreittet / daß
das geſegnet Brot / nicht ſeie der ware Leib Chriſti / für vns in
den todt gegeben/ſonder ſeie ein Gedenckzeichen des Leibs Chri=
ſti/wölcher Leib nach der Subſtantz vñ Weſen/auch im Abent=
mal nicht außgetheilet werde/ ſeittemal er droben im Himmel/
vnd ſo fern vom Abentmal/ das hieniden auff Erden gehalten
würdt / als der oberſt Himmel von der vnderſten Erden: der=
wegen ſo gebrauchen wir vns/ vermög Chriſtlicher Freiheit/
vmb mehrer erklärung vnnd verwarung willen/ beides gegen
den Papiſten/ mit jhrer Transſubſtantiation/ vnnd gegen vn=
ſers Gegentheils Gedenckzeichen/ des weit abweſenden Leibs
Chriſti vom Abentmal/ auch diſer art zureden/ deren ſich die
purior Antiquitas, oder die alte rechtglaubige Kirch/ in diſer
Lehr/ ohne jemandts Einrede/ vnnd Calumnien gebraucht
hat / nämlich / im Brot/ mit dem Brot/ vnder dem Brot/
oder vnder der geſtalt des Brots vnnd Weins/ iſt Chriſti Leib
vnd Blut gegenwertig / oder würdt/ in/ nit/ vnder/oder durch
dieſelben gegenwertig außgetheilt. Vnd ſeind doch nichts deſto
weni-

weniger darbey also gesinnet/daß wir gemelte art zu reden/gern
wöllen fallen lassen/woferr vnser Gegentheil/mit vnnd neben
vns/nach den vnfehlbarn worten der Einsatzung Christi/
glauben/lehren/vnnd bekennen wöllen/daß im Abentmal/der
ware Leib/vnnd das ware Blut Christi/warhafftig/gegen-
wertig/gereicht/außgetheilt/vnd empfangen werde: vnnd daß
wir auff den fahl gern/vnnd allein die art zu reden/die Christus selbst/dergleichen auch die Apostel/1. Cor. 10. vnnd 11.
geführet haben/brauchen vnnd behalten wöllen. Vnnd souil auch von M. Seitzlero/vnnd dem jenigen/was er zu erhaltung des τοῦ ῥητοῦ, oder/der klaren Wort vnnd einfältigen Verstandts derselben in gehaltener Disputation proponiert hat.

Ehe vnd dann aber die Referenten narriren/was in volgenden Tagen/von den andern Opponenten auff die bahn gebracht worden/gedencken sie zuuor des Buceri, vnnd schreiben:
daß in derselbigen Handlung/auch gedacht wor- Num 78.79.
den des theuren Mans Buceri, wölchen der
Opponenten einer/da er vom Presidenten ver-
nommen/daß er Bucerus, von seiner vorigen
Lehr nicht abgefallen/sonder die Partheien zuuergleichen sich bearbeittet habe/jhne Bucerum,
als einen Stellionem/das ist/einen verschlage-
nen Man/der ander Leut mit List hindergehet/ge-
scholten.

Nun haltet sich aber die Sach hiemit also/in wölchem
wir vns auff das gantze Auditorium/vnnd auff die Proto-
colla/so vil gelehrter Studiosi für sich colligiert/vnnd newlich

lich zu Leipzig publiciert worden/ wöllen referiert vnnd gezogen haben.

Als M. Cöllinus den 4. Aprilis, nach Mittag/ die Manducationem indignorum verfochten/ hatte er vnder andern be-
wisen/ daß auch Grynæus selbsten dieselbe statuire/ vnnd halte/
vnd hat hiebey diß Argument gebraucht: Wer die Concordien/
Anno/ꝛc. 36. zu Wittemberg zwischen Luthero vnnd Bucero
gemacht/ approbiert/ vnd billichet/ der muß auch zumal die Nüssung der vnwürdigen vnnd vnglaubigen statuirn vnnd halten/
sintemal die Manducatio indignorum/ im dritten Articul solcher Concordien expressè approbiert/ vnnd gebillicht würdt:
Dieweil daß Grynæus in seinen Thesibus/ sich zu solcher Wittenbergischen Concordien bekenne/ so müsse er ja auch die Nüssung der vnwürdigen vnnd vnglaubigen statuirn vnnd halten.

Darauff hat Grynæus geantwortet/ Bucerus habe solche Formam loquendi/ von der vnwürdigen Nüssung/ gebraucht/ allein pacis studio/ vnd keines wegs nicht der Meinung/ daß er
die Nüssung der vnglaubigen solte statuirt haben: habe zweierley vnwürdigen statuirt/ nämlich/ vnglaubige/ die gar kein waren Glauben haben/ von denen er nicht gehalten/ daß dieselbigen sollen den Leib vnnd Blut Christi im heiligen Abentmal
nüssen/ vnnd darnach andere vnwürdige/ die gleichwol einen
Glauben haben/ der aber schwach sey/ von denen er gehalten/
daß sie im heiligen Abentmal/ den Leib vnnd Blut Christi nüs-
sen/ wie er sich dann in einem besondern Brieff/ so er an die
von Basel geschriben/ also solte erkläret haben/ daß ob er
schon die Wittembergische Concordi Formula vnderschriben/
so statuire/ vnnd halte er doch darumb nicht Manducationem
indignorum. Wiewol nun gedachter M. Cöllinus/ eben hart
auff die Wittembergische Concordi Formulam gedrungen/
vnnd darauß erwisen/ daß es Bucerus in disem Articul/
mit vns gehalten / Jedoch weil er nichts bey dem Grynæo
hiemit

hiemit erhalten kondte / wölcher jmmerdar darauff bestunde /
Bucerus habe auch beider Vnderschreibung der Wittember-
gischen Concordi Formul die manducationem indignorum
& infidelium, das ist / die Niessung der vnwürdigen vnnd vnglaubigen verworffen. Derwegen / so hat er stgemelter M. Cöllinus nicht vnrecht hierauff geschlossen / wann dann je dem also
sein solte / wie Grynæus furgebe / so müste Bucerus anderst geredt / oder vnderschriben / vnnd anderst in seinem Hertzen haben:
Wölches nicht candidè gehandelt / sonder ein crimen Stellio-
tus were.

Da wolle nu der Christlich Leser liberè hierüber judiceren / Num. 77.
vnnd vrtheilen / wer den gelehrten vnnd thewren Mann Bucerum entunehrt habe / ob solches gethon habe M. Cöllinus / der
darauff hart getrungen / Bucerus habe es de manducatione
indignorum, mit vns gehalten / dieweil er der Wittembergi-
schen Concordi Formul vnderschriben / sonsten müste er nicht
candidè oder auffrichtig gehandelt haben: oder ob solches ge-
then habe Grynæus, der da offentlich gesagt / Bucerus habe nur
pacis studio, vmb Fridens willen / solche formulas loquendi
de indignorum & infidelium manducatione gebraucht / sele
jhme aber nicht vmbs Hertz gewesen.

Vnd dieweil nicht allein wir Prediger / sonder auch die Pro- Num. 78.
fessores Theologiæ des Buceri, weder auff der Cantzel / noch
in Cathedra in Vnehren gedacht / so würde freilich auch M.
Cöllinus sich diser Zucht vnnd Bescheidenheit beflissen haben /
daß er nach vnserm Exempel / non nisi honorificè von Bucero
würde geredt haben / wo er nicht durch Grynæum gezwungen
worden were / zuuermelden / wann die Meinung Grynæi war
sein / vñ bestehen solte / so müste Bucerus nit candidè gehandlet /
sonder crimen Stellionatus / nach Grynæi meinung / begangen
haben.

Es beklagen sich auch die Narratores hiebey der Vnbeschei- Num. 79.
denheit der andern Studenten / vnd schreiben. Es sey nit zu-

Cc   sagen

sagen/wie in der gantzen werenden Disputation/vnsere Schuler (meinen hiemit alle aller Facultatum Studiosos) sich mit Geberden/Getümmel vñ allerley Vnbescheidenheit/in solcher löblichen Versamlung/so offt sie etwas gehört/das jnen nicht gefallen/erzeigt vnd verhalten haben.

Nun ist es nicht gar one/es ist Grynæus ettlichmal in werender Disputation von den Studiosis außgerauschet/wölches sie aber von vns nit geheissen worden. Vñ seind sie hierzu verursachet worden/zum theil durch dises/daß Grynæus in werender Disputation/zu vilen malen principia Philosophica vñ Theologica geleugnet/zum theil aber dardurch/dz er vnd die Opponenten in werender Disputation sich vilmal/wann sie der Sachen nit haben können einig werden/auff das iudicium totius Auditorij, vnd aller anwesenden Zuhörer Vrtheil beruffen/vñ demselbigen das iudicium permittiert haben/wölches sie villeicht vermeint/mit einem solchen strepitu vnnd außrauschen zusignificieren/vnd an tag zugeben.

Num. 79.

Letstlich/rühmen auch die Narratores hiebey den Gryneum als den Præsidem, auff das aller beste vnd höchste als sie jmmer mögen/von wegen seiner grossen gedult/die er mit den Opponenten getragen/da er nicht allein/so lang sie gewölt/(wölches nit war/dann man keinem einigen erlaubt hat zuopponieren/so lang er gern wölt) habe lassen opponieren/sonder habe offt jre argumenta/die mehrertheils kein Form noch gestalt hetten/vnd nur lange vngehobelte Reden vnd Predigen waren/formiert/vñ dieselbige gar vätterlich vnderwisen habe/wie sie ein Argument stellen sollen/vnd was für mangel in jren Argumenten seien. Es

Es würdt aber der Christlich Leser bald dessen ein Prob vernemen / was für grosse Gedult Grynæus mit den Opponenten
getragen / da er dise beide gelehrte Magistros mit jren argumentis publicè also grob außscaliert / als wann sie kaum für Bachanten bestehen möchten.

So steht es auch nicht zu disen vnwarhafften Referenten /
hieuon zu judicieren / wölche Parthey mehr Syllogisticè, & Me-
thodicè in werender Disputation jre Sachen fürgebracht: sonder das iudicium hieuon solle billich zum gantzen Auditorio
stehen. Vnd ist dises an denen Leuten ein nichtige Phantasey /
daß sie es darfür halten / wann Grynæus nit von der Vniuersitet Basel gen Heidelberg kommen were / vnd daselbsten nicht publicè disputiert hette / so wurden villeicht die vnsern auch noch der
zeit kein Syllogismum formiern können / sonder haben allererst
jr Kunst / ein Argument recht zustellen / von jme lehrnen müssen.
Ach der stoltzen / vnd rhumrettigen leut: gegen wölchen alle andere / die nicht Caluinisch seind / lauter Thoren / Narren vnnd
Bachanten sein müssen.

Dieweil aber die Narratores nunmehr von den zweien Magistris Opponentibus, so die zween erste actus, wölche den 4.
Aprilis gehalten worden / mit disputiern hingebracht / lassen / vn
nun auff die volgende actus kommen / darinnen D. Marbachius,
D. Schopperus, vnd D. Zimmerman / mit jren argumentis seind
gehört worden / derwegen so wöllen nun auch wir summariè
erzöhlen / was bey denselben fürnämlich gehandelt worden / vnd
darneben auch auff das jenige / was die Narratores hieuon auff
die Ban bringen / kurtzlich antworten.

Als den 6. Aprilis, nämlich / Montags nach Iudica vor
mittag zu siben Vhren / D. Ehem auß Befelch des Hertzogen /
zum Eingang vnd Anfang des dritten Actus, publicè vermeldet / weil der gantze Sambstag mit den Studiosis Opponentibus zugebracht / vnnd es nun an dem / daß auch die Professores gehört werden / vnnd darauff Grynæus das gewohnlich

Ce ij   Gebett

Gebett gethon / hat gedachter Grynæus baldt darauff ein lange
Præfation gehalten / darinnen er M. Cöllinum vñ M. Seitzlerũ,
so am Sambstag zuuor opponiert hatten / heßlich traduciert /
vnd sie vnuerschämpt vnd fälschlich bezüchtiget / daß sie ineptè
opponiert / vnnd sich indecenter erzeiget / auch nichts anders /
dann was jnen von jren Præceptoribus fürgeschriben worden /
auff die Bahn gebracht hetten.

Wiewol nu D. Marbachius, wölchem als einem Vicede-
cano, in abwesen D. Kirchneri, locus zuopponieren / gleich
nach vollendter Præfation gegeben worden / billiche Vrsach gehabt / (weil er vnd seine Collegæ, dessen von Grynæo offentlich
bezüchtiget worden / daß sie den zweien Magistris als jhren disci-
pulis, jhre argumenta fürgeschriben solten haben) solch vngegründt fürbringen Grynæi widerumb publicè abzuleinen: So
hat er doch zu erhaltung mehrers glimpffs / vnd damit nicht die
Disputatio durch solche personalia gehindert / oder zuschlagen
würde / solche Vnbillichkeit / so jhme durch Grynæum zugefügt /
mit gedult dazumal vberwunden / vnnd angefangen bescheidenlich die Theses Grynæi zu opponieren / vnd zubeweisen / daß ob-
schon Grynæus in Thesi secunda verspreche / placidè & verè
bescheidenlich / vnnd mit gutem Grund anzuzeigen / in wölchen
Puncten / vnd wie fern / im Handel vom H. Abendmal sie / vnser
Gegentheil / vnd wir einig / vnnd wölche Puncten zwischen vns
strittig seiend / so præstiere vnnd leiste er doch solches nicht in
Werck / in solchen seinen Thesibus: Sintemal doch fast alle seine Theses also dunckel vnd schlipfferig / daß beide Partheien sich
darunder verkriechen / vnnd anderst reden köndten / dann sie in
jren Hertzen halten.

Daß aber fast alle Theses Grynæi eintweders dunckel oder
schlipfferig / vnd also geschaffen seind / wie erst dauon gemeldet /
das / sagte D. Marbachius, wolte er beweisen mit dem mehrer
theil der Thesium Grynæi. Vnnd name darauff für sich den
erslen

erſten Aphoriſmum quintæ Theſeos, da geſagt wůrde/ man
ſeie zu beiden theilen deſſen einig/daß das Abendtmal des Herrn
vom Sohn Gottes/ vnſerm Herrn Jeſu Chriſto eingeſetzt ſeie.
Von diſem erſten Aphoriſmo klagte D. Marbachius diſes/
daß in demſelbigen nicht gnugſam erklårt werde/ ob Grynæus,
vnd ſeine Conſorten/ die Einſatzung des H. Abendtmals/ der
gantzen Perſon Chriſti/ nach beiden ſeinen Naturen/ (wie wir
hievon lehren) oder aber allein vnſerm Herrn Jeſu Chriſto/ ſo
fern er der Sohn Gottes allein iſt/ zuſchreiben/ mit wólcher
letſten meinung faſt die Caluiniſten ſich vergleichen/ wólches
daher abzunemen/ daß vor einem Jar ein getruckte Tabula, zu
wólcher ſich doch/ wider das Verbott der weltlichen Rechten/
weder der Author, noch der Trucker mit Namen bekennen/
ſpargiert/ ſo allerdings einerley methodum vnd Ordnung/
wie dann auch einerley Res vnd terminos , mit den Theſibus
Grynæanis habe vnd begreiffe/ darinnen geſagt werde/ daß das
H. Abendtmal eingeſetzt ſeie von dem Sohn Gottes/ verſtehe/
nach ſeiner Göttlichen Natur allein.

Dieweil dann/ ſagte D. Marbachius , die Sach mit diſem erſten Aphoriſmo alſo beſchaffen/ daß ſie/ vnſer Ge-
gentheil/ vnd wir/ ſich vnder denſelbigen verkriechen/ vnd beider Partheien Lehr darunder verſteckt werden kóndte/ ſo ſeie
auch derſelbige ettwas dunckel/ vnd auff Schraufen geſtelt:
Wólches zu fůrkommen/ es vil weger vnd beſſer geweſen/ daß
Grynæus diſen ſeinen Aphoriſmum eintweder alſo formiert
hette: Das Abendtmal des Herrn iſt eingeſetzt/ von vnſerm
Herrn Jeſu Chriſto/ Gottes/ vnd Mariæ Sohn/ waren Gott
vnd Menſchen in einigkeit der Perſon : ſo hette man alsdann
gewuſt/ daß ers mit vns hielte/ oder daß er gemelten Aphoriſmum alſo geſtelt hette : Das heilig Abendtmal des Herrn iſt
eingeſetzt von dem Sohn Gottes/ vnſerm Herrn Jeſu Chriſto/
nach ſeiner Göttlichen Natur allein/ Wólches dann hell vnnd

Ce iij.   klar

klar geredt were / vnd hette man alsdann wissen mögen / was
man an jme gehabt hette.

Darauff nun hat sich Grynæus gleichwol dahin erkläret/
daß er die erste Declaration seines Aphorismi, so Marbachius
gesetzt/ gern anneme. Er wölle aber darumb die Tabellam
(dieweil er derselbigen/als er hernach selbsten bekennet/ Author
gewesen) nicht fallen lassen/in dem sie gesetzt/ das H. Abendtmal seie von dem Sohn Gottes allein eingesetzt : sonder ver-
thädiget dieselbige damit / daß er sagt : Es were D. Philippo
Melanchtoni dises sehr gemein gewesen/ daß er durch den blossen Namen des Sohns Gottes/ die gantze Person nach beiden
Naturen verstanden habe.

Wölches aber von D. Marbachio also verantwort worden/
Daß/ wie er gern gestanden/ daß durch das wort (Sohn Gottes) der gantze Christus / warer Gott vnd Mensch / verstanden
werde : Ja wann solche Epitheta/ vnd Declarationes darzu
gesetzt werden/ daß auß denselbigen / vnd andern mehr Vmb-
ständen/ leichtlich abzunemen / daß der gantze Christus / Gott
vnd Mensch/durch das Wort/des Sohns Gottes/verstanden/
vnd gemeint werde : Also hat er hergegen dises behauptet/ daß/
wann das Wort (Sohn Gottes) also nudè / vnd bloß gesetzt/
vñ darbey nicht der Menschwerdung/ des leidens/ des sterbens/
vñ anderer dergleichē Vmbstände/gedacht werde/da werde als-
daß dardurch die ander Person in der Gottheit/nach der Göttlichen Natur ALLEIN verstanden / als / da gesagt würde
Psalm. 2. Du bist mein Sohn / heut hab ich dich gezeuget/ rc.
wölches jme endtlich auch Grynæus selbst hat gefallen lassen.

Auß disem warhafften Bericht / hat nun der Christlich Leser zumercken / was dise Narratores für gifftige Schlangen
seind/ vnnd mit was gifftigen worten sie vmb sich stechen / in
dem sie schreiben : Es seie in der gantzen Disputation
nichts

Num. 79.

nichts so vngereimbts fürgeloffen / als eben dises /
daß / da der vorneinbste Doctor vñ Professor Theologiæ , der zur selbigen zeit ware / (verstehe D. Philip.
Marbachium) habe sollen wider die Theses disputieren / er erstlich so wenig Grunds gehabt / daß er von
einer Tabella de Cœna , so vor einem Jar außgangen / vil wort gemacht / vñ D. Grynæum bezichtigen
wöllen / als wann er geschriben hette / daß Christus /
so fern er Gott ist / das Nachtmal eingesetzt hette /
demnach er geschriben / der Sohn Gottes were ein
Stiffter des H. Abendtmals / dessen sich vil Leut
verwundert / auch von denen / die es mit vns halten.

Denen Leutten soll vñ muß das vngereimbt sein / wann man
darauff dringet / daß man in Religionssachen nicht dunckele /
schlipfferige / geschrauffte / vnd beidenhendige (wie es der Caluinisten Brauch ist) sonder helle / klare / vnd verstendtliche wort
brauche. Einmal ist es gewiß / da je ein Zeit gewesen / daß man
den Ketzern vñ Sectierern / acht auff die Garn / vñ auff jre wort
habe / so ist solches fürwar jetziger Zeit hoch vonnötten / daß
man desselbigen mit allem fleiß warneme / gegen den Zwingla-
nern vnd Caluinisten / die sich vnderstehn / gleichsam Gott vnd
die Welt / mit jren schlipfferigen / vñ geschraufften worten vnd
Reden / die sie führen / hinders Liecht zuführen / auff daß der
Fuchß auß seinem Loch getriben werde / vnd jederman wissen
möge / was man an jnen habe. Es ist doch also böß genug / daß
man mit solchen Leutten / vnd schlipfferigen Aehlen naher komme / wann man schon eben hart auff sie dringt / helle / klare / vnd
verstendtliche wort / bey jhrer Lehr zuführen / will geschweigen
wann man allererst jhnen jhre geschrauffte wort / phrases /
vnd

vnd Reden paſſieren lieſſe. Ob D. Marbachius wenig / oder
vil Grunds gehabt / die Theſes Grynæi zu oppugnieren / wiſſen
die am beſten / die jne in der Diſputation gehört haben / vnd weiſen auch ſolches die getruckte Acta auß. Es wöllen diſe Narratores vnbeſchwert ſein / nur diſes zuberichten / da D. Marbachius ſo gar kein Grund gehabt / wie ſie jhne bezüchtigen / warumb man jhne dann mit ſeinen Argumentis nicht gnugſamlich / vnd nach Notturfft gehört / ſonderlich weil er ſich verneh-
men laſſen / er wölle gar vil Theſes obſcuritatis , & ambigui-
tatis conuincieren? vnd weil auch Grynæus ſelbſten die Argumenta Marbachij , vnd ſeinen fürgenomnen Methodum , in
demſelbigen tertio Actu publicè gerhümet? Daß er aber die
getruckte Tabulam allegiert / iſt nicht geſchehen / auß mangel
gnugſamer Gründe / ſonder auß diſer Vrſach vnd Gelegenheit / wie zuuor weitlduffig hieuon Bericht geſchehen.

Wie dann auch diſes vermeldet worden / wie fern Marbachius darauff beſtanden / daß durch das Wort (Sohn Gottes) allein die Göttliche Natur des Sohns Gottes verſtanden
werde / vnd wie fern er zugelaſſen / daß auch Chriſtus / Gott
vnd Menſch / in der Schrifft offt der Sohn Gottes genennet
werde.

So hette es auch der Allegation der zweien Sprüch / Luc. 1.
Johan. 9. wider D. Marbachium nichts bedürfft / dann in
beiden ſolchen Sprüchen / die Erklärung daran gehenckt / darbey ein jeder leichtlich zuuernemen / daß daſelbſten durch den
Sohn Gottes / der gantze Chriſtus / Gott vnd Menſch zuuerſtehn / dieweil von einem ſolchen Sohn Gottes daſelbſten geredt würdt / der von der Jungfraw Maria geborn / vnd denn /
wölchen Chriſtus ſehend gemacht / mit leiblichen Augen geſehen / vnd mit jme geredt hat / vnd deßwegen auch zumal ein warer Menſch ſein muß. Vnd ſouil vom erſten Aphoriſmo in
quinta Theſi.

Den

Den andern Aphorismum in erstgedachter Thesi / hat
D. Marbachius in solchem tertio Actu, auch für sich genommen / vnd von demselbigen geklagt / daß er nicht weniger als der
erste / mit geschraufften vnd dunckeln worten gesetzt seie / darunder sich beide Partheien / wir vnd die Caluinisten / verkriechen / vnd jre Meinungen damit beschönen köndten / Wölches
er sonderlich damit erwisen / dieweil in demselbigen gesagt wir-
de / daß der Herr Christus warhafftig bey der Predigt seines
Worts / vnd der außspendung seiner Sacramenten zugegen
seie / Dann da seie nicht gnugsam erkläret / werde nicht vnbillich
hierüber gezweiffelt / ob Grynæus rede von einer solchen Gegenwertigkeit Christi / wahren Gottes vnd Menschens / die
hie auff Erden / da die eusserliche Elementa Brots vñ Weins
im heiligen Abendtmal außgespendet werden / geschehe vnnd
seie / wölche Gegenwertigkeit der gantzen Person / nach beiden
Naturen / wir statuieren vnnd halten : oder ob er rede von der
Gegenwertigkeit des Herrn Christi / nach seiner menschlichen
Natur / so allein im Himmel sein / vnd geschehen soll / dahin wir
durch den Glauben steigen müssen / wölche Gegenwertigkeit
die Caluinisten statuieren vnd halten.

Hierüber nun / nämlich von der Gegenwertigkeit Christi
bey dem Predigampt seines Worts / vnd sonderlich bey seinem
heiligen Abendtmal / ist von den Colloquenten lang vnd vil /
pro, & contrà gepracticiert vnd gehandelt worden / vnd dasselbige auff das aller freundtlichste / daß jederman gern / vnd
mit Lust zugehört hat.

Vnd nachdem sich die Colloquenten zu beiden theilen / ein
jeder für sich / sich auff das aller beste verwahret / ist endtlich
Grynæus durch Marbachium dahin gebracht / vnd getriben
worden (darüber sie sich auch endtlich in disen Puncten mit
einander verglichen) daß er / Grynæus, publicè gestanden vnd
zugegeben / der gantze Christus / Gott vnnd Mensch / seie dem

Dd   Predig-

Predigampt Göttlichs Worts / vnnd den heiligen Sacramenten warhafftig zugegen / quâ Deus, & quâ Homo,
nicht allein nach seiner Göttlichen / sonder auch nach seiner
menschlichen Natur / nach seiner Göttlichen zwar / κατα᾽ ᾽θ᾽ ἀν-
θ̔, nach seiner menschlichen aber / κατ᾽ ἄλλο, nämlich ratione
Vnionis personalis, oder vmb der persönlichen Vereinigung
willen / allein daß hiemit kein immensitas Naturæ humanæ/
oder außspannung der menschlichen Natur Christi in alle ort/
statuiert / vnnd asseriert werde. Vber solcher vergleichung hat
D. Marbachius publicè zu zeugen requiriert das gantz Auditorium / wölches auch / daß disem also seie / hievon wol würde
zuzeugen wissen.

Dieweil aber Grynæus bey disem Puncten / sme selbsten / seinen Rottgesellen / vß irer Caluinischen Meinung / von der Gegenwart Christi / zuuil begeben / vnd gar nahe widerumb zu einem Lutheraner worden / Derwegen hat er (ohne allen Zweiffel durch Tossanum, Zanchium, vnd die andere hierzu ange-
reitzet) folgends Dinstags / nämlich den 7. Apr. alles / was er
sich in disem Puncten mit Marbachio verglichen / retractiert/
vnd widerruffen. So ein feine Beständigkeit in so hohen vnd
wichtigen Sachen / ist bey denen grossen / vnd gewaltigen Ri-
sen vnd Helden / daß sie ihren Glauben in einer Nacht endern/
die doch sonsten für die beständigste Bekenner Christi wöllen geachtet vnd gehalten werden.

Vnd disen offendtlichen schandtlichen Widerruff Grynæi,
Num. 89. dörffen dise Narratores damit bementeln / daß sie schreiben / es
habe sich Grynæus auß Damasceno, vnd Cyrillo (deren wort
sie gleichwol nicht anziehen) gnugsam erkläret / vnd beschönen
sich weitter also / daß sie schreiben / das seie kein Widerruff/
sonder nur ein Außlegung vnd Erklärung seiner Meinung gewesen: Als wann / sprechen sie / sich erklären widerrüffen hiesse/
oder als wann nicht ein jeder seiner wort der beste Außleger sein
solte. Es werden aber darumb dise Narratores, hiemit jres Grynæi

vñd offentlichen Widerruff / noch lang nicht gnugsamlich bey
beurn Leuten / so dazumal der Disputation beygewohnet / verantworten. Vnd würde gedachtem Grynço der Rhein dise ma-
culam nimmermehr abweschen. Den 3. Aphorismũ in 5. Thesi
betreffend / da gesagt würdt / dz die wort der Einsaßung war / vñ
vnbeweglich seil / vñ daß man sich mit grosser Frewdigkeit / vnd
vertrawen an dieselbige halten solle / hat D. Marbachius auch
für sich genotten / vnd denselbigz / wañ er also / wie die wort lautten / zuuersehn / höchlich gerhümet / mit vermeldũg / dz es gleichwol zuwünschen / daß vnser Gegentheil / allenthalben also von
den worten der Einsaßung hielte / Aber da geschehe (leider) von
jnen das Widerspil / vñ hat solches zubeweisen eingeführt / vil
Sprüch auß den Schrifften der Zwinglianer vñ Caluinisten /
da sie strack das Widerspil halten vnd schreiben / als da seind der
Kirchendiener zu Zürch / Widerlegung auff D. Iac. And. Rettung des Testam. Brentij, fol. 4 5. da sie schreiben: Wir begern
auch von jnen / daß sie / wie bißhero gethon / die wort des Herrn
Nachtmals / darumb der Span ist / nit für einen Grund anziehen / vñ also jr ding damit erhalten wöllen / rc. (das heisset ja nit
die wort der Einsaßung für Basin adamantinam, das ist / für
ein vnbewegliche Grundfeste halten in disem Streit vom H.
Abendmal / darauß man die Beweisung nemen vñ holen solle /
wie Gryn. in der Præfation seiner Thesiũ dauon recht vnd wol
redet : Wie dann auch dise Zürcher nicht von den worten der
Einsaßung also / wie diser dritter Aphorismus thut / reden.)

Item gründlicher Bericht / der dozumal Heidelbergischen
Theologen / fol. 43. da gesagt würdt : Dieweil aber nun am
Tag / daß man je ein Außlegung der Wort Christi suchen
muß / so bekennen alle Christen / daß die nechste Frag seie / auff
wölche weiß vnd weg / die rechte Außlegung also zusuchen / vnd
zustraven sey / daß man derselben gewiß sein möge. (daja auch
geleugnet würde / daß die Wort der Einsaßung ein basis adamantina seien / da gesagt würdt / man müsse ein Interpretem,

Do ij   vnd

vnd Außleger derselbigen suchen/ damit man des Verstands
derselbigen gewiß sein möge.) Item Martyr in Dial. pag. 127.
da er schreibet : Quare mihi semper visi estis minùs quàm
par est sapere, cùm pro dogmate æquè absurdo, ac inutili,
sic laboratis, nec pro eo tuēdo quicquam habetis, nisi Christi ∂ sῶμα, Hoc est Corpus meum. Das ist: Darumb (schreibet Martyr von vns Lutherischen) habe ich allwegen darfür
gehalten/ daß ihr thöricht handlet/ in dem ihr für ein solche Lehr
streittet/ die nicht nur allein vngereumbt/ sonder auch vnnütz
ist/ vnnd bringet doch dieselbige zuuerthädigen/ nichts anders
auff die Bahn/ als des Herrn Christi Wort : Das ist mein
mein Leib/ (wa bleibt allhie basis adamantina?)

Item/ Victorinus sage: Se dextrum oculum habere ad
omnium temporum Religionem, sinistrum verò ad verba
Cœnæ. Das ist: Er richte das rechte Aug (im Handel vom
heiligen Abendtmal) auff die Religion/ wie dieselbige zu jeder
zeit im schwanck gegangen/ das lincke Aug aber/ richte er auff
die Wört der Einsatzung. (Sollen das dem Victorino verba Cœnæ vera & immota, ja ein basis adamantina sein/ der
ihnen nicht beide Augen/ sonder nur eins/ vnd darzu nicht das
recht/ sonder nur das lincke gönnet?)

Neo- Item Neostadienses pag. 94. da sie schreiben: Contrà verò isti, postquam diu Verba, Verba, Verba, Christi sonue-
runt, &c. Das ist: Jhene aber (die Lutherischen) wann sie lang
gnug gesprochen. Die Wort/ die Wort/ die Wort Christi/ ic.
(wölche Widerholung Verba Verba Verba, freilich nicht ho-
noris ergò, oder den worten der Einsatzung zu einem Rhum
vnd Ehr/ sonder sie damit zuuerspotten geschehen.) Item
Franciscus Aspastes, contra Buchenium Lubecensem, da er
das Dictum Hieronymi aduersus Ruffinum, auff die wort
der Einsatzung detorquiert/ wölches doch vom Hieronymo
nicht wider die Lehr vom H. Abendtmal/ sonder wider den Irrthumb

thumb Origenis gebraucht worden: Audiant verò quæso (inquit)omnes,& diligenter audiant,quid ille homo sentiat de
verbis institutionis , in quibus pars aduersaria contendit
tropicam esse locutionem , tum dicit : cùm tropum dico,
doceo verum non esse quod dicitur. Mit wölchen Worten
ja diser Aspastes gnugsam zuuerstehen gibt/ warumb vnser Gegentheil bestreitte/daß man die Wort der Einsatzung nicht propriè, vnnd wie sie lautten/verstehen solle/vnnd warumb sie auch
jhre figurliche Reden einführen / vnnd so hart drauff tringen/
nämlich/ darumb/ dieweil sie es darfür halten/es seie nicht war/
was von Christo gesagt werde.

Auß wölchen angezognen Sprüchen. D. Marbachius ge-
schlossen/daß vnser Gegentheil die Wort der Einsatzung nicht
(wie diser tertius Aphorismus thut) für gewiß vnd vnbeweg-
lich/ auch nicht für ein Basin adamantinam (wie die Præfation vermag) glauben vnd halten. Es trange auch Marbachius
darauff/ daß/ weil diser tertius Aphorismus ettwas dunckel/
nicht weniger als die zween vorgehende/so solle er hierinnen sich
abermal erklären/ wie er denselbigen wölle verstanden haben/
ob er den Aphorismum also verstehe/ daß man die Wort der
Einsatzung für gewiß vnd vnbeweglich/wie sie lautten/halten
solle (mit wölchem Verstand wir einig) oder ob er den Aphorismum, also erkläre/ daß er durch die Wort der Einsatzung ver-
stehe/ nicht den eigentlichen Verstand derselben/wie jhn dieselbige mit sich bringen/sonder einen andern Verstand/ den man
anderstwoher schöpffen vnd holen muß/wie es die Zwinglianer
vnnd Caluinisten darfür halten : auff wölchen fall dann Grynæus nicht die Wort/ sonder den Verstand der Wort der Einsatzung für war/vnd vnbeweglich halten würde.

Darauff antwortete Grynęus mit vilen Außschweiffen/wol-
te die allegierte loca / sampt den Authorn derselben saluieren/
mit disem/daß er sagt/ wir bliben doch selbsten nit bey den Wor-

ten der Einfaßung / in dem wir die particulas in, cum, & sub,
brauchen: Item/wann wir also gar bey dem τῷ ἐχτῷ, das ist/bey
den Worten der Einfaßung / wie dieselbige dem Buchstaben
nach lautten / bleiben wöllen / müsten wir zu Papisten werden/
vnd sagte vnder anderm auch/wir Prediger allegierten ettwann
vil dings auß der Zwinglianer vnd Caluinisten Schrifften calumniosè, wölches so es bey jhme in Schweitz geschehe/würde
man vns in die carceres detrudieren/ob politicam saltem cau-
sam: Ein solcher sanfftmütiger Geist ist in disem Heuchler
Grynẹo, den doch vnsere Narratores zuuor/vmb seiner grossen
Sanfftmut willen / deren er sich bey gehaltner Disputation
gegen vns solle beflissen haben/auff das höchste gerhümpt / daß
er auch in publica Disputatione die weltliche Obrigkeit wider
vns zuuerhetzen/ (Hand an vns zulegen) sich vnderstanden.

Aber D.Marbachius trange auff die allegierte loca, vnnd
darauff/ daß sich Grynæus, wie er tertium Aphorismum ver-
stünde/ erklären wolte/ wölches er aber bey jme nicht erhalten
könden/vnd wurde hierüber tertius Actus beschlossen.

Dinstag den 7. Aprilis ist man in der Disputation fortgefahren. Vnnd solcher 4. Actus angefangen worden von Grynæo, nach gehaltenem Gebett/ mit einer sehr langen Vorred/
darinnen er alles / was vorigen Tags solte gehandelt sein worden /widerholet/seine drey Aphorismos vertheidiget/seine Be-
kantnus/die er von der Gegenwart Christi gethon/vnd sich vber
derselbigen mit Marbachio verglichen /retractieret vnd widerruffen / D.Marbachium grober Irrthumb/ vnd vnder andern
auch des Nestorianismi bezüchtiget / seinen Respondenten vil
dings auß der Newstattischen Admonition / vnd einer Epistola
Victorini lesen lassen/die loca / so voriges Tags allegiert wor-
den/dardurch zusaluieren/vnd endtlich D.Marbachium,daß er
das τὸ ἐχτὸρ, den einfeltigen Verstand der Wort Christi verthe-
digen solte/auffgemahnet.

Auff

Auff solches antwortete D. Marbachius nach notturfft/
beschwerte sich solcher langen/vnnd in Disputationibus vnge-
wohnlicher Præfation/leinet durch solche Gelegenheit ab/die
Calumnien/vnnd Vnwarheit/so Grynæus voriges Tags von
den zweien Magistris opponentibus außgossen/vnd bethewrete
hoch/daß weder er noch ein einiger auß seinen collegis, solche jre
argumenta gesehen/gelesen/wil geschweigen jhnen suppeditiert
habe: Widerholte/was voriges tags von den 3. Aphorismis gehandlet worden: Klagte Grynæum an/daß er concessa retra-
ctierte: Beschweret sich ab jme Grynæo, daß er jhn also heßlich
publicè traduciert/vnd erroris accusiert/da er jn doch gesterigs
tags/zu ettlichen malen publicè mit seinen argumentis gelobt
hette. Sagte/daß er seine Theses/wie dieselbige zuuerstehen/auß
disen zwoen Vrsachen also fleissig examiniert habe/erstlich weil
Grynçus vor ettlichen jaren bey der Vniuersitet zu Tübingen/
alda er auch Doctor worden/eben dise vnsere Christliche Lehr
in einer publica Disputatione verfochten/vñ vertheidiget. Zum
andern/auch darumb/dieweil er eben dise vnsere Christliche Lehr
in der Herrschafft Rötteln/da er Superintendens gewesen/
seinen Zuhörern fürgehalten/vnd fürgetragen: Vnd zeigte an/
daß was jetzunder auß Victorino, vnd der Newstattischen Admonition verlesen worden/das seie mit jme dran/dann auch auß
denselbigen angezogenen vnd verlesenen Worten abzunemen/
daß sie verba Cœnæ nit für ein Basin Adamantinā, vnd tanq̃
vera & immota halten.   In disem fellt D. Ehem dem Marbachio in seine Rede vñ Verantwortung/vñ sagte/er solte argu-
mentiern vnd nicht predigen/sonder statum causæ angreiffen.
Eben dises/sagte Marbachius/solte man gesagt haben/nit jme
sonder dem Præsidi/der billich nach verrichtem Gebet also
bald locū zu disputiern den Opponenten solte angebotten/vnd
seine Præfationem vnderlassen/vñ eingestelt haben: Er D. Mar
bachius habe wol sich verantworten müssen/weil Grynçus das
jenige/wölchs er gesterigs tags zugegeb̃/jetzt widerruff̃ laugne.

Admonit. N.
Pag. 94.

Ehe

Ehe / vnnd dann aber Marbachius seine Verantwortung
gegen D. Ehem vollendet / redet jhme auch Herr Anthonius
Jugger ein / vn̄ sagte: Præsidis esse, vt Theses explicet, Oppo-
nentis verò, vt argumentetur. Das ist: Einem / der in einer
Disputation præsidiert / gebüre es / daß er seine Theses erkläre /
ein Opponens aber solle argumentieren. Vnnd dieweil das
gantz Auditorium augenscheinlich gesehen / daß man Marbachium begerte zutrucken / in dem man dem Grync̄o erlaubt / fast
ein halbe stund wider Marbachium zudebachieren / vnnd jhme
Marbachio, doch nicht vergönnen wolte / sich der Notturfft
nach hiewider zuuerantworten: Derwegen so hat gedachtes
gantz Auditorium, mit offentlichem außrauschen zuuerstehen gegeben / was dasselbige von solchen Sachen vnd Händeln
halte.

Wiewol nun Marbachius hierauff gebetten / man wölle
jhme vergünden / in seinem angefangen Methodo fortzufah-
ren / vnd die vbrige Theses / wie er angefangen / zu examinieren /
sonderlich weil auch Grynæus selbsten gesterigs Tags jme solchen Methodum habe wol gefallen lassen / vnnd denselbigen
hoch commendiert / vnnd publicè bekennet / daß solcher Methodus / zu Erforschung der Warheit sehr nutz / vn̄ fürträglich seie:
So hat er doch mit solcher seiner Bitt nichts erhalten könden /
sonder ist jhme befolhen worden / seinen fürgenomnen Methodum, die Theses nachelnander zuexaminieren / fallen zulassen /
vnnd das τὸ ῥητόν, das ist / den einfeltigen Verstand der Wort
Christi (das ist mein Leib) zu beweisen vnd zuuerthädigen: Wölches auch endtlich Marbachius zuthun / auff sich genommen.

Daß dises alles / wie es von vns erzöhlet worden / sich also
begeben / werden vns dessen etlich hundert ehrlicher Leut / so diser Disputation beygewohnet / neben vnnd mit den publicierten
Actis / wissen gnugsam Kundtschafft zugeben.

Ehe

Ehe vnnd dann wir aber fortfahren/vnnd ferner erzählen/
was sich in Verthedigung des τȣ ȳτȣ zwischen Marbachio vñ
Grynæo begeben/Ist der Christlich Leser zuuor etlicher notwen
diger Puncten zuerinnern. Das erst ist dises/daß der Christlich Leser auß jetztgegebnem warhafftem Bericht nunmehr zu-
uernemen/was von dem jenigen zuhalten / das die Narratores
Num. 82. & 83. mit disen Worten schreiben : Vnd wie jr einer die vnsern bezüchtigen wolt/ daß sie in der Newstättischen Admonition/ von den Worten das H.
Abendmals schimplich redeten/rc.

Dann was die Repetition mit sich bringet/da sie sagen/Ver-
ba, Verba, Verba, vñ ob dieselbige den Worten der Einsatzung
zu Ehren/ oder zum Hohn vnnd Spot gereichen/ist keiner so
vnuerstendig / der dises nit solte verstehen könden. So klinget
es freilich auch vil anderst (darumb es dañ auch D. Marbachio
zuthun war) wann man sagt/ die Wort der Einsatzung seien/
in disem Sacramentstrit/ basis adamantina, vera & inimota,
das ist/ein vnbewegliche Grundtfeste/ als waß man (nach diser
der Narratorn/vnd des Grynæi Meinung) den Verstandt   Num. 82.
solcher Wort nit nur allein auß den Worten der Ein-
satzüg/sonder auch auß andern orten der Schrifft/so
eintweder von der gnädigen Verheissung/ oder von
den Sacramenten lautten/holen solle. Also auch/wie
können die Wort der Einsatzung basis adamantina vera &   Num. 83.
immota sein/wann man nach des Victorini Meinung/sich des-
sen befleissen solle/ daß/wie nach dem Befelch Hipo-   Ad Bihbaldum
cratis / ein Artzet mit dem rechten Aug auff die Na-   Rambeccium.
tur / mit dem liucken auff die Kunst sehen solle/ daß
man auch also nicht nur allein auff die Wort des
                                      Ee   Nacht-

Nachtmals acht geben/sonder auch vnnd vil mehr/
fürstellen solle die gantze Christenliche Lehr/damit
alle Außlegung dem Glauben ehnlich seie/mit dem
Fundament vnd Grundt vberein kome/vnd keinen
Articul des Glaubens zerstöre? Hat demnach D. Marbachius mit der Allegation der Newstattischen Admonition/vn
des Sendbrieffs Victorini/kein calumniam begangen/sonder
dieselbig mit gutem Gewissen angezogen.

Num. 24

Vnnd lassen wir sonsten gern Victorino sein gebürliches
Lob/daß er/nämlich/(wie in dise Narratores rühmen) ein rechter discipulus Melanthonis gewesen/vnd ein solcher Man/der
seiner Bescheidenheit vnnd Erfahrung halben hoch zurühmen:
Wie wir jm dann auch dises gern gönnen wolten/daß er bey vnserer reinen Lehr vom H. Abendtmal/wie er dieselbige bey der
Vniuersitet Jena anfangs geführet/bestendiglich verharret/
vnd nit so schrecklichen Fall erlitten/vnd zu einem Sacramentierer worden were.

Num. 22.

Es sihet auch der Christliche Leser/auß disem vnserm zuuor gethonen warhafften Bericht/daß dises an vns beurlaubten Kirchendienern kein Vermessenheit gewesen/wie dise vnwarhaffte Narratores fürgeben dörffen/daß wir vns beschwe-
ret/wir haben keinen Vortheil gehabt/seien vberei-
let worden/vnd haben müssen anfahen/vnd auffhö-
ren/wo/vnd wann man gewolt. Dann zugeschweigen/
was sich dises fahls in volgenden Actibus/wie an seinem ort
solle referiert werden/begeben: hat sich nicht solches alles gleich
im Anfang vnd Eingang des 4. Actus zugetragen? Hat nicht
Gryneus disen Vortheil gehabt vor Marbachio/daß er seines
Gefallens/gleich nach gehaltenem Gebet wider Marbachium

fast

faſt ein halbe ſtund declamiert/ vnd da D. Marbachius ſich hiewider hat verantworten wöllen/ da hat man jme ſolches abge-
wöret/ vnnd geſagt/ er ſolle auffheren zu predigen/ er ſolle ar-
gumentieren/ dann dem Præſidi ſeie jenes erlaubt allein/ vnnd
nicht dem Opponenten? Hat nicht D. Marbachius von ſeinem fürgenomnen Methodo, die Theſes ordenlich nach einander zuexaminieren (wölchen Methodum Grynæus ſelbſten
vorigen tags approbiert/ vnnd commendiert) auff Grynæi be-
geren/ vnnd Befelch fallen/ vnnd das τὸ ἕτερὀν, zu defendieren
anfahen müſſen?

So iſt auch auß vnſerm jetzt gegebnen warhafften Be-
richt/ von dem Anfang vnd Eingang des vierdten Actus, nun
mehr leichtlich zumercken/ daß die Narratores auch in diſem Num. 88.
gar grob vber die Schnur hawen/ vnnd neben der Warheit ſpa-
tzieren/ da ſie ſchreiben/ man habe von D. Grynæo in der
gantzen Diſputation nicht ein eintzig Wort/ dann
mit aller Sanfftmut/ Beſcheidenheit/ vnnd ſolcher
Ehrentbietung/ gegen vns/ die vns nicht gebüre/
gehört. Dann ſoll das ein Sanfftmut/ Beſcheidenheit/ vnd
Ehrentbietung gegen vns am Grynæo ſein/ da er D. Marbachium in ſeiner Præfation des vierdten Actus, auff das ſchänd-
lichſte traduciert/ als der Jrrthumben fouiere/ vnnd ein Neſto-
rianer ſeie? Item/ da er vns Predigern/ gleich im Anfang deſſelbigen Actus, diſe Ehr entbotten/ vnd angethon/ von deren wir
gern bekennen/ daß vns dieſelbige nicht gebüre/ daß er publicè
geſagt/ wir ſeind werd/ daß man vns in die carceres detrudiere?

Wie dann auch auß diſem vnſerm zuuor gegebnen Bericht/
von dem Anfang des 4. Actus, diſes zuuernemen/ wie vnnd auß Num. 88.
was Vrſachen vnd Gelegenheit von D. Marbachio dem Grynæo diſes fürgehalten (wölches die Narratores anziehen) da

er vor

er vor diſer zeit die Theſes vnnd Diſputation vnſerer Lehr habe
heiſſen verthedigen/ vnd in der Marggraffſchafft/ als er in derſelbigen Superintendentz geweſen/ſeiner anbefohlenen Kirch-
en/vnſere reine Lehr fürgetragen habe.

Vnd ob ſich ſchon die Narratores hefftig damit bemühen/dz
ſie jren Grynæũ bey ſeiner Apoſtaſia entſchuldigen / vnd anzei-
gen/ er Grynæus habe auff ſolchen Fürwurff geantwortet/er habe vor 20.jaren/ als er diſe ſchwere controuerſiã etwas gründtlicher zuuerſtehen begert/weil er damals ſich nit darauß verrichten kónden/ein Diſputatiõ verthediget/derẽ Theſes ein anderer
Theologus geſtelt/ſo iſt doch ſolchs bey allen verſtendigenChri
ſten keine gnugſame verantwortung/ wie jme auch D. Iacobus
Andree, der bey ſolcher Diſputation præſidiert/in der Confutation der Heidelbergiſchen Diſputation/ dahin wir den Chriſtlichen Leſer wöllen gewieſen haben/ ein ſolches gnugſam zuuerſtehen gibt. Diß einige Stücklin aber wölle der Chriſtlich Leſer
hiebey noch wol mercken/ dz Grynæus bekeñt/er habe vor 20. jaren ein Diſputation / wie dieſelbige die nechſt verſchine Franck-
furter Meß widerumb getruckt / vnd fornen in die Confutation
der Heidelbergiſchen Diſputation geſetzt/ verthediget/ da er ſolche materiam noch nit genugſam verſtanden/vnd ſich nit allerdings darauß habe verrichten köñen.Daß iſt dem alſo: Waruñ
hat dann Grynæus balde nach gehaltener Diſputation zu Tü-
bingen/ als er daſelbſten doctoriert/ das iuramentũ Religionis
mit gutem Gewiſſen præſtieren können / wann er noch an diſer
Lehr/auff wölche er iuriert/gezweiffelt hat?Vñ hat ſichGrynæ-

Num.89. us daran gar nit zuhalten / dz man in der Erkañtnus Chriſti zunemen ſolle/vnd daß Auguſtinus vnd andere berhũmpte Lehrer
das jenige/ſo ſie ettwan vbel gelehrt/ vnd verſtanden/retractiert
haben. Daß er Grynæus durch diſen ſeinen Abfall in der Erkañt
nus Chriſti nit zu/ſonder abgenoſſen/vnd er dazumal kein Kind
mehr geweſen/ er ſeie dann ein ſolch Kind geweſen/wie jn D. Ia-
Confut. fol. 338. cobus Andreæ in gedachter Confutation beſchreibet.

Was

Was die Narratores ferner melden / ehe vnd dann sie das
jenige / was sich in dem vierdten Actu begeben / referieren/
daß man nämlich mit Warheit bezeugen kön-
ne / vnd daß es ettlich 100. so der Disputation bey-
gewohnt/wissen/ daß man schwärlich / ja gar nicht/
auch von den fürnembsten Doctoribus Theologiæ,
dises habe erlangen können/ daß sie jre Argumenta
syllogisticè gefaßt hetten/ ꝛc. kan man mit Warheit mit
vil 100. so der Disputation beygewohnt/ das Widerspil beweis-
sen vnd bezeugen / daß die Opponenten alle Argumenta syllogisticè (souil es sich jmmer hat thun lassen) proponiert: Allein daß sie sich ettlich mal beschwert/ daß Grynæus so ociosus,
vnd superstitiosus gewesen/daß er lautter Syllogismos hat haben wöllen/vnd darauff getrungen/daß man auch auß den pro-
bationibus Argumentorum, so etwan auff einem blossen dicto S. Scripturæ gestanden/ vnd auß den subprobationibus
Syllogismos machen solle/ Wölches zu nichts anders diene/
dann daß hiedurch die Auditores lang auffgehalten / vnd die
Zeit vmb sonst zugebracht werde. So haben auch die Opponenten nicht geringe Vrsach gehabt/ die gegebene solutiónes
Grynæi, nicht all zu gar hoch zuhalten / dieweil dieselbige fast
alle dahin giengen / daß man sagte/ der Opponenten Argumenta weren petitiones principij , oder fallacia à dicto se-
cundùm quid ad dictum simpliciter : wann sich schon solche
solutiones hiehero gar nicht gereimet.

Wir wöllen aber nun widerumb auff die Handlung des
vierdten Actus der gehaltenen Disputation kommen / in wölches Anfang vnd Eingang D. Marbachius, durch den Præsidem, von seinem fürgenommenen Methodo, den auch der Præses selbst vorigs tags approbiert/ abgetriben / vnd dahin gehal-

ten

een worden/dz er die wort der Einsatzung/ wie sie lautten/ zu deſendieren auff ſich genoſſen. Damit aber gute Ordnůg hieben gehalten/ vnd ettwas fruchtbarliches außgerichtet werde/ hat jhme D. Marbachius fůrgenoſſen/ ehe vnd dann er zur Vertheidigung τῶ ἐκτῶ keme/ der Zwinglianer vnd Caluiniſten Fundamenta, die ſie wider das δ᾿ ἐκτῶμ, vnd wider vnſer Chriſtlich Lehr vom H. Abendtmal fůhren/ wie dieſelbige von Grynæo in ſeiner 24. Theſi geſetzt wordẽ/ vmbzuſtoſſen/ auff dz er hernacher deſto fůglicher zur Vertheidigůg des τῶ ἐκτῶ koſten mòchte.

Diſputat. Grynæi litera D 2. ſ2. 2. Nun iſt aber diſes das erſte Fundamẽt Grynæi, ſo er in ſeiner 24. Theſi ſetzet/ dz er ſagt: Es ſeie ja das einmal gewiß vñ war/ dz einerley Res Sacramenti, oder einerley Subſtantz vñ Weſen des Sacraments ſeie/ beides in den typis, vnd daſſ auch in dem Antitypo, das iſt/ in den Figurẽ des altẽ Teſtaments/ vñ dann in dem Còrper des newẽ Teſtaments/ ſo durch die Typos od᾿ Figuren des alten Teſt. bedeuttet wordẽ. Nu ſeie aber in dem Antitypo des Oſterlambs vñ des Felſens/ ſo im altẽ Teſt. geweſen/ nàmlich in dem H. Abendtmal Res Sacramẽti, die Subſtantz vñ Weſen des Sacraments/ die Gemeinſchafft des Leibs vñ Bluts Chriſti/ 1. Cor. 10. darumb ſo ſeie auch in dem Oſterlamb vñ Felſen des altẽ Teſt. Res Sacramẽti, vñ des Sacramẽts Subſtàtz vñ weſen/ die Gemeinſchaffe des Leibs vñ Bluts Chriſti: Darauß daſſ ferner folge/ dz auch die Vätter des altẽ Teſt. das Fleiſch Chriſti geſſen/ vñ ſein Blut getrunckẽ haben.

Darwider nun hat Marbachius alſo argumentiert: Was nit außtruckenlich in Gottes Wort begriffen/ oder ja nicht darauß bewiſen werden kònne/ daſſelbige ſey auch nicht fůr war zuhalten/ oder anzunemen: Nun ſeie aber diſes in Gottes Wort nit begriffen/ daß einerley Subſtantz vnnd Weſen des Sacraments ſeie in den Typis, vnd in Antitypo, darumb ſo ſeie auch ſolche Meinung nicht fůr war zuhalten oder anzunemen.

Als Grynæus auff ſolch fůrgebracht Argumẽt reſpondieren ſolte/ begert er (wòlchs ſehr lächerlich zuhòrẽ/ wie er daſſ auch võ
dem

dem Auditorio hierüber außgerauscht worde) Er / D. Marb.
wölle die ande Prop. beweisen/ dz es nämlich nit in der Schrifft
stehe / daß einerley Res Sacramenti seie in typis & Antitypo.

Wiewol nun Grynæus schuldig gewesen/ die affirmatiuam
Minoris Propositionis , in D. Marbachij Syllogismo zube-
weisen/ vn̄ darzuthun/ das solches auß H. Schrifft zubeweisen/
daß einerley Res Sacramenti in typis & Antitypo seien (denn
wie die Dialectici vnd Iureconsulti wissen/ so heisset es: Affir-
mātis est probare, nõ negātis, & negātis nulla per rerū natu-
rā probatio, das ist/ Einer der ein Sach bejahet/ist auch schuldig dieselbige zubeweisen/ vn̄ nit der jenige/ der solche Sach verneinet) so hat doch Marbachius, dem Grynæo zu guttem/ vn̄ zu
befürderung der Sachē/ dises assumiert/ es werde villeicht Grynæus seine Minorem, in seinem/ des Grynæi Argumento, beweisen wöllē/ auß dem Spruch S. Pauli 1. Cor. 10. (Sie haben alle einerley Geistliche Speiß gessen/ vn̄ haben alle einerley
Geistliche Tranck getruncken : Sie truncken aber von dem
Geistlichen Felsen/der mit folget/Dieweil doch Grynæus ohne
das/solchen Spruch zu einem Fundament seiner Beweisung in
seinen Thesibus setzt.

Vnd dise angemaßte Beweisung Grynæi, hat Marbachius 1. Cor. 10.
widfochten mit einem solchē Argument/dz er gesagt: Alle die je-
nigen/die einerley Speiß gessen/vn̄ einerley Geistliche Tranck
getruncken/dieselbige alle seind auch vn̄ der Wolckē gewesen/
dieselbige alle seind durchs Meer gegangen / vnd dieselbige alle
seind vn̄ Mose getaufft/daß dieselbige alle sind vn̄ einem Namen begriffen/ vnd am angezogenen ort vnsere Vātter genennet worden: Nun seind aber die jenigē/ so im newen Test. seind/
nit vnder den Wolcken gewesen / sie seind nit durchs Meer ge-
gangen/vnd seind nit vn̄ Mose getaufft/ daß sie dazumal noch
nit gewesen vn̄ gelebt: Darumb so können vn̄ mögē auch die je-
nigē/ so im newen Test. sein vn̄ leben/ nit vn̄ die jenige gerechnet vn̄ gezölt werdē/ die da einerley Geistliche Speiß gessen/ vn̄
einerley Geistliche Tranck getruncken.   Auff

Auff solch Argument hat Grynæus anders nichts geant=
wortet/ daß allein dises/ daß/ob schon die Vätter des alten Te=
staments/ andere eusserliche Zeichen bey jhren Sacramenten
gehabt / als wir im newen Testament bey vnsern Sacramen=
ten haben/ so seie doch Res Sacramenti, das ist / die Substantz
oder Wesen der Sacramenten des alten vnnd newen Testa=
ments/einerley/ nåmlich der Herr selber/ vnd widersprach nach
vilen außschweiffen endtlich die Minorem, oder andere Pro=
position des vorgesetzten Syllogismi D. Marbachij.

D. Marbachius aber bewise seine Minorem also / daß er
sagte: Wer noch nicht in rerum Natura, oder geborn ist / der
könne ja bey denen Sachen vnd Händeln nicht sein/ die sich ett=
lich hundert Jar zuuor begeben/ehe vñ dann er geborn worden.
Nun seien aber wir / die wir im newen Testament leben / da=
zumal noch nicht geborn gewesen/da sich dise Sachen vñ Hån=
del begeben / von wölchen S. Paulus 1. Cor. 10. redet / vnd
sagt/ daß sie seien vnder der Wolcken gewesen/ vnd vnder Mo=
sen getaufft: darumb so seien auch dise Sachen vñ Händel/ vn=
der der Wolcken gewesen zusein/ vnder Mosen getaufft sein
worden / 2c. denen/ die im newen Testament seind vnd leben/
nicht zuzuschreiben.

Auff solche Beweisung Minoris antwortet Grynæus an=
ders nichts/ dann daß er abermal sagte/ vnd repetierte: Es were
einerley Res oder Substantz vnnd Wesen der Sacramenten
des alten vnd newen Testaments/ nåmlich Christus. Aber wi=
der solche vngereimbte/ vnnd zur Sach nicht dienende solution
Grynæi, hat Marbachius also argumentiert: Alle die jenigen/
die einerley Substantz vnd Wesen des Sacraments haben/ die
haben auch einerley Speiß vñ Tranck des Sacraments. Nun
haben aber wir/ die wir im newen Testament leben/ nicht einer=
ley Speiß vnd Tranck/ mit denen/ so im alten Testament ge=
lebt haben/ drumb so haben wir auch nicht einerley Rem, oder
Sub=

Substantz vnd Wesen des Sacraments mit jhnen. Die ander
Proposition hat auff Grynæi begeren/ Marbachius also bewi-
sen/ daß er sagte: Es könne ja der Leib vnnd Blut deß jenigen
nach der Substantz nicht geessen vnd getruncken werden/ dessen
solcher Leib vñ Blut nach der Substantz noch niergend ist/ oder
in rerũ Natura zufinden/ dann non Entis, nõ sunt accidentia,
das nicht ist/ das kan nit gegessen vnd getruncken werden. Nun
seie aber der warhafftige vnd wesentliche Leib/ vnd das warhaff-
tige/ wesentliche Blut Christi / nach der Substantz noch nicht
im alten Testament gewesen: Darumb so habe auch der warhafftige vnd wesentliche Leib vnd Blut Christi/ nach dem We-
sen/ im alten Testament nicht können genossen werden. Darauß dann auch endtlich folge/ daß nit einerley Res Sacramenti
im alten vnnd newen Testament seie/ mit wölchem dann auch
Beza einstimme/ der in seiner Creophagia, & Epist. 5, ad Ale-
mannum außtruckenlich sage/ daß vns die Nüssung des Leibs
vnd Bluts Christi nach der Substantz/ versprochen seie.

Vnd in disem Argument hat Grynæus fürnemlich Maio-
rem propositionem geleugnet/ vnd vermeldet/ daß des Herrn
Christi Leib nicht also im alten Testament gewesen/ daß er nit
hat können gessen/ vnd sein Blut getruncken werden. Vrsach:
Dann das Lamb Gottes seie erwürgt worden von Anfang der
Welt/ Heb. 13. drumb so seie diß Philosophisch Sprüchlin/
Non Entis nulla esse accidentia, nicht durchauß war.

Darauff Marbachius geantwortet: Es seie in diser Sach
guter Vnderscheid zuhaltẽ/ daß diewell drey ding seien/ derẽ im
Handel vom H. Abendtmal gedacht werde/ namlich 1. die eusserliche sichtbare Elementen vñ Zeichẽ/ Brot vñ Wein. 2. Res
signata, oder die Substantz vñ Wesen des Sacramẽts/ als da
sein der Leib vñ Blut Christi. 3. die Frucht/ Krafft vñ Würckũg
des H. Abẽdtmals: so seie allhie nit die Frag von dem geheilig-
ten Zeichen/ die da geendert wordẽ/ wie dann auch nicht von der
Frucht/ Krafft vnd Würckung des H. Abendtmals/ von wölcher Frucht vnd ἐνεργεία, die Epist. zum Heb. 13. rede/ sonder es

Ff   seie

ſeie die Frag de re Sacramēti: Nämlich von dem Leib vñ Blut
Chriſti / wölche vmb des willen im alten Teſtam. nicht haben
könden genoſſen werdē / dieweil ſie dazumal nach der Subſtantz
vnd Weſen / noch nicht geweſen / dann non Entis nō eſſe accidentia, Nun ſeien eſſen vñ trincken ja ein Actio vñ Accidens.

Darüber nun iſt allerley pro, & côtrà, zu beiden theilē auff die
Bahn gebracht worden. Es lieffe aber endtlich da hinauß / daß
Grynæus beſtritte / Es were das Philoſophicũ principium:
non Entis nulla eſſe accidentia, nit durchauß war / vñ ob ſchon
der Leib vnd Blut Chriſti ratione actus primi, ſo ferꝛn ſie Leib
vnd Blut ſeind / im alten Teſtam. nit geweſen / ſo ſeien ſie doch
in veteri Teſt. geweſen / ratione actus ſecundi, nach der Würckung. Darauff aber D. Marbachius geantwortet / dz er das gedachte Philoſophiſche Principiũ den Profeſſorib. Philoſophiꝫ
zuuerthädigen heimſchreibe / vnd dz er ſich hiemit nit faſt beküm-
mern wölte / daß aber Grynæus ſich vernemē laſſen / dz der Leib
Chriſti ſeie im alten Teſt. actu primo nit geweſen / darwider
inferiere er alſo: Was nit actu primo zugegen iſt / das kan auch
nach der Subſtantz nit zugegē ſein: Dieweil dann Grynæi Bekandtnus nach / Chriſti Leib in vet. Teſt. actu 1. nit geweſen /
ſo ſeie er auch nit nach ſeiner Subſtantz im alten Teſt. geweſen /
darauß dann entlich folge / dz er auch nach ſeiner Subſtantz im
alten Teſta. nit habe köndē genoſſen werdē / wölches doch Grynæus ettlichmal aſſeriert / vñ es doch alſo limitiert hat / daß er geſagt: ſolch eſſen des Leibs Chriſti nach der Subſtātz ſeie gleichwol im alten Teſt. geſchehē / aber doch nur allein ſpiritualiter.

Vnd ſolche illationem Marbachij. hat gleichwol Grynæus
nur eludendo abgefertiget / vnd geſprochen / Marbachius ar-
gumentiere alſo: Quod actu primo non fuit, illud actu primo nō fuit: Corpus Chriſti actu primo non fuit, Ergo, &c.
Aber ſolch vnbefügt illudieren / heiſſet nicht Argumenta ſoluieren / wie dann auch deßwegen / weil jeder meniglich geſehen / daß
Grynæus conſtringiert vnd eingetriben / er / Grynæus, vom
gantzen Auditorio iſt abermal außgerauſcht worden.

Vnd

Vnd soull von dem ersten Argument Marbachij, so er wider
das erste Fundamentum Grynæi in seiner 24. Thesi geführet.

Ehe wir aber zum andern Argument Marbachij schreitten/
müssen wir zuuor auff der Narzatorn Bericht antworten/ den
sie hieuon thun/ vnd geben.

Nach demselbige (schreibē sie) Hat des Gegētheils vor- Num. 80.
nembster Doctor einer/da man in sie getrungē/dz sie
doch einmal vnsere grewliche Jrrthumb/ die sie vns
auff der Cantzel/vn in Schrifften zumessen/darthun
woltē/ in die zwen Tag dises allein zubehaupten sich
vnderstanden/ dz die gläubige Vätter im alten Test.
nit des Fleisches Christi weren theilhafftig worden.

Es solten billich dise Referenten/ wann sie jrem rhumrhäti-
gen Erbietten nach/trewlich die Acta Disputationis hettē referieren vn beschreiben wöllē/ beides die Occasion , durch wölche
D. Marbachius zu solcher Disputation von den Vättern des
alten Test. kommen/ beschribē/ vnd dañ auch die Argumenta an
jnen selbsten mit derselbē probationib. vñ solutionibus, sampt
den instātijs ordenlich nach einand gesetzt habē/ wie von vns bey
disem kurtze Extract geschehe: so hette alsdañ der Christlich Leser hieuon auch recht iudicieren könne. Aber damit sie ja der vnsern Argumenta , so sie bey gehaltener Disputation auff die
Bahn gebracht/gar verkleinern vñ vernichten/so werffen sie es
alles in einē Hauffen/ vñ zwacken herauß/was nur jnen gefelt/
vnd lassen das andere/ das nit in jren Krom dienet/ gar auß.

So were auch dises den Referenten wol angestanden/wann
sie hetten wöllē von den Actis der Disputation trewlich berich-
ten/ daß sie hiebey auch angezeigt hetten / dz D. Marbachius in
solcher Concertation nicht simpliciter geleugnet/ dz die gldu-
bige Vätter im alten Test. gar nit des Fleisches Christi theilhafftig wordē seien: sintemal gedachter D. Marbachius, zu ettlich vilmalē sich rotũdē dahin erkläret/dz gleichwol die gläubi-

F f ij   ge Vät-

ge Vätter im alten Test. des Fleisches Christi κατ᾽ ὑσίαρ, nach
der Substantz desselbigen/ nit theilhafftig wordē/ sie seind aber
desselbigen theilhafftig worden κατ᾽ ἐνέργειαρ, nach der Krafft/
Würckung vñ Frucht. Dessen gedenckē die Calūniatores auch
mit dem geringstē wörtlin nit/ sonder schreiben also dauon/ als
wañ Marbach in gemein bestrittē/dz die gläubige Vätter im al=
ten Test. des Fleisches Christi GAR NICHT werē theilhafftig

Num. 80. 81.
wordē (wölches doch Marbachius nit in Sinn genossen) vnd
führen drauff ettliche Sprüch auß der H. Schrifft/ als Joh. 6.
1. Corinth. 10. Heb. 13. Apoc. 13. wölche von der Würckung/
Krafft vnd Frucht des Fleisches Christi redē/deren die gläubige
Vätter im altē Test. ebē so wol/als wir im N. Test. seind theil=
hafftig wordē: wölches von Marbachio nie ist geleugnet wordē.

Num. 81.
Es vnderstehn sich auch die Narratores, das Philosophisch
Principiū, dessen sich D. Marbachius in gehaltener Disputa=
tion gebraucht/ (Non Entis nulla esse accidentia) zutadeln/
vñ geben für/nach dem dz Ens seie/so müsse es auch vn=
derscheidē werden/ dañ es nicht allerdings war seie:
Nachdem sie aber nur allein in gemein dahin hieuon plaudern/
vnd nit in specie vermeldē/in was Casibus, Sachen vñ Hän=
deln diß Principiū Philosophicum nit gelte/so läßt man auch
solch der Referenten Gewesch/so sie hieuon treiben/auff seinem
Vnwerth beruhen vnd bleiben. Es solte aber billich Grynæus,
vñ dise seine Narratores hiebey gedacht habē an die 26. Thesin,

Disput., Heydelb.
litera E 3. fac. 2.
da sie solches hefftig an vns schelten / dz wir nit durchauß in di=
sem Streit vom H. Abendtmal/ die principia Philosophica
wöllen passieren lassen/ vnd sprechen daselbsten vnder anderm/
quòd omnis veritas in Logica, Ethicis & Physicis à Deo sit
patefacta. Das ist: daß alle Warheit in Logica, Ethicis vnd
Physicis, lang Gott geoffenbaret seie. Solche feine Leut seind
Grynæus vnd seine Rottgesellen/ daß/ wann Philosophia mit
jrem Schwarm einschlecht/so müssen solche Principia Philosophica bey jnen passieren vnd gelten/ vnd solte auch die War=
heit des Göttlichen Worts drüber Not leiden. Da aber solche
Prin-

Principia Philosophica jrem Traum vñ Gedicht zuwider/ da
sollen vnd müssen auch dieselbige wol gar nichts gelten.

So machen auch die Narratores in disem ein vnnutzes ge= Num. 81.
wesch vnnd dicentes, da sie schreiben/ Es könne kein Christ
wider die gantze heilige Schrifft sagen/ daß der Leib
Christi gar nicht/ vnd auff keine Weiß/ den Vättern
gegenwertig gewesen seie. Dann mit wem streitten sie al=
hie? Mit vns fürwar nit/ als die wir gern bekennen/ daß der Leib
Christi im alten Testamēt κατα ἐνέργειαρ, nach der Krafft/ Wür=
ckung vnnd Frucht gegenwertig gewesen : nach wölcher ἐνεργεια
wir gern den Narratoribus dise Wort passieren lassen/ da sie Num 81.
schreiben/ daß vnserm Glauben/ was der ergreifft/ ob
es schon zukünfftig/ vnd nicht vor Augen/ warhaff=
tig gegenwertig seie.

Da auch die Narratores die volgende Wort / von dem ge=
creutzigten Leib Christi / wie derselbige bey den Jüngern am let=
sten Nachtessen gesessen/ vnd von der Seligkeit/ die wir auch in
disem Leben im Glauben besitzen/ von solcher ἐνεργεια verstehen/
wöllen wir hierüber mit jhnen nicht streitten. Volgt aber da=
rumb nicht/ daß der war wesentliche Leib Christi den Vättern
des alten Testaments κατ᾽ ὑσίαρ, nach der Substantz gegenwer=
tig gewesen/ vnd von denselbigen nach dem Wesen gessen wor=
den seie/ daruon dann allhie sonderlich der Streit ist.

Wir wöllen nun widerumb auff die Disputation/ so Mar=
bachius mit Grynæo / vber den 24. Thesi in dem vierten actu
den 7. Aprilis gehalten/ kommen : vnnd nun ein anders Argu=
ment / wie es die Ordnung gehaltener Disputation mit sich
bringt/ vernemmen / damit Marbachius das erst Fundament
Grynæi/ damit er vnnd seine Rottgesellen jhr Meinung vom
heiligen Abendtmal vertheidigen wöllen / widerfochten hat / da
er also argumentiert: Die Niessung des Leibs vnd Bluts Chri=
sti müssen ja ein gewissen Befelch vnd Verheissung haben/ also/

Ff iij   daß

daß die jenigen allein den Leib vnnd Blut Christi warhafftig es=
sen vnd trincken/ denen solches zuthun befolhen/ vnd dessen/daß
es geschehen solle/ein außtruckenliche Verheissung haben.

Nun haben aber die Vätter des alten Testaments keinen
gewissen Befelch vnnd Verheissung gehabt/ von der Niessung
des Leibs vnd Bluts Christi/ nach dem Wesen/dann dieselbige
von dem HErrn Christo allererst im newen Testament einge=
setzt worden: Derwegen so haben sie auch den Leib vnnd Blut
Christi nach dem Wesen/nicht essen vnd trincken können.

Auff dises Argument antwortet Grynæus also/daß er sag=
te/ er erschrecke von Hertzen / wnnn er höre daß gesagt werde
die Kirch des alten Testaments / habe one die Niessung des
Leibs vnd Bluts Christi sein können: Allegierte August.lib.19.
cap.6.contra Faustum Manichæum, vnd leugnete endtlich die
andere propositionem in Marbachij Argument/dann sagt er/
die Vätter/ die vor der Beschneidung gelebt / haben auch die
Beschneidung des Hertzens gehabt/ ehe vil dann die Beschnei=
dung der Vorhaut eingesetzt worden/ wie dann auch die Vät=
ter des alten Test. mit dem Blut Christi seien nicht weniger be=
sprenget worden/als wir im newen Testament die wir getaufft/
vnd in dem Tauff mit dem Blut Christi besprenget werden.

Vnnd dises verantwortet Marbachius also / daß er sagte/
daß wer niemals sein Meinung gewesen/daß die Vätter des al=
ten Testaments/ das Fleisch Christi gar nicht solten gessen ha=
ben/ wie dann auch der Streit nicht seie περὶ τῆς ἐνεργείας, oder
von der geistlichen Niessung des Fleisches Christi/ wölche auch
die Vätter des alten Testaments gehabt/sonder der Streit vnd
die Frag seie von der Niessung des Fleisches Christi/ nach dem
Wesen/ wölche die Vätter des alten Testaments nicht haben
können haben/ dieweil dazumal das Fleisch Christi nit in rerum
natura, vnnd die Niessung desselbigen/ nach dem Wesen/von
Christo dazumal noch nit eingesetzt gewesen. Den locum Au=
gustini betreffend/wisset man wol/wie Augustinus die vocabu-
la (Sa-

la (Sacramentum, res Sacramenti, & virtus Sacramenti) in
vngleichem Verstand brauche/ so habe man sich auch mit dem
selbigen allegierten loco Augustini vmb dessen willen nit lang
auffzuhalten/dieweil Illust. Princeps befolhen/ daß man nit au-
thoritatib. sonder mit vnd auß Gottes Wort certieren vn dispu
tiern solle/vn da man ja auß dem Augustino lehrnen wölle/was
von dessen controuersia zuhalten/ könne man auß seiner Außlegung des 77. Psal. & tract. secundo in Ioannem vernemen/
was er von den Sacramentis des alten Testaments gehalten.
Was dann die zwey allegierte exempla von der Beschneidung
vnd Tauff betreffe/köste Grynæus mit denselbigen/ das jenige/
so er jm fürgenomen zubeweisen/mit nichten probieren/daß von
Grynæo das jenige für bekantlich vnd zugelassen angenomen
vnd gehalten werde / wölchs doch noch strittig / vnd noch nit er-
wisen/nämlich/dz die Beschneidüg des Hertzens res Sacraméti,
oder res signata bey dem Sacramét der Beschneidung seie/wöl-
ches doch auß Gottes Wort nit zubeweisen/sonder vilmehr auß
dem 17.cap. Gen. darzuthun/ daß res Sacramenti bey der Beschneidung seie nicht die geistliche Beschneidung des Hertzens/
sonder der Bund/ den Gott mit dem Abraham vnd seinem Samen gemacht/die Beschneidung des Hertzens aber seie der effectus, ἐνέργεα, Krafft vnd Würckung des Sacraments der Be-
schneidung/ wölche geistliche Beschneidung des Hertzens auch
die Vätter vor dem Sündfluß gehabt/sie haben drumb aber nit
das gantze Sacrament der Beschneidung gehabt / sintemal
dasselbige dazumal noch nicht eingesetzt gewesen/wie dann auch
die Vätter des alten Testaments die Krafft vnnd Würckung
der heiligen Tauff wol gehabt/sie haben aber drumb nicht die
Substantz der heiligen Tauff gehabt / sintemal diesbige zur
selbigen zeit noch nicht eingesetzt gewesen / vnnd eben also haben
auch die Vätter des alten Testaments des Fleisches Christi/
ratione τῆ: ἐνέργάς, nach der Krafft vnnd Würckung/das ist/
geistlicher Weiß genossen/ aber nit nach dem Wesen desselbige.

Als

Als nun hierüber von den Colloquenten vil disputiert/ vnnd von Grynæo bestritten/ daß res Sacramenti bey dem Sacrament der Beschneidung nit der Bund/ sonder die geistliche Beschneidung des Hertzens seie. Item/ daß wer das Fleisch Christi ᾧ ἐνεργείᾳ esse/ der esse auch das Fleisch Christi selbst/ vnd aber von Marbachio hart darauff getrungen worden/ daß man rem Sacramenti in den Worten der Einsatzung desselbigen Sacraments suchen/ vnd dennach den Bund pro re Sacramenti bey der Beschneidung halten solle/ Item/ daß Grynæus perspicuè sich erklären wolle/ ob dann allwegen die jenigen/ die das Fleisch Christi ratione ἐνεργείας, oder geistlich essen/ dasselbige auch nach der Substantz vnd Wesen essen/ ward endtlich der 4. Actus/ dieweil die zeit verloffen/ hiemit beschlossen/ daß solche Puncten vnerörtert blichen.

Mittwochen den 8. Aprilis ist der quintus Actus von Grynæo nach acht Vhren vor Mittag angefangen worden/ mit dem Gebett/ nach wölches Verrichtung er D. Marbachiū widerumb prouociert/ von wölchem er sagte/ daß jme befolhen worden/ noch ein stund/ jhne Marbachium mit seinen argumentis anzuhören/ vnd darnach den andern Theologis Platz zugeben.

Drauff Marbachius widerumb dise drey Puncten/ die im vorigen Actu vnerörtert bliben/ proponiert/ nämlich/ 1. de re Sacramenti bey der Beschneidung. 2. von Augustino, was er von solchem Streit gehalten. 3. von disem principio Theologico, daß die ἐνέργεια nit könne abgesondert werden/ von der Niessung des Leibs Christi: vñ brachte von dem 1. Puncten diß Argument auff die Bahn/ daß er sagte: Man müsse ja de re Sacramenti anders nit statuiren vnd halten/ dann wie hievon in den Worten der Einsatzung desselbigen Sacraments außtruckenliche Meldung geschehe; Nun geschehe aber in den Worten der Einsatzung der Beschneidung keine außtruckenliche Meldung der Beschneidung des Hertzens/ sonder allein des Bundts/ so Gott mit Abraham vnd seinem Samen gemacht/ wölches D. Marbachius

bachius auß dem 17. cap. Genes.dessen Wort er publicè verle-
sen/erwiesen/darumb so seie auch nicht die Beschneidung des
Hertzens/sonder der Bundt/pro re Sacramenti zuhalten.

Auff diß Argument/vnd sonderlich auff die andere propositionem desselbigen/ward durch Gryneũ auff zwen weg geant-
wortet.1.also/daß er sagte/die geistliche Beschneidung des Hertzens seie die rechte vnd heilsame Beschneidung/darauff Gott d
Herr mit der eusserlichen Beschneidung sonderlich gesehen/dar-
uon S.Paulus Ro.2.rede/also sprechend:Dann das ist nit ein
Jud/der außwendig ein Jud ist/auch ist das nit ein Beschnei-
dung/die außwendig im Fleisch geschicht/sond das ist ein Jud/
der inwendig verborgen ist/vnd die Beschneidung des Hertzens
ist ein Beschneidung/die im Geist/vnd nicht im Buchstaben ge-
schicht/darumb dann/sagte Gryneus,die geistliche Beschneidung des Hertzens res Sacramenti seie/vnd nit der Bundt/den
Gott mit Abraham vnd seinem Samen gemacht.

Aber auff dises ward durch D.Marbachium berichtet/daß die
Frag vnd der Streit zwischen jnen nit darüber seie/wölches die
ware vñ heilsame Beschneidung seie/wie auch nit darüber/wöl-
ches die ware vnd heilsame Nüssung des Fleisches Christi seie:
Sonder die Frag seie von dem Sacrament der Beschneidung
nach derselbigen Substantz/vñ nit nach der Krafft vñ Würck-
ung/oder nach dem rechten Gebrauch der Beschneidung:Nun
gestehe er gern/dz die Beschneidung des Hertzens seie die Krafft
vñ Würckung/der effectus des Sacramẽts der Beschneidũg/
vnd daß die Beschneidung als dañ allererst nutz vñ heilsam seie/
nit wann einer außwendig am Fleisch allein beschnitten werde/
sonder auch vnd vil mehr/wann einer innerlich in seinem Hertz-
en beschnitten werde:dahin dann auch S.Paulus am gedachten ort Rom.2.sehe.Dann ja drey vnderschidliche ding in dem
Sacrament der Beschneidung/wie dann auch in allen andern
Sacramenten/so nit vnder vnd mit einander zuuermischen/zu
obseruiern/nämlich/das jrdische/das himlische/vnd die Würck-
ung:das jrdisch seie das eusserliche Zeichen der Beschneidũg der

Vor-

Vorhaut:das hiñlische seie der Bund/in wölchen Bund gleichwol jrer vil auffgenoñen worden/die doch in demselbigen vō wegen jres Vnglaubens/nit gebliben/wie dañ auch im H. Abendmal jrer vil des Leibs vnd Bluts Christi theilhafftig werden/die
doch/dieweil seis vnwürdiglich nüssen/jnen dasselbige zur Ver-
dammus empfahen : vnd der effectüs seie die Beschneidung des
Hertzens/in wölchem fall auch Beza ad Alemannū es mit vns
halte. Als nun Gryneus gesehē/dz seine erste Antwort/so er auff
das Argument Marbachij/vñ sonderlich auff minorē proposi-
tionē desselbigen/nit den stich halten wöllen/hat er/für das and
also drauff geantwortet/dz er gesprochen/dz ob schō die geistliche
Beschneidung des Hertzens/als res Sacramenti nit eben in den
Worten der Einsatzung des Sacraments der Beschneidung/
Gen. 17. expressè gesetzt/so werde sie doch tacitè & implicitè ge-
setzt/vñ verstande/wie dañ auch dergleichen mit den andern Sa-
cramenten/als mit dem Osterlämblin vñ Hiñelbrot od Manna
geschehe. Aber disem begegnet Marbachius also/dz er sagte/weil
res Sacramēti/nåmlich/der Bund/expressè vñ außtruckenlich
gesetzt werde in den Worten der Einsatzung dises Sacraments/
so solle man billich auch hiebey bleiben : Was dañ Gryneus von
dem Osterlämblin vñ Hiñelbrot oder Manna fürgebracht/habe
es hiemit dise gelegenheit/dz dieselbige nit propriè od eigentlich
Sacramenta/so fern in denselbigen ein jrdisch vñ himlisch ding
begriffen/seind. Vnd durch solche gelegenheit ist in disem 5. actu
durch die Colloquenten vil disputirt worden/vō dem Osterlämblin vñ Hiñelbrot/ob dieselbige Sacramenta seien/oder nit. Vnd
Gryneus zwar trange hart drauff / daß sie Sacramenta weren:
Marbachius aber bestunde darauff/ dieweil man keine sondliche
Verheissung auß den Worten der Einsatzung des Osterlämb-
lins/vñ des Hiñelbrots/daud haben möge/dz nåmlich/die jeni-
ge/so das Osterlämblin vñ Hiñelbrot gessen/zumal auch vñ hiemit den Leib vñ Blut Christi essen vñ trincken/so seien auch sie/
ppriè vō den Sacramentē zu reden/nit Sacramēta,man wolte
dañ das Wort Sacrament generaliter verstehen/nur allein vō
dem

dem eufferlichen Zeichen/vñ nit vom gantzē Sacrament/in wölchem Verſtand es jm nit zuwider ſeie/ dz das Oſterlämblin vnd Hiñelbrot Sacramenta genennet werden. Hierüber verloffe die zeit/vñ ward endtlich der ſtatus actus damit geſchloſſen/ Dz der Herr vō Dona zu endt ſolches actus D. Marbachiũ mit ſolchen Worten anſprache (weil Marb. im anfang diſes actus geſagt/ wiewol jm ſilentiũ imponirt worden/ jedoch dieweil er vom Gryncō widerumñ prouocirt werde/ wölle er ſolches gern thun) waß gedachter Marb. jne mit diſen Worten perſtringirt habe/ſo habe er jme gewalt vñ vnrecht gethon. Marb. aber verantwortet ſich alſo/daß er ſagte/ er hette mit ſolchen Worten nit jn/den Herrn von Dona perſtringirt/ſonð dahin allein geſehen/dieweil Gryn. zuuor publicè geſagt hette: Es ſeie nun auch zeit/daß die andern Theologi/vñ Doctores opponendo gehöret werden/ſo habe er ſolchs dahin verſtande/ dz jm hiemit ſilentiũ ſey imponiert worden. Gedachter Herr von Dona fuhr auch publicè mit rawen wortē an M. Dionyſiũ Oehemiũ/ vñ D. Philippũ Felſiniũ/vñ ſagte/wo doch vnſer oralis mãducatio blibe/vñ wo Dionyſ. vñ Philip. mit jren 30. vrſachen weren/daruō ſie ſich gerühmet/vñ gegen Illuſtriſſ. Principe fürgeben/dz ſie vmb derſelbigen willen dem Mandato nit parieren könten oð wölten. Darauff ſich gedachter M. Dionyſ. vñ Phil. dahin widerumñ publicè reſoluirt/ wañ die Ordnung der Diſputatiō ſie treffen würde/ſo wolten ſie ſich auch mit jren Argumentis hörten/vñ verneſſen laſſen. Es lieſſe ſich auch zu endt diſes 5.actus, Gryn. verlauten/er verhoffte/Gott würde ſolche Diſputation ſelbſt regieren/vñ zum beſten richten: prouocierte auch mit namen D Kirchnerum, von wölchem doch er wol gewuſt/daß er nit vor handen/ ſonð ettliche vil tag zuuor verreiſet/wie er dañ auch D. Patientem p. m. vñ Doctorem Ziñerman/ dz ſie im nechſt volgenden actu opponieren ſolten/prouociert/ vñ D. Schopperum damal vbergangen hatte. Vnd ſouil auch vom 5.actu der gehaltenen Diſputation.

Wir müſſen aber zuuor/ehe vnd dann wir zur 6. Congreſſion ſchreitten/ettlicher Puncten halbē berichten/wölche vnſere Nar-

ratores

ratores auß disem 5. Actu der gehaltenen Disputation herauß
gezwacket/ vnnd dieselbige in jhren Bericht gebracht haben.

Num. 81.
Es berichten die Narratores, dz nachdem von den jren
in der Disputation gemeldet worden/dz in den Sacramenten die bezeichnete Gab nit eben in den eusserlichen Zeichen stehe oder zusehen seie/wie vnd andern in der eusserlichen Beschneidung/die Beschneidung des Hertzens/rc. da habe jhr Gegentheil (D.
Marbachius) dörffen sagen/ die Beschneidung des
Hertzens gehöre nit zum Wesen der Beschneidüng/
vñ sey nit in den Worten der Einsatzung begriffen/
sonder allein der Bundt Gottes mit Abraham vñ seinem Samen: darauff aber seie auß vile Zeugnussen
der Schrifft angezeigt/wie die Propheten hin vñ wi-
der/vñ S. Paulus selbst auff die Beschneidung des
Hertzens/als auff das Hauptstück dringen/vñ eben
dieselbige ein stuck ist des Bunds Gottes mit vns/
dz er newe Hertzen von wegen seins Sohns in vns
schaffen/das steinern Hertz wegschneiden/vñ fleisch-
erne Hertzē gebe will. Nu hat sich aber der Eh. Leser auß gegebenem Bericht/vō dem 5. actu nunmehr zuerinneren/durch was
gelegenheit die Colloquenten auff dise materiā kommen: Item wie
vñ warumb D. Marb. darauff getrungen/dz nit die Beschneidung des Hertzens seie res Sacramenti bey dem Sacrament der
Beschneidüg/sond der Bund Gottes/den er mit Abraham vnd
seinem Samen gemacht/die Beschneidüg des Hertzens aber seie
der effectus, Krafft/Würckung/der Sacrament der Beschnei-
düg/one wölche geistliche Beschneidüg/ die eusserliche niemand
nichts genutzet/wie dann auch auß diser vrsachen die Propheten
vñ S. Paulus also hoch vñ hefftig auff die geistliche des Hertzens Bescheidung getrungen.   Daß

Daß dann die Referenten weitter melden: Wir auff vn= Num. 80.
serer Seitten seien dermassen eingetriben worden/
daß/ nachdem auß allen Sacramenten/ des alten
vnd newen Test. dargethon worden/wie die Sacra=
mentliche Reden vñ Eigenschafften beschaffen seien/
haben wir durch D. Marb. vns hören lassen/ wir
hielten nicht/ daß das Osterlamb vnd Manna/ ei=
gentliche Sacramenta seien: Hat man abermal auß der
Beschreibung des 5. Actus zuvernemen/ warauff die Sachen
auch dises Punctens halben beruhen/ darbey wirs auch vmb ge=
liebter kürtze willen widerumb bewenden lassen/ vnd vns dises
gar nichts irren lassen/daß die Referenten/ jrem Brauch nach/
sich allhie rhümen/ sie haben vns eingetriben/dann wir vns des=
sen getrösten/ daß souil ehrlicher vnd hertzlicher Leut/ die solcher
Disputation beygewohnt/ vil anderß/ als dise Narratores für=
geben dürffen/ hicuon werden zuzeugen wissen.

Vnd gestehen wir den Referenten dises gern/ daß sie fürge= Num. 82.
ben/wir haben auß Caluino vñ Beza helle Text verlesen/ wöl=
che schier dahin gehn/ als wann sie die ware Gegenwart hiel=
ten/ zc. Wölches aber jnen zu eim schlechten Rhum vnd Ehr/
sonder vil mehr zur Confusion gereichet/dieweil die Caluinische
Scribenten selbsten der Sachen noch nicht vnder einander ei=
nig/ja auch ettwan einer jme selbsten zuwider vñ entgegen ist.

Wir wöllē aber nun auch die sextā Congressionē/ so Don=
nerstags vor Palmarū den 9. Apr. gehaltē wordē/ für die Hand
nemē/bey wölcher Grynæus bald nach gehaltenem Gebett/sag=
te/ es neme jn wunder/dz vnder allen denē/ so biß anhero oppo=
niert/noch keiner sey gefundē worden/der eintweder das τὸ ἐκτὸς,
oder die oralē manducationē zudefendieren sich vnderwunden
hette/ vñ prouocierte darauff mit Namen D. Schopperū, vnd
vermanet jn deren zweien eins für die Hand zunemen/ wölchen
er doch voriges Tags/ zu End des 5. Actus, mit stillschweigen

vbergangen/ vnd den abwesenden Kirchnerum, item D. Patienten p. m. vñ D. Zimerman/ mit Namen prouociert hatte.

Als solches Marb. von Grynæo vernoien/bate er die anwesende Herrn Presidenten vñ Räht/ wie dañ auch das gätze Au-
ditoriũ, man wolte jm in vnguttē solches nit vermercken/ dz er
Grynæũ mit wenig wortē bespreche/vñ sagte fertner/ Es wissen
ja solches alle Auditores, wie er võ seinem fürgenomenen Methodo, die Theses zu examinierē/ durch Grynæũ seie depelliert
worden: habe drauff/ damit er ad defendendũ ꝃ ἐκτρ͂υ, füglich
komen möchte/des Gryn. Fundamēta, die er in seiner 24. Thesi
wid das ꝃ ἐκτρ͂υ führet/ cõuellieren wöllē/ vñ seie hiebey noch nit
sufficiēter gehört wordē/ jme auch noch nit gnug geschehē: da es
nun Grynæo nit zuwider/ wölle er noch das ꝃ ἐκτρ͂υ für sich ne-
mē/ da jme aber solches nit solte gestattet werdē/ wölle er hiemit
protestiert haben/ dz jme die Schuld desselbigen nit zuzulegen.

Auff solchs interponiert der Herr võ Dona sein Autoritatē,
vnd damit Marbachius nit zuklagē hette/ sagte er/ wölle er jme
noch ein gantze Stund das ꝃ ἐκτρ͂υ zudefendieren erlaubt haben.

Nachdem nun D. Marb. ettliche mal Syllogismos nach ein-
and/ das ꝃ ἐκτρ͂υ dardurch zubeweisen/ auff die Bahn gebracht/
wölche alle Grynæus nur eludiert/ohngeachtet/ dz er nichts in
denselbigen/ weder quo ad materiã, noch quo ad formã zutad-
len gehabt/ hat gedachter Marb. endtlich disen Syllogismum
proponiert/dz er sagte/ Das jenige werde vns im gantzē Sacrament gegebē/ vñ das werde auch darinnen genossen/ wölches
Christus für vns in den Todt gegeben: Dieweil dann Christus
seinē waren vñ wesentliche Leib für vns in Todt gegebē/ so werde auch der ware/wesentliche Leib Christi im gantzē Sacrament
gegebē/ vñ von vns empfangen: sagte Grynæus, Er cõcedierte
das gantze Argumēt/ doch mit diser maß/ dz man den Leib Christi nicht mit dem Mund/ sonder durch den Glauben empfahe.

Da ward durch den Herrn von Dona von Marb. begert/ er
solte in seiner Maiore Proposit. hinzu setzē das wörtlin (oraliter
od mündtlich) wölchs aber Marb. nit ehe zuthun eingewilliget/

biß

biß er sich zuuor verwahret/dz er das wörtlin (oraliter) nie wöll
verstanden habe (wie das Gegentheil zuthü pflege) von dem Cas-
pernattischen essen des Leibs Christi/sonder also/dz nämlich das
gantze Sacrament mit dem Mund des Leibs empfangẽ werde.

Auff dise vorgehende Bedingung argumentiert er also/dz er
sagte: Was vns im H. Abendtmal zu essen gegebẽ werde/das
werde warhafftig/ eigentlich / vñ mit dem Mund vnsers Leibs
von vns empfangen vñ genossen: dieweil vns dañ der Leib Christi in dem H. Abendtmal zuessen gegebẽ werde/derwegẽ so werde
auch der Leib Christi im H. Abẽdtmal verè, propriè, vñ mit dem
Mund vnsers Leibs von vns empfangen vnd genossen/oder wie
ers hernacher vmb mehres Verstandts willen also formieret:
Das jenige/das propriè oder eigentlich im H. Abẽdtmal genossen würdt/ das würdt mit dem Mũd vnsers Leibs genossen/ dieweil dañ das gãtze Sacrament propriè vñ eigentlich võ vns genossen werde / wölchs er mit einem Spruch Augustini contra
Donatistas bewisen/ Aug. lib. 3. cont. Donat. Epist. 14. Nec
interest, cùm de Sacramenti integritate & sanctitate tracte-
tur, quid credat, & quali fide imbutus sit ille, qui accipit Sacramentũ, interest quidẽ plurimũ ad salutis viã, sed ad Sacramẽti quæstionẽ nõ interest: Fieri .n. potest, vt homo in-
regrũ habeat Sacramentũ, & peruersam fidẽ:derwegẽ so werde auch das gãtze Sacramẽt mit dem Mũd des Leibs genossen.

Darauff antwortet Grynæus anders nichts/dann dz er sag-
te/ es were in Minore Propositione des andern Syllogismi
ein æquiuocatio, dann ob schon Brot vñ Wein propriè im H.
Abendtmal von vns gessen vñ getruncken werden/so werde doch
der Leib vnd Blut Christi von vns translatè manduciert.

Marb. aber bestunde auff dem allegiertẽ Spruch Augustini,
darauß er zuuor erwisen/ dz das gantze Sacramẽt/ vñ demnach
nit allein Brot vñ Wein / sonder auch der wahre Leib vñ Blut
Christi/propriè vñ mit dẽ Mũd vnsers Leibs empfangen werde.

Vnd dieweil die zůgelassene Stund hierüber verloffen/hörte
Marbachius auff zu disputieren / vnd warde durch Grynæum
D. Schop-

D. Schopperus zu disputieren prouociert / wölcher gleichwol
begeret / weil voriges Tags D. Patiens ad disputandū prouociert worden / so wölle man jn auch zuuor höre / nachdem er aber
hiemit nichts erhalte können / sonder durch den Herrn von Dona / jme / D. Schoppero, zu disputieren aufferlegt worden / hat
er sich auch hiewider lenger nicht sperren / sonder des Præsidis,
vnd Præsidenten Willen vñ Befelch hierinnen erfülle wöllen.

Ehe vnd dann wir aber auff D. Schopperi argumenta-
tiones kommen / müssen wir zuuor auff das jenige antworten /
das die Referenten auß disem 6. Actu, vnd auß der Disputation / so in demselbigen Marbachius mit Grynæo gehalten /
rauß zwacken / vnd in jren Bericht hinein setzen.

Num. 84. Es schreibe die Referenten: Daß / nach dem wir ettlichmal von den anwesende Herrn Rähten angehalten
worden / dz wir doch vnsere mündtliche Nüssung des
Leibs Christi beweisen wolten / da seien wir (verstehe
Marbach) mit disem Argumēt komen: Was der Kirchendiener in den Mund gibt / ist ebe das / so für vns
gegeben wordē / was aber für vns ist gegeben / ist der
Leib Christi / darum würdt er in den Mūd gegeben.

Nun wissen aber alle die jenigen / die solcher Disputation
beygewohnet / daß ausserhalb des Herrn von Dona (der voriges
Tags / námlich den 8. April. da er D. Philip. Felsinium, vnd
M. Dionysium Ehemium ad disputandum prouociert / gesagt hette / wa vnser oralis manducatio blibe?) durch die andern Herrn Rähte / niemals / in gantzer wehrender Disputation
dessen gedacht worden / daß wir Oralem manducationem erweisen solten. Daß wir aber also spat vnd langsam zur verthedigung der mündtlichen Nüssung in gehaltener Disputation
kommen / ist dises die Vrsach / daß D. Marbachius den 7. Apr.
durch Grynæum trutzlich ad defensionem τȣ ῥητȣ prouociert
worden / wie solches auß zuuor gegebnem Bericht abzunemen /

vnd

vñ daruon auch alle/so der Disputation beygewohnet/hieuon zu
zeugen wissen: Damit man auch nicht gedencken möchte/wir
trügen dessen ein schew/das ⲧⲟ̀ ἐⲛⲧⲟⲩ zu defendieren/hat Marbachius, als er auff des Grynæi begeren den 7. Aprilis/von seinem
ersten fürgenommenen Methodo fallen müssen/vnnd das ⲧⲟ̀ ἐⲛⲧⲟⲩ
zu defendieren auff sich genossen/eben darumb die Fundamēta
Grynæi/so er in seiner 24. Thesi,wider das ⲧⲟ̀ ἐⲛⲧⲟⲩ führet/con-
uellieren vñ vmbstossen wöllen/auff daß er hernacher ad defensionem ⲧⲟⲩ̃ ἐⲛⲧⲟⲩ̃ desto füglicher kommen möchte.

Da nun Grynæus so gern gesehen/daß man die oralem
Manducationē wider jne defendieret/warumb hat er den Marbachium den 7. Apr. so ernstlich ad defendendum ⲧⲟ̀ ἐⲛⲧⲟⲩ auffgemahnet?

Vñ warumb hat eben er im anfang dises neundten Actus
darüber geklagt/daß noch keiner vnder denen/die opponiert/sich
haben vnderstehn dörffen/das ⲧⲟ̀ ἐⲛⲧⲟⲩ zu defendieren?

So müssen nun dise Narratores/feine erbare Leut sein/die
da entweder nit wissen/was sie dißfals schreiben/oder verschweigen mutwilliglich die Warheit/vnd berichten die offentliche vnwarheit.

Auff Grynæi begeren/hat D.Marbachius seinen Methodū
disputandi, den 6. April. fürgenossen/der auch von Grynæo
selbsten zu ettlich mahlen publicè commendiert worden/fallen
lassen/vñ jme durch die oppugnation der Fundamentē Grynæi/
so er in seiner 24. Thesi, wider das ⲧⲟ̀ ἐⲛⲧⲟⲩ einführet/einen weg
zur defension ⲧⲟⲩ̃ ἐⲛⲧⲟⲩ̃ machen wöllen/vñ hat hiemit zween Tag
zugebracht: vnd haben doch die anwesende Herrn Rähte/ettlich
mahl vns angehalten (wie die Narratores allhie narrieren) die
mündtliche Nüssung des Leibs Christi zuerweisen. Wie reimet sich doch das zusammen? Ist je solches von den anwesenden
Herrn Rähten geschehen (wölches doch nicht ist/ausserhalb des-
sen/was der Herr von Dona hieuon geredt) so seind wir Oppo-

Hh　　　　nen-

nenten billich bey jederman für entschuldiget zuhalten / dieweil
wir zweien Herrn/die da widerwertige ding gebotten/nämlich
dem Grynæo/der vns ad defensionem τ͂ ἐκτ͂ prouocirt/vnd
den Herrn Rähten/die vns ettlichmahl ad defensionem oralis
manducationis prouociert sollen haben/nit haben dienen/vnd
jnen zumal willfahren können.

Aber dise Leut schreiben vnd handlen mit Gewalt/vnd machens mit allen dingen/nach irem gefallen/wölches auch bey disem volgenden Stücklin zusehen.

Dieweil Grynæus im anfang vñ eingang der sechsten Con-
gression/sich dessen publicè vernemen lassen/es seie der Opponenten noch keiner so keck gewesen/der da hette dörffen das τ͂ ἐκ-
τ͂ρ, oder die mündtliche Nüssung defendieren: vnd aber Marbachius wol gewüßt/daß die oralem Manducationem schon allbereit ein anderer auß vnserm Mittel zudefendieren auff sich genommen: hat er das τ͂ ἐκτ͂ρ zubeweisen/ein Argument auff die
bahn gebracht/wie zuuor im gegebenẽ Bericht gemeldet wordẽ.
Wiewol er nun mit diser materi,die selbige gantze Stundt/ die
jme erlaubet gewesen/hat zubringẽ wöllen/so würdt er doch bald
darauff von seinem Fürnemen abgetriben/vnd muß er sich mit
Grynæo einlassen/in die Disputation / von der mündtlichen
Nüssung.

Was dann nun die Argumenta Marbachij, vnd die darauff gegebene antwort betrifft/ist gleichwol zuuor/wie es hiemit
ergangen/ kurtzer / aber doch gnugsamer vnnd warhaffter Bericht geschehen/vnd were wol vnuonnöten/auff solche solutio-
nes/so die Narratores allhie auff die bahn bringen / vnnd deren
Grynæus zum mehrertheil/in gehaltener Disputation nicht ge-
dacht/ferner/vnnd weitter dißmals zu antworten: Wir wöllen
aber dannoch/dem Christlichen Leser zu gutem/dieselbige nur
ein wenig besehen vnd erwegen.

Es berichten die Narratores : Es seie Marbachio

auff

auff seinen ersten Spruch (was der Kirchendiener
in den Mund gibt/ist eben das/so für vns ist gegeben worden) geantwortet worden:Es gebe der Kir-
chendiener/was er nimmet/bricht/sichtbarlich auß-
theilet/wölches sey das Element/ Christus aber gebe sich selbs vns zunüssen/ dann was Christus auff
dem Tisch genommen/gebrochen/ vnnd den Jüngern
in den Mund gegeben/das seie nicht sein Leib gewe-
sen/sonder hernacher fasse er seinen Leib im wort der
Verheissung. Antwort: Daß die erste Propositio Marbachij gewiß vnd wahr seie/ist auß den worten der Einsatzung hell
vñ klar/darinnen außtruckenlich gemeldet würde/daß der Herr
Christus seinen Jüngern das jenige in den Mund gegeben/ vñ
gesagt/Nemet hin vnd esset/ von wölchem er gleich drauff ge-
sagt/daß er für vns werde hingegeben: dieweil dann der Leib
Christi für vns hingegeben worden/ so muß ja auch derselbige
mündtlich zuessen dargereicht/gegeben vñ empfangen werden.

Darumb so gesteht man disen Narratoribus gar nit/das sie
allhie schreiben/Der Kirchendiener gebe das allein/wölches er
neme/breche/vnd sichtbarlich außtheile/nämlich das Element/
sintemal die wort der Einsätzüg/ noch von einer andern Speiß
vñ Tranck melden/ so vns neben Brot vnd Wein/wölche ge-
nossen/gebrochen/vnd sichtbarlich außgetheilt werden/darge-
reicht/ vnd zuessen vñ trincken vbergeben werden/nämlich/ vermög der wort der Einsatzung/eben das jenige/so für vns hinge-
geben/vnd für vns/vnd für vil vergossen worden / als da ist der
ware Leib vnd Blut Christi: wie daß auch der HErr Christus
selbst seinen Jüngern nit nur schlecht vnd bloß Brot gegeben/
sonder auch seinen waren/vnd eben den Leib/der für vns in tode
gegeben/laut seiner klaren vnd waren wort:Nemet hin vnnd es-
set/das ist mein Leib/der für euch gegeben würdt/ꝛc.

Hh   2   Vnd

Vnnd ist dise vnsere Christliche Lehr vnd Bekanntnus/in dem wir fürgeben/ daß das wörtlin (das) in den wortē der Einsatzung zumahl Brot vn̄ Leib zusam̄en heisse/keines wegs nicht wider D. Luth. wölcher/ob er wol an König Heinrich auß Engellandt/wider die Bäpstische Transsubstantiation geschriben/ daß das wörtlin (das) auff das eusserliche vnnd sichtbare Element des Brots gesehen/ so versteht er doch hiedurch nicht ein schlechts/sonder solches Brot/ mit wölchem der Leib Christi vereiniget ist.

Num. 84. 85. Es verkehren auch dise Narratores Marbachio seine Reden mutwilliglich/in dem sie fürgeben/ Er habe in gehaltener Disputation bestritten/daß/was in der Warheit geessen werde/dasselbige allein mit dem Mund geessen werde: vnd machen ein groß dicentes hievon/ daß nämlich die Seel auch warhafftig esse/etc.

Aber auß zuuor gegebenem Bericht ist zusehen/vnd wissen auch alle Auditores der gehaltenen Disputation hievon zuzeugen/ wie dann auch solches auß den getruckten Actis zusehen/ daß D. Marbach in disem Handel/ mit besonderm fleiß/ dise zwey wörtlin zusammen gesetzt/nämlich/verè & propriè. Vnd ist einmahl gewiß vnd war/daß/ was warhafftig vnd eigentlich geessen würdt/dasselbige mit dem Mund müsse geessen werden.

Num. 85. Noch ein meisterlich Stück beweisen dise Narratores, in dem / daß sie auffs allerkünstlichst das letste Argument Marbachij soluieren / da er ihrem fürgeben nach / also solle argumentiert haben: Was der HErr gibt/ ist ein gantz Sacrament : Nun das gantz Sacrament nicht allein fasset Brot vnnd Wein / sonder auch den Leib Christi : darumb so werde das gantz Sacrament mündtlich von allen Com̄unicanten genossen.

Ant-

Antwort: Zugleich wie dise Referenten in jhrem gantzen vnwarhafftigen Bericht vntrewlich berichten / (wie biß hieher vilfältiglich erwisen) also assumieren sie auch D. Marbachio sein
Argument gantz vntrewlich. Dann Marbachius nicht solcher
gestalt/wie es die Narratores droben gesetzt/sonder also sein Argument formiert hat/daß er gesprochen: Das jenige/ so proprie
oder eigentlich im heiligen Abendtmal genossen würdt/ das
würdt mit dem Mund vnsers Leibs genossen: Nun würdt aber
das gantze Sacrament nach den Worten Augustini , lib. 3.
contra Donatistas cap. 14. proprie vnd eigentlich von vns
genossen:Darumb so würdt auch das gantze Sacrament/vnnd
demnach nicht allein Brot vnnd Wein/ sonder auch der ware
Leib vnnd Blut Christi mit dem Mund des Leibs genossen.
Vnd weil diß Argument vil anders lauttet/als das jenige/ wölches dise Narratores formieren/vnd D. Marbachio andichten/
so ist man ja auch nicht schuldig auff die solutiones/so die Narratores auff diß erdichte Argument bringen/zuantworten/vnd
den Christlichen Leser mit Verdruß lenger auffzuhalten.

Wir wöllen nun widerumb auff den sechsten Actum der
Disputation kommen / wölcher Donnerstags vor Palmarum
den 9. Aprilis gehalten worden/in wölchem/als D.Marbachi-
us ein Stund lang disputiert / hernacher D. Schoppero durch
Grynæum vnd den Herrn von Dona/locus ad disputandum
ist gegeben worden.

Derselbige aber hat für sich genommen die 14. Thesin/
vnnd wider dieselbige argumentiert/daß der status controuersiæ darinnen nicht recht gesetzt werde / dann solches nicht der
Streit seie/vnd die Hauptfrag/wie in die Thesis 14. setzet / ob
der Leib Christi leiblich/in/mit/ vnd vnder dem Brot verborgen
seie/sintemal wir solches nie gelehret / sonder das seye status
controuersiæ/ wie derselbige in denen Büchern/zu denen wir

Hh 3   vns

vns bekennen/als in der Augſpurgiſchen Confeſſion Apologia, Schmalcaldicis articulis, Catechiſmis Lutheri/vnd ſonderlich in libro Concordiæ geſetzt werdē: Ob/nāmlich/in dem
heiligen Abendtmal/der warhafftige Leib vnnd Blut vnſers
Herrn Jeſu Chriſti/warhafftig vnnd weſentlich gegenwertig
ſeie/mit Brot vnd Wein außgetheilet/vnd mit dem Mund empfangen werde/von allen denen/ſo ſich diſes Sacraments ge-
brauchen/ſie ſeien würdig oder vnwürdig/fromb oder vnfromb/
glaubig oder vnglaubig: Zu wölchem wir dann Ja/das Gegentheil aber Nein/ſagen.

Vnd hiebey iſt zwiſchen den Colloquenten vil pro &
contrà geredt worden/von dem Wörtlein in Johann Huſſen
Lied/(verborgen im Brot ſo klein) Item von dem Wörtlein
(leiblich) vnd dann von den particulis (In, Cum, & Sub, das
iſt/in dem Brot/mit dem Brot/vnder dem Brot.) Es iſt aber
endtlich von D. Schoppero der ſtatus alſo formiert worden/
weil wir zu beiden theilen bekennen/daß der HErr Chriſtus mit
ſeinem Leib vnd Blut im heiligen Abendtmal ſeie/ſo ſeie diſes
jetzunder die Hauptfrag/vnnd der ſtatus/ob Chriſti Leib vnnd
Blut alſo im heiligen Abendtmal ſeie/daß ſie daſelbſten mit/
in/oder vnder dem Brot vnd Wein/von der Communicanten
genoſſen vnd empfangen werden/zu wölchem wir Ja/das Gegentheil aber Nein/ſagt. Vnnd diſen ſtatum/vnnd deſſelbigen
affirmatiuam/nāmlich/daß vnſer Ja war ſeie/hat D. Schopper erwiſen auß der Augſpurgiſchen Confeſſion/Apologia/vī
der Wittembergiſchen Concordi Formul/Anno ꝛc. 36. auffge-
richt/zu wölchen Büchern auch vnſer Gegentheil ſich bekēnet.
Was die Augſpurgiſche Confeſſion betrifft/ſagte D. Schop-
per/werde im 10. Articul derſelbigen expreſſè geſagt: Daß warer Leib vnnd Blut Chriſti warhafftig vnder der Geſtalt des
Brots vnnd Weins im Abendtmal gegenwertig ſeie/vnnd da
außgetheilet vnnd genommen werde/die Gegenlehr aber werde
verworf-

verworffen: Wölches dann in der Apologia fast mit gleichen Worten repetiert/ vnnd expressè gesagt werde/ daß der warhafftige Leib vnd Blut Christi/ mit den sichtbarn dingen/ Brot vnd Wein/ dargereicht/ vnd genommen werde.

Darauff/ vnnd auff solche Allegation der Wörtlein/ In, Cum, Sub, wie dieselbige in der Augspurgischen Confession/ vnnd derselben Apologia gebraucht werden/ hat Grynæus mit vilen Worten sich dahin erkläret/ daß/ so fern man die Geistliche Gegenwart des Leibs Christi allein im heiligen Abendtmal statuiere vnd halte/ also/ daß Christus gleichwol actu secundo im heiligen Abendtmal / actu primo aber im Himmel allein seie/ so seie er mit disen Wörtlein wol zufriden/ sonsten aber gar nicht.

Es hat auch hierauff D. Schopperus wider das jenige disputiert/ das in der 14. Thesi geleugnet würdt/ daß der Leib vnd Blut Christi nicht solte von allen Communicanten/ sie seien gleich glaubig oder vnglaubig/ genossen vß empfangen werden/ vnd hat auß der Augspurgischen Confession/ vnd derselben Apologia/ wie denn auch auß der Concordi Formul/ Anno ꝛc. 36. zu Wittemberg gemacht/ hell vnd klar erwisen/ daß alle Cõmunicanten/ beides Glaubige vnd Vnglaubige/ fromme vnd Gottlose/ den Leib vnd Blut Christi im heiligen Abendtmal essen vñ trincken/ jene zwar zum Heil/ dise aber zum Gericht vnnd Verdamnus.

Darauff antwortet Grynæus/ was sonderlich die Concordi Formul Anno ꝛc. 36. betrifft/ habe er von seinen wolbekandten vernommen/ daß Bucerus sich nach gemachter Concordi/ so schrifftlich/ so mündtlich dahin erklärt/ daß er niemals die Nießsung der Vnglaubigen statuirt vnd gehalten hab.

Als jhme aber D. Schopperus hiegegen auß Lauateri/ eines Zwinglischen/ Zürchischen Scribenten Historia/ so in Truck vorhanden/ solche Wort verlesen/ da gemelter Scribent außtrucklich zeuget/ daß die Wittembergische Concor-

dia

dia auch von denen rede / die auch ohne Buß vnd Glauben den
Leib vnnd Blut Christi im heiligen Abendtmal empfahen. Da
antwortet Grynæus hierauff / Bucerus habe durch die vnwürdige in der Concordi Formul nicht verstanden / die reprobos &
infideles / das ist / die Gottlosen vnnd Vnglaubigen / sonder die
schwachen allein im Glauben / vnnd es werde gleichwol den re-
probis vnd Gottlosen / der Leib vnnd Blut Christi angebotten /
sie nemen jhn aber / vnd empfahen jn nicht / sonder schlagen jhn
durch jhren Vnglauben auß.

Schopperus aber wolt sich mit solcher Distinction infir-
morum & reproborum / das ist / der Schwachen vñ der Gottlosen oder Vnglaubigen / nicht abweisen lassen / sagte / daß die
schwachen im Glauben nicht in der Zal der Vnwürdigen / sonder der Würdigen vnd Glaubigen seien / dann auch ein schwa-
cher Glaub dannoch ein Glaub seie / vnnd müsten sonsten fast
alle Communicanten vnwürdige Gäst sein / dieweil wir fast alle
schwach im Glauben seind / trange darauff / daß in der Wittem-
bergischen Concordi expressè steht / daß die auch den Leib vnnd
Blut Christi im heiligen Abendtmal nüssen vnd empfahen / die
ohne Buß vnnd Glauben seind / wölches ja nicht von den
schwachen im Glauben / die nicht gar ohne Buß vnnd Glauben seind / sonder von den Vnglaubigen vnnd Gottlosen müsse
verstanden werden. Vnnd sagte endlich / daß der Vnglaub der
Gottlosen den Worten der Einsatzung des heiligen Abendtmals / darinnen die Nüssung der Vnwürdigen expressè steht
vnd gesetzt / nichts beneme.

Vnd nachdem Grynæus sich vernemmen liesse / er wolte
lieber / daß man mit Argumentis handlete / dann daß man au-
thoritales allegiert / hat D. Schopperus hierauff dises Argument proponiert / daß er gesagt: Es werde ja das Wort selbs /
daran kein außtruckenliche Bedingung vnnd conditio des
Glaubens

Glaubens hangt/ durch den Vnglauben der Gottlosen nicht
geschwecht/ euacuiert/ auffgehaben/ vnnd zu nicht gemacht.
Nun haben aber dise Wort Christi (das ist mein Leib) kein Be-
dingung/ oder angehengte Condition des Glaubens: Darumb
so können vnnd mögen auch dise Wort Christi vmb des Vn-
glaubens der Gottlosen willen nicht euacuiert/ auffgehaben/
vernichtiget oder geschwecht werden: Darauß dann auch hernacher notwendiglich volge/ daß auch die Gottlosen den Leib
Christi empfahen. Auff den andern Spruch dises Syllogismi
antwortet Grynæus also/ daß er sich vnderstünde/ mit ettlichen
Argumentis zubeweisen/ daß der Glaub nicht allein zum
rechten Brauch vnnd Nutzen/ sonder auch zu der Substantz
vnd Wesen des heiligen Abendtmals notwendiglich erfordert
werde/ dann es seien doch die Verheissung vnnd Glaub corre-
latiua/ als die zusamen gehören/ dieweil dann dise Wort Christi (das ist mein Leib) Wort der Verheissung seien/ so seind sie
auch correlatiua/ vnnd werde durch dise Wort auch implicitè
ein Glaub erfordert.

Aber darauff ward jhme durch D. Schopp. geantwortet/
daß dise Wort Christi (das ist mein Leib) keine Wort der Verheissung seien/ sonder seien solche Wort/ die da gehören zu der
Substantz vnnd Wesen des heiligen Abendtmals: Dise Wort
aber Christi/ da er sagt/ (wölcher (Leib) für euch gegeben/ vnd
wölches (Blut) für euch vergossen würdt) die seien Wort der
Verheissung/ die mit Glauben (sollen sie anders früchten vnnd
nützen) wöllen vnd müssen ergriffen sein. Vnnd weil Grynæus
zu Beweisung dessen/ daß dise Wort/ sollen sie anders würcken
vnnd kräfftig sein/ Glauben erfordern/ auch allegierte die Aug-
spurgisch Confession/ vnd derselben Apologj/ darinnen bey dem
13. Articul gesagt würdt/ daß die Sacramenten Glauben er-
fordern/ vnnd dann recht gebraucht werden/ so mans im Glauben empfahet/ vnd den Glauben dardurch stercket/ ist jme durch

Ji   D. Schopp.

D. Schopp. geantwortet worden/ daß die Aug. Confeſſio vnd
derſelben Apologia in angezogenen Worten/ reden nicht von
der Subſtantz vnd Weſen/ ſonder von dem rechten vnd heilſamen Brauch des heiligen Abendtmals/ vnnd werde in denſelbigen von vns erfordert/ daß wir nicht/ wie Judas gethon/ ohne
Glauben vnd Buß/ ſonder mit bußfertigem glaubigem Hertzen
zum heiligen Abendtmal gehn ſollen.

Es antwortet auch Grynęus auff vorgeſetzte minorem
propoſitionem in D. Schopperi Syllogiſmo/ mit der Regel
Philippi: extra vſum nil habere rationem Sacramenti/ darumb dann/ ſagte er/ die Sacramenta als dann allererſt rechte
Sacramenta ſeien/ wann zu denſelbigen komme der Glaub des
jenigen/ der ſolche Sacramenta brauche.

Aber darauff ward jhme geantwortet/ daß diſe Regel von
Philippo/ vnnd allen andern reinen Theologis gemeinet vnnd
gerichtet ſeie/ wider den Päpſtiſchen Mißbrauch der euſſerli-
chen Elementen der heiligen Sacramenten/ die auch auſſerhalb
des Gebrauchs von den Papiſten/ für Sacramenten gehalten
werden/ als da das conſecrierte Brot eingeſchloſſen/ vmbge-
tragen/ vnnd angebettet würde/ ꝛc. in wölchem Fall dann diſe
Regel Philippi gelte/ aber in diſem Verſtand/ den Grynæus jhr
andichte/ gar nicht.

Als nun die Colloquenten vom vorgeſetzten Argumento lang pro & contrà diſputierten/ vnnd vnder andern Grynæus hefftig beſtritte/ daß nur allein ein Gebrauch des heiligen
Abendtmals were/ nämlich/ der heilſame Brauch der Glaubi-
gen/ da dieſelbige alle durch den Glauben den Leib Chriſti eſ-
ſen/ vnd daß die Vnglaubigen den Leib vnd Blut Chriſti nicht
zum Gericht empfahen/ procedierte D. Schopperus zu einem
andern Argumento/ die Nieſſung der Vnwürdigen dardurch
zuerweiſen/ vnnd name daſſelbige auß dem 5. Cap. Joan. da
geſagt

gesagt würde/der Vatter habe dem Sohn alles Gericht gege=
ben/darumb daß er des Menschen Sohn sey/vnnd auß dem
11. Cap.1. Cor. vnd schlosse hierauß also: Weil dem Menschen
Christo alles Gericht vom Vatter vbergeben/vnnd darneben
auch von S. Paulo/1. Cor. 11. expressè gesagt werde/daß die
vnwürdige Communicanten schuldig werden an dem Leib
Christi/so müsse ja auch ein solche Nüssung der Vnwürdigen
sein/da sie den Leib vnd Blut Christi jnen selbsten zum Gericht
vnd Verdamnus empfahen.

Diß Argument vnderstünde sich Grynæus also zusoluie=
ren/daß er sagte/Paulus spreche 1.Cor.11. nicht also/wer vn=
würdig esse vom Leib Christi/sonder vom Brot. So rede er auch
nicht von solchen Vnwürdigen/die gar vnglaubig/sonder die
nur allein schwach im Glauben seien/denen jhre vnwürdige
Nüssung gereiche wol zum Gericht/ad iudicium, ad κρίμα/
das ist/zur vätterlichen leiblichen Züchtigung/aber nicht zur
ewigen Verdamnus/ad κατάκριμα.

Aber jhme ward geantwortet / 1. Daß Paulus allhie
das Brot expressè nenne/ sagend (wer vnwürdig isse
von disem Brot) das thue er darumb/ damit anzuzeigen/
daß das Brot Brot bleibe/vnnd nicht in den Leib Christi
verwandlet werde/es seie aber dasselbige drumb nicht ein
schlechtes/sonder solches Brot/mit wölchem der Leib Chri=
sti Sacramentlich vereiniget/dann weil sie schuldig werden/
nicht am Brot/sonder am Leib Christi/so müssen sie ja auch
denselbigen/daran sie schuldig werden/nüssen. 2. So em=
pfahen auch die Vnwürdigen (wölche/wie droben erwisen/
allein die Vnglaubigen/vnnd mit nichten die schwachglaubi=
gen seind) das heilig Abendtmal jhnen selbsten nicht nur al=
lein zum zeitlichen Gericht vnnd Vatterstraff/ sonder zum
ewigen Gericht vnnd Verdamnus/wölches dann durch das

Ji 2 Wörtlin

Wörtlin κρῖμα verstanden werde/ als sonderlich Joan. 3. zu-
sehen/ da κρίσις auch von der ewigen Verdamnus verstanden
werde.

Und allda haben die Colloquenten vil vnd weitläuffig von
dem Wörtlein κρῖμα,& κατάκριμα disputiert/bey wölcher Concertation Grynęus das zuuor bestritten/dz durch das Wörtlein
κρῖμα allein paterna castigatio/ durch das Wörtlein κατάκριμα aber die ewige Verdamnus verstanden werde. Schopperus
aber bestritte/ daß durch beide Wörtlein in angezogenem ort
1. Cor. 11. von der ewigen Verdamnus verstanden werde.Vnd
dieweil die Zeit verloffen/ist hierüber der sechste Actus beschlossen worden.

Der sibende Actus der Disputation/ward den 10.Aprilis/
Freitags vor Palmarum gehalten/vnnd angefangen morgens
vmb acht Vhr/in dessen Anfang Grynæus nach gethonem Ge-
bett/die Ministros Ecclesiæ Heidelbergensis, vnnd vnder denselbigen D.Zimmerman (der doch dazumal noch predigte/ vnd
das gemeine Gebett der Letaney halffe verrichten) nominatim prouociert/doch mit disem Anhang/ wo D. Schopperus noch ettwas weitters hette fürzubringen/möchte er dasselbige wol thun.

Dieweil dann D. Zimmerman dazumal noch abwesend/
vnnd in der Kirchen zun Barfüssern gewesen/vnnd aber D.
Schoppero erlaubt ware/seine Argumenta noch ferner vnnd
weitter zuurgieren/als hat gedachter Schopperus dise Gelegenheit an die Handt genommen/vnd die vorgenommene Materi an dem ort/da sie nächstiges Tages vnnd Actus gelassen
worden/also vrgiert/ daß er bewisen/ daß das Wörtlin κρῖμα in 11. Cap. Epistolæ 1. Cor. (da gesagt würdt/ wer vnwürdig esse vnnd trincke/ der esse vnnd trincke jhm selber
das Gericht/ τὸ κρῖμα) nicht heisse ein zeitliche vnnd
vätters

vnd vätterliche züchtigung/sonder die ewige Straff vnd Ver-
damnus/darauß dann folge/daß auch die vnwürdigen/dieweil
sie zur ewigen Verdamnus das H. Abentmal empfahen/den
Leib vnd Blut Christi essen vnd trincken.Seine Beweisungen
waren dise/daß erstlich die heiligen Vätter/das wörtlin χιμα,
1.Cor.11.in solchem Verstandt/daß dardurch nämlich die ewige Verdamnus verstande werde/gebraucht haben:als D. Ambrosius in Commentario suo, in 1. Cor.11. Theophilactus
super hæc eadem verba: Chrysostomus Hom. 27. & 28. in
1.Cor.11. So stimmen auch die Neoterici Scriptores, ja auch
die Zwinglische Scribenten selbsten / hiemit vberein: als Bul-
lingerus in 1.Cor. 11. Beza in versione noui Testamenti: allda er das wörtlin χιμα also vertiert/daß er nicht das wörtlin
(iudicium) sonder das wörtlin (condemnationem) darfür gesetzt. Vnd an dise seine Beweisungen henget D. Schopper sein
letztes Argument/Manducationem indignorum damit zube-
weisen/wölches er genommen von dem Exempel Iudæ Isca-
rioths/des Verrähters/ von wölchem Lucas 22.Cap. meldet/
daß der HErr Christus mit seinen zwölff Jüngern zu Tisch
gesessen/vnd sein letztes Nachtessen mit jnen gehalten/darumb
dann auch Judas habe müssen bey der Einsatzung vnd haltung
des H.Abentmals sein/Wie daß auch die H. Vätter/vnd sonderlich D. Aug. Tractatu 26, in Ioan. hieuon schreibe/daß
die jenigen jrren/die da fürgeben/Judas seie nicht bey der Einsatzung vnd haltung des H.Abentmals zugegen gewesen: Auß
wölchem dann volgt/weil Judas den Leib Christi geessen/vnnd
sein Blut getruncken/daß auch die vnwürdigen den Leib vnnd
Blut Christi nüssen.

Auff die Beweisung/daruon ich jetz gemeldet/das wörtlin
χιμα betreffend /antwortet Grynæus also: daß er saget/se non
moueri authoritatibus, vbi adsit demonstratio, wölche de-
monstrationem doch er nicht wüste vorzubringen.

Ji 3   Hierüber

Hierüber ist nun von den Colloquenten allerley pro & côntrà
fürgebracht worden: aber endtlich gieng es da hinauß / daß
Schopperus auß 22. Luc. & 13. Ioan. bewiese / daß Judas der
Verrähter / auch bey der Einsatzung vñ haltung des H. Abentmals gewesen. D. Grynæus aber gabe für / Lucas gedencke wol
12. Jüngern / die bey der haltung des H. Abentmal gewesen /
aber per Synechdochen werden nur eilff verstanden / da doch
12. genannt werden: Vnd ob er (Lucas) wol melde / daß der Her-
Christus nach der haltung des H. Abentmals gesprochē: Sihe
die Handt meines Verrähters ist mit mir vber Tisch (auß
wölchem Schopperus erwiesen gehabt / daß auch Judas bey
der haltung des H. Abentmals gewesen) so seie doch solches
ὕσερον πρότερον / (Lucas habe das Pferd hinden an Wagen
gespannet) vnnd was vor der haltung des heiligen Abentmals
geschehen / das beschreibt S. Lucas also / als wann es hernacher
allererst geschehen were.

Was duncket dich da Christlicher lieber Leser? seind nicht
das hertzliche solutiones, die man auff die proposita argumenta gegeben / darinnen man alle Authoritates Patrum , ja auch
Neotericorum scriptorum, vnd (das noch mehr) der Zwinglischen Scribenten selbst verwürfft / vnnd den H. Euangelisten
Lucam in die Schul führet / in dem / daß da er solte 11. Jünger
allein / die bey der haltung des ersten Abentmals gewesen / genañt
haben / da habe er jrer 12. genennet / vnnd da er solte geschrieben
haben / Christus habe vor der haltung des ersten Abentmals
gesagt: Sihe / die Hand meines Verrähters ist mit mir vber
Tisch / da habe er geschrieben / (villeicht schlaffende / oder da er
bezecht gewesen) Christus habe solches nach der haltung des
heiligen Abentmals gesagt. Solche Leut muß man haben / die
wolbestelte Kirchen vñ Schulen in Churfürstlicher Pfaltz ver-
stören / vnd in solchem hochlöblichen Churfürstenthumb / wider

des

des frommen Churf. p. m. letzten Willen/vnd auffgerichte Testament/Kirchen vnd Schulen verbösern sollen.

Vnd diß seind nun auch die Argumenta Schopperi, vnd die solutiones Grynæi, sampt den fürnembsten Instantijs/so im halben theil des sechsten/vnd im halben theil des sibenden Actus gehaltener Disputation/zu beiden theilen geführet vnd getriben worden.

Dann als den 10. April. im sibenden Actu/ die Sachen mit denen Argumentis, solutionibus & instantijs, so weit vnd ferꝛ/als zuuor daruon meldung geschehen/kommen/vnd es nunmehr vmb 9. Vhr selbigen Freitags/nämlich den 10. Apr. ware/ da ward durch D. Hartmannum Hartmanni, Jauthen zu Heidelberg/der damals presidierte/ D. Schoppero silentium imponiert/ vnnd nomine Illustr. Principis, D. Zimmerman/ abermal locus ad disputandum gegeben.

Ehe vnd dann wir aber vermelden/was in solchem sibenden/vnd den nechst volgenden Actu gehaltener Disputation/ sich zwischen Grynæo/vnd D. Zimmerman verloffen/müssen wir zuuor auff etliche Sachen antworten/ so die Referenten auß solchem Colloquio, so zwischen D. Schoppero, vnnd D. Grynæo gehalten worden/ in jhren vnwarhafftigen Bericht hinein flicken/vnd damit jre Sachen beschönen/vnnd gut machen wöllen.

Die Narratores schreiben/ Wir (verstehe D. Schopp.) **Num. 85.** haben nicht gestehn wöllen / daß dieses der Hauptstritt seie / ob der Leib Christi leiblich im Brot were.

Nun wissen aber solches die Auditores der gehaltenen Disputation/ vnnd zeugen solches die publicierte Acta/ist auch auß vorgegebenem warhafften Bericht/klar vnd offenbar / das
D. Schop.

Schopp. gleich im anfang seiner Disputation / sich dessen wider die 14. Thesin beschweret / daß darinnen Status controuersiæ vntrewlich formiert werde. 1. Darumb / daß darinnen gemeldet werde / das seie der Hauptstreit / ob der Leib Christi / in / mit / oder vnder dem Brot verborgen seie / wölches ein raumliche einschliessung mit sich bringe / die doch von vns allwegen widerfochten worden. 2. Auch in dem / daß der Leib Christi / in / mit / oder vnder dem Brot / solte corporaliter oder leiblich verborgen sein: Dann da man das wörtlin (leiblich) von dem Capernaitischen essen des Leibs Christi verstehn solte / seie ja hieuon nicht der Hauptstritt / sonder dasselbige allwegen von vns widerfochten worden / da es aber dem Geistlichen essen vnnd trincken des Leibs vnd Bluts Christi / so allein durch den Glauben geschicht / entgegen gesetzt werde / seie vns solch wörtlin / daß es in dem Statu controuersiæ gesetzt werde / nicht zuwider.

Num. 85.

Auß wölchem warhafften vnd gründtlichen Bericht kundt vnd offenbar / daß / was die Narratores allhie wider das jenige fürbringen / daß D. Schopp. simpliciter solte geldugnet haben / der Hauptstritt seie nicht hieuon / Ob der Leib Christi leiblich im Brot seie / dasselbige keinen Grundt / weil das præsuppositum falsch vñ erdichtet / habe / sonder ein lautter Gedicht / vnd vnwarhafftiges Gewäsch seie / nämlich / daß wir vns

Num. 86

solcher groben Lehr schemen: eben solches seie allwegen durch die jhrigen gestrafft worden / Es seie auch eben dises auff dem Colloquio zu Marpurg / Anno 2c. 29. vnerörtert vnd vnverglichen blieben / ob nämlich der Leib vnnd Blut Christi leiblich im Brot vnd Wein seie. Dann da nach D. Schopperi Meinung / alle raumliche einschliessung des Leibs vnd Bluts Christi / in dem Brot vnd dem Wein / vnd alle Capernaitische Nüssung des Leibs vnd Bluts Christi außgeschlossen würdt: seind wir

wir mit solchem Statu/ ob nämlich der Leib vnnd Blut Christi
leiblich im Brot vnnd Wein seie/ wol zu frieden / vnd gesehen
gern / daß hierüber zwischen vns vnnd vnserm Gegentheil/ der
Hauptstritt seie.

Darnach zwacken auch die Narratores dises auß der Di-
sputation/ so zwischen Schoppero vnd Grynæo gehalten wor-
den/ daß sie schreiben : Es seie auch vom 10. Artickel der **Num. 84.**
Aug. Confession/ vnnd wie der in der Apologi/ vnnd
hernacher in Artickeln Concordiæ zu Wittemberg/
Anno/ꝛc. 36. erkläret/ disputiret/ vnd von D. Grynœo
die gantze Histori erzöhlet/ vñ stattlich bewisen worden / daß die Apologi Aug. Confeß. vnnd ermelte
Artickel der Concordi jre Lehr bestettigen/ vnd derselben keines wegs zuwider seien. Hilff lieber Gott/ wie
vnuerschämpte Leut seind doch dise Narratores allhie ? Ist daß
nicht Grynæo/ da D. Schopperus von der Nüssung der vnwürdigen disputiert/ auß der Augsp. Conf. vnd derselben Apologi
vberflüssig erwisen worden/ daß die Manducatio indignorum
darinnen statuirt werde ? Ist jhme nicht eben solches auß der
Wittenbergischen Concordi Formul/ vnnd daß dises derselbigen Wittenbergische Concordi meinung seie/ auß jrem Zwinglischen Aidbruder Lauatero/ vorgelesen/ vnnd ad oculum de-
monstrirt worden? Dannoch dörffen solche vnuerschämpte
Leut/ dises allhie laugnen/ vnd das Widerspil fürgeben. O tem-
pora , ô mores, ô Domine , in quæ nos reseruasti tem-
pora.

Es narrieren dise Narratores ferrner/ vnnd zwacken sol- **Num 86.**
ches auß der Disputation/ so zwischen Schoppero vñ Grynæo
gehalten worden / daß nämlich ein Doctor des Gegen-

theils (nämlich/D. Schopperus) sich diser vngeschickten
Red hab vernemmen lassen/daß nirgends geschri=
ben seie/daß wir Christum wesentlich durch den
Glauben ergreiffen sollen/vnnd habe deßwegen sol=
che Lehr keinen Grundt.

NB.
Ein Caluinische
Warheit.

Wann das war were/so were es vil vnd ein grosses: Es ist
aber solches ein Caluinische Warheit. Dann wie abermals die
jenigen wissen/so der Disputation beygewohnet/vnnd solches
auch vnser extract/neben vnnd mit den publicierten Actis der
Disputation/so zwischen Schoppero vnnd Grynæo gehalten
worden/mit sich bringet/so hat Schopperus solches niemals
geläugnet/daß wir Christum wesentlich durch den Glauben
ergreiffen sollen/vnd daß solche Lehr keinen Grundt haben sol=
le. Das aber hat er bestritten vnd verthädiget/daß solche Wort
Christi (das ist mein Leib) kein annexam conditionem fi=
dei, oder bedingung des Glaubens/also haben/daß/wann
nicht der Glaub des Communicanten darzu kompt / als=
dann solche wort Christi nicht kräfftig/vnnd der Leib Christi
nicht zugegen sein solte: sonsten aber/daß der Glaub zu dem
rechten vnd heilsamen Gebrauch des heiligen Abentmals not=
wendiglich erfordert werde/hat er allwegẽ die gantze Disputa=
tion/durch vnd durch gern gestanden. Dieweil dann Abermal
das præsuppositum, als ob Schopperus das jenige/das doch
nicht ist/solte bestritten haben/falsch vnnd erdicht ist: so ist auch

Num. 86.

alles das jenige/das die Narratores auff solch falsch præsup=
positum/darzu sich D. Schopper niemals bekennet / antwor=
ten/nicht einer Haselnuß/vil weniger aber soull werth/daß man
darauff antworte/vnnd den Christlichen Leser vergeblich damit
auffhalte.

Letstlich

Letstlich zwacken vnsere Narratores auch dises auß der Di-
sputation/so Grynæus vnd Schopperus miteinander gehalten/
wölches von Grynæo/dem Schoppero in gehaltner Disputation fürgeworffen/aber von gedachtem D. Schoppero gnugsam ist abgeleinet/vnnd verantwortet worden: daruon sie also
schreiben: Allda sie/des Gegentheils Doctores/des-
sen nicht eins waren/ob dise wort/der für euch gegeben würdt/ vom Wesen/oder von der Frucht laut-
ten/dann der eine verstand seie von dem Wesen/der
ander/von der Würckung.

Dann als gedachtem Schoppero, den 9. tag Aprilis,im
sechsten Actu/durch Grynæum vnder anderm fürgeworffen
worden/daß er dise wort Christi (der für euch gegeben würdt)
verstehe von dem Nutzen vnd Frucht des heiligen Abentmals/
die doch zuuor D. Marbachius von der Substantz vnnd Wesen des heiligen Abentmals verstanden/vnd außgelegt habe: Ist
jme/Grynæo, durch Schopperum geantwortet worden / daß
solches nicht widereinander seie/dann zugleich wie D. Marbachius zu vertheidigung des τ̃ ῥκτ̃, oder der wort Christi/vnnd
der mündtlichen Nüssung / auß der Exegetica particula,
(wölcher Leib hingegeben würdt) recht vnnd wol die
mündtliche Nüssung des warhafftige wesentlichen Leibs Christi erwisen: Also erweise er D. Schopperus, auch recht vnnd
wol/den heilsamen Brauch vnd Nutz des heiligen Abentmals/
auß denen worten/(der für euch gegeben würdt) wölche
beide in denen wenig worten (der für euch gegeben würdt)
mit einander gemeinet / verstanden / vnnd begriffen werden/
vnnd beide wol neben vnnd beyeinander sein / vnnd besehen
mögen.

Vnd

Vnd souil auch von D. Schopperi vnd Grynæi Disputation, so sie den halben theil des sechsten/ den halben des sibenden Actus mit einander gehalten.

Wir wöllen aber nun auch ferner berichten/ was sich fol-
gends/ nachdem D. Schoppero, stillschweigen aufferlegt/ vnd
D. Zimmerman zu disputieren erlaubet worden/ in dem sibenden Actu, den zehenden Aprilis, zwischen Grynæo vnd jme verloffen habe.

Als nun im Namen/ vñ an Statt Hertzog Joh. Casimirs/
durch Hartmannum Hartmanni, gedachtem D. Zimmerman/
zu disputieren erlaubt/vnnd er abermal durch Grynæum zu disputieren auffgefordert worden / bate er gleichwol/ man wölle
doch D. Petrum Patientem/der vor jme auffgemahnet wordē/
zuuor hören/sonderlich dieweil D. Zimmerman / eben dazumal
durch allererst gehaltene Predigt/mild vnd matt gemacht wor-
den/da aber je solches nicht zuerhalten / so wölte er im Namen
Gottes seine Argumenta, wider die Theses proponieren/vnnd
fienge darauff an zuwiderfechten/die 20. Thesin, darinnen die
mündtliche Nüssung geldugnet / vnnd hergegen diß statuirt
würdt/daß wir den Leib vnd Blut Christi im H. Abentmal anders nicht/dañ allein mit dem Glauben/ als mit dem Mund der
Seelen/empfahen/essen vnd trincken.

Wider dises nun / das in der 20. Thesi gesetzt würdt / daß
der Glaub allein das Instrument seie/damit wir den Leib vnnd
Blut Christi im H. Abentmal nüssen vnd empfahen/argumen-
tiert er also/daß er sagte/ daß das jenige/ so in geistlichen Sachen fürgegeben vnnd bestritten würdt / vnnd doch in heiliger
Göttlicher Schrifft nicht Grunde hat/nit anzunemen/vndfür
war zuhalten: Nun seie aber dise Meinung in der 20. Thesi,von
dem Mund des Glaubens in Gottes Wort/vnnd sonderlich in
den worten der Einsatzung des H. Abentmals nicht zufinden/
darumb dann auch dieselbige nicht anzunessen/ vnd für war zuhalten.   Hie

Die begerte Grynæus abermal (wölches sehr lächerlich)
D. Zimmerman solte die andere Red/ oder minorem propositionem in seinem Syllogismo beweisen. Als er jne aber sagte/
affirmanti incumbere probationem, & non neganti , das ist/
der were schuldig/ das sein zubeweisen/ so ettwas für war fürge-
be/ vnnd nicht der/ so einem widerspricht: Bewise Grynæus seine
Meinung von dem Mund des Glaubens damit/ daß er sagte/
weil der Glaub das Mittel seie/ damit wir die Gemeinschafft
Christi im Wort empfahen/ (dann Christus wohne durch den
Glauben in vnsern Hertzen / Ephes. 3.) derwegen so seie auch
eben der Glaub das Instrument vnd Mittel allein/ damit wir
des Herrn Christi Leib vnnd Blut im heiligen Abendtmal empfahen. Darauff ward jme durch D. Zimmerman geantwor-
tet/ er antworte nichts zur Sach/ dann weil die andere Red/ oder
minor propositio/ in seinem Syllogismo also formiert gewe-
sen/ daß nemlich auß den Worten der Einsatzung nicht zubeweisen seie/ daß der Glaub das Instrument seie/ mit wölchem
wir den Leib vnnd Blut Christi/ nach desselbigen Wesen/ essen
vnd trincken sollen/ so werde nun von jme (Grynæo) erfordert/
daß er solche seine Meinung beweise / nicht ex analogia ver-
bi & Sacramentorum / sonder auß den Worten der Einsatzung.

Als Grynæus vermerckte/ daß auff jhn getrungen wurde/
auß den Worten der Einsatzung seine Meinung de ore fidei/
oder von dem Mund des Glaubens/ zubeweisen/ setzte er dise
Wort Christi (nemet hin vnnd esset) zum Grund seiner
Beweisung/ vnnd vermeinete mit denselbigen darzuthun/ daß/
wie Brot vnd Wein mit dem Mund des Leibs von vns genossen werden/ also werde der Leib vñ Blut Christi mit dem Mund
des Glaubens genossen vnd empfangen/ wölches/ wie er sagte/
nicht eben also deutlich gesetzt/ aber doch darunder verstanden
werde.

Aber

Aber auff dise gegebne Antwort/hielte D. Zimmerman
dise instantiam / daß er sagte: Dise Wort (nemet hin
vnnd esset) müssen notwendiglich verstanden werden / eintweder von dem Capernaitischen essen vnnd trincken des Leibs
vnnd Bluts Christi / oder von dem Sacramentlichen/ oder
von der Geistlichen Nüssung: Nun können vnnd mögen
sie aber nicht verstanden werden / von der Capernaitischen
Nüssung/ (sintemal wir zu beiden theilen dieselbige verwerffen) wie dann auch nicht von der Geistlichen Nüssung/ sintemal auß heiliger Göttlicher Schrifft nicht könne bewisen
werden / daß die Wörtlein/ Essen vnnd Trincken / an einem
ort der heiligen Schrifft/ zumal zweierley vngleichen Verstand haben solten. Darumb daß/ dieweil er selbsten/ Grynæus/
die mündtliche Nüssung der Elementen/ Brots vnnd Weins/
auß disen Worten (nemet hin vnnd esset) erweise/ die
Geistliche Nüssung des Leibs vnnd Bluts Christi/ auß solchen Worten (nemet hin vnnd esset) nicht könne vnnd
möge bewisen werden/ sonst wurden die Wörtlein/ Essen vnnd
Trincken / an einem ort der heiligen Schrifft/ zwen vngleiche
Verstände haben / wölches in heiliger Göttlicher Schrifft
nicht gebräuchlich. Dieweil dann auß gehörten Vrsachen
weder die Capernaitische / noch die Geistliche Nüssung des
Leibs vnnd Bluts Christi/ auß disen Worten (nemet hin
vnnd esset) können erwisen werden/ so volge onwidersprächt-
lich/ daß solche Wort/ von dem Sacramentlichen vnd münd-
lichen essen vnnd trincken des Leibs vnd Bluts Christi/ müssen
verstanden vnnd außgelegt werden.

Die erste Red/ oder maiorem propositionem in disem
Argument/ wolte Grynæus nicht passieren lassen/ vnd stritte
hefftig/ daß nicht dreierley/ sonder allein zweyerley Nüssung

des

des Leibs vnnd Bluts Chriſti ſeie / nämlich / die erdichte Capernaitiſche / vnd dann die warhafftige Geiſtliche Nüſſung / vnd
gabe für / wie die Capernaiten es darfür gehalten / daß der Herr
Chriſtus rede von dem leiblichen vnnd mündtlichen eſſen vnnd
trincken ſeines Fleiſchs vnd Bluts / alſo vergleichen wir vns
durch auß mit jhnen / dann wir idem ſubiectum / nämlich / den
Leib vnnd Blut Chriſti / idem inſtrumentum / nämlich / den
Mund vnſers Leibs / & eundem modum manducationis
corporis & ſanguinis Chriſti, das iſt / eben einerley weiß des
eſſens des Leibs vnd Bluts Chriſti / mit den Capernaiten hielten vnd ſtatuierten.

NB.
Ein Caluiniſche
Warheit.

Aber hinwider ſagte D. Zimmerman / daß die maior propoſitio ſeines Arguments / noch feſt vnnd ſteiff beſtünde / vnnd
daß dreyerley Nüſſung des Leibs vnnd Bluts Chriſti were / ein
erdichte Capernaitiſche / wölche Chriſtus (Joan. 6.) verwürfft /
ein Geiſtliche / von wölcher auch Joh. 6. vnd die wir zu beiden
theilen lehrten: Vnnd dann ein Sacramentliche oder mündtliche / wölches gleichwol mit der Capernaitiſchen / quoad ſubiectum & inſtrumentum / vbereinkeme / Was aber den modum
manducationis (oder auff was Weiſe der Leib Chriſti greſ-
ſen werde) betreffe / ſeie zwiſchen beiderley Nüſſungen ein groſ-
ſer merck licher Vnderſcheid / ſintemal die Capernaiten Joh. 6.
ein ſolche Nüſſung des Leibs vnd Bluts Chriſti erdichtet / daß
ſie ein naturalem vnnd phyſicam manducationem / oder natürlich gemein eſſen vnd trincken des Leibs vnnd Bluts Chriſti
ſtatuiret / da man den Leib Chriſti / wie ein andere natürliche
Speiß / mit Zäne zerbeiſſen / durch die Gurgel hinab ſchlingen /
vnnd in dem Magen verdäwen müſſe / wölches wir nicht gelehret / ſonder ſolchen phyſicum modum manducationis
corporis Chriſti, allwegen improbiert vnd verworffen haben /
vnnd aber von der Sacramentlichen Nüſſung des Leibs
vnnd Bluts Chriſti im heiligen Abendtmal alſo gelehret / daß
wir

wir gleichwol den warhafftigen gegenwertigen Leib vnnd Blut
Christi warhafftiglich / vnd mit dem Mund vnsers Leibs nüssen / essen vnd trincken / aber nicht also natürlicher weiß / sonder
Himmelischer / vbernatürlicher / vnd auff solche Weiß / die vns
in disem Leben / als ein Geheimnus verborgen / dem Herrn
Christo aber wol bewußt / vnnd dieselbige zuleisten / jhme wol
müglich / ja gar leicht seie.

Als nun Grynæus hierauff sagte / D. Zimmerman were
jm selbsten entgegen vnd zuwider / in dem er sagte / der Leib vnnd
Blut Christi werden mündtlich empfangen / vnd geschehe doch
solches auff ein vbernatürliche Himmelische weiß: Dann geschehe solches mündtlich / so geschehe es ja nicht auff ein Himmelische vbernatürliche weiß / & vice versa / berichtet D. Zimmerman widerumb hin / daß solches kein contradictio were / vnd
nicht wider einander lauffe / sonder dise beide / oraliter & super-
naturaliter / das ist / mündtlich vnnd vbernatürlich / wol zumal
bey vnd neben einander sein vnd bestehn mögen : Sintemal es
hiemit also geschaffen / daß / wann wir von der mündtlichen
Nüssung reden / so verstehn wir hiedurch nicht modum præ-
sentiæ & manducationis / das ist / die Weiß der Gegenwart
vnnd Nüssung / wölche in disem Leben vnbegreifflich / vnauß-
sprechlich / vbernatürlich vnd Himmelisch / sonder wir verstehn
dardurch das Instrument oder Mittel allein / damit wir den
Leib vnnd Blut Christi / nach desselbigen Substantz vnnd Wesen / im Gebrauch des heiligen Abendtmals ergreiffen vnnd zu
vns nemen.

Da auch Grynæus drauff drange / D. Zimmerman solte
jhme doch den modum oralem / das ist / die mündtliche weiß
erklären / wie doch der Leib Christi mündtlich genossen werde /
antwortet er / die Weiß seie vnbegreifflich vnnd Himmelisch /
vnd neme jn sehr wunder / daß er so hefftig begere / den modum
oder

oder die Weiß zuwissen/ da doch Caluinus selbst in seiner Außlegung der Epistel zun Ephes. Cap. 5. die jenigen/ so auff den
modum/ oder die Weiß dieselbigen zuwissen/ tringen / hart
strafft/die Wort Caluini lautten also: Et sanè frustra homines
se macerabunt, si carnis suæ sensu comprehendere modum
& rationem studeant. Hic enim Deus immensam Spiritus
sui potentiam exerit. Quare præposteri sunt, qui nihilo plus
in hac re concedunt, quàm quæ ingenij sui modulo conse-
cuti fuerint. Cum nobis in sacra Cœna carnem & sangui-
nem Christi exhiberi negant, modum inquiunt definias,
aut non persuadebis. Atqui ego mysterij altitudine in stu-
porem abripior. Neque verò me pudet, admiratione meam
ignorantiam cum Paulo fateri. Quanto enim id est satius,
quàm extenuare carnis meæ sensu, quod Paulus altum my-
sterium esse pronunciat? Idque docet ipsa ratio. Quicquid
enim supernaturale est, id profectò captum ingenij nostri
superat. Das ist: Vnd zwar / so werden sich die Leut hiemit
vergebenlich bemühen/wann sie sich vnderstehn solten/Maß
vnnd Weiß zuerforschen/ dieweil Gott allhie die vnendtliche
Krafft seines Geistes beweiset. Müssen demnach dises wider-
sinnische Leut sein/die in diser Sach nicht mehr vnnd weitters
nachgeben wöllen/ dann allein was sie mit irem Verstand fassen vnnd erreichen mögen. Wann sie verneinen/ daß vns der
Leib vnnd Blut Christi im heiligen Abendtmal gegeben werde/
so sprechen sie: Zeige vns an/wie solches zugehe/oder du würst
mich dessen nimmermehr bereden. Ich aber verwundere mich
vber die Hochzeit dises Geheimnus/vnnd schäme mich nicht
mit Verwunderung mein Vnwissenheit mit S. Paulo zubekennen. Dann solte das nicht besser sein/dann daß ich mit meinem fleischlichen Verstand das jenige solte vernichten / von
wölchem S. Paulus sagt/ daß es ein hohes Geheimnus seie

Ll   Vnd

Vnnd das lehrt vns die Vernunfft selbst / dann was vbernatürlich ist / das können wir ja mit vnserer Vernunfft nicht
begreiffen.

Als auch Grynæus bey disem / da er bestritte / in dem wir
die mündtliche Nüssung verthedigten / erklereten wir hiedurch
die Weiß der Nüssung / sich vnder anderm trutziglich vernemmen liesse / D. Zimmerman werde nimmermehr die mündtliche Nüssung des Leibs vnnd Bluts Christi im heiligen A-
bendtmal erweisen können / hat er vber das vorige Argument /
damit dieselbige erwisen worden / auch diß volgende proponiert / vnnd auff die Ban gebracht / vnnd also argumentiert:
Wölche ding Sacramentlich mit einander vereiniget / von
vns empfangen vnnd genossen werden / dieselbige werden
mit einerley Instrument von vns ergriffen / empfangen vnnd
genommen: Dieweil dann das Brot vnnd der Leib Christi /
der Wein vnnd das Blut Christi / in dem Gebrauch des heiligen Abendtmals Sacramentlich vereiniget / vnnd von vns
empfangen werden: Darumb so werden auch das Brot vnnd
der Leib Christi / der Wein vnnd das Blut Christi / in dem
Gebrauch des heiligen Abendtmals mit einerley medio oder
Instrument empfangen . Vnnd dieweil die eusserliche
Elementa Brots vnnd Weins / mit wölchen der Leib vnnd
Blut Christi / im Gebrauch des heiligen Abendtmals Sacramentlich vereiniget seind / im heiligen Abendtmal mündtlich / oder mit dem Mund des Leibs empfangen werden / so
folge auch hierauß vnwidersprächlich / daß auch der ware
Leib vnnd Blut Christi / im rechten Gebrauch des heiligen
Abendtmals mündtlich / oder mit dem Mund vnsers Leibs
empfangen werden. Seinen ersten Spruch / weil derselbige von Grynæo gelaugnet warde / bewise D. Zimmerman
also/

also / daß er sagte / was Christus / als der Testator in der
Stifftung des heiligen Abendtmals/mit einander vereiniget/
das möge vnnd solle ja kein Mensch nicht trennen. Nun
vereinige aber Christus der HERR in der Stifftung seines Abendtmals mit dem Brot vnnd Wein / seinen Leib
vnnd Blut / vnnd heisse dieselbige mit einander essen vnnd
trincken / Darauß dann volge / daß Brot vnnd Wein mit
dem Leib vnnd Blut Christi also vereiniget / daß sie nicht
können getrennet werden / sonder mit einerley Instrument/
nämlich mit dem Mund vnsers Leibs / im Gebrauch des
heiligen Abendtmals von vns empfangen vnnd genossen
werden.

Darüber nun erhube sich ein Disputation von der Sacramentlichen Vereinigung des Brots mit dem Leib / vnnd
des Weins mit dem Blut Christi/ im Gebrauch des heiligen
Abendtmals/von wölcher Vereinigung Grynæus sagte/daß
dieselbige nicht anders / dann also zuuerstehn seie / vnnd daß
Brot mit dem Leib Christi/vñ der Wein mit dem Blut Christi / solcher gestalt mit einander vereiniget werden / daß / wie
das Brot dem Leib dargereicht werde / also werde der Leib
Christi dem Gemüt / oder dem glaubigen Hertzen dargebot-
ten: Vnnd wie der eusserliche Mensch das Brot mit dem
Mund seines Leibs empfahet / also empfahe der innerliche
Mensch den Leib Christi/mit dem Mund der Seelen/nach
wölcher Weiß der Sacramentlichen Vereinigung/auch solche ding / die doch orts halben weit vnnd fer: von einander
seind / mit einander vereiniget sein / nach wölcher Weiß auch
Brot vnnd Wein auff Erden/ der Leib Christi aber droben
im Himmel/vnnd allein intellectui fidelium / der Gläubigen
Verstandt gegenwertig seie.

D. Zimmerman aber zeigte dargegen an / daß ein solche
Sacramentliche Vereinigung des Brots vnd Leibs Christi/
des Weins vnnd des Bluts Christi / wie dieselbige von Grynæo gesetzt werde / seie in der Warheit kein Vnio/
oder Vereinigung / sond vilmehr ein Diuulsio oder Trennung zunennen. Dann ja dises kein Vnio oder Vereinigung
sein könne / da von Grynæo fürgegeben werde / daß der Leib
Christi nach seinem Wesen nicht auff Erden / bey vnnd mit
dem Brot seie / sonder weitter von demselbigen / dann der
oberste Himmel von der vndersten Erden / solle je ein Sacramentliche Vereinigung sein des Brots mit dem Leib Christi/
vnnd des Weins mit dem Blut Christi / so müsse ja der Leib
vnnd das Blut Christi notwendiglich eben da sein / da Brot
vnnd Wein seind. Dann sonsten seie es keine Sacramentliche Vereinigung / sonder vil mehr / wie gesagt / ein Diuulsio oder
Trennung. Was dann belangt den eusserlichen vnnd innerlichen Menschen / dauon Grynæus Meldung gethon / sagte D.
Zimmerman / daß durch den eusserlichen / vermög heiliger
Göttlicher Schrifft / der vnwidergeborne / durch den innerlichen Menschen aber der widergeborne Mensch nach Leib
vnnd Seel zuuerstehn seie / wölcher widergeborne Mensch
bey dem Gebrauch des heiligen Abendtmals / mit Brot
vnnd Wein / den Leib vnnd Blut Christi / nach desselbigen Substantz vnnd Wesen / mit dem Mund des Leibs/
nach desselbigen Würckung aber vnnd Nutzbarkeit Geistlich
durch den Glauben empfahe / da hergegen der eusserliche/
das ist / vnwidergeborne Mensch / bey dem Gebrauch des
heiligen Abendtmals / den Leib vnnd Blut Christi / nach
dem Wesen allein mit dem Mund seines Leibs / vnnd nicht
zumal auch Geistlich durch den Glauben / wölchen er nicht
habe / empfahe.

Darauff

Darauff antwortet Grynæus anders nichts/ dann daß er
sagte/ es würde dem eusserlichen Menschen/ das ist/ wie ers auß-
legte/ dem Mund vnsers Leibs/ allein Brot vnd Wein darge-
botten/ vnd von jhme auch empfangen/ dem innerlichen Menschen aber/ das ist/ der Seel/ würdt angebotten/ vnnd von demselbigen auch empfangen/ durch waren Glauben der Leib vnnd
Blut Christi.

Darwider inferiert D. Zimmerman/ das vnserm Mund
des Leibs angebotten/ vnd von demselbigen empfangen werde/
nicht allein Brot vnd Wein / sonder auch der Leib vnnd Blut
Christi/ vnd argumentiert also/ daß er sagte: Es werde eben das
von vns mit dem Mund vnsers Leibs empfangen/ wölches für
vns hingegeben/ gecreutziget/ vnd zu vergebung vnserer Sünden vergossen worden/ vnd solches vermög der wort der Einsatzung Christi/ vnnd des Spruchs Augustini: Hoc accipite in
pane, quod pependit in cruce, das ist/ empfehet in dem Brot
dises/ wölches ist am Creutz gehangen. Dieweil dann Christi
Leib für vns hingegeben/ vnnd sein Blut zu vergebung vnserer
Sünden vergossen worden/ darumb so werde auch der ware Leib
vnnd Blut Christi von vns mit dem Mund vnsers Leibs genossen.

Allda aber kame Grynæus auff sein alte Geigen/ vnnd re-
spondierte auff den Spruch Augustini also / daß er sagte/ Augustinus lege dem Zeichen zu/ das ist/ dem Brot vn Wein / den
Namen der verzeichneten Gabe/ nämlich/ des Leibs vnd Bluts
Christi.

Als jhm aber D. Zimmerman einredete/ vnd sagte: Es were dises petitio principij, da er ein vngewiß durch das ander vngewiß probieren wölle: Dann wir jme solcher Metonymischen
Regel nicht gestendig/ weil sie auß Gottes Wort nicht könne
erwisen werden: Da sagte Grynæus/ einmahl seie dises gewiß/
daß dise rede/ das Brot ist der Leib Christi/ ein figürliche Red

Ll 3   seie/

seie/da es nun keine Metonymica locutio sein soll/ so soll jhme
doch D. Zimmerman sagen/was es dann für ein Figurliche
Red seie. Disem begegnete D. Zimmerman also/ daß er nicht
gestehn wolte/daß dise Red/ das Brot ist der Leib Christi/ ein
Figurliche Red seie/sonder seie ein vngewohnliche Red/vnd daß
von dem Brot gesagt werde/ daß es der Leib Christi seie/ vmb
der Sacramentlichen Vereinigung willen.

Aber solches/ daß nämlich dise propositio/ das Brot ist
der Leib Christi/kein Figurliche/sonder inusitata locutio, das
ist/vngewohnliche Red were/ward von Grynæo durch vñ durch
geläugnet/vnd von jme endtlich asseriert/ daß gar keine inusitatæ prædicationes, oder vngewöhnliche Reden weren/ sonder
daß nur zweierley prædicationes oder arten zureden/in heiliger
Schrifft weren/nämlich propriæ vnd figuratæ, das ist/ daß die
Schrifft von einer Sach pfleg zureden/ eintweder in jhrem eigentlichen natürlichen Verstandt/ oder aber figurlicher vnnd
verblümbter weiß/wölche letste weiß/man nenne figuratam,vn-
der wölche figuratas, auch die Reden von den Sacramenten/
vnnd die Reden vom Son Gottes (als da man sagt/ Gott ist
Mensch/Mensch ist Gott) zu referieren/vnnd zuziehen seien.
Wölchem nit nur allein von D. Zimmerman widersprochen/
sonder es ist auch solches fast vom gantzen Auditorio/mit grossem verwundern angehört worden. Vnd vber solchem Streit/
de prædicationibus vsitatis, iuusitatis, & figuratis, ist auch
endtlich diser 7. Actus, weil die zeit verflossen/geschlossen worden.

Volgendts tags/nämlich Sambstags/den 11. tag April.ist
die Disputation D. Grynæi/ von wegen einer Juristischen Di-
sputation/so daran gehalten/eingestelt worden : wie dann auch
den 12. Apr. weil es der Palmsontag gewesen / nicht disputiert
worden ist.

Montags aber nach dem Palmsontag / nämlich den 13.
tag

tag Aprilis/warde der 8. Actus der Disputation gehalten: Jn
wölches anfang Grynæus, nach gehaltenem Gebet/vermelde-
te/es were jme vnmüglich/auff aller deren/so in solcher Disputation gegenwertig/Argumenta zuantworten/Er wölle aber
nun auch den Kirchendienern zu disputieren erlauben/wann
er zuuor mit D. Zimmerman vollendts hindurch komme/dann
er wol gedencken könne/er werde seine angefangene Disputa-
tion/mit jme continuieren vnd fortsetzen/Proponierte darauff/
vnd zeigete an/Es were nehrmals zwischen jnen beiden/von
disen dreien Puncten disputiert worden/nämlich 1. Von der
Nüssung der Vnwürdigen. 2. Von der mündtlichen Nüssung. 3. Von den Sacramentlichen Arten zureden/vnd füh-
re solche drey Puncten/wie daruon were disputiert worden/weit-
läuffig auß.

Dieweil nun D. Zimmerman widerumb auffgemahnet
warde/zeigte er auff solche prouocation an/es neme jhn wun-
der/daß er Grynæus, gemeldet/der erste Punct/daruon nehermals zwischen jhnen beiden seie disputiert worden/were von der
Nüssung der Vnwürdigen/da doch dem gantzen Auditorio
bewußt/das zwischen jnen beiden/von derselbigen gar nichts seie
disputiert vnnd tractiert worden: Dieweil aber D. Schopperus mit jhme hieuon disputiert/wölcher vorhanden vnnd zuge-
gen/möge er Grynæus/so es jme also gefällig/weitter mit jme
hieuon conferieren/dann derselbige one jn (D. Zimmerman) das
jenige/so er disputiert/wol werde wissen zubehaupten/vnnd zu-
uerantworten/seie sonst vrpüttig/von demjenigen/daruon nehermals zwischen jnen beiden disputiert worden/weitter mit jme
zu conferieren.

Wiewol nun D. Schop. sich offentlich erbote/da es Grynço also gefällig/seine nechstige materiã von der Nüssung der
vnwürdigen ferner zu continuieren: so wolte doch Grynæus
nicht mehr vnnd weitter sich mit jhme einlassen/sonder sprach
D. Zim-

D. Zimmerman an / er solte fortfahren. Darauff vermeldet
er ſtgedachter D. Zimmerman/dieweil er ſich nehermals im eingang der Diſputation/ ſo er mit Grynæo fůrgenommen / vernemen laſſen/vnd verſprochen / die můndtliche Nüſſung beides
auß heiliger Göttlicher Schrifft / vnd dann auch auß Orthodoxa antiquitate, oder auß den H. Vättern/zubeweiſen vnd zu-
befeſtigen/vnd er aber im nechſt verſchienen Actu, die můndtliche Nüſſung auß heiliger Göttlicher Schrifft (wie er hoffete)
gnugſam erwiſen vnd dargethan: ſo ſeie es nun an dem / daß er
jetzunder dieſelbige auch auß den H. Vättern probiere vnnd be-
kräfftige: Nun ſchreibe hieuon Auguſtinus, Epiſtola 118.ad Ia-
nuarium,vnd zeuge außtruckenlich/daß des H Errn Leib zuuor
von den Chriſten in den Mund genoſſen werden ſolle/ehe vnd
daſ ſie andere gemeine Speiß gebrauchē. Placuit, inquit, Spiri-
tui ſancto,vt in honorem tanti Sacramenti,in os Chriſtiani
prius dominicum corpus intraret,quàm cæteri cibi: das iſt/
Es hat dem H. Geiſt wolgefallen/ daß zur Ehr diſes hohen
Sacraments/die Chriſten erſt den Leib des HERRn in jhren
Mund nemen/ ehe ſie andere gemeine Speiß gebrauchen.
Idem ſermone de tempore 215. vermanet die Chriſten / daß
ſie nicht auß jrem Mund/ mit wölchem ſie den Leib Chriſti eſ-
ſen/ſchampere/vnzüchtige Lieder ſollen koſten faſſen: Videte,
inquit,fratres chariſsimi, ſi iuſtum eſt, vt ex ore Chriſtiano-
rum,vbi corpus Chriſti ingreditur,luxurioſum canticū, aut
ſimile quiddam, quaſi venenum diaboli proferatur: das iſt/
Sehet doch liebe Brüder / obs recht ſeie/ daß auß der Chriſten
Mund/ mit wölchem ſie Chriſti Leib eſſen / ein ſchandtbar
vnzüchtiges Lied/oder dergleichen Teuffelsgifft / herauß kommen ſolle. Gregorius Homilia Paſch. 22. ſagt außtruckenlich/
daß Chriſti Blut nicht allein mit dem Mund des Hertzen/ſon-
der auch mit dem Mund des Leibes empfangen werde. Quid
ſit ſanguis agni,iam non audiendo,ſed bibendo, didiciſtis:
qui

qui ſanguis ſuper vtrunque poſtem ponitur , quando non
ſolùm ore corporis, ſed etiam ore cordis hauritur. Das iſt:
Was das Blut des Lambs ſey / habt ihr nicht allein durch hören / ſonder auch durch trincken gelernet / wölches Blut vber
beide Schwellen geſtrichen würdt / dann es nicht allein mit dem
Mund des Leibs / ſonder auch mit dem Mund des Hertzens genoſſen würdt. Chriſ. Hom. 27. in Epiſt. ad Cor. cap. 9. contra ebrietatem ſchreibt / daß vnſere Zung vnd Lippen ſeien ein
Eingang wordē / dardurch Chriſtus zu vns eingeht: Hoc facis,
inquit, cùm ad menſam Domini accubueris, illa ipſa die,
qua dignus habitus es, carnem eius lingua **attingere.** Ne
igitur hæc fiant, purifica dexteram tuam, linguam tuam, la-
bia tua, quæ facta ſunt veſtibulum, per quod aditum ad nos
facit Chriſtus. Das iſt: Solches thuſtu / wann du zu des Herrn
Tiſch gangen biſt / eben an dem Tag / da dein Herr Chriſtus
Jeſus dich würdig geachtet hat / daß du ſein Fleiſch mit deiner
Zungen anrhüreſt / Daß nun ſolches nicht geſchehe / ſo reinige
deine rechte Hand / deine Zungen vnd Lippen / als die ein Eingang worden ſeind / dardurch Chriſtus zu vns eingeht. Vnd
gemelter Chriſoſt. hom. 3. ad Eph. Quomodo comparebit
ante tribunal Chriſti , qui labijs & manibus immundis au-
ſit corpus ipſius attingere ? Das iſt: Wie würdt der Menſch
vor dem Richterſtül Chriſti erſcheinen / der mit vnreinen Lippen vnd Händen ſeinen Leib berhüren darffe Theodor. lib. 5.
cap. 18. da er Ambroſij wort an den Keyſer Theodoſium erholet / ſchreibt er : Qua temeritate ore tuo poculum ſanguinis pretioſi percipies : quando furore verborum tuorum
iniuſtè ſanguis eſt effuſus? Das iſt: Was iſt das für ein Ver-
meſſenheit / daß du den Kelch des thewren Bluts Chriſti mit
deinem Mund nemen wilt / dieweil du durch deinen zornigen
Befelch zur Vnbilligkeit Blut vergoſſen haſte

    Auß diſen vnd dergleichen mehr Sprüchen der H. Vätt-

ter/

ter / sagte D. Zimmerman / were kund vnd offenbar / daß es
auch die heilige Vätter / was die mündtliche Nüssung betrifft / mit vns gehalten haben. Vnd dieweil Grynæus drauff
drange / er solte syllogisticè handlen / argumentiert er also / daß
er sagte: Es müsse ja dise Lehr / die nicht allein in H. Schrifft /
sonder auch in den Schrifften der H. Vätter gegründet / war /
Christlich vnd orthodoxa sein. Dieweil dann die Lehr von der
mündtlichen Nüssung des Leibs vnd Bluts Christi im heiligen
Abendtmal / beides in heiliger Schrifft / vnd dann auch in der
Vätter Schrifften gegründet / so müsse sie ja auch war / Christlich vnnd orthodoxa sein : Oder was sonderlich der Vätter
Schrifften betreffe / argumentiert er also : Wer da lehret / daß
man den Leib vnnd Blut Christi im heiligen Abendtmal / mit
dem leiblichen Mund nüsse / der statuier vnd halte ja die mündtliche Nüssung. Dieweil dann nun die heilige Vätter solches in
jren Schrifften thäten (wölches vilfältiglich erwisen worden)
so müssen ja dieselbige die mündtliche Nüssung im heiligen
Abendtmal statuieren vnd halten.

Darauff antwortet Grynæus mit seiner gewohnlichen Solution / vn̄ sagte / es werde in disen Sprüchen der heiligen Vätter / der Name der bezeichneten Gabe / dem Zeichen also zugeschriben / daß / wo die heilige Vätter schreiben / daß der Leib vnd
Blut Christi mit dem leiblichen Mund genossen werden / so seie
alsdann solches vom Brot vnd Wein allein zuuerstehn / also /
daß der Leib vnd Blut Christi mit dem leiblichen Mund Sacramentotenus, das ist / auff solche weiß / wie nach des Grynæi
meinung zuuor dauon gemeldet worden / genossen vnd empfangen werden.

Darwider hielte D. Zimmerman solche Instantiam,
daß er sagte / daß sich Grynæus für vnd für mit seiner Regula
Metonymica behelffe / vnd damit alles / was wider jn auff die
Bahn gebracht würdt / ableinen vnd soluieren wölle / seie wol
verwun-

verwunderns werth / wie er sie dann auch auß Gottes Wort
nicht erweisen köñe: So seie es auch mit den angezognẽ Sprüchen der H. Vätter also geschaffen / daß sie durch solche regulam Metonymicam nicht also mögen eludiert vnd vernichtiget
werden : bey wölchem dann sonderlich der Spruch Augustini,
Epist. 118. ad Ianuariũ wol zu erwegẽ / darinnen er einen Vnderscheid machet / zwischen des Herrn Christi Leib / vnd andern
gemeinen Speisen / wölches er nit würde gethon haben / wann
er seine wort Sacramentotenus, vnd also hette wöllen verstanden haben / daß man durch den Leib vnd Blut Christi nur allein
schlecht Brot vnd Wein verstehn solte.

Vnd dieweil D. Zimmerman sahe / daß vilgedachte regula
Metonymica dem Grynæo ein perpetuum asylum, oder jm-
merwehrende Schantz gewesen / dahin er / so offt er besteckt / vnd
jme die Warheit zu hell vnd die Augen geleuchtet / sein Zuflucht
gehabt / vñ damit alle Pfeil / so wider jn gerichtet / auffsahen vnd
auffhalten wöllen : hielte er für ein Notturfft / jm dise Metonymische Regel / von deren Grynæus rhümete / es were ein aurea
Regula, das ist ein guldene Regel / zunemen vnd vmbzustossen:
Liesse sich deswegen gegen Grynæo vernemen / weil er souil wesens mit diser Regel machte / vñ fast alle Argumenta damit soluieren wölle / so wölle er dieselbige also impugnieren vnd wider-
fechten / daß er erweisen wölle / daß dise Regula Metonymica
in disem Handel vnnd Streit vom H. Abendtmal / nicht Platz
habe vnd gelte / vnd daß dieselbige in der rechten Prob / also
gar nicht farb halte vnnd bestehe / daß sie nicht allein / nicht für
ein guldene Regel zuhalten / sonder daß sie auch nicht werth
seie / daß sie für ein bleiherne Regel / plumbea Regula, geachtet
vnd gehalten werde.

Solches zubeweisen / war dises sein erst Argument / daß er
sagte: Es könne dise Regel auß den worten der Einsatzung (auß
wölchen dann allein von disem Streit müsse iudiciert vnd ge-

urtheilet werden) mit nichten erwiſen werden. Dann der Herꜩ
Chriſtus in den worten der Einſaꜩung außtruckenlich ſage/
daß diß alimentum, oder diſe Speiß vnd Tranck / ſo im hei=
ligen Abendtmal gegeben wůrdt / ſeie ſein Leib vnd ſein Blut/
vnd werde nicht nur allein ſein Leib vnnd Blut genennet (wie
diſe Regel fůrgebe) ſonder es ſeie ſein Leib / es ſeie ſein Blut/
vnnd ſeie gar nicht glaublich/ daß der Herꜩ Chriſtus vber dem
letſten Nachteſſen/ da er mit ſeinen Jůngern ſein Valete ge=
halten/ vnd gleich drauff in ſein bitter leiden vnd ſterben getret=
ten/ da er auch von ſo hohen wichtigen Sachen gehandelt / vnd
das newe Teſtament geſtifftet / ſolte wie ein ocioſus Gram=
maticus oder Poëta auff ſolche Figuras vnd Tropos gedacht/
vnd ſich mit denſelbigen bemůhet vnd bekůmmert haben.

Als nun Grynæus hierauff antwortet/vnd ſagte: Es můßte
ſein Metonymica regula in den worten der Einſaꜩung des
heiligen Abendtmals ſtatt vnd plaꜩ haben / dann Chriſtus
durch das wörtlin (Hoc, oder das) nur allein das Brot vnnd
nicht ſeinen Leib verſtehe/ wölches Brot er allein in ſein Hand
genommen / vnd vnder ſeine Jünger außgetheilet / ward jme
ſolches abgeleinet/ vnd angezeigt/ daß durch das wörtlin (Hoc
oder das) das jenige verſtanden werde / das der Herꜩ Chriſtus
in die Hand genommen / vnd vnder ſeine Jünger außgetheilet/
Nun ſeie aber daſſelbige nicht allein Brot vnd Wein / ſonder
auch ſein/ des Herꜩn Chriſti / Leib vnd Blut / wölches auß den
exegeticis particulis abzunemen/ da geſagt wůrdt / (quod pro
vobis traditur, der für euch gegeben/ vnd wölches für euch vnd
für vil vergoſſen) Dann ja der Herꜩ Chriſtus / vermög der
wort der Einſaꜩung/ mit dem Brot vnd Wein / ſeinen Jün=
gern auch das jenige gegeben / wölches am Creuꜩ für vns hin=
gegeben / vnd für vns vergoſſen worden / vnd dieweil der Leib
Chriſti für vns hingegeben / vnd ſein Blut für vns vergoſſen
worden / ſo můſſe ja auch der Herꜩ Chriſtus / vnder ſeine Jün=

ger

ger nicht allein Brot vnd Wein/sonder auch sein Leib vnd Blut
außgetheilet haben/vnd müsse auch deßwegen durch das Wörtlin (hoc oder das) nicht allein Brot vnnd Wein/sonder auch
der Leib vnd Blut Christi verstanden werden.

Hiewider berichtet Grynæus/erstlich/weil D. Zimmerman
die particulas exegeticas (der für euch gegeben/vnnd wölches
für euch vergossen) also allegierte vnnd anzöge/daß er mit denselbigen die Substantz vnnd Wesen des heiligen Abendtmals
beweisen wölle/so seie er in disem D. Schoppero, der solche
Wort ad vsum Cœnæ Dominicæ, das ist/zum rechten Gebrauch vnnd nutzen des heiligen Abendtmals/gezogen/zu wider
vnd entgegen.2. Wann er dises/so gesagt würdt/daß der Herr
Christus seinen Leib vnnd Blut vnder seine Jünger außgethei-
let/also verstünde/daß der HErr Christus das Sacrament seines Leibs vnd Bluts/das ist/Brot vñ Wein allein seinen Jüngern gegeben/so seie er so fern mit jhm zu friden/dieweil er aber
solches auch von dem gegenwertigen Leib vnd Blut Christi wöl
verstanden haben/könne er (Grynæus) jhme D. Zimmerman solches nit passieren lassen: Erstlich/darumb/dieweil Christi Leib in dem letsten nachtessen sichtbarlich bey vnd neben den
Jüngern gesessen/vnd deßwegen nit also vnder sie habe können
außgetheilet werden: Zum andern/darumb/dieweil dazumal der
Leib Christi noch nicht seie für vns gegeben gewesen/sonder sey
erst hernacher für vns gegeben worden/darumb so hab er auch
den Jüngern nicht können mitgetheilet werden.

Es ward jhm aber darauff also geantwortet: Erstlich/daß
D. Schopperus vñ er D. Zimerman einander nit zuwider/dise
Wort (der für euch gegeben/vñ wölches für euch vñ für vil vergossen würdt) gebraucht haben/in Erwegung/daß dise exege-
ticæ particulæ (wölcher gegeben würdt/vnd wölches vergossen
würdt) erklären/was dises für ein Leib vnnd Blut Christi seie/
so wir im heiligen Abendtmal empfangen/nämlich/nicht ein

figur-

figurlicher/ſonder der warhaffte Leib Chriſti/ vnnd eben ſein ge=
creutzigter Leib/vnd nicht ein figurliches / ſonder das warhaffti=
ge Blut Chriſti/ vnnd eben ſein vergoſſen Blut/ darumb dann
billich ſolche exegeticę particulę/ die ware Gegewart des Leibs
vnnd Bluts Chriſti im heiligen Abendtmal zuerweiſen/ſeien al=
legiert worden: Da hergegen die andere vnnd vberige Wörtlin/
nämlich/(für euch vnd für vil) von dem Nutzen vnd heilſamen
Gebrauch des heiligen Abendmals eigentlich reden/in wölchem
Verſtand dann auch diſe Wörtlin von D. Schoppero angezo=
gen/vnd gemeldet worden / dz vns durch dieſelbige der Nutz vnd
heilſame Brauch des H. Abendtmals angezeigt werde. Dar=
nach vnd auff das ander iſt auch Grynæo durch D. Zimmerman
geantwortet worden/ daß diſe Wort Chriſti (das iſt mein Leib)
nit alſo können Sacramentotenus, wie ſie Grynæus verſtehe/
außgelegt vnnd verſtanden werden/ dieweil der HErr Chriſtus
außtruckenlich in den Worten der Einſatzung melde/ vil gebie=
te/wir ſollen im H. Abendmal das jenige eſſen/ wölches für vns
gegeben/vñ das jenige trincken/wölches für vns vergoſſen wor=
den: Vñ weil der ware Leib vñ Blut Chriſti für vns gegeben vñ
vergoſſen/ ſo müſſen wir ja auch ſolchen warhafftigen Leib vnd
Blut Chriſti im H. Abendmal eſſen vnd trincken: Daran dann
ſolches kein hindernus gebe/dz der HErr Chriſtus dazumal/ da
er ſein H. Abendmal eingeſetzet vñ gehalten/mit ſeinem Leib bey
ſeinen Jüngern ſichtbarlich vber Tiſch geſeſſen/ daß er/als ein
Allmächtiger/Allweiſer HErr/wol wüſſe ein weg zufinden/wie
ſolchs beides ſein vnd geſchehen möge/dz nämlich/ er der HErr
Chriſtus/ſichtbarlich mit ſeinem Leib bey ſeinen Jüngern vber
Tiſch geſeſſen/vnd ſie doch warhafftig/ wiewol vnſichtbar/mit
ſeinem waren Leib geſpeiſet/vnd mit ſeinem waren Blut getren=
cket habe/auff ſolche weiß vnnd weg/ die zuerforſchen/wir/auch
nach des Caluini Meinung/vns nit in diſem Leben vnderſtehen
ſollē. Wie daß auch diſes daran kein hindernus gebe/dz des Her=

ren

ren Chriſti Leib dazumal/als er ſein H. Abendmal eingeſeßt/ vñ
mit ſeinen Jüngern gehalten / noch nit in den Tod iſt gegeben
geweſen/ſonder er ſt hernacher hingegeben worden/ſintemal ſolcher vmbſtand der zeit diſer Sachen nichts beneme / vnnd habe
wol ſein vnd geſchehen mögen vnd können/daß der HEr Chriſtus ſeinen Leib ſeinen Jüngern zueſſen gegeben / wölcher doch
hernacher allererſt für vns hingegeben worden.

Das ander Argument/wölches D. Zimerman eingeführt/
damit zubeweiſen dz die vermeinte güldine Metonymiſche Regel Grynei im Handel vom H. Abendmal nit ſtatt vnd plaß ha-
be/ war diſes/daß er ſagte/eintweder müſte diſe Regel fallen/ vñ
im Handel vom H. Abendmal nichts gelten/oder die 11. Theſi
Grynæi müſte nit war ſein. Dann ſo nach der eilfften Theſi der
Leib vnd Blut Chriſti im H. Abendmal verè (warhafftig) zugegen ſeind/vnd gereicht werden / vnnd ſo wir theilhafftig wer-
den/ nicht nur allein der Krafft / Würckung vnnd Nußbarkeit
des Leibs Chriſti/ſonder auch τῆς ὀυσίας, Eſſentiæ, oder des We-
ſens des Leibs Chriſti/wie abermals die 11.Theſis hieuon redet/
ſo könne freilich diſe Metonymiſche Regel nicht plaß haben/
nach wölcher dem Brot allein der Nam des Leibs Chriſti/ſo
nach ſeiner Subſtanß abweſend/ vnnd droben im Himmel ſeie/
gegeben werden ſolte.

Vnd iſt hiebey vil von den Wörtlin verè, propriè,& Meto-
nymicè(warhafftig/eigentlich vñ Metonymiſch/ob figurlich)
pro & côtrà herumb vñ hinumb diſputiert worden/da D. Zimmerman darauff beſtanden / da je Chriſti Leib verè & propriè,
warhafftig vñ eigentlich im H. Abendmal/vermög der 11.The-
ſi zugegen ſeie / dargereicht werde/vñ wir deſſelbigen auch nach
ſeinem Weſen theilhafftig werden/ wie abermal/die 11. Theſis
daruon halte vnd rede/ſo könne ſolches nit Metonymicè vnd figürlich geſchehen/daſi verè oder propriè, warhafftig vñ eigent-
lich/ vnd figuratè oder Metonymicè, figürlich, einander opponiert werden/ vnnd einander zuwider vnnd entgegen ſeien.

Grynæus-

Grynæus aber beſtritte/Brot vnd Wein weren gleichwol ve-
ve̍ & proprie̍, das iſt/warhafftig vnnd eigentlich beim heiligen
Abendtmal/ der Leib vnnd Blut Chriſti aber Metonymice̍, fi-
gürlich/ vnnd alſo/daß deſſelbigen Nam allein dem Brot vnnd
Wein mitgetheilet vnd gegeben werden.

Vnd dieweil Grynæus bey diſer Concertation vnd Stritt
vnder anderm auch diſes meldete/diſe propoſitio, oder red/(das
iſt der Leib Chriſti) ſeie nicht weniger tropica vnd metonymica, oder figürlich/ oder Sacramentotenus zuuerſtehen/ als diſe
zwo propoſitiones od Reden (circumciſio eſt fœdus, die Beſchneidung iſt der Bund/vñ: Petra erat Chriſtus, der Felß war
Chriſtus) alſo iſt auch von diſen beiden propoſitionibus, oder
Reden diſputiert worden. Zwar was die erſte propoſitionem
oder Red (Circumciſio eſt fœdus, oder/ die Beſchneidung iſt
der Bund) betrifft/ſagte D. Zimmerman/ Grynæus wurde
hierauß ſeine Metonymiam nicht erweiſen können: Vnnd ſolches darumb/ dieweil diſe Wort (die Beſchneidung iſt der
Bund) nie mit diſen Worten in der gantzen heiligen Schrifft/
vnnd ſonderlich Gen. 17. da von der Beſchneidung gehandlet
würdt/zufinden ſeien/ vnnd bote jm diſen Trotz/ daß er ſagte/er
D. Zimmerman wolte jhn für den groſſen Apollinem halten/
wann er jme diſe Propoſitionem (Circumciſio eſt fœdus) die
Beſchneidung iſt der Bund/ mit diſen Worten in der Bibel
zeigete:Das leſe man wol Gen.17. Daß die Beſchneidung ſeie
ein Zeichen des Bundts: Wölche Propoſitio oder Red ja nie
figurata, ſonder propria ſeie/ cùm de ſpecie genus prædice-
tur: Daß aber diſe Propoſitio oder Red (Circumciſio eſt fœdus,die Beſchneidung iſt der Bund) in 17. cap. Geneſ. ſtehen
ſolte/das werde ſich nimmermehr erfinden:Darumb dann auch
auß derſelbigen die Sacramentales Phraſes oder Sacramentliche arten zu reden/ oder die Metonymiſche regula nicht könne
extruiert vnd erwieſen werden.

Wie

Wiewol sich nun Grynæus erstlich hefftig damit bemühete/
daß er dise propositionem, oder Red (Circumcisio est fœdus,
die Beschneidung ist der Bund) in dem 17. Cap. Gen. weisete
vnd zeigete/jedoch/dieweil er endtlich befande/daß dieselbige nit
drinnen begriffen/war dises sein außflucht/daß er sagte/sie were
implicitè/ vnd dem Verstandt nach darinnen begriffen.

Was dann anlangt die andere propositionem oder Red/
(petra erat Christus, der Felß war Christus) sagte D. Zimmerman: Erstlich/dise propositio oder Red/were auch nit also nudè oder bloß/wie sie von Grynæo gebraucht würdt/ 1.Cor.10.
zufinden: daß S. Paulus daselbsten expressè vnnd deutlich re-
de/nit vom schlechten Felsen allein/sonder vom geistlichen Felsen: Sie truncken aber/spricht er/von dem geistlichen Felsen/der
mit volget/ wölcher war Christus. Zu dem/ da auch schon dise
propositio oder Red (der Felß war Christus) also nudè vnnd
bloß/von S. Paulo gesetzt wurde/sagte D. Zimmerman/so lasse sich doch Metonymica regula/darauß nicht also extruirn vñ
beweisen/daß daruñ auch ein Metonymia in den worten (Hoc
est corpus meũ, oder/ panis est corpus, das ist/ mein Leib/oder
das Brot ist der Leib Christi) zu zulassen/vnd zu statuiren seie/
dann es sich mit nichten also / à figuratis locutionibus ad Sacramentales schliessen lasse/dergestalt/ daß/wie es mit den figurlichen Reden geschaffen/ es also auch mit den Sacramentlichen Arten zureden solte geschaffen sein.

Als nun Grynæus hiebey auff D. Zimmerman drange/vñ
von jhme zuwissen begerte/ ob dann dise propositio oder Red
(petra erat Christus, der Felß war Christus) propria oder fi-
gurara were/ vnnd ob sie eintweder dem natürlichen/ oder aber
dem figurlichen Verstandt nach zuuerstehn vnd zudeutten/vnd
er jm antwortete/ Wañ S. Paulus 1.Cor.10. spreche/ der geistliche Felß war Christus/so seie solches keine figurata, sed propria locutio, das ist/es seie alßdann dise Red nicht dem figurli-

Nn   chen/

chen/sonder dem natürlichen Verstande nach/den die wort selbsten mit sich bringen/zuuersehn vnnd zu deutten. Wann aber
Grynæus spreche/der Felß war Christus (da das wörtlin Geist-
lich/außgelassen) als dann so seie es ein figurata locutio, näm-
lich/Metonymica, oder figurliche Red/ wie auch D. Luther ein
Metonymiam in solcher proposition oder Rede zugelassen: da
meinete Grynæus/dieweil D. Zimmerman ein Metonymiam
in diser proposition oder Red (der Fels war Christus) zugelas-
sen/so hette er ein gewonnen Spil/vnd sein Sach so fer:n erhal-
ten/dz ers darfür geachtet/ es müste auch vmb dessen willen/ein
Metonymia in den worten der Einsatzung zugelassen werden.

Aber jm ward sein Hoffnung/der erhaltenen Victori, vnd
Siegs damit benossen/daß jme durch D. Zimmerman angezeigt
warde/Es were zwischen vns der Stritt nicht vber diser proposition oder Rede (der Felß war Christus) dieweil dieselbige in
heiliger Göttlicher Schrifft/vnd sonderlich /1. Cor. 10. nit zu
finden/in wölcher er gern mit Luth. ein Metonymiam zuliesse/
sonder vber diser proposition oder Rede (spiritualis petra erat
Christus: das ist/der Geistlich Fels war Christus/ als die auch
in S.Paulo, 1.Cor. 10. zufinden/wölche nicht figurata / sonder
propria were/vnd nicht dem figurlichen/ sonder dem natürlichen Verstandt nach zuuerstehn vnd zu deutten: Zu dem gesetzt/
doch der Warheit hiemit nichts begeben/wann schon auch dise
propositio oder Red (der Felß war Christus) als ein figurata
locutio, oder figurliche Rede/in H. Schrifft zufinden were / so
seie doch darumb dieselbige noch kein Sacramentalis locutio,
oder Sacramentliche art zu reden/ dieweil der Felß kein Sacrament seie / seitemal bey demselbigen die Substantialia vnnd
nöttige Stück/so zu einem Sacrament gehören/nicht zufinden/
darumb dañ auch nicht auß derselbigen die Metonymica regula also zu extruieren vñ zu erweisen/daß dieselbige deßwegen auch
in den worten der Einsatzung müste statuirt/ vnnd zugelassen

wer-

werden/dieweil es sich nicht schliessen liesse/à figuratis locutionibus ad Sacramentales, das ist/es halte sich die Sach mit den
Sacramentlichen Reden nicht eben also/ wie mit den figurlichen Arten zu reden/wölche Sacramentliche Reden/ nicht fi-
gurlich/sonder vngewohnlich seien. Vber das alles/ da auch dise propositio oder Rede/ (petra erat Christus, der Felß war
Christus) in heiliger Göttlicher Schrifft zu finden/vnnd dazu
auch ein Sacramentalis locutio, oder Sacramentliche Rede
were (wölches beides doch wir mit nichte gestendig)so folge doch
daruß nit/weil dise figurata & Metonymica oder figurlich ist/
daß deßwegen auch dise propositio oder Rede/(hoc est corpus
meü, das ist mein Leib/oder/panis est corpus Christi, das Brot
ist ð Leib Christi)figurata &Metonymica, od figurlich sein mü-
ste/sintemal es sich nit schliessen lasse/à particulari ad vniuersale.

Vñ hiedurch warde Grynæus endtlich dahin getribē/ daß er
seine Metonymiam vnd Metonymicã regulam in den worten
der Einsaßung zuerhaltē/asseriert/vñ sagte/ es weren nur zweierley Art der prædicationũ, oder der Reden in der H. Schrifft
zusindē/nämlich ettliche propositiones oder Reden weren propriæ, das ist/dem natürlichen Verstandt nach/den die wort mit
sich bringen/zuuerstehn/ettliche aber figuratæ, das ist/figurlich
zu verstehn/ dieweil dann dise propositio oder Rede (panis est
corpus Christi, das Brot ist der Leib Christi) nit propria were/
vnd nit dem eigentlichen Verstandt nach/ den die wort mit sich
bringen/zuuerstehn/so müsse sie ja figurata sein /vnnd figurlich
verstanden werden.

Als im aber D. Zimmerman widersprach/vnd sagte/es weren dreierley Art der prædicationum oder Reden/in Theologia vnd Gottes Wort/vnd ettliche prædicationes oder Reden
weren propriæ, ettliche figuratæ, ettliche aber inusitatæ, das ist/
ettliche weren eigentlich vnd natürlich/ ettliche figurlich zuuer-
stehn/ ettliche aber weren vngewohnliche Reden/ vnder wölche

inusita-

inusitatas oder vngewohnliche Reden/ gehöreten die prædicationes Sacramentales, das ist/ die Sacramentliche Reden/ vnd
die prædicationes de Filio Dei, das ist / die Reden von dem
Sohn Gottes/ als/ der Mensch ist Gott/ vñ Gott ist Mensch:
Wie dann Philippus Melanthon selbst die prædicationes de
Filio Dei, das ist/ die Reden von dem Sohn Gottes/ Inusitatas,
das ist/ vngewohnliche Reden nenne: Da fuhre Grynæus abermal also grob herauß / daß er sagte/ die prædicationes de Filio
Dei, oder die Reden von dem Son Gottes/ weren nicht Inusitatæ, das ist / vngewohnliche Reden / sonder figuratæ partim,
partim propriæ, das ist/ zum theil figurlich / zum theil aber natürlich vnd eigentlich zuuerstehn/ Vñ Philippus habe gleichwol
in der erste/ als er mit den Scholasticis occupationibus vnnd
Schul arbeitten gar obruirt vnd vberladen gewesen / dise dreyerley art der prædicationum oder Reden gesetzet/ hernacher
aber/ habe er seine Meinung geendert/ vnnd die prædicationes
de Filio Dei, inter figuratas referirt/ das ist/ er habs darfür ge-
halten/ wann von Christo gesagt würdt/ der Mensch ist Gott/
oder Gott ist Mensch/ so seie solches figurlich geredt.

Vnnd dieweil D. Zimmerman sahe/ daß Grynæus außschweiff suchte/ damit man nur von seiner Metonymischen Re-
gel/ auff das sie vnangefochten blibe/ abgeführt würde (wie jme
daß solches bey diser gantzen Disputation sehr gemein gewesen/
die Opponenten à scopo proposito, das ist von der Haupt-
sach/ darumb es zuthun/ abzuführen). Derowegen/ so beschlosse er solche Disputationem de prædicationibus de Filio Dei,
das ist/ von den Reden/ die von dem Sohne Gottes lautten/ da-
mit/ daß er sagte. Er erschrecke / daß er in solcher offentlichen
Disputation/ in Gegenwart so viler gelehrter Leut hören solle/
daß die prædicationes dē Filio Dei, das ist/ die Reden von dem
Son Gottes/ als Gott ist Mensch/ vñ Mensch ist Gott/ figuratæ seien/ vñ nicht dem Buchstaben nach/ sonder Figurlich zu-

uerstehn

uerſtehn ſeien/Es werde endtlich (da man alſo fortfahren ſolte)
dahin kommen/daß zubeſorgē/man werde vom Herrn Chriſto ſta-
tuiren vñ halten/er ſeie ein Tropiſcher Gott/vñ ein Tropiſcher
vnd figurlicher Menſch:Lutherus habe geweiſſagt/es werde
mit vnſerm Gegentheil dahin kommen/daß ſolches geſchehen
werde . Man habe ſich wol zu fürſehen/daß auß diſen figuratis
prædicationibus de Filio Dei,das iſt/auß diſen figurlichen Re-
den/die ſie vom Sohn Gottes erdichten/nicht ettwas anders/
dafür vns Gott gnädiglich behütten wölle/erfolge.

Hierauff ſagte Grynæus/wir ſolten ja nichts böſes von
jnen ominieren oder argwohnen/vnnd erklärt ſolches/wie die
propoſitiones de Filio Dei/oder die Reden vom Sohn Got-
tes/ſo fer: propriç ſeien/das iſt/natürlich/vnd dem Buchſtaben
nach zuuerſtehn/ ſo fer: naturarum veritas aſtruiret vnnd ſta-
tuirt werde/das iſt/ſo fer: mans darfür halte/daß die zwo Naturen in Chriſto geglaubt vnnd gehalten werden/ſo fer: aber figuratæ oder figurlich zuuerſtehn/ſo fer: in denſelbigen de toto/
das iſt/von der gantzen Perſon geſagt werde/das doch nur allein einer Natur were.

Damit man aber widerumb ad ſcopum vnnd zur Sach
käme/brachte D. Zimmerman wider die Metonymiſche Regel
Grynæi diß dritte Argument/daß er ſagte / daß auch eben in denen Sacramentalibus locutionibus/das iſt / Sacramentlichen Reden/von der heiligen Tauff/vnnd von der Beſchnei-
dung/auß wölchen doch Grynæus vnd ſeine Conſorten die Metonymicam regulam beweiſen wöllen/keine ſolch Metony-
mia/da nomen oder effectus rei ſignatæ ſigno/das iſt/da der
Nam oder die Würckung der bezeichneten Gabe/dem Zeichen
mittgetheilt würdt/zufinden ſeie: Darumb dann auch vmb ſouil
deſtoweniger ſolche Metonymiſche Regel in den Worten der
Einſatzung zuzulaſſen ſeie: Dann was die Beſchneidung vnnd
H. Tauff anlangt/ ſo ſeie das einmal gewiß vnnd war/daß bey

beiden Sacramenten / die res signatæ / oder bezeichnete Gab
seie / Vergebung der Sünden / vnnd die Gerechtigkeit / so vor
Gott gilt / deñoch werde nirgend in der gantzen heilige Schrifft /
das eusserliche Zeichen beider Sacramenten / nämlich / die Beschneidung der Vorhaut / vnnd das eusserliche begiessen des
Wassers / die Vergebung der Sünden / vnnd die ware Gerechtigkeit / so vor Gott gilt / genennet / wölches doch geschehen müßte / wann Grynæi Meinung nach / in den Sacramentalibus locutionibus / oder Sacramentlichen Reden / von der Beschneidung vnnd Tauff / die Metonymische Regel Platz solte haben /
da dem Zeichen der Nam oder der effectus / die Würckung der
bezeichneten Gab / mitgetheilt vnd gegeben würde.

Darauff antwortet Grynæus / vnnd sagte / es werde ja
Tit. 3 von S. Paulo gesagt / daß vns Gott selig mache / durch
das Bad der Widergeburt / vnd Ernewerung des heiligen Geistes. Item die Beschneidung sey ein Zeichen des Bundts /
Gen. 17. vnnd ein Sigel der Gerechtigkeit / Rom. 4. in wölchen propositionibus / ja nach diser Metonymischen Regel /
der effectus oder die Würckung der bezeichneten Gab / dem
Zeichen zugeschriben werde. Hiewider hat D. Zimmerman
widerumb hin berichtet: Es rede S. Paulus Tit. 3. nicht von
dem eusserlichen Element der heiligen Tauff allein / nämlich /
von der Begiessung des Wassers / da er sagt: Gott mache vns
selig / durch das Bad der Widergeburt / vnnd Ernewerung des
heiligen Geists / sonder er rede von der gantzen Action vnnd
Handlung der heiligen Tauff / die ja nicht auff dem eusserlichen Zeichen der Begiessung mit Wasser / allein bestehe vnnd
beruhe. Dieselbige gantze Action nun / vnd nicht nur allein das
eusserlich Zeichen / oder die Begiessung mit Wasser / nenne S.
Paulus ein Bad der Widergeburt vnd Ernewerung des heiligen Geistes: Darumb dann auch Grynæus seine Metonymische

sche Regel/ daß nemlich dem Zeichen allein der Nam vnnd der
effectus/ die Würckung/ der bezeichneten Gab gegeben werde/
damit nicht erweisen könne/ daß S. Paulus die gantze Action
der heiligen Tauff ein Bad der Widergeburt/ vnnd Erneue-
rung des heiligen Geistes nenne. So spreche Moses Gen. 17.
nicht schlechtlich/ daß die Beschneidung seie der Bund selbsten/
sonder ein Zeichen des Bundts/ wie dann auch S. Paulus
Rom. 4. die Beschneidung nicht die Gerechtigkeit selbsten/
sonder einen Sigel der Gerechtigkeit nenne: Die Gerechtigkeit aber selbsten sein/ vnnd ein Sigill der Gerechtigkeit sein:
Item der Bund selbs sein/ vnnd ein Zeichen des Bundts sein/
seien ja nicht einerley vnd gleiche Reden: Darumb dann abermals Grynæus seine Metonymische Regel auß disen zweien
Sprüchen/ von der Beschneidung nicht erweisen können.

Als nun Grynæus gesehen/ daß er seine Metonymische
Regel mit disen zweien Exempeln/ von der Beschneidung vnd
heiligen Tauff nicht erhalten vnnd beweisen können/ ist er herfür kommen/ mit den Worten Luc. 22. vnd Paul. 1. Cor. 11. da
sie beide sagen/ von dem Kelch/ daß derselbige seie das new Testament in dem Blut Christi/ vnd gesagt/ daß in disen Worten
ein Metonymia müsse statuirt vnd gehalten werden.

Aber jm ward geantwortet/ ob schon Lucas vnnd Paulus
in disem Fall ettwas anders reden/ als Marcus vnd Matthæus/
vñ das Wörtlin/ Kelch/ wölches Matthæus vnd Marcus nit
haben/ gebrauchen/ so mache doch darumb diß Wörtlein (Kelch)
auß dem Blut des newen Testaments kein bloß Gedenckzei-
chen/ dann dise folgende Wort seien zuklar/ nämlich/ nouum
Testamentum/ das newe Testament/ vñ/ in sanguine meo/ in
meinem Blut. Vnnd ob schon der Kelch werde das newe Testament genennet/ so werde jhm doch diser hohe Nam nicht
gege-

gegeben/vmb der Materien willen/darauß er gemacht/auch
nicht vmb des Weins willen/so darinnen ist/sonder darumb al-
lein/weil das/so im Abendtmal mit dem Wein gegenwertig ist/
gereicht/außgetheilt/vnnd empfangen würdt/Christi Blut ist/
wölches des newen Testaments Blut ist/wölches er für der
Welt Sünd vergossen hat: Zu dem/so erkläret Matthæus vnd
Marcus fein artlich vnnd eigentlich mit disen Worten/da sie
sprechen (dann das ist mein Blut des newen Testa-
ments/das für vil vergossen würdt/zur Vergebung der Sünden/) wie dise Phrasis oder Art zureden/
von dem Kelch/bey S. Paulo vnd Luca zuuerstehn seie/näm-
lich nicht von einem Gedenckzeichen des abwesenden Bluts
Christi/sonder von dem warhafftigen Blut des newen Testa-
ments/wölches er zur Vergebung der Sünden vergossen hat:
Dann ja das Blut des newen Testaments kein Gedenckzeichen des abwesenden Bluts Christi/sonder das Blut Christi
selbs seie/durch wölches das newe Testament gemacht vnnd bekräfftiget worden.

Als es nun auch Grynæo mit disen Worten Lucæ vnnd
Pauli (diser Kelch ist das newe Testament in meinem Blut)
gefehlet/vnnd er auß denselbigen seine Metonymiam/vnnd
Metonymische Regel nicht erhalten können: Ist er endtlich
mit einem Caluinischen axiomate/das ist/mit einer solchen
Regel/die/seiner Meinung nach/für vnwidersprächlich gewiß
solte gehalten werden/wölches er auch in seiner 24. Thesi ge-
sagt/auff den Plan kommen/wölches er auch/als ein besonders/
ohne Zweiffel zum Stichblatt behalten/ von den rebus dispa-
ratis/das ist/von solchen dingen/die einander in wesentlichen
Eigenschafften vngleich sein/ von wölchen er sagte/daß/wann
derselbigen zwey durch die copulam Est/das ist/(durch das
Wörtlein Ist)in einer Proposition oder Rede iungiert vnnd
zusamen

zuſamen geſetzt werden / ſo müſſe man alsdann bekennen / daß
ein ſolche prædicatio nicht propria / ſonder figurata ſeie / das
iſt / daß ein ſolche Red nicht nach jhrem eigentlichen Verſtand /
den die Wort mit ſich bringen / ſonder figurlich zuuerſtehn
ſeien. Dieweil daß in diſen Worten (das Brot iſt der Leib Chriſti) zwey ſolche diſparata, quæ formis ſpecificis differunt, wie
zuuor daruon geredt / durch die copulam vnnd Wörtlin (Eſt,
Iſt) iungiert / vnnd zuſamen geſetzt werden / derwegen ſo müſſe
auch ſolches ein figurliche vnd Metonymiſche prædicatio vnd
Rede ſein.

Aber wider diß falſche Caluiniſche Axioma vnd Regel inferiert D. Zimmerman diſes / daß es nämlich in heiliger Göttlicher Schrifft breuchlich / daß / wenn zwey diſparata / deren eins
ſichtbar / das ander aber vnſichtbar / ſine confuſione / das iſt /
ohn Vermiſchung / durch die copulam vnd Wörtlein Eſt, Iſt /
iungiert vnd zuſamen geſetzt werden / alſo daß das ſichtbare in
ſubiecto / das vnſichtbar aber in prædicato geſetzt würde / daß
alsdann dieſelbige zwey diſparata / ſo nahe vnd hart mit einander vereiniget werden / daß bey dem ſichtbarn diſparato / das vnſichtbare zumahl zugegen ſeie / vnd gegenwertig exhibiert vnnd
dargereicht werde / vnnd es alſo keiner Figur vnnd Metonymia
deßwegen bedörffe: Wölches mit vller Exempeln der heiligen
Schrifft zuerweiſen / als ſonderlich da Joan. 1. von der Tauben geſagt werde / das ſie ſey der heilige Geiſt: Dieweil dann
nun in dem Handel vom heiligen Abendtmal zwey diſparata /
nämlich Brot vnd der Leib Chriſti: Item der Wein vnnd das
Blut Chriſti / durch die copulam oder Wörtlin (Eſt, Iſt) ſine
confuſione / oder ohne Vermiſchung / alſo mit einander iungiert vnd vereiniget werden / daß das ſichtbare / nämlich / Brot
vnnd Wein geſetzt werde / in ſubiecto / das vnſichtbare aber /
nämlich der Leib vnnd Blut Chriſti geſetzt werde in prædicato.
Derwegen / ſo werden auch Brot vnnd der Leib Chriſti / Wein

vnd das Blut Christi/ also nahe vnd hart mit einander vereini-
get/ daß zumal bey den sichtbarn Brot vnd Wein/ das vnsicht-
bare/ nämlich/ der Leib vnd Blut Christi zugegen seie/ vnnd gegenwertig außgetheilet vnd empfangen werde/ vnd bedarff man
deßwegen bey disem Handel vom heiligen Abendtmal/ keiner
Figur oder Metonymia.

Als nun hieuon allerley/ pro & contrà/ herumb vnnd hinumb geredt warde/ vnnd ein jeder sein Axioma vnnd Regel be-
hauptete: warde diser Actus/ wölcher auch der letste gewesen/
daran disputiert worden/ dieweil die gewohnliche vnnd ordenli-
che zeit verflossen/ durch den Præsidenten abrumpirt vnnd beschlossen.

Ehe vnnd dann wir aber zur Beschreibung des allerletsten
Actus/ daran gar nicht disputiert/ sonder allein ein End an die
gantze Disputation gemacht worden/ schreitten/ müssen wir zuuor auff das jenige auch antworten/ wölches die Narratores
auß vorgedachtem Actu gezwacket/ vnd in jre Narration hinein
geflickt haben/ wie dann auch auff die vberige Puncten/ so sie
von gehaltener Disputation spargieren.

Vnd erstlich/ weil der Christliche Leser/ auß jetz gegebenem
Bericht vnd Extract vernommen/ daß beides mit Gründen der
H. Schrifft/ vnnd dann auch mit den Zeugnussen vnd Sprüchen der heiligen Vätter (wölche Grynæus anders nicht/ als mit
seinem (Sacramentotenus) eludirt vnnd vernichtiget hat) die
mündtliche Nüssung des Leibs vñ Bluts Christi im H. Abendtmal außführlich erwisen worden/ da hergegen das Gegentheil
die Geistliche Nüssung auß denen Worten (nemet hin vnd
esset/ ꝛc.) nicht erweisen hat können/ so ist hiebey dises leichtlich
abzunemen/ was für vnuerschämpte Leut dise Narratores seien/
die da offentlich schreiben dörffen: Daß die jhrige in der
Disputation auß den Worten der Einsatzung/ vnd
zugleich

zugleich auß dem Euangelio bewisen/dz nur zweier- Num. 86. 87.
ley Nüssung seie/die eusserliche/leibliche/ der eusserlichen Elementen/vñ die Geistliche/innerliche/ da die
Seel die Himmelische Gab empfahet. Da hergegen wir (diser Narranten falschen Bericht nach) auß keinem Text vnsere vermeinte Weise beweisen können/
daß/nämlich/Brot vnnd Leib/oder wie wirs nen-
nen/ Fleischbrot vnnd Leibsbrot/mit dem Mund
gessen werde.

Wie dann auch auß sonderer Vermessenheit die Narratores fürgeben: Es seie vns angezeigt worden/ ob wir Num. 87.
schon mit Worten den Capernaitischen Mißuerstand verwerffen/daß doch ein geringer vnderscheid
zwischen vnser vnd derselbigen Meinung seie/in dem
wir eben/ wie die Capernaiter/ einen natürlichen
Leib mit dem natürlichen Mund essen/vnd mit den
Zänen/wie D. Luther redet/zudrucken wöllen. Nun
ist zwar nicht ohn/ es hette ja Grynæus vns gern die Capernaitische Nüssung auffgesatlet/ da er dieselbige auff vns dardurch
zuerweisen sich vnderstanden/dieweil wir mit den Capernaiten
glauben vnnd lehren/ daß wir den natürlichen Leib Christi/mit
vnserm natürlichen Mund im heiligen Abendtmal essen: Wie
offt vnd villmal aber ist jme widerumb angezeigt worden/daß noch
ein mercklicher Vnderscheid zwischen vnser Christlichen Lehr/
vnd der Capernaitischen Nüssung seie? souil den modum oder
die Weise der mündtlichen Nüssung des Leibs Christi betrifft/
von wölcher die Capernaiten meineten/ daß dieselbige natür-

lich were: Wir aber solches läugnen/vnnd hergegen fürgeben/
daß solche Weiß vbernatürlich/vnerforschlich/vnnd vnbegreifflich seie.

Was die Narratores abermal allhie auff D. Luthern
stechen mit dem Fleischbrot vnnd Leibsbrot/ so mit den Zä-
nen zerdruckt werde/ würdt in der Refutation der vermeindten Ableinung Tossani/ gnugsam hierauff geantwortet werden.

Es melden die Narratores auch hiebey von einer gar lä-
cherlichen Außflucht eines Doctoris vnder vns/ der da in der
Disputation gesagt: Wann wir sprechen / der Leib
Christi werde leiblich/ mündtlich gessen / daß wir
nicht modum / die Weiß des essens / wölche vnbegreifflich seie / sonder allein instrumentum / den
Werckzeug meinen/ daß nämlich mit dem Instrument des Mundts der Leib Christi gessen wer-
de/ ɤc.

Daß aber dises kein lächerliche Außflucht seie/ vnd daß ein
mercklicher Vnderscheid seie/ zwischen dem Instrument der
Nüssung des Leibs Christi / vnnd zwischen der Weiß solcher
Nüssung/ist bey verständigen Christen solches vnlaugbar. Das
Instrument oder den Werckzeug/damit wir den Leib vnd Blut
Christi im heiligen Abendtmal nüssen/sagen wir/seie der Mund
vnsers Leibs/wölcher Mund vnsers Leibs/wie die Schulerknaben wissen/ad prædicamentum substantiæ gehöret. Die Weiß
aber oder modus solcher Nüssung des Leibs vñ Bluts Christi/
von wölcher wir sagen/ daß sie vnbegreifflich seie/ gehöret/ja
nicht ad prædicamentum Substantiæ / sonder Qualitatis.
Darumb so müssen ja solches vngleiche Fragen sein/ wenn
man fragt / mit wölchem Instrument der Leib vñ Blut Christi
genommen werde: ob es geschehe mit dem Mund des Leibes/
(wie

Num. 87.

Num. 87.

(wie wir lehren) oder ob es geschehe mit dem Mund der Seelen
(wie vnser Gegentheil bestreittet) Vnd wañ man fraget/weil
je die Nüssung des Leibs vnnd Bluts Christi/mit dem Mund
des Leibes geschehen solle/was doch der Modus oder die Weiß
der Nüssung des Leibs vnd Bluts Christi/so mit dem Mund
geschicht/seie/ob solches auff die gemeine natürliche Weiß ge-
schehe/also daß der Leib Christi/wie ein andere gemeine Speiß/
geessen/vnd das Blut Christi/wie ein ander gemeiner Tranck/
natürlich getruncken werde/oder ob solches auff ein andere wei-
se/nämlich vbernatürlich/himmelisch/vnd vnbegreifflicher weise geschehe? Es ist ja ein anders/wann ich frage/wölches doch
das Instrument seie/damit vnnd dardurch der Mensch sihet/
darauff wir antworten/daß solch Instrument seie nicht der
Mund/nicht das Ohr/sonder das Aug: Vnd aber ein anders/
wann ich frage/wie doch das Aug gesehe/vnnd wie es hiemit zu-
gehe/daß so bald der Mensch die Augen auffthut/sein Gesicht
alsdann in einem Augenblick/vber fünff oder sechs Meilwegs/
vnnd zugleich an allen orten/die in solchen sechs Meilen sind/
gegenwertig ist/da doch des Menschen Aug/so ein kleines/
schlechtes vnd vnachtsames Instrument ist. Also ist es ja auch
vil ein anders/wann man fraget von dem Instrument der Nüssung des Leibs vnd Bluts Christi im heiligen Abentmal/vnnd
aber ein anders/wann man fraget/von der weise solcher Nüssung. So haben auch die liebe heilige Vätter/gar hertzlich von
der mündtlichen Nüssung gelehret vnnd geschriben/wie auß denen Zeugnussen/so in der Disputation dem Grynæo fürgehal-
ten/vnd im vorigen extract gesetzt seind/zusehen: Vnnd haben
doch nichts destoweniger gemelte H. Vätter hin vnnd wider in
jren Schrifftē gezeuget/daß der modus oder die weise der Nüssung des Leibs Christi/vnangesehen/daß dieselbige mündtlich
geschehe/dannoch vnerforschlich vnnd vnbegreifflich seie: wölches sie ja nit würden gethan haben/wann nicht ein vnderscheid

Do iij   wäre

were zwischen dem Instrument vnnd Werckzeug der Nüssung des Leibs vnnd Bluts Christi im H. Abentmal/vnd zwischen der weise solcher Nüssung.

Num. 87.

Diß seind/sprechen die Referenten/die grobe Spän/ so die Leut in der Disputation gehawen/vnnd die schöne Argument/ denen man eilff ganzer Tag/ (eilff ganzer Tag werden allhie figuratè, auff gut Caluinisch/ für vier ganzer Tag / wie droben auch gemeldet / gesezt) hat müssen zuhören.

Num. 87.

Die Narratores beklagen sich auch hie / daß dise gewisse vnd bekannte Regel/daß die Zeichen den Namen der gezeichneten Gaben bekommen/seie stumpffiert vnnd verlachet worden. Daß aber dise vngewisse/vnd bey niemandts/ als allein bey den Zwinglianern vnd Caluinisten bekannte Regel/billich verlacht vnd gestumpffieret worden/vnd noch werden solle/hat D. Zimmerman in gehaltener Disputation/ (wie auß vorigem extract/ vnd auß den getruckten Actis selbsten derselbigen zusehen) dessen dise Vrsach angezeigt / daß nämlich dieselbige in Gottes Wort nicht Grundt habe/vnnd auß demselbigen auch mit dem geringsten Buchstaben nicht könne erwisen werden.

Vnd souil auch von dem achten vnnd letsten Actu, daran disputiert worden/ was sich beyder seits in demselbigen begeben vnd verloffen.

Ehe vnnd dann aber die Referenten / zur beschreibung des Beschluß der gehaltenen Disputation kommen / gedencken sie ettlicher Sachen vnd Händel/so gedachte Disputation betreffen/vnd von jnen auß vnserer Schrifft/die wir Hertzog Johan Casimirn/den 12. tag Jun. vbergeben/ vnd mit litera A vnd B gezeichnet/gezwacket/vnnd in jhr Narration hinein gesezt worden. Nun haben wir schon allbereit/ auff den meisten theil derselbigen in diser Schrifft geantwortet/wie wir vns nämlich

dessen

deſſen billich beklagt: Wir habē keinen Vortheil gehabt/wir haben müſſen anfangen vnnd auffhören/wann vnnd wo man ge=
wolt: Item/wie ſo gar es nicht war ſele/daß Grynæus kein eini=
ges wort/als mit aller Sanfftmuth/beſcheidenheit/ehrerbüt=
tig gegen vns/in der gantzen Diſputation geredt/vñ wie Gry=
næo ſein Apoſtaſia/vnnd ſchandtlicher Abfall in wehrender
Diſputation billich auffgeruckt wordē: wie Grynęus das jenige/
ſo er voriges Tags concediert vnnd zugelaſſen/den nechſtuol=
genden Tag retractiert vnnd geláugnet habe/darumb es dann
nicht vonnötten / von diſen Puncten weitláuffiger zu cauſie=
ren.

Daß aber die Referenten weitter klagen/wir haben in vnſer
Schrifft ſpargiert/Gryn. habe ſich in gehaltener Diſputation
verlauttē laſſen/die prædicationes de Filio Dei ſeind figuratæ,
das iſt/ſolche Reden von dem Son Gottes/da man ſagt/Gott
iſt Menſch/vnd/Menſch iſt Gott/ſeien nicht dem Buchſtaben
nach/in jrem eigentlichen natürlichen Verſtandt/ſonder figur=
lich zuuerſtehn/vnd ſeien ſolches verblümbte Reden/iſt ſolches
ſo war/daß es von Grynæo geredt worden/daß ſie es ſelbſten
nicht láugnen können/allein daß ſie es ettlicher maſſen verklü=
geln vnd verſtreichen wöllen. Sie verkleiſterns aber ſo gut/als
ſie immer wöllen/ ſo iſt doch ſolches einmal gewiß vnnd war/
daß diſes ein newe vnnd gefährliche Theologia ſey/darauß
auch endtlich nichts guts/(wie D. Luther hievon geweiſſagt)
erfolgen würdt/da man die Reden/Gott iſt Menſch/vnnd/
Menſch iſt Gott/zu figurlichen Reden machen will. Was der
Teuffel hiemit ſucht/vñ im Siñ habe/bedencken villeicht Gry-
næus/vñ diſe Narratores jetzunder nit: aber es möchte/wie zube=
ſorgē/einmal außbrechen/vñ ein ſolchen außbruch gewiñen/da=
hin man jetzund wenig gedencket. Wir für vnſere Perſonen be=
keñen/dz vns für ſolchen figuratis locutionibus, vñ figurlichen
Redē/die man in die Kirchen einführē will/grawet: wie dañ auch
vil

vil gutherßiger Leutte/mit verwunderung sich darüber entse-
ßen/dz Grynæus schier vnsere gantze Theologiam figuratam/
vnd figurlich machen will/vnnd in seinen Thesibus, die er im
Nouembri/des vier vnd achßigsten Jars zu Heidelberg dispu-
tiert/vnder anderm auch dises statuirt/vñ als war seßet vñ ver-

Thesi nona.

theidigt/daß dise Propositio vnd Rede,Nos sola fide iustifica-
ri, auch figurata seie/das ist/waß wir auß Gottes Wort sagen/
daß wir allein durch den Glauben von Gott gerecht vnnd selig
werden/so seie solches nicht dem blossen Buchstaben nach/son-
der figurlich zuuerstehn. Gott wölle vns für solcher figurata
Theologia,da alles lautter Figuren sein müssen/gnädiglich be-
hüten vnd bewahren.

    Es solte sich aber nicht vnbillich jemandts/dem die Calui-
nisten nit bekañt seind/hierüber verwundern/daß dise Narrato-
tes hiebey sich dessen dörffen vernemen lassen/daß auch D.Lut.
Synecchdochen in disen Reden (Gott ist Mensch/vñ Mensch

NB.
Ein Caluinische
Warheit.

ist Gott) zugelassen vnd statuirt habe. Dañ daß D. Luther solches nit concediert oder statuirt habe/ist darauß abzunemen/daß
er in seiner grossen Bekanntnus/To.Vvit.2.Ger.fol.158. hieuon also schreibet: Daß wann gleich die Alleosis bestünde/daß
eine Natur für die andere genommen werd/so betreffe doch solches allein die Werck oder Geschäfft der Naturen/vnd nit das
Wesen der Naturen.Dañ ob gleich in den Wercken/waß man
spricht (Christus predigt/trincket/bettet/stirbt) möcht Christus
für die menschliche Natur genoñen werden/so kans doch nicht
so sein im Wesen/wann man spricht : Gott ist Mensch/oder
Mensch ist Gott. Hie kan ja kein Alleosis/ja auch kein Sy-
nechdoche/oder einiger Tropus sein/dann da muß Gott für
Gott/Mensch für Mensch genoñen werden. Biß hieher Luth.

    Da nun Lutherus sich so rotundè/hell vnd klar dahin erklä-
ret/daß er weder Alleosin noch Synecchdochen, noch einigen
Tropü in denen Reden(Gott ist Mensch/vñ Mensch ist Gott)

zulasse vnd halte : Wie dörffen dann dise Narratores hie fürs
geben/ daß auch Lutherus ein Senechdochen in denen Reden
statuiert habe? Diß vnredliche stuck wölle der Christliche Leser
abermal wol erwegen.

Daß sich die Narratores beklagen vber vnsere Schrifft/ Num. 90.
darinnen Grynæus bezichtiget würdt/ er habe sich in der Disputation vernemen lassen/die Vätter seiend anderß zuuerstehn/
als sie mit worten geschriben: befrembdet vns solches an sie gar
hoch. Dann wir vns hiebey referieren vnnd beruffen/auff alle
die jenige/ so solcher Disputation beygewohnet/ wie dann auch
auff die publicierte Acta, daß Grynæus sonderlich den 13. Apr.
als dazumal mit den testimonijs der heiligen Vätter/ von der
mündtliche Nüssung des Leibs vñ Bluts Christi im H. Abedtmal so hart auff ihn getrungen worden/daß er nit mehr elabirn
können/ sich offendtlich vnd verstendtlich dahin vernemen vnd
verlautten lassen: Es seie gleichwol nicht ohne/die heilige Vätter reden vnd schreiben hieuon/daß wir den Leib vnd Blut Christi im heiligen Abendtmal mit dem Mund empfahen/wir müssen aber solche der Vätter Sprüch verstehn/ nicht wie sie dem
Buchstaben nach lautten/ sonder Sacramentotenus, das ist
also/daß/wann die heilige Vätter schreiben/wir essen vnd trincken den Leib vnd Blut Christi mit vnserm Mund/wir alsdann
durch den Leib Christi/ nicht seinen Leib/ sonder das Brot allein/ vnd durch das Blut Christi/ nicht sein Blut/ sonder den
Wein allein verstehn sollen vnd müssen.

Die Referenten beklagen sich ferzner / wir haben in vnser Num. 90.
Lösterschrifft (also intitulieren sie vnsere Schrifft/ die wir den
12. Junij/ des 84. Jars Hertzog Johann Casimirn vbergeben/ vnnd hieunden mit litera A vnd B signiert) fürgegeben/
Grynæus habe in der Disputation gesagt/ der Leib Christi
seie vns nicht anderß/dann intellectui, dem Verstand vnd Gedancken gegenwertig. Nun ist aber droben in der Beschreibung

des

Pp

des 7. actus, so den 10. Apr. zwischen Grynæo vnd D. Zimmerman gehalten/ gemeldet worden/ daß er/ D. Zimmerman/
vnder anderm/ zur Beweisung der mündtlichen Nüssung des
Leibs vnd Bluts Christi im heiligen Abendtmal/ habe ein Argument eingeführt/ wölchs er genommen von der Sacramentlichen Vereinigung des Brots mit dem Leib Christi/ vnd
des Weins mit seinem Blut/ darauß er argumentiert vnd ge-
schlossen/ weil Brot vnd Wein mit dem Leib vnd Blut Christi
Sacramentlich vereiniget/ vnd von vns sampttlich empfangen
vnd genossen werde/ so müssen sie ja auch mit einerley Instrument von vns empfangen vnd genommen werden. Vnd nachdem Brot vnnd Wein/ mit denen der Leib vnd Blut Christi
Sacramentlich vereiniget/ mit dem Mund vnsers Leibs/ oder
mündtlich/ im gebrauch des heiligen Abendtmals von vns genossen vnnd empfangen werden/ so müß ja auch der Leib vnnd
Blut Christi ebenmässiger gestalt mündtlich von vns genossen werden. Darauff nun hat Grynæus (wie allen denen/ so diser Disputation beygewohnet/ bewußt/ vnnd solches auch die
publicierte Acta außweisen) ein langs vnd ein breits disputiert/
von der Sacramentlichen Vereinigung des Brots mit dem
Leib/ vnd des Weins mit dem Blut Christi/ von wölcher Vereinigung Grynæus sich publicè dahin erklärt/ daß dieselbige
anders nichts seie/ dann ein solche Vereinigung/ daß wie das
Brot dem Leib dargereicht würdt/ also werde auch der Leib
Christi dem Gemüt oder glaubigen Hertzen dargebotten/ vnd
wie der eusserliche Mensch das Brot mit dem Mund seines
Leibs empfahet/ also empfahe der innerliche Mensch den Leib
Christi mit dem Mund der Seelen/ nach wölcher weiß der
Sacramentlichen Vereinigung auch solche ding/ die Orts
halben weit vnd fern von einander seind/ mit einander verelni-
get seien/ nach wölcher weiß auch Brot vnd Wein auff Er-
den/ der Leib Christi aber droben im Himmel/ vnd allein intellectui,

lectui , dem Verstand gegenwertig seie. Dieweil dann dem al=
so / so müssen ja dise Narratores abermal in disem stuck vnwar=
haffte Leut sein / daß sie fürgeben / es seie dises / daß wir solches
den Grynæum bezichtigen / ein Verkerung vnd Verlösterung.

Daß auch die Referenten zu verthädigung des Grynæi,
Chrysostomi , Buzeri, vnd Lutheri meldung thun / also / daß
dieselbige auch sollen gelehrt haben / daß das essen des Leibs
Christi / nicht ein solcher Eingang seie des Leibs Christi in vn=
sern Mund / daß derselbige in vnsern Magen kommen / vnd das
selbsten verdewet werden solte / dienet solches nichts zur Sa=
chen / dann wir selbsten / oder die vnsern solches nie gelehrt.

Wie wir dann auch dises gern gestehn / daß Lutherus vil=
mal / wann er von der Geistlichen Nüssung des Leibs vñ Bluts
Christi geredt / geschriben habe / daß das Hertz die rechte Mon=
strantz seie / da Christus (mit seinen Gnaden) sein vnd wohnen
will / ꝛc. wölches alles doch der mündtlichen Nüssung des Leibs
vnd Bluts Christi / so im H. Abendtmal geschicht / gar nichts
benimbt / wie solches beides in diser Schrifft / vnd dann auch
sonsten / durch die vnsern in jhren Schrifften / weitläuffig vnd
gnugsam ist dargethon vnd erwisen worden.

Noch eins zwacken die Narratores auß vnserer / den 12. Ju=
nij vbergebenen Schrifft / so auch die Disputation betrifft / daß
sie fürgeben / wir haben vns (in vnserer Schrifft) beklagt /
wir seien wol alle prouociert / vnnd zum disputieren
ermahnet worden / aber nicht alle gehört.

Ein billiche vnd bestendige Klag ist dises / sintemal wir alle
in wehrender Disputation durch Grynæum in gemein / vñ vn=
ser ettliche in specie durch den Herrn von Dona sein prouociert /
oder zu disputiern auffgemahnet worden / auß wölchen doch kei=
ner / als alle in vnser drey / nämlich D. Marbachius, D. Schop=
perus, vnd D. Zimmerman seind gehört worden.

P p ij   Daß

Num. 91.   Daß wir Opponenten digressiones vnd Außschweiff ge-
braucht/ kein einzig Argument geführt/ sonder von einem zum
andern/ mehrertheils absque vlla forma syllogistica, gesprun-
gen: das ist ein Caluinische Warheit. Es wissen die jenigen/ so
in solcher Disputation gewesen/ sehr wol/ daß nicht wir Opponenten / sonder Grynæus dem gantzen Auditorio vberlästig/
vnd beschwerlich gewesen / mit seinen digressionibus, Auß-
schweiffen/ Historien/ Fabulen/ vnd zierlichen Sprüchen/ oder
Gnomis , so er angezogen / dessen wir auch publicè gegen
dem Grynæo vns beklagt : wie man dann auch wol weiß/ daß
wir Opponenten vnsere Argumenta in gutter forma Syllogistica fürgebracht haben/ vnd daß man deßwegen billiche vnd
redliche Vrsach vber vns zuklagen/ nicht haben möge.

Num. 91.   Daß die Narratores melden / wir selbsten haben vns vnserer Geschefften halb / entschuldiget/ daß wir nämlich vmb derselbigen willen / der Disputation lenger nicht beywohnen können: Ist es gleichwol nicht ohne / daß vnsere Collegæ, die gar
nicht gehört worden / den 13. Apr. vnsere vilfältige Kirchen-
geschefften/ vnd Predigten/ deren vns in derselbigen Wochen/
als in der Carwochen/ vber die 30. zuhalten gewesen/ gegen dem
Grynæo prætendiert / vnd gebetten / man wölle die Disputation biß zu Außgang der Osterfeirtag einstellen/ damit sie auch
mit disputieren fort kommen können. Da aber vnsere Collegæ
hiemit nichts erhalten mögen / seind sie nichts desto weniger
den 14. Apr. nämlich Dinstags nach Palmarum , in dem letz-
sten Actu, mit grosser irer Vngelegenheit widerumb erschinen/
des verhoffens/ es solte jhnen doch dazumal platz zudisputiern
gegeben werden. Aber da war desselbigen Tags bey Grynæo
niemand daheim/ sonder es ware die Disputatio vnuerschenlich
(da vnsere Collegæ, die zu disputieren gerüstet vnd freudig/ im
geringsten nicht gehört worden) den 14. Apr. abrumpiert vnd
geschlossen/ wie jetzund solle gemeldet werden. Vnnd kan hierauß

auß ein jeder bey sich selbst verstehen / ob vns ein Dienst damit
geschehen / oder nicht / daß die Disputatio / daman vns nicht
gnugsamlich gehöret / also bald abrumpiert worden / dieweil wir
publicè gebetten / man wölle doch die Carwochen vber / die Disputation einstellen / biß zu Außgang der Osterfeirtagen / damit
wir gnugsamlich gehört werden mögen : mit wölchem flehen
vnd bitten / wir doch nichts erhalten / vnd da auch vnsere collegæ
den 14. April. ad disputandum gefasset / vnnd bereit gewesen /
dannoch auch dazumal kein Audientz haben erlangen mögen.

Auff solches kommen nun die Narratores endtlich auff den
Beschluß der gehaltenen Disputation: Dieweil sie aber hiebey
sehr kurtz (dann sie sich solches letsten Actus / wie dann auch der
gantzen Disputation nicht hoch vnnd vil zu rühmen haben) so
wöllen wir hieuon warhafftigen Bericht geben / vnnd denselbigen (damit der Christliche Leser die gantze Handlung der Disputation beysamen habe) bona fide vnnd trewlich referieren
vnd erzehlen / vnd halt sich der Sach hiemit also.

Num. 91.&92.

Dinstags nach Palmarum / nämlich / den 14. April. des 84.
Jars / kam Hertzog Johann Casimir / in eigner Person / mit seinem Hoffgesind in das Auditorium, darinnen die Disputatio
gehalten worden / wie dann auch ein grosse menge der Theologen / Kirchendiener in der Statt vnnd auff dem Land / der Professorn / Studenten / vnnd Churfürstlicher Pfaltz Räht / bey disem letsten Actu erschinen. Als nun jeder meniglich verhoffete /
Grynæus wurde den vbrigen Kirchendienern vnd Professoribus zu disputieren / (dieweil derselbigen ettliche / als D. Philippus Felsinius, vnd M. Dionysius Oehem mit namen dazu prouociert worden) Platz geben / da fahet er Grynæus an zuhalten /
ein orationem, wölche fast ein stund lang geweret / darinnen er
die verloffene Händel seines gefallens widerholet / deuttet / ca-
lumniert / verkleistert / vnnd in Summa jhme selbsten palmam
vnd die Victori zugeschreiben / dem andern Theil aber / daß der-

Pp iij   sel-

selbige seine Lehr vom H. Abendtmal/ nit gnugsamlich verthei-
diget/ vnrecht gegeben hat/ wölchs er so grob vnd vnuerschembt
gemacht vnd getriben/ daß er drüber zu ettlichen malen von dem
Auditorio außgerauscht vnd außgepfiffen worden.

Als daſſelbige D. Marbachius vnd seine Collegæ vernom-
men/ haben sie solchem des Grynæi vnuerschampten Freuel offentlich widersprechen wöllen/ vñ doch zuuor solches zuthun ve-
niam gebetten von Hartmanno Hartmanni, Churfürstlicher
Pfaltz Fauthen zu Heidelberg/ als der nicht fern von jnen geses-
sen/ wölcher D. Ehemen deßwegen angesprochen/ aber von jme
den Bescheid empfangen: Er D. Ehem habe Befelch/ auff D.
Grynæi Oration zuschliessen/ hetten wir vns was zubeschwe-
ren/ so möchten wir solches schrifftlich thun. Diser Resolution
haben D. Marbachius vñ wir seine Collegæ desto gerner geuol-
get/ vñ nachgesetzt/ dieweil wir verhoffet/ es werde der Beschluß
der Billigkeit gemeß vnd dahin gerichtet werden/ daß das iudicium von solcher gantzen Disputation den auditoribus, vnd allen denen/ so solcher Disputation zugehöret vnnd beigewohnet/
heimgestelt würde/ sonderlich dieweil beider seits Colloquenten/
wann sie in werender Disputation/ der Sachen nit haben können eins werden/ zu ettlichen malen/ publicè sich auff das Vrtheil der Zuhörer referiert vnd beruffen hatten.

Aber wie die Oratio Grynæi war/ also war auch D. Ehems
Beschluß/ darinnen er anders nichts gehandelt/ dann daß er in
Teutscher Sprach/ erstlich/ Gott hiefür gedanckt/ daß solche
Disputation so wol vnd glücklich abgegangen/ vnd so fein jr er-
wündschtes end erreichet/ sintemal dardurch seines gnädigsten
Fürsten vnd Herrn Christliche Religion vnnd Confession vom
heiligen Abendtmal auß Gottes Wort erstritten vnd erhalten/
da hergegen das Gegentheil in Vertheidigung seiner Lehr sehr
vbel bestanden. Darauff dann er hernacher in des Hertzogen
Namen allen Theologis vnnd Kirchendienern ernstlich beuol-
hen/

hen / sich fürohin alles condemnierens höchstgedachtes seines
gnädigsten Fürsten vnd Herrn Religion/zuenthalten/ vnd dem
Christlichen Mandato, so von Irer F. G. hieuon publiciert wor-
den/ mit allem Fleiß nachzusetzen/mit angehengkter ernstlicher
Beträwung/ wer solches nit thun werde/ der werde sein Aben-
thewr drüber aufsstehen müssen.

Als nun D. Marbachius vnd wir seine collegæ, beides auff
die Orationem Grynæi, vnnd dann auch auff disen gemachten
vnd ergangenen Beschluß des D. Ehems / gleich also bald vns
resoluieren wöllen/ warde vns solches dardurch benommen/ dz der
Hertzog / so bald D. Ehem außgeredt/auffgestanden/vnd sich
mit seinen aulicis durch eine besondere Thür/zum Auditorio
hinauß/ vnd widerumb gegen Hoff begeben hat.

D. Grynæus aber/als er von der Cathedra herab kommen/
vnd mit D. Zanckhio, D. Widebramo, Tossano, vnd andern
seinen Rottgesellen auß dem Auditorio zu Hauß hat gehen
wöllen / ist er beides in dem Auditorio, vnnd dann auch ausser
demselben/als er durch die Burst gegangen/von den anwesenden Studenten redlich / vnd dermassen außgerauschet / aufge-
pfiffen vnnd verlachet worden / daß sie hiemit gnugsamlich zuuerstehen gegeben/was sie beides von seiner Disputation/vnnd
dann auch erst gehaltener Oration/iudiciert vnd gehalten.

Den nechstuolgenden tag/nämlich/den 15. April.haben die
Theologische Facultet bey der Vniuersitet/ vnd wir die vberige
Lutherische Prediger zu Heidelberg sich schrifftlich gegen Johann Casimirn beklagt/ der Oration Grynæi / vnnd des D.
Ehems Abschieds halben/ darwider protestiert vnnd gebetten/
Ihre Fürstliche Gnad wöllen doch bey dem gantzen Auditori-
rio inquirieren lassen/ wölche Parth ihre Lehr vom H. Abendmal auß Gottes Wort/ für der andern erhalten/mit Vermel-
dung/ weil vns durch die Oration/ vnd den Beschluß Gewalt
vnd

vnnd vnrecht geschehe / so wölle es auch die vnuermeldenliche
Notturfft erfordern / dz wir offentlich in Kirchen vñ Schulen/
vnsern Zuhörern anzeigen / wie es mit der gantzen Disputation
ergangen/ was in derselbigen gehandlet worden/ vnnd warauff
der gantze Handel nunmeh bestehe vnnd beruhe : Wie wir vns
dann auch auff ein newes des Mandats halben resoluiert/ vnnd
vns in dem auff vnsere vorige mündtliche vnd schrifftliche Erklärung referiert haben / mit Bit/ man wölle vns gnädigst darbey bleiben lassen. Solche Schrifft ist hochgedachten J.F.G.
selbsten in die Hand geliefert/ aber nicht ein einiges Wort oder
Buchstab/ jemals darauff geantwortet worden/ vnd lautet dieselbige von Wort zu Wort also :

Durchleuchtigster/ Hochgeborner Fürst/ Churfürstlicher Pfaltz Tutor vnd Administrator. E.F.G. seien vnser vnderthänigste gehorsambste Dienst / neben eifferigem Gebet für E.F.G. derselben frische Gesundtheit vnnd glückliche
Regierüg/ zu Gott dem Allmächtigen/ jeder zeit zuuor. Gnädigster Herr / wiewol vns nichts erwünschters vnd liebers hette widerfahren können / dann wie Amplissimus Senatus Vniuersitatis allhie gäntzlich willens/ vnnd vorhabens gewesen/ daß die
Acta gehaltener Disputation/ durch iuratas personas & testes,
solenniter hetten consigniert werden mögen : Solches aber
von E.F.G. Räthen abgeschlagen/ vnd eingestellet worden/ also hetten wir hergegen vns gäntzlich versehen/ daß das iudicium
gehaltener Disputation zwischen vns vnd dem Gegentheil/ wie
offt zu beiden theilen von den Colloquenten geschehen/ dem gantzen Auditorio solte heimgestelt worden sein. Dann ja an jhm
selbsten billich/ vnd allen geistlichen vnd weltlichen Rechten ge-
meß/ waß vnder zweien Partheien in Sachen/ die Gottes Ehr/
Fortpflantzung der Warheit / Auffbawung der Christlichen
Kirchen vnd Schulen/ ewige Wolfahrt vnd Seligkeit antrifft/

ein

ein ernstlicher vnd langwiriger Mißuerstand eingefallen/ vnnd
man denselbigen durch Christliche ordentliche Gott wolgefelli=
ge Disputationes oder Colloquia hinzulegen fürhabens/ daß
eintweder ordentlich durch iuratas personas das Protocoll ge=
halten/ od aber vnuerdächtigen Richtern/ das Vrtheil heimge=
stellet werde: Jedoch haben wir mit höchster Verwunderung
vnd Bekümmernus anhören müssen/ daß nicht allein in weren=
der Disputation/ vnd nechst verschinen Sontag in offentlicher
Predigt/ sonder auch gesteriges tags vnser Gegentheil des er=
haltenen Victori vnd Sigs sich zum höchsten in E.F.G. Ge=
genwertigkeit nicht allein gerühmet/ sonder auch durch falsas
narrationes, alles was in der gantzen Disputation fürgangen/
inuertiert/ vnd vmbkehrt/ alles zu seinem Vortheil nach seinem
willen/ nit allein vnsern Personen zu Spot/ sonder auch zu vn=
dertruckung/ vnd Verkleinerung vnserer waren/ vnd in Gottes
Wort gegründter Bekantnus erzehlet. Ob nun wol billich/ daß
für E.F.G. dessen wir vns in continenti beschwert hatten/ wie
dasselbig dann auch von vns bey dem Herrn Hoffrichter vnnd
Fauthen allhie/ zugestatten gesucht worde: Jedoch weil vns an=
gezeigt worden/ es werde durch den Herrn Cantzler D. Ehem in
E.F.G.Namen der Beschluß geöffnet werden/ hatten wir vns
gäntzlich versehen/ es wurde der Beschlus dahin gerichtet wor=
den sein/ daß das iudicium dem gantzen Auditorio heimgestel=
let were worden/ haben wir doch mit grossem vnd höchstem Be=
kümmernus anhören müssen/ daß durch den Herrn Cantzlern
nicht allein aduersæ partis sententia Iustificiert/ die vnsere præ=
grauiert/ sonder auch/ daß vnder E.F.G.Namen außgegange=
ne vnd publicierte Mandat widerholet/ demselbigen nach zukom=
men/ mit höchstem ernst/ bey Vermeidung eusserster Vngna=
den aufferlegt/ vnd allerley inconuenientia, so bey diser geha l=
tenen Disputation fürgeloffen sein solten/ verwiesen worden.
Weil dann die eusserste vnuermeidenliche Notturfft/ vns zu

Ret=

Rettung vnser Vnschuldt / fürnämlich aber der Ehren Gottes / vnd seiner heiligen Warheit / Ampts vnd Gewissens halben
dringet / also beruffen wir vns für Gottes Angesicht / vnnd den
Richterstul Jesu Christi / wölcher diser Disputation beygewohnet / alles selbs angehört / vnnd beider Theil künfftiger Richter
sein würdt / daß Præses Disputationis das wenigste nit zur Sachen geantwortet / vil weniger sein Religion vnd Theses erhalten / sonder mit vnnöttigen digressionibus vom statu ein jetwe-
dern Colloquenten abzuführen vnderstanden / vnnd nicht mehr
dann vnser drey / vnnd dieselbige nicht gnugsamlich / gleich wie
auch nicht die discipulos angehöret / sonder vns / biß auff den letsten / silentium imponiert / die vberigen aber / als Diaconi vnnd
Professores, wölche offentlich prouociert / vnd zur Disputation
vrbüttig vnd willig gewesen / gar nicht gehört worden. Vnnd
mögen nicht allein wol leiden / sonder ist auch vnser vnderthänigste / gehorsambste / vmb Gottes Barmhertzigkeit willen Bitt /
E. F. G. wöllen durch ordenlichen Weg vnd Mittel / von dem
gantzen Auditorio Kundtschafft vnnd Zeugnus einnemen lassen / wölches Theil der Warheit beypflichte / vnd seine Religion
auß Grund Göttlicher Schrifft erhalten / vñ ordenlicher weiß /
secundum leges Disputationis, colloquiert habe. Seind jder gewissen zuuersicht / E. F. G. werdens in der That vnd Warheit
vil anderst befinden / dann von vnserm Gegentheil fürgeben vñ
gerühmet würdt.

Vnnd weil solche gloriatio offentlich wider vns / beide in
der Kirchen vnnd Schulen geführt worden / so seind wir auch
Ampts vnd Gewissens halben schuldig / der Warheit zu gutem /
auch vnsern anbefolhenen Zuhörern / die Warheit / wie sie sich
an jr selbs verhelt / anzuzeigen / vnd dieselbige in der allein selig-
machenden Warheit zu stercken.

So ist auch E. F. G. vnuerborgen / was anfenglich das
Ministerium, vñ hernacher gemeine Vniuersitet sich des Fürstlichen

lichen Mandats halber erkläret / vnnd möchten nichts liebers
wünschen/dann daß daſſelbig alſo geſchaffen/daß wir denſelbi-
gen/on Verletzung vnſers Ampts vñ Gewiſſens/könten nachſetzen. Weil aber zu beiden Theilen/& Miniſterium & Vniuer-
ſitas,ſich gnugſam erkläret/ſeind wir der vndthänigſten Zuuer-
ſicht/man werde vns bey vnſerer gethonen Erklärung gnädigſt
verbleiben/vnd vns vnſer Ampt frey vnd vnuerhindert/wie wir
das vor Gottes Angeſicht / vnd der gantzen Chriſtlichen Kirch-
en zuuerantworten vnerſchrocken / vnd tragendts Ampts/ Gewiſſens vnnd Pflichten halben zuthun ſchuldig / verbleiben
laſſen. Solches haben E. F.G. in vnderthänigſtem Gehor-
ſam/euſſerſter erheiſchender Notturfft halben/wir nicht verhalten ſollen / vnderthänigſt vnnd gehorſambſt bittend/ E. F. G.
wöllen vns bey gleichem Recht/wie das E. F. G. für ſich ſelbſt
gnädigſt wol gemeint/erhalten. E. Fürſt. G. ſampt dero hoch-
löblichſten Gemahel/junger Herrſchafft/vnd beiden Fräwlin/
in gnädigen Schutz des Allerhöchſten beuelhendt.Datum Heidelberg den 15. Aprilis,Anno,&c.84.

E. F. G.

Vnderthänigſte

Diener

Philippus Marbachius.
Iacobus Schopperus.
Wilhelmus Zimmerman.
Philippus Felſinius.
Dionyſius Ochem.
Conradus Lautenbach.
Ioannes Schadius,

Qq ij   Eben

Eben am selbigen tag ist auch ein iudicium der Studenten zu Heidelberg fast in allen der Statt Kirchthüren/ vnd sonsten auch in andern orten der Statt affigiert vnd angeschlagen
worden/ dessen Wort also lauten:

STVDIOSA IVVENTVS
Heidelbergensis, omnibus lecturis
Salutem.

CVm D. Ioannes Iacobus Grynæus, per integrum hoc
octiduum in Disputatione extrauagante, toties ad iudicium nostrum prouocârit: agnoscimus sanè nos ve-
ritati debere testimonium, & rogatos dissimulare non posse,
quænostra sit de eius dicterijs sententia. Et quanquã in ipso
Disputationis progressu, cùm aliter non liceret, nutibus &
pedum strepitu, hoc ipsum testati sumus: tamen cum crebris
suis ἀποστροφῶ; censuram nostram efflagitârit, hoc etiam
scripto testatum facimus: Ioannem Iacobum Grynæum nõ
disputatoris, sed calumniatoris, non Theologi, sed Sophistę
partes egregiè sustinuisse: Principia Philosophica & Theologica impudenter negasse: scopum controuersiæ dedita
opera declinasse: nihil ad rem respondisse: semel concessa &
data mox reuocasse: cœlum & terram miscuisse, vt elabere-
tur: & nihil non tentasse, vt nuper natam Sacramentariam
opinionem tueretur: Præceptores nostros, & ministros Ecclesiæ nostræ Heydelbergensium sinceros & constantes, suo
præiudicio grauaret, & blesa eloquẽtia, infirmiores in suam
sententiam pertraheret. Tantum autem abest, vt nos à pia
Confessione rancidis suis declamationibus dimouerit, vt
etiam amplius in veritate confirmârit. Miramur etiam, ho-
minem, aliâs non indoctum, tàm leuiter linguam suam ve-
nalem

nalem proſtituiſſe, nouo exemplo ſe in noſtrā Academiam
intruſiſſe, & quantum in ipſo fuit, priuilegia, non tantùm
Philoſophicæ, ſed etiam Theologicæ Facultatis, labefa-
ctaſſe. Sed mirum non eſt, Apoſtatam ſui ordinis fieri per-
ſecutorem. Noſtrum hoc breue, ſed verum illi teſtimonium nunc ſufficiat. Quod reſtat, aliâs publico ſcripto ex-
plicabimus, vt intelligat, noſtram illi cenſuram non defuiſ-
ſe. Heidelbergæ 11. Apr. Anno, &c. 84.

Ex ἀὐΙογϱάφῳ.

T. I. M.

Solch Iudicium verteutſcht lauttet alſo:

Die Studenten der Vniuerſitet zu
Heidelberg/ wünſchen allen denen/ die
diß leſen werden/ jren Gruß vnd
alle Wolfart.

Emnach D. Ioannes Iacobus Grynæus diſe acht gantze Tag vber/ in ſeiner vnordenlichen außſchweiffenden
Diſputation / ſich alſo offt auff vnſer Vrtheil beruffen: erkennen wir vns ſchuldig der Warheit Kundtſchafft zugeben. Vnd dieweil wir darumb gebetten worden/ ſo wiſſen wir
ja nicht zuſchweigen/ vnd vnangezeigt zulaſſen/ was wir doch
von ſeinen böſen Stichen vnd Schmitzworten halten.

Vnd wiewol wir eben ſolches in wehrender Diſputation mit
allerley Wortzeichen/ als wincken/ Kopffſchütteln/ vnd auß-
rauſchen (anderſt kundten wir nicht) gnugſam bezeuget: Jedoch dieweil er ſich ſtehts gegen/ vnd zu vns gewendet/ vnd vnſer Chur vnd Meinung begert/ ſo zeugen wir mit diſem Auß-

Q q iij   ſchrei-

schreiben/ daß Ioannes Iacobus Grynæus nicht einen Dispu-
tanten/ sonder einen Löfterer / nicht einen Theologum, sonder
einen Sophiften redlich verwesen / der freien Künften vnnd
Phylosophy / vnd dann auch der Theologiæ vnwidersprech-
liche vnd vnbewegliche Gründe schandtlich verneinet / den
Zweck dises Zwispalts mit fleiß versteckt/ vnd nichts/ das zu der
Sach dienftlich / geantwortet : Wann er ettwas zugelassen/
vnd gestanden / bald dasselbig widerruffen : alles durch einander geworffen vnd vermenget / damit er entwische : vnd nichts
vnderwegen gelassen habe / damit er den newgewachsenen
Wohn von den Sacramenten beschöncte vnd erhielte: vnsere
Præceptores vnd Heidelbergische Kirchendiener / als in der
Chriftlichen Lehr reine vnd bestendige Männer / mit seinem
Vorurtheil verkleinerte vnd beschwerete: vnnd die noch nicht
wol in solchen Sachen gegründet/ mit seiner/ doch stammlender/
Wolredenheit/ auff sein Meinung zöge vnnd brechte. Aber so
weit fehlet jm die Kunst/ daß er vns mit seinen stinckenden Reden vnd Geschrey/ von der Chriftlichen Bekandtnus abwen-
dig solte gemacht haben / daß er vns auch noch mehr in der
Warheit gesterckt hat. Vnd es nimbt vns wunder/ daß ein solcher Man / der sonsten seiner Kunst halben nicht vneben/ oder
zuuerachten / sein Zungen also leichtfertiglichen feil getragen
vnd gebotten/ sich in vnser Vniuersitet/ auff ein newe weiß ein-
getrungen/ vnd souil an jme/ vnd müglich/ die Freyheitten/ beides der Theologischen vnnd Philosophischen Facultet/ zerrüt-
tet hat.

Aber es ist kein wunder / daß ein Mammeluck oder abtrin-
niger/ seinen vorigen Anhang vnd Orden anfahet zuhassen
vnd zuuerfolgen. Diß kurtz vnd doch wahre Zeugnus/ seie jme
hiemit gegeben.

Was weitter dise Sach belanget / wöllen wir vns in of-
fende-

fendtlichem Außschreiben erklären/ daß er versiehe/ daß er vn=
sers Vrtheils nicht vmb sonst begert habe. Heidelberg den
11. Apr. im Jar/ ꝛc. 84.

Mit eigner Handschrifft.

VND ist diß also kurtzlich die Histori der Heidelbergi=
schen Disputation/ wie es mit derselbigen ergangen/
was fürnämlich darinnen tractiert worden/ vnd wie sie
ein End genominen.

Auß wölcher warhafften gegründten Relation/ der Christ=
liche vnpartheiische Leser nunmehr wol würdt wissen zu iudi=
cieren/ von den offenbaren/ vnwarhafften vnd greifflichen Calumnien, so vnser Gegentheil hieuon außgesprenget/ vnnd
dann auch dauon zu vrtheilen/ wölche Parthey ihre Sach auß
Gottes Wort erhalten/ oder nicht.

So ist auch hierauß einem jeden leicht zumercken/ daß vil=
gedachte Disputation kein freie (wie sie von vnserm Gegen=
theil gerhümbt würdt) sonder ein partheiische vnd vortheilhaff=
tige Disputation gewesen/ mit deren Anfang/ Mittel vnnd
End/ es aller ding partheiisch/ vnd vortheilhafftig zugangen/
in dem man vns geschworne Notarios bey derselbigen zuhal=
ten/ abgeschlagen: Bey deren nit beiderseits Religionen Räh=
te/ sonder allein solche/ die vnserer Confession spinnen feind
seind/ præsidiert: Da man die vnsern hat heissen anfahen vnd
auffhören/ wie/ wa/ vnd wann vnser Gegentheil gewolt: Da
dem Grynæo erlaubt gewesen/ die vnsern in seinen præfatio-
nibus oder Vorreden/ die er im Anfang eines jeden Actus ge=
halten/ publicè zu traducieren/ vnnd auff das schändtlichste
außzumachen/ den vnsern aber/ wann sie sich hinwider haben
verantworten wöllen/ von den Præsidenten ist eingeredt wor=
den:

den : Da man gleichwol alle Heidelbergische Kirchendiener/
vñ dero hochlöblichen Academien daselbstē Professores zu disputieren prouociert / vnnd jhnen außgebotten / wölchen aber
doch / da es an ein treffen hat gehn sollen / Audientz abgeschlagen / vnd die Disputation vnuersehentlich abrumpiert vnnd beschlossen: Da vnser Gegentheil zumal Parth vnd Richter ist:
Da Grynæus wider alle Erbar vnd Billigkeit / als ein strenger vngerechter Richter (der doch Parth ist/ so wol als wir) den
14. Apr. vns offentlich / vnnd mit grossem Pracht / in gegenwart Hertzog Johann Casimirs / vnd so viler ehrlicher vnd
herzlicher Leut / mit vnserer Christlichen Confession condemniert vnd verdammet / vnd jhme selbsten die Victori mit grossem Rhum / aber noch mit grösserer Vanitet / zugeschriben.
In summa / da es fast durch vnd durch / vnd mit allen dingen
also ergangen/ daß meniglich hat sehen / spüren / vnd mercken
müssen / Es seie vilgedachte Disputation von vnserm Gegentheil nicht dahin gemeinet / noch gerichtet gewesen / daß hiedurch die Warheit erkundiget/ vnd erforschet / sonder vil mehr
wir mit derselben vndergetruckt würden.

Aber der Gott / der auch seiner / vnd vnser Feind Hertzen/
Räht vnnd Anschläg in seinen Händen hat / der hat auch dise
Disputation / mit deren es gleichwol vnser Gegentheil nicht
gut gemeint/ dahin dirigiert vnd gerichtet/ daß dieselbige (Gott
lob) ohne besondern Nutzen nicht abgangen. Dann dardurch
krefftiglich ist erwisen worden / wie so gar vnvberwindtlich die
Warheit Göttliches Worts seie : wie gewaltiglich vnsere
Christliche Lehr/ vnd Confession in Gottes Wort gegründet/
wie so gar lose vnd faule Gründ vnser Gegentheil bey jhrer jr-
rigen Lehr vnnd Opinion habe / wölches nicht allein vnsere
Freund vnd Glaubensgenossen / sonder auch vil auß vnsern
Feinden/ augenscheinlich gesehen vnd gespüret haben.

Wir

WJR wöllen aber nun widerumb auff den vnwarhaff=
ten Bericht vnserer Narranten kommen / wölche/
nachdem sie die Heidelbergische gehaltene Disputa=
tion / mit Caluinischen Trewen beschriben / fahren sie in ihrer
Narration fort / vnnd gedencken ettlicher anderer Sachen
mehr / die sich zwischen der gehaltenen Disputation / vnd vnse=
rer Beurlaubung begeben. Darauff wir dann kurtzlich auch
antworten / vnnd nach solchem/ vnsere Beurlaubung für die
Hand nemen wöllen.

Solche Narration nun fahen die Referenten an von der
Sapientz / vnnd dem Pædagogio zu Heidelberg: mit wölchen
beiden Heusern es die Gelegenheit hat / daß der fromme Gott=
selige Churfürst Ludwig/ seligster Gedächtnus / 100. Stipen=
diaten / so fast lauter Pfaltzkinder / vnd hertzliche außerlesene
Ingenia gewesen / die hernacher zu Kirchen vnnd Schuldien=
sten haben sollen gebraucht werden / in denselbigen gehalten/
sie mit gelehrten / frommen vnd getrewen Præceptoribus ver=
sehen / vnd mit grossem Vnkosten / mit gebürlicher Disciplin/
Wohnung/ Tisch/ Büchern/ Kleidern / vnd mit darreichung
alles Kostens/ so zu erlangung des Baccalaureats vnd Magiste=
rij notwendiglich erfordert worden/ versorgt vnd vnderhalten/
vnd es hiemit durch Gottes Gnad schon so weit gebracht / daß
man nun mehr dann 12. gelehrte Magistros in dem Hauß der
Sapientz gezogen/ vnd derselbigen schon ettliche auff das Land
zur Kirchen vnd Schulen gebraucht hat. Vnd hat Höchstge=
dachter Churfürst / seligster Gedächtnus / sein grosse Frewd
vnd Lust ab disem Hauß der Sapientz gehabt / als ab einem
wolgepflantzten / löblichen/ schönen Lustgarten / darinnen so
vil schöner/ lieblicher Pfläntzlin gestanden / gewachsen/ gegrü=
net vnd geblüet/ Also daß ihre Churf. Gnaden im Brauch ge=
habt / wann derselbigen ettliche Magistri haben werden sollen/
dieselben fürzufordern / ihnen gnädigst in eigner Person zu=

R r   zuspre=

zuſprechen/ ihnen ihre Churfürſtl. Hand zubieten/ vnd als ein
Vatter ſeinen Söhnen/ alle Gnad zuuerſprechen. Diſer ſchö-
ner wolgepflantzter Luſtgart der Sapientz/ wie dann auch des
Churfürſtlichen Pædagogij (darinnen 40. Churfürſtlicher
Stipendiaten, ſo noch die Lectiones Claſſicas angehört/ ge-
halten ſind worden) iſt Toſſano vnnd ſeinen Rottgeſellen ein
Dorn in den Augen geweſen. Wie ſie dann auch nicht geſeiret/
biß daß ſie diſe ſchöne junge Pfldtntzlin/ auß denen zweien Luſt-
gärten/ der Sapientz vnnd des Pædagogij, außgeriſſen haben.
Vnd hat ſich die Sach hiemit alſo begeben/ wie folgt.

Den 14. Maij Anno/ ꝛc. 84. ſeind D. Marbachius, vnd
M. Iohannes Fladungus, als Præceptores domus Sapientiæ, für ettliche auß den Hohen Rähten/ vnder wölchen Wam-
bold/ Paſtor, vnd Räuber geweſen/ in die Cantzley gefordert/
vnd ihnen angezeigt worden/ Nachdem Hertzog Johann Ca-
ſimir/ auß gewiſſen Vrſachen ein Enderung mit dem Hauß
der Sapientz fürzunemen entſchloſſen/ als wöllen Ihre F. G.
ſie beide hiemit Ihrer Dienſt in Gnaden erlaſſen/ doch ſollen
ſie biß auff Pfingſten vollendts in der Sapientz/ biß daß die
newe Præceptores ankommen/ ihrer Dienſt mit fleiß abwar-
ten: wölches dann von ihnen alſo geſchehen/ vnd ſeind ihnen/
nach abflieſſung erſtgedachten Termin/ in ihrem officio vnd
Dienſt ſuccediert D. Georgius Sonnius, vnd M. Iohannes
Chriſtmannus. Als diſe zwen hernacher zu Præceptoren von
ettlichen auß den Hohen Rähten/ vnd von den newen Caluiniſchen Kirchenrähten/ den Churfürſtlichen Stipendiaten in
der Sapientz ſeind præſentiert worden/ haben ſie/ die Stipen-
diarij, ſich ſamptlich auff diſe Præſentation alſo reſoluiert/ daß
ſie ihnen/ den Hohen vnnd Kirchenrähten/ geantwortet/ ſie
könden vnd wöllen ſolche zwo præſentierte Perſonen/ dieweil
ſie Caluiniſch/ vnd ſich ohne zweiffel vnderſtehn wurden/ ſie
von

von jhrer Chriſtlichen Glaubens Bekandtnus / darauff ſie gelobt / geſchworen / vnd verobligiert / abzuführen / vnnd den
Caluiniſmum jhnenauffzutringen / nicht für jhre Præceptores erkennen / auff vnd annemen / dieweil ſie bedacht / von jhrer
Chriſtlichen Confeſſion / die ſie nun auß Gottes Wort von
jhren Præceptoribus vnd Predigern gelernt / im geringſten
nicht abzuweichen. Nachdem auch vber ettliche Tag hernacher / als gleichwol hie zwiſchen Sonnius vnd Chriſtmannus /
jhren Tiſch vnd Wohnung in der Sapientz gehabt / der In-
ſpection aber vber die Sapientiſten ſich nichts haben annemen
dörffen / die vorige Hohe vnnd Kirchenrähte ein ſolch Examen in der Sapientz angeſtelt vnnd gehalten / daß man einen
jeden Sapientiſten ſeparatim , vnd inſonderheit / fürgeſtelt
vnd verhöret: da ſeind ſie alle / allein M. Mohren Alcæum außgenommen / auff jhrem Fürhaben beſtendiglich gebliben / auff
wölches dann diſes erfolgt / daß deſſelbigen Tags noch / daran ſolch Examen fürgegangen / 19. Sapientiſten / vnd zwar
die elteſte vnnd gelerteſte vnder jhnen / der Sapientz verwiſen worden / mit Betrawung / daß man von jhren Eltern
die Erſtattung vnnd Widerlegung alles Vnkoſtens / ſo
auff ſie / weil ſie in der Sapientz geweſen / geloffen / erfordern werde. Ohngefahrlich aber den dritten Tag hernacher / hat man jhrer widerumb zweintzig dimittiert vnnd fort-
geſchickt / wie dann auch vber ſehr wenig Tag die vbereintzige
von den Churfürſtlichen Stipendiaten (deren in Summa
gar nahe bey ſechtzig geweſen) vollends hingeſchickt worden.

Eben auff ſolche weiß hat man auch den 22. Maij procediert vnnd gehandlet mit den Pædagogiſten , als Churfürſtlichen Stipendiaten des Pædagogij , (deren bey 40. geweſen)
vnnd mit den Neckerſchulern / vnder wölchen alle die jenige /

so die Caluinische Predigten zubesuchen / vnnd den Caluinischen Catechismum anzunemen sich beschweret / auß dem
Pædagogio vnd Neckerschul außgestossen worden / deren Præceptores schon allbereit ettliche Wochen zuuor / durch die Caluinische Kirchenräht geurlaubt gewesen.

Vnd diß ist dann auch die Handlung / so mit der Sapientz
vnd dem Pædagogio, vnnd derselbigen Alumnis oder Churfürstlichen Stipendiaten, vnd Præceptoribus gepflogen worden: Wölche vnsere Narratores allhie jrem Brauch nach / auff
das allerhässigst vnnd heßlichst anziehen vnnd beschreiben.

Num. 92. 93. Was ist aber geschehen? schreiben sie / eben also / wie
S. Paulus 2. Tim. 3. von den bösen verführischen
Menschen schreibt / daß nämlich mit jhnen je lenger
je ärger würdt / verführen vnd werden verführt.

Antwort: Was S. Paulus 2. Tim. 3. von den bösen verführischen Menschen schreibet / das mögen vnd sollen wir billich auff dise verführische Referenten retorquieren / vnd dasselbige jnen in jren Busen schieben / nämlich / daß man gleichwol
gehoffet / sie solten jr Mütlin gnugsam an vns mit der gehaltenen Disputation erfület haben / vnd nun mehr auffhören wider vns zuwütten vnd zutoben : aber da ist es mit jnen je lenger
je ärger worden / haben verführt / vnd sich noch andere zuuer-
führen vnderstanden / Dann sie also verbittert wider vns / vnd
vnsere Christliche Confession gewesen / daß sie auch der Pædagogisten / vnd Sapientisten / als Churfürstlicher Stipendiaten / nicht verschonet / sonder mit grosser Vngestimmigkeit /
Num. 93. Stoltz vnnd Hochmut an sie gesetzt / sie jhrer lieben vnnd getrewen Præceptorum beraubet / jnen weder des Lutheri noch
des Chytræi Catechismum freygelassen / vnnd sie von vnsern Predigten abzuhalten / vnnd in die Caluinische Predigten

ten zuziehen / alle Mittel vnd Weg versucht haben: Vnd da sie
deren keins thun wöllen / sie auß der Sapientz vnnd Pædagogio
verstossen / vnd jrer Beneficien / zu wölchen sie von dem frommen
Churfürsten / seligster Gedechtnus / auffgenommen worden / beraubet haben.

Dann daß die Referenten melden / man hab den Sapien-   Num. 93.
tisten vnd Pædagogisten jre Catechismos Lutheri vnd Chytræi frey lassen wöllen: ist solches ein nichtiges fürgeben. Dann
da man das gewolt hette / warumb hat man jnen jhre Præceptores, die sie zuuor in solchen Catechismis geübet vnd vnderrich-
tet / genommen / vnnd jnen solche Præceptores substituiert vnd geordnet / die von keinem andern Catechismo, als von dem Caluinischen / haben wissen / oder hören wöllen? Hat man doch albe-
reit zuuor / ehe vnd dann die Sapientisten vnnd Pædagogisten
außgemustert worden / den Heidelbergischen Caluinischen Catechismum in allen classibus des gantzen Pędagogij angerichtet / vnd haben die Caluinische Præceptores Lutheri Catechismum weder dulden noch leiden wöllen. Es komme jetzt einer in
das Pædagogium oder in die Sapientz zu Heidelberg / was gilts
wo er Lutheri oder Chytræi Catechismos mehr finden werde.

Eben also halt es sich mit der Besuchung der Predigt / von   Num. 93.
wölcher gleichwol die Narratores melden / daß es den Stipendiaten frey gestanden / bey vns oder den Caluinischen / die Predigten zubesuchen: Wie hart man aber jnen zugesetzt / daß man
jhnen vnsere Predigten erleidette / wissen sie selbsten / dise Referenten wol / vnd würdt jnen solches jhr eigen Hertz sagen / dessen
wir vns auch in vnserer Schrifft mit A. signiert / gegen Hertzog
Johann Casimirn beschweret haben.

Ob nun solche Churfürstliche Stipendiaten recht vnd wol
hieran gehandelt / daß sie steiff vnd beständiglich bey jrem lieben
Catechismo geblieben / vnd jnen keinen frembden haben wöllen
auffdrechen lassen: Item / daß sie nicht die Caluinische Predig-

ten/ sonder die vnsere angehört vnd besuchet/ vnnd also von der
einmal erkannten/ vnd bekannten Warheit vnserer Christlich-
en Confession/nicht haben abbrechen vnd fallen/vnnd sich zum
Caluinismo haben begeben wöllen: Vnnd ob solches alles an
jhnen ein Vngestümmigkeit/ Vngehorsam vnnd Hartneckig-
Num.93. keit/ (wie dise Referenten fürgeben) gewesen: hierüber wöllen
wir vnsers theils gern das Vrtheil allen verstendigen Christen
heimgestelt haben. Einmal ist das gewiß/ daß sie auß Gottes
Wort/vñ jrem lieben Catechismo, dessen in jrem Hertzen vberzeugt gewesen/daß vnser Christliche Lehr/von der Person Christi vnd H. Abendmal/ wie sie dieselbig von jhren lieben præceptoribus, vnd vns Predigern/als jren Seelsorgern gelehrnet/
in GOttes Wort Grundt habe/ warumb wolten sie dann mit
Verleugnung der Warheit/jre Gewissen beschweret/ Gott im
Hiñel erzörnet/ vnd ewige Verdamnus auff sich gebracht/vnd
geladen haben? Zugeschweigen/daß sie/als Stipendiaten/dem
fromen Churfürsten seeligster Gedechtnus (dessen Churfürstlichen Gnaden sie obligiert gewesen) einen leiblichen Eid zu
Gott geschworen/vnd darinnen versprochen haben/bey vnserer
Christlichen Religion zu bleiben/ vnd nichts darwider fürzunemen. Daß sie nun vermög dises geleisten Juraments/an jhrem
frommen vnd getrewen Chur/vnd Landtsfürsten/seligster Ge-
dechtnus/ nicht trewloß vnd meineidig worden/ wer wolt jhnen
Num. 93. solches verargen? Daß aber wir beurlaubte Prediger/auff der
Cantzel vnd sonsten sie hiezu solten verhetzt haben/ wie die Narratores fürgeben/ zweiffelt vns zwar gar nicht/wann wir Prediger in gemein vnsere Zuhörer zur Bestendigkeit bey vnserer
Christlichen Religion vnd Confession / auß Gottes Wort vermanet haben/es werden als dann die Sapientisten vnnd Pædagogisten jnen in specie solches auch appliciert/vnd nutz gemacht
Num. 93. haben. Daß wir sie aber zu einiger Vngestümmigkeit/oder vngehorsam gegen der Obrigkeit in eusserlichen politischen Sachen

chen solten angereitzt oder verhetzt haben/ darinnen schreiben die
Narratores jhrem Brauch nach die Vnwarheit/ vnnd werden
sie solches auff vns nimmermehr beweisen können.

Aber dise vngegründte Bezüchtigung/ wie dann auch diß Num. 93.
nachuolgende conuitium/ müssen wir von den Narratoribus
mit gedult leiden/ da sie von vns beurlaubten Predigern schrei-
ben/ wir seien vnartige Hund/ die wider jhren eignen Herrn
(wölches abermal nicht war ist) vnnd nicht wider die frembden
bellen/ vnnd dieselbige anheulen: Vnd trösten vns dessen/daß/
da wir Tossanum vnd seine Rottgesellen/ als reissende Wölff/
die vns in vnsern Schaffstall gefallen / vnnd als die wilde
Schwein/ so des HErrn Weinberg bey vns jämmerlich zer-
wület/ angebollen haben auß Gottes Wort/ da haben wir gethon das jenige/so vns von Gott selbsten beuolhen vnnd aufferr-
legt worden.

Es kommen aber vnsere Narratores, von der Sapientz vn
dem Pædagogio, auff die Erzöhlung anderer Sachen vnnd
Händel/ vnnd sonderlich/ was sich mit vnserer Schrifft/so wir
Hertzogen Johan Casimirn den 12. Iunij vbergeben/ verloffen/
damit es dann also wie volgt/beschaffen.

Den 30. Maij Anno, &c. 84. Ist zu Heidelberg spargiert
worden ein Schrifft/deren Tittul ist/ Gegenwarnung an D.
Lucas Osiander/ec.gestelt durch ettliche reine Prediger zu Hei-
delberg/wölche/als wir beurlaubte Prediger bekommen/nvnd ge-
lesen/ haben wir vns dessen mit einander verglichen/weil vilfältige grewliche Lösterungen / Schmachreden / vnnd offenbare
Vnwarheiten/wider vnsere Personen vnd Predigampt/ in solcher Gegenwarnung begriffen/ daß wir hiezu mit nichten still-
schweigen/ sonder vns dessen in einer Supplication gegen Hertzog Johann Casimirn beschweren/vnd in einem aussführlichen
Scripto derselbigen vngegründten Bezüchtigung entschütten
wöllen.

Vnd

Vnd solches ist von vns also geschehen vnd verrichtet wor-
den/ daß wir erstlich ein Supplication (mit litera A. signiert)
an den Hertzogen gestelt/ vñ darinnen vns solcher von vns auß-
gesprengten Lösterungen/Schmachreden/vnnd Vnwarheiten
beschwert/vns auch außtruckenlich dahin erklärt/vns solcher
vngegründten Bezüchtigung/ so mündtlich auff der Cantzel/
vnd so schrifftlich in offnem Truck zuentschütten/ wo nicht vnser Gegentheil durch Jhre F. G. ad Palinodiam oder zum Widerruff angehalten werde: Vnnd daß wir auch fürs ander ein
weitleuffigere Schrifft (mit litera B. signiert) gestelt/ darinnen wir die fürnembste Lösterungen/ Schmachreden vnd Vn-
warheiten/ so wider vnsere Personen vnnd Predigampt in der
Gegenwarnung außgegossen/außführlich vnnd gründtlich abgeleinet: Wölche beide Schrifften mit eines jeden auß vns beurlaubten Predigern/ wie dann auch mit D. Schopperi Hand
vnderschrieben/ wier durch M. Dionysium Ochemium, vñ Iohannem Schadium, den 12. Iunij Hertzog Johann Casimirn
selbsten in die Hand gelifert haben/ dessen Fürstliche Gnaden
von jnen dieselbig empfangen/vñ geantwortet: sie wöllen sehen.

Nach Vberreichung solcher Schrifften/ ist noch desselbigen tags zu Abend/ M. Dionysio Ochemio, auß der Cammer
Cantzley/ ein schrifftliche Verantwort zukommen/wölche also
lautet:

Vnser Gnädigster Fürst vnnd Herr will sich in dem seni-
gen/ so Jhrer F. G. von ettlicher hijgen Prediger wegen/ in
Schrifften zuhanden gestelt worden/ ersehen/ vnd als dann sich
der Notturfft nach gegen jhnen hinwider resoluieren: Wölches
höchstgedachte Jhre F. G. den Subscribenten anzuzeigen
vnnd zuuerstendigen/ beuolhen. Signatum den 13. Iulij. Anno, &c. 84.

Cammer Cantzley Handschrifften.

Den

Den 25. Iunij/ seind wir/ die fünff Prediger/ nach Mittag zu 4. Vhren/ in die Cantzeley gefordert worden/ denen
Fauth Hartmannus Hartmanni, vñ der Vicecantzler/D. Gerhardus Pastor, sampt dem Secretario Colbingern / vermeldet:
wir wüsten vnns zuberichten/ wölcher gestalt vnnd massen/ wir
newlich nebē einer Supplication/ ein weitldufftige Schrifft/ so
wider jre Fürst. G. Prediger gerichtet/ höchstgedachter Ihrer
F. G. vbergeben. Vñ hette gleichwol Jre F. G. gern sich also
bald darauff resoluiert: dieweil aber Ihre F. G. zu derselben
Herrn Schweher/ dem Churfürsten von Sachsen zuuerreisen
gehabt/ in den Schwalbacher Bronnen/ seie durch solche Ge-
legenheit/ die Resolution biß hiehero eingestelt wordē. Nachdem
wir vns aber in vbergebner Supplication vernemmen lassen/
daß wir vnsere vbergebene Schrifft/ in Truck verfertigen wöl-
ten/ haben sich Ihre Fürst. G. jnen beiden/ (Fauthen vnd Vi-
cecantzlern) einen Schrifftlichen Befelch zukommen lassen/
dessen innhalt sie vns / den fünff Predigern/ hiemit eröffnen/
vnd deßwegen in namen des Hertzogen/ von vns erstlich begeren zuwissen/ ob wir solche Schrifft vndem Truck gegeben:
Auff wölchen Fahl/ dises des Hertzogen ernstlicher Befelch
seie/ alles was hieuon getruckt / von vns abzufordern vnd abzunemen: da aber je noch nichts hieuon getruckt/ so befehle höchstgedachte Ihre F. G. vns hiemit ernstlich/ daß wir mit dem
Truck innhalten / solche Schrifft auch sonsten nicht spar-
giern/ oder jemandts mittheilen/ vnnd Ihre Fürst. G. Wider-
kunfft erwarten sollen: Zu wölcher dann Ihre Fürst. G. sich
gebürlich gegen vns resoluieren werde/ dann Ihre Fürst. G.
nicht bedacht zugestatten/ daß deroselben Prediger/ so in einer
Statt predigen/ in offnem Truck wider einander schreiben
sollen.

Darauff ist jnen von vns/ den fünff Predigern geantwortet worden: Wir/ die Prediger/ hetten nichts liebers gesehen (wie

S s   es zwar

es zwar auch an jme selbsten billich gewesen were) dann daß vnser von von vnserm Gegentheil in deroselben Gegenwarnung
verschonet worden were: Dieweil wir aber vnbillicher weiß/vnd
vnuerschuldter Sachen/in der Gegenwarnung mit vilfältigen
grewlichen Lösterungen vnd Schmachreden/ auch offenbaren
Vnwarheitten/angegriffen/vnd also an vnser Ehr/ vnnd Ge-
führt/auff das allerhöchste angetastet worden/haben wir als Bi-
derleut/nicht können darzu stillschweigen. Vnd wiewol wir befügt gewesen/gleich also bald/auch one vorwissen des Hertzogé/
mit vnserer Verantwortungschrifft/in den Truck herauß zu-
fahren/ so haben wir doch Ihren Fürst. Gnaden zu vnderthänigsten Ehrn/solche vnsere Schrifft/zuuor vbergeben/vnnd
ehe vnd dann Ihre F. G. auff vnsere vbergebene Supplication sich gnddigst resoluiert/mit vnser Schrifft nicht in offnen
Truck herauß fahren wöllen. Wiewol aber hieuon noch gar
nichts getruckt/so können wir doch jnen/den Herrn Rähten/ni̅
bergen/daß wir schon allbereit/dise vnsere Schrifft/vilen gut-
hertzigen Christen zulesen mitgetheilet haben/die es villeicht ab-
geschriben/vnd also auch andern zulesen vbergeben haben: Vnd
duncke vns eben ein vnbillich ding sein/ daß man vnserm Gegentheil erlaubt/so mündtlich auff der Cantzel/vnnd so schriffte-
lich in jrer Gegenwarnung/vns offentlich in der gantzen Christenheit außzuschreiben vn̅ außzuschreiben/vn̅ auff das schände-
lichste außzumachen/vns aber den fünff Predigern/ wölle man
Mund vnd Hand binden/vnd vns verbietten/auff solche vngegründte Bezüchtigungen vns zuuerantworten: Vnd seiend
wir gleichwol vrpütig/ mit dem Truck also lang inzuhalten/
biß daß der Hertzog widerumb zu Hauß komme. Wir bitten aber
vmb der Sachen befürderung/vnd schleunige Resolution/vnd
vmb dise Billichheit/ daß vnserm Gegentheil hiezwischen jhr
Vnbescheidenheit vnd Freuel gewöhret vnd vndersagt werde.

Hierauff

Hierauff ist vns (den Predigern) geantwortet worden/
Sie/die deputierte Rähte/hetten gern vernommen/daß wir solche Schrifft noch nicht in den Truck gegeben/vngern aber
hetten sie gehört/daß wir dasselbig schon allbereit andern zulesen mitgetheilt/erbotten sich die Sachen helffen zubefürdern:
vermahnten vns (die Prediger) wir wöllen in vnserm Officio
vnnd Ampt/ruhig fortfahren: Vnnd erbotten sich auch/mit
vnserm Gegentheil zuhandlen/desselbigen Vnbescheidenheit
halber.

Der Fauth sagte vnder anderm: Wir/die fünff Prediger/
hetten vnserm Gegentheil zu dem jenigen/daß dieselbige wider
vns in jhrer Gegenwarnung geschriben/dardurch vrsach gege-
ben/daß wir offentlich in vnsern Predigten/des D. Osiandri
Warnungschrifft approbiert/vnd vnsern Zuhörern gerhümet
vnd gelobt hetten.

Aber darauff haben wir vns also/einer nach dem andern
verantwort/daß wir gesagt: Es geschehe vns hiemit gewalt vñ
vnrecht/wir hetten der Warnung D. Osiandri/auff der Cantzel nicht gedacht/dessen vns vnsere Zuhörer Kundtschafft geben: erbotten vns/wanns von vns bewisen würde/zur eussersten vnd höchster Straff/beklagten vns/daß man vnsern Ver-
rähtern/die da bestelt seind/daß sie vnsere Predigten auffassen/
zuuil vñ zu bald glaube: vñ erkläreten vns endtlich dahin/daß es
nicht one/es seie ja der Gegenwarnung vnsers Gegentheils/
auff der Cantzel gedacht/vnd vber die Lösterungen/Schmach-
reden vnd Vnwarheiten derselbigen wider vns/geklagt wor-
den/aber allererst dazumahl/da sie schon publiciert vnnd spargiert gewesen: wie wir dann mit anziehung der Gegenwar-
nung/zu publicierung derselbigen haben können Vrsach geben?

S s ij   Wir

Wir wöllen aber nun auch vernemen / was vnsere Referenten hieuon narriern/ vnnd was für gifftige Lösterungen/ sie
Num 93.94. hiebey wider vns außsprengen. Vnnd erstlich geben sie für/
wir beurlaubte Prediger/habey mehr auff Osiandrum, als auff
vnsere Christliche Obrigkeit gesehen/ haben one schew auff der
Cantzel Osiandrum verthädiget/ vnd die Verantwortung des
Christlichen Mandats/wider Osiandrum/getadelt/vnnd das
vns nach vnserm Vrlaub / wie dann auch nach vnserm Patriarchen Osiandro, jn zu sehen/vnd vns jne zu sistiern (wölches
auch alsbald nach vnser Beurlaubung geschehen)vnd zustellen
verlangt habe. Antwort.

Dieweil wir D. Osiandro weder gelobt noch geschworen/
derowegen so haben wir auch in allen vnsern Verrichtungen/
weder auff Osiandrum, noch einen einigen Menschen/sonder
allein auff den Beruff/dareinn vns Gott/ durch den frommen
Gottseligen Churfürsten/seligster Gedächtnus/gesetzt/wie wir
nämlich die Werck desselbigen/trewlich vnd fleissig verrichten
möchten/ gesehen/ wölches Gott / der allein der Hertzen kündiger ist/weist.

So ist auch dises ein greiffliche offenbare Vnwarheit/daß
Num. 94. die Narratores schreiben/ Wir haben Osiandrum one schew
auff der Cantzel vertheidiget. Dann wir vns weder des D. Osiandri Person/noch seiner Warnung/auff der Cantzel jemals
angenommen. Dessen vns alle vnsere Zuhörer/ Freund vnd
Feind werden Kundtschafft vnnd Zeugnus geben müssen/ wie
wir dann/ als vns eben solches die Fürstliche Räht/vnd sonderlich der Fauth/den 25. Jun. in der Cantzley fürgehalten/dassel-
bige zur gnüge abgeleinet haben. Das ist wol war/vnnd dessen
sein wir gern gestendig/als die Gegenwarnung vnsers Gegentheils / den 30. Maij / Sambstags vor Exaudi , zu Heidelberg spargiert vnnd vmbgetragen worden / vnnd wir aber
in derselbigen gelesen/ die grewliche Lösterungen/Schmachre-
den

den vnd Vnwarheiten/so darinnen wider vnsere Personen vnd
Predigampt außgesprengt worden / daß D. Zimmerman volgenden Sontags / nämlich Dominica Exaudi / durch Anleittung des Sontäglichen Euangelij / Joan. 15.16. vnnd sonderlich da in demselbigen durch Christum gesagt würdt / (sie werden euch in den Bann thun / es kompt aber die Zeit / daß wer
euch tödtet / würdt meinen / er thue Gott einen Dienst daran)
zun Barfüssern geprediget hat / von der Verfolgung / deren die
liebe Kirch / vnd derselben getrewe Diener / hie auff Erden vnderworffen / vnd dasselbige außgestrichen / mit Sprüchen vnnd
Exempeln der heiligen Schrifft / vnd mit der Erfahrung / vnd
darauff die Zuhörer vermant / weil vns solches von vnserm Gegentheil jetziger Zeit auch begegne / daß sie vns verbannen / verdammen / verlöstern vnd verketzern / vnnd in einer außgegangenen Scartecken auff das allerschandtlichste außmachen / so
wöllen sie / die Zuhörer / sich nicht daran ärgern / sondern daran
gedencken / daß vns der Herr Christus solches zuuorhin verkündiget / 2c. Vnd eben dises hat auch an gedachtem Sontag Exaudi , M. Dionysius Ochem in der Kirchen zu S. Peter / auß
Anleittung desselbigen Sontäglichen Euangelij gethon / allein daß derselbige die Schrifft / darinnen solche Lösterungen /
Schmachreden vnd Vnwarheitten begriffen / mit Namen genennet / vnd in specie die Gegenwarnung benamset hat. Daß
wir aber zuuor / oder hernacher / Osiandrum mit Namen auff
der Cantzel genennet / oder sein Warnungschrifft verthediget
haben solten / das würdt sich nimmermehr befinden . Vnd ist dises der Vnwarheitten eine / so die Narratores mit hauffen in
ihrem vnwarhafften Bericht / von vnd wider vns außsprengen.

Wie dann auch dises solcher Vnwarheitten eine ist / daß sie $_{Num 94.}$
schreiben : Wir haben vns bald nach vnserer Beurlaubung vnserm Patriarchen Osiandro / nach wölchem vns hefftig ver-
langet / sistirt vnnd gestellet. Dann ob wir schon bald nach vn-

ferer Beurlaubung (dieweil vns aufferlegt worden/wir solten
alles auff das fürderlichst raumen) gehn Stutgarten gereiset/
vnnd bey dem Durchleuchtigen Hochgebornen Fürsten vnnd
Herrn/Herrn Ludwigen/Hertzogen zu Würtemberg/re. vnder-
thäniglich supplicando vmb Dienst angesucht/so hat doch vnser keiner die gantze Zeit vber/weil wir zu Stutgarten gewesen/
den Osiandrum (als er damaln verreiset) gesehen. Daß wir nun
bey solchem vnserm trawrigen vnnd beschwerlichen Zustand ein
verlangen gehabt haben/könden wir gleichwol nicht in Abred
sein/aber ein verlangen/nit nach Osiandro/sonder nach Dien-
sten/die wir supplicando gesucht/wie ein jeder selbsten/der in
solchem Spittal jemals kranck gelegen/erachten mag.

Num 94. Es berichten die Referenten ferner von vns/wie wir vns
auff der Cantzel offentlich vernemen lassen/daß wir dem Mandat nicht könden oder wöllen pariren oder gehorchen: Item/
wir haben sie Sacramentschänder vnnd falsche Propheten ge-
scholten. Nun könden wir aber nicht läugnen/wann wir Gelegenheit gehabt/daß wir auff der Cantzel zu vnserer Entschuldi-
gung/vnnd zum Vnderricht für vnsere Zuhörer/in gemein dauon geredt vnd gehandlet/wie fern vnd weit sich der Gehorsam
gegen der weltlichen Oberkeit erstrecken solle: Wie wir dann
auch dises den Narratoribus gern gestendig/daß wir auß tra-
gendem Ampt/weil wir sie in vnserm Hertzen für falsche Lehrer
halten/sie auch auff der Cantzel/falscher irriger Lehr bezüchti-
get/dieselbig auß Gottes Wort widerlegt/vnd vnsere Zuhörer
darfür gewarnet haben: Wölches ja von gutherzigen Christen/
vns nicht würdt vbel gedeuttet werden.

Num. 94. Hierauff kommen nun die Referenten auff vnsere Schriff-
ten/so wir den 12. Junii/Hertzog Johann Casimirn vbergeben/
vnd schreiben hieuon/daß wir zwo langer Schrifften J. F. G.
vberge-

vbergeben/darinnen wir alles/was J. F. G. in der Perſon ge=
handlet: Item/die Diſputation/vnd die auß gegangene Gegen=
warnung an D. Oſiandern/höhniſch anziehen vnd verlöſtern/
vnd faſt in allen Puncten/auch vilen/die vns nicht angehn/ des
Oſiandri vns annemen/ vnd wöllen doch nicht darfür gehalten
ſein / als wann wir jhn verthedigen/oder das Mandat antaſten
wöllen.

Nun könden wir abermal nicht läugnen/wir haben ja den
12. Junij zwo langer Schrifften dem Hertzogen vbergeben.
Wer iſt aber an diſem allem ſchuldig/ als eben diſe Narratores/
die jhr Gegenwarnung an D. Oſiandrum / mit ſolchen Löſte=
rungen vnd offentlichen Vnwarheiten geſpickt/wölche ſie wi=
der vnſere Perſonen vnnd Predigampt offentlich in die gantze
Chriſtenheit außgeſprenget/ daß es auch wol der Teuffel in der
Hellen ſelbſten hiemit nicht gröber hett machen könden? Hetten
diſe Referenten in jhrer Gegenwarnung vns beurlaubte Pre=
diger zufriden/vnd vnuerlöſtert gelaſſen (wie es an jme ſelbſten/
weil wir nichts mit Oſiandri Warnung zuthun gehabt / billich
geweſen) ſo wolten wir ja wol rhůwig gebliben ſein/vnd vns ſol=
cher Gegenwarnung nimmermehr angenommen haben. Nun
ſie aber in jhrer löſterlichen Gegenwarnung alſo gifftig vnnd
hefftig vns angegriffen / wie haben wir doch darzu ſtillſchwei=
gen könden? Es wölle der Chriſtliche Leſer vmb Gottes willen
die löſterliche Gegenwarnung vnſers Gegentheils leſen / ſo
würdt ers alsdann ſelbſten bekennen müſſen/ da wir zu ſolchen
hohen Sachen vnd Händeln/ deren wir mit Vngrund darin=
nen bezüchtiget werden/ ſtill geſchwigen hetten/ ſo würde vns
jedermeniglich für ſchuldig/vnd für ſolche Leut gehalten haben/
die jrer Ehr vnnd Geführ nichts achteten. Es würdt auch der
Chriſtliche Leſer in diſer löſterlichen Gegenwarnung beſin=
den / daß vns die vnuermeidenliche Nott darzu getrungen
vnnd

vnnd getriben / daß wir auff die fürnembſte Handlungen vnnd
Acta / wie dann auch auff die gehaltene Diſputation haben antworten / vnnd warhafftiglich berichten müſſen : Vnnd da der
Chriſtliche Leſer auch vnſere zwo vbergebne Schrifften leſen
wirdt / wirdt er augenſcheinlich ſehen / daß wir vns darinnen
nicht frembder Sachen vnd Händel (wie vns die Narratores

Num 94.　mit Vnwarheit bezüchtigen) vnderfangen vnd angenommen /
ſonder darauff allein geantwortet haben / damit die Gegenwarnung vnſere Perſonen vnnd Predigampt angegriffen. Daß
nun die Referenten vns beurlaubte Prediger an vnſern Perſonen vnd Predigampt in jhrer löſterlichen Gegenwarnung alſo
hefftig vnd gifftig angegriffen / vnd jetz darzu allererſt vns dar-

Nam. 94.　über ſtumpffieren / vnnd vns / daß wir ſolche jhre Löſterungen
vnd Vnwarheiten in einer vbergebnen Schrifft abgeleinet / ſo
hoch verweiſen / heißt nicht das den Herꝛn Chriſtum ins Angeſicht geſchlagen / vnnd darnach allererſt ſeiner daran geſpottet /

Matth. 26.　vnnd geſprochen : Weiſſage vns Chriſte / wer iſts / der dich
ſchluge ?

Es fahren aber vnſere Narratores mit jhrem narrieren
vnd calumnijeren fort / vnnd erdichten auff vns andere mehr

Num. 94　Calumnien / wie nämlich wir der Meinung geweſen / daß jhr
gnädigſte Herꝛſchafft ſich weder dero Reputation / noch Chriſtlichen Mandats annemen / ſondern daſſelbig mit Füſſen tretten / vnd verlöſtern laſſen / vnnd allein Vorſehung thun ſolten /
daß vnſer verſchonet / vns zugeſehen / vnnd vnſere Reputation
erhalten würde : Item / wie man vns zwar gern gutten Friden
heit günnen mögen / weil wir aber nicht friden halten wölten /
ſonder jhr Chriſtliche Lehr vnnd Lehrer alle Tag dem Teuffel

Num 95.　gegeben / vnnd der Oberkeit Mandata vnnd Handlungen / auff
der Cantzel / vnd in Schrifften ſchmählich angezogen / hab man

Nam 95.　vns müſſen die Laruen ein wenig abziehen : Item / wie wirs hiemit vil zu grob gemacht / daß wir nit allein ſouil fürnemer Kirchen

chen in der Christenheit / vnd die gelehrteste Lehrer / gestumpfie-
ret / sonder auch Chur vnd Fürstliche Cantzleien registrieret / die
Administration des Churfürstenthumbs / disputierlich gemacht / ꝛc. vnd was des dings mehr ist.

Es werden aber die senige / die vnsere Personen kennen / vnd
vmb vnsere Handlungen / thun vnd lassen / wissen / vns wider dise grewliche Lösterungen vnnd offenbare Vnwarheit solcher
Narratorn / gern für entschuldiget nemmen vnnd halten. Wir
haben ja niemal begert / daß Hertzog Johann Casimir seiner Reputation / oder des Mandats sich nicht annemen / oder dasselbige von vns mit Füssen tretten lassen solte. Sonder das haben
wir allein nach Publicierung des Mandats / je vnd allwegen / so
schrifftlich / so mündtlich / vnderthänigst gebetten / weil wir auß
denen Vrsachen / die wir vnserer Resolutionschrifft einuerleibt / das publicierte Mandat / Gewissens halb nicht annemmen
können / so wölte doch Ihre F. G. vnserer mit demselben gnädigst verschonen : mit dem vnderthänigsten erbieten / daß wir
gern in allen andern billichen / vnd möglichen dingen / Ihren F.
G. vnderthänigsten Gehorsam leisten wöllen.

Was vnsere Narratores vns für einen Friden gegönnet /
ist auß vorgehender Händlung wol abzunemen. Vnd glauben
wir wol / wann wir jre jrrige Lehr von dem H. Abendmal / vnnd
der Person Christi / gebillichet vnnd angenommen / vnsere Christliche Lehr hergegen verleugnet / vnnd hingeworffen / zu schändt-
lichen vnd verfluchten Maßlucken worden / vnsere von Gott
anbefohlene Schäfflin / dem Wolff selbsten in Rachen hinein
geschoben / vñ zu allen jren Sachen / vñ Händeln / Amen / ja / vñ
Gnad Herꝛn gesagt hetten / So wolten wir als dann wol
guten Friden mit jnen gehabt haben. Aber verflucht sey ein solcher Frid / dardurch wir den Friden vnsers Gewissens zerstöret /
vnd den ewigen Vnfriden vnd Zorn Gottes auff vns gebracht
vnd geladen hetten.

Tt   Daß

Daß die vnsern vnnd wir/ diser Narratorn fürgeben nach/
vil fürnemmer Kirchen in der Christenheit gestümpffiert haben
solten/geschicht vns von jhnen Gewalt vnnd vnrecht/dann wir
derselbigen in vnguttem/ wed auff der Cantzel noch in Schriff-
ten/niemals gedacht. Ein anders aber ist es/daß wir bißwilen
Martyrem, Caluinum, Bezam, vnd andere Caluinische Scri-
benten/mit jhren Schrifften/so mündtlich/so schrifftlich/zu disem end allegiert vnd angezogen/ daß wir jhre Irrthumben auß
jhren eignen Büchern/ vnsern Zuhörern zeigeten/ dieselbige
auß Gottes Wort ableineten/ vnd vnsere anbefohlene Zuhörer
vnd Schäfflin daruor warneten.

Daß wir vns auch jemals solten vnderstanden haben/die
Chur vnd Fürstliche Cantzleien zuregistrieren/ die Administration des Churfürstenthumbs disputierlich zumachen/ auff Kei-
serliche Maiestat zu dröwen/ vñ in summa/Hansen in allen Gassen zusein/ schreiben solche Narratores hiemit abermal die offentliche Vnwarheit/vnd handlen sie diß fahls gegen vns nicht
wie Theologen/ Christen/ oder auch nur Biderleuten gezimpt
vnd wol anstehet.

Num. 95. Da wir auch bey allen denen Handlungen/ so mit vns in
zeit werender ReligionsEnderung fürgeloffen/jemals vnnöttige Zänck erregen vnd getriben/ vnnd vns hiedurch Vnruh
gemacht hetten : So möchten vnsere Narratores wol den
Spruch Herrn Viti Dietterichs wider vns allegieren vnd deu-
ten/ da er in seinem Summario vber das 2. cap. des fünfften
Buchs Mosis schreibet: Es geschicht offt/wie mit den Amori-
tern/daß mancher köndte Frid vnd Ruh haben/in Würden vnd
auffnemmen bleiben/ Aber durch vnnöttige Gezänck/
vnd andern Mutwillen/ machen sie jhnen vnnd andern Leuten
Vnruh/ vnd bringen sich selbs in Vnglück. Nun wir aber keine vnnöttige Gezänck erreget vnd getriben/ sonder vnser ampt/
darein

darein wir von Gott / durch den frommen Gottseligen Churfürsten seligster Gedechtnus / gesetzt worden / gethon vnnd verrichtet / vnd wir dardurch in Vnruh vnd Vnglück gerahten / haben
wir vns hiebey des zu getrösten / daß wir bey disem allem ein gutes Gewissen haben / dieweil wir gethon vnd gehandelt / was vnsers Ampts vnd Beruffs gewesen. Vnd eben darumb / weil wir
vnser Ampt redlich gethon / vnnd hiebey niemand verschonet /
sonder vnserm Gegentheil auß Gottes Wort gesagt / was jnen
zusagen gewesen / (dessen vns vil frommer Christen Kundtschafft geben müssen.) also gar / daß auch die Narratores allhie
selbsten bekennen / wir haben vns hiedurch in Vnruh vnnd Vn-   **Num. 95. & 96.**
glück gebracht / so befrembdt vns auch dises desto mehr an denen
Narratorn / daß sie vns vermanen auß dem 56.cap. Esai. Wie
wöllen doch nicht blinde Wächter / oder stumme Hundt sein.
Haben wir dann jhnen nicht laut genug gebollen / in dem wir
nicht allein wider die Abgötterey / wider die Ehebrecher / Voll-
säuffer / Geitzige / vnnd andere Schand vnd Laster geprediget /
sonder auch ihr der Narratorn kundtliche Irrthumen
auß Gottes Wort ordenlich gestraffet / vnd vnsere liebe Schäf-
lin vnnd Pfarrkinder gewarnet haben? Freilich seind wir vber
solchem anbellen der Caluinischen kundtlichen Irrthumen / in
Vnglück kommen / vnd eben darumb von vnsern anbeuolhenen
Kirchen verstossen worden.

Es suchen aber die Narratores (damit sie jhren Ehren-
titul / daß sie / nämlich / Calumniatores vnnd Lösterer seien /
redlich verdienen) noch andere mehr Calumnien vnd Lösterungen herfür / die sie wider vns arme Vbiquitisten vnd Flaccianer
(wie sie vns nennen) außgiessen / vnd schreiben / daß dises ein ge-   **Num. 96.**
meine Klag seie / nicht allein bey jhnen / sonder auch andern / die
mit jhnen bey dem Caluinischen Verstand der Augspurgischen
Confession bleiben / vnd mit dem Christlichen Concordi Buch

Tt ij   nichts

nichts zuthun haben wöllen / daß wir / die wir von den Zwing-
Num. 96. lianern vnd Caluinisten / Flaccianer vnnd Vbiquitisten genennet / vnnd darüber von gedachten Zwinglianern / in allen jhren
Schrifften vnnd Predigten / hefftig vnd gifftig traduciert wer-
Num. 96. den / die wir auch den vber die maß stoltzen / vermessnen / vnruhigen Geist der Zwinglianer vnd Caluinisten niemals gebillichet /
vnd Gottes Wort je vnnd allwegen bey vns mehr als authori-
tatem Philippi Melanthonis, oder eines einigen andern Menschen haben gelten lassen / daß / sprechen wir / wir arme Lutherischen / vns vnderstanden haben solten / vns wider die andere Kirchen auffzuleinen / vnd dieselbige zuundertru-
cken.

 Es ist dises den Narratorn vnnd andern jhren Rottgesellen sehr gemein vnnd bräuchlich / daß sie das jenige / was Caluinus, Beza, vnd andere Zwinglische Scribenten vnnd Lehrer gelehrt vnnd geschrieben / den gantzen Kirchen / denen sollche
Zwinglische Lehrer fürgestanden / zuschreiben : Von wölchen
Kirchen wir doch vil ein anders / vnnd bessers hoffen / nämlich /
daß in denselbigen vil frommer Christen seien / die mit den offentlichen vnd greifflichen Irrthumen der Caluinischen Scribenten nichts zuthun haben / oder da sie schon ettwa in einem
Irrthumb stecken / dannoch also gesinnet seien / daß sie sich / da
sie eines bessern auß Gottes Wort solten berichtet werden / weisen liessen / Auß wölcher Vrsach auch die vnsere niemals / gantze
Kirchen / in denen Zwinglische Lehrer predigen / verdammet
haben / wann sie schon mit solchen Zwinglischen vnnd Caluinischen Lehrern zu Feld gelegen / vnd sie vnnd jhre jrrige Lehr auß
Gottes Wort gestrafft haben. Darumb dann auch die Narratores allhie vns vnnd den vnsern abermal Gewalt vnnd vnrecht thun / in dem sie mit Vngrund fürgeben / daß die vnsern
Num. 97. sich vnderstanden haben / sich wider andere Kirchen auff-
zuleh-

zulehnen/ vnd sie vnderzutrucken. Was auch die Cal=
uinisten mit dem verhaßten Namen der Vbiquitisten vnd Flac=
cianer/ damit sie vns beschweren/ suchen/ ligt am Tag. Dann
nunmehr auß vilen der vnsern Schrifften offenbar vnnd am
Tag/ wölcher gestalt wir von der Maiestet vnd Herzligkeit des
Menschen Christi glauben vnd lehren / wölchen wir weder in
der Höll noch Vierkanten suchen / ob er wol allen Creaturen
gegenwertig: sondern jne allda suchē / da er sich in seinem Wort
gleichsam angebunden hat.

Was nun den Handel von der Erbsünd betrifft/ wölche der
Flaccianer jrtgem fürgeben nach/ ein Substantz in dem Men=
schen sein solle/ wissen die Narratores wol/ daß wir für vnsere
Personen / damit nichts zuthun / sonder solchem erschröckli=
chen Jrrthumb allwegen widersprochen / vnd deßwegen auch
in dem Christlichen ConcordiBuch/ stattlich denselbigen ab=
geleinet / vnd verdammet haben. Daß sie aber auch die jenige
Flaccianer nennen / die zur zeit des Interims die jenigen ge=
strafft/ die auß Forcht ettwan vergeßlich im Handel von Adia=
phoris gehandelt/ vnd hernacher auch dem Synergismo, Ma=
iorismo, vnd Caluinismo, auch andern dergleichen corruptē=
len auß Gottes Wort widersprochen : thun sie hierinnen jhrer
Gewonheit vnd Boßheit nach / daß sie vnschuldige trewe Kir=
chendiener mit verhaßten Namen beschweren.

Es machen auch die Narratores grosses dicentes hieuon/ *Num. 97.*
daß wir vns selbsten Lutherisch nennen / vnnd nennen lassen/
vnd mischen mit demselbigen auch dises ein / daß sie sagen/ wir
haben den Papisten den Tittel/ der Catholischen/ schändlich
eingeraumbt : wölches / dieweil es newlich durch D. Osian= *Abfertigung der*
drum in seiner Abfertigung der vntrewen Gegenwarnung/ *Gegenwarnung.*
gnugsamlich verantwortet worden/ wöllen wir vns vmb gelieb= *Num. 42.*
ter kürtze willen dahin referiert vnd gezogen haben.

Den

Von Beurkau-
bung der Theolo-
gischen Facultet
bey der Vniuersi-
tet zu Heidelberg.

Den 9. Julij/ als Hertzog Johann Casimir/ drey Tag zu-
uor/von seinem Herrn Schweher Hertzog Augusto/ Churfürsten von Saxen/ auß dem Schwallbacher Brunnen widerumb
zu hauß gekommen/ seind D. Marbachius vnd D. Schopperus, beide Professores Theologiæ, in die Cantzley gefordert
worden. Vnd als D. Marbachius ettwas schwach/ vñ zu Beth
gelegen/ ist D. Schopperus allein erschinen vor dem Vice-
cantzler/Fauthen/D. Räubern/vnd D. Ehemen. Wölche/als
sie von D. Schoppern vernommen/daß D. Marbachius kranck
lige/ jme befohlen/ was sie jme (D. Schoppern) jetzt fürhalten
werden/ dasselbige auch D. Marbachio zuuermelden: sie haben
aber jnen beiden/ in des Hertzogen Namen/ zuuermelden/ vnd
anzuzeigen/ Nachdem an D. Kirchneri statt/ D. Grynæus von
Jrer F. G. zu einem Professorn Theologiæ geordnet worden/
vnd aber Jhre F. G. nicht bedacht (wie sie es dann auch mit
guttem Gewissen nicht thun können) zweierley Religionen in
Facultate Theologica zudulden/ Derwegen/ vnd dieweil ohne das sie beide das Religion Mandat zuhalten bißanhero bedencken gehabt/ vnd er/ D. Schopperus, insonderheit auch der
Schrifft/ so die Kirchendiener zu Heidelberg dem Hertzogen
newlich den 12. Junij vbergeben/ vnderschriben/ (dessen er doch
wol hett oberstehn mögen) So seie solchs Jrer F. G. Befelch/
daß sie beide/ D. Marbachius vnd D. Schopperus, hiemit jrer
Dienst sollen erlassen sein/ vnd sie fürohin die Cathedram in
Academia nicht mehr beschreitten sollen: Gleichwol mögen
Jre F. G. wol leiden/ daß/ vermög der Vniuersitet alt hergebrachter Gewonheit/ jhnen beiden die Besoldung ein halb Jar
nachin gereicht werde. Ob schon aber D. Schopperus hierauff
vil fürgewendet/ zubeweisen/ daß Hertzog Johann Casimir ein
solches zuthun nit befügt/ vnd vnder anderm auch fürgegeben/
er seie nicht von Jrer F. G. zu solcher seiner Profession Theologiæ angenommen worden/ wie er dann auch Jrer F. G. weder
gelobt noch geschwore/ sonder Senatus Academicus der Vniuersitet

uerſitet Heidelberg habe jn angenommen/ dem er auch mit Aldeß-
pflichten verwandt/ vnd demſelbigen deßwegen/ was jme allda
jetz fürgehalten worden/ anzuzeigen/ er ſich ſchuldig erkenne: ſo
hat doch ſolches alles nichts geholffen/ ſond es iſt jme angezeigt
wordē/ was ſie/ die Räht/ für einen Befelch von dem Hertzogen
empfangen/ das haben ſie verrichtet/ vnd bleibe bey dem gegebe-
nen Beſcheid: vnd wölten gleichwol ſie gern/ was ſie von jhme/
D. Schoppero, angehört/ dem Hertzogen trewlich referieren.

Sobald nun D. Schopperus von jnen abgetretten/ wurden
alſo bald für die vor ermeldte Räht hinein geforbt/ Magnificus
D. Rector, vnd der Vniuerſitet Syndicus· Denen würde nun
durch die Räht angezeigt/ wölcher geſtalt vñ maſſen beide Pro-
feſſores Theologiæ, von Hertzog Joh. Caſimirn / durch ſie/
jrer Dienſt erlaſſen/vñ wie an D. Kirchneri ſtatt/ D. Gryneus,
alſo ſeie an des D. Marb. ſtatt D. Sonnius geordnet worden:
Derowegen dañ J. F. G. Befelch ſeie/ dz ſie nun mit D. Marbachio vñ D. Schop. abrechnē/ vnd D. Gryn. ſampt D. Son-
nio zu Profeſſorn auff vnd annemen wöllen : Wie dann auch
J. F. G. Senatui Academico zu Profeſſorn wölle præſentiert
haben/ M. Widekindum zur Profeſſion Mathematices, vnd
M. Pithopœum zur Profeſſion Hiſtoriarum vnd Poëſeωs.

Darwider hat gleichwol Magnif. D. Rector vil geklagt/ daß
hierinnen wid der Vniuerſitet Priuilegia gehandelt werde/ vnd
ſich dahin erkläret/ er wölle ſolches alles/ was jme dißfahls fürgehalten worden/ Senatui Academico referieren: Aber ſolches
alles war vergebens / vnd vmb ſonſt : vnd jhme angezeigt / es
dörffe nicht vil cauſierens/ vnd ſeie vnuonnötten/ daß die Vniuerſitet diſes oder ein anders prætendiere oder fürwende : dann
einmal ſeie diſes von Jhrer F. G. darbey es auch wol bleiben
werde/ alſo decretiert vnd geſchloſſen.

Hierauff iſt ein gemeines vnd ſtarckes Geſchrey in der gantzen Statt entſtanden / daß Hertzog Johann Caſimir fürhabens / vns die fünff vberige Lutheriſche Prediger der Statt

Heidel-

Heidelberg / zuurlauben: wölches bey den acht Tagen gewehret / biß endtlich wir gedachte fünff Prediger den 17. Julij in die Cantzley gefordert / vñ zu acht Uhren vor Mittag in die Rahtstuben hinein beruffen worden / darinnen gesessen Hertzog Johann Casimir selbst / der Herr von Dona / Vieccantzler / D. Rduber / D. Ehem / vnd der junge Wambold.

Der Fürtrag geschahe durch den Viecantzler / der hielte vns / den fünff Predigern / für / Es hetten Ihre F. G. vnser beide Schrifften / die wir den 12. Junij vbergeben / ersehen / vnd befinden / daß wir vns in denselben viler ding annemen / wölche vns nicht angiengen: vnderstünden vns andere Leut zu entschuldigen: deutten vil ding anderst / dann es gemeinet worden / seien gar hitzig / vnd seien vnser zwo Schrifften anderst nichts / dann ein Apologia vnd Verantwortung Osiandri , wölcher nach vnserm beduncken / nit vnrecht gethon / daß er das Christliche Mandat angegriffen / vnd dariwider geschriben: vnd ob wir schon protestieren / vns frembder Sachen nicht anzumassen / so seie doch vnser protestatio contraria facto , vnd lasse sich ansehen / als wann wir dem Osiandro die Ehr nicht gönneten / daß er zum ersten das Mandat impugniert / vnd wöllen jme also palmam præripieren: Seie auch glaublich / wa er es nicht gethon / so wurdens doch wir gethon haben / wölches daher desto gewisser / daß wir vnser Schrifft / so wir Ihrer F. G. neben der Supplication vbergeben / allbereit zum Truck / als ob es gleich solte getruckt werden / gerichtet: Stercken hiemit nicht allein Osiandrum , sonder es habe auch das Ansehen / daß wir alle weg zur Einigkeit vernichten: allerhand Mittel / so mit vns für die Hand genommen / haben bey vns bißhero kein Ansehen gehabt: Vnd ob schon Ihren F. G. leicht gewesen / weittere Mittel an die Hand zunemen / so achten es doch Ihre F. G. deßmalen für vnnöttig: Rüffe Gott zum Zeugen an / daß sie nichts liebers hetten mögen sehen / dann daß alle Hand-

lungen

lungen das erwünschte End der Einigkeit erreichet hetten : dieweil wir vns aber rund verlautten lassen / daß wir dem Christlichen Mandat nicht wissen noch können parieren / vnd aber Ihre F. G. solch Mandat (wölches auch andere Fürsten jnen gefallen lassen) nicht gedencken fallen zulassen / so wöllen Ihre F. G. vns nicht lenger auffhalten / vnd vns also sametlich vnd sonderlich vnser er Dienst erlassen haben / mit ernstlichem Befelch / daß wir vns der dreien Kirchen / darinnen wir bißanhero geprediget / gäntzlich enthalten : keine conuenticula halten / noch einen Anhang machen : alles was wir bey handen / in die Kirchen gehörig / vnsern successoribus , so an vnser statt geordnet / desselbigen Tags noch zustellen : vnsere Gelegenheit anderswa suchen: vnd alles fürderlich raumen.

Es könne auch Ihre F. G. vns nicht vnangezeigt lassen / daß wir ettlicher stück in vnserer Schrifft gedencken / deren Ire F. G. vns nicht gestendig seien. Als erstlich / daß Ihre F. G. sampt dero Rähten vnd Kirchendienern / vnordenlich bißhero mit vns procediert. 2. Daß vnsere Grauamina, vnd vbergebene Beschwerde / so wichtig seien / daß wir derenhalben / dem Mandat nicht solten Gehorsam leisten können / dann mans vns gnugsam abgeleinet. 3. Daß Ihre F. G. Kirchen vnd Schuldiener / jemandts zur Kirchen oder Catechismo haben zwingen wöllen: vnd ob es schon im Pædagogio mit den Schulern geschehen were / so gieng es doch vns nichts an / dann vns die Inspection nicht befohlen. 4. Wir haben auch nicht Vrsach / vns aller Gemeinschafft mit Irer F. G. Kirchendienern zuentschlagen / dann sie kein sträfflich Lehr oder Leben geführt / vnnd seie solches auch aller Handlung / dardurch Einigkeit getroffen werden mög / zuwider : Wir seien in vnsern Predigten vngestüm gewesen / wölches auch vnsere Zuhörer selbsten zeugen / vñ darüber klagen: Wir habe schon allbereit Letztpredigten gethon / wölches ein Zeichen vnsers bösen Gewissens / vnd eine

Vu   Anzei-

Anzeigung / daß wir deſſen in vnſerm Gewiſſen vberzeuget/
daß wir den Vrlaub verdienet : haben vns ſchon allbereit nach
frembden Dienſten vmbgethon : haben einen jungen Mann zu
S. Peter zu predigen extraordinariè auffgeſtelt/ der in ſeiner
Predigt nicht beſtanden : haben vns deſſen in vnſerer Schrifft
vernemen laſſen / wir wöllen Hunds gnugſam ſein/ darmit wir
gnugſam zuuerſtehn gegeben/ dz wir vns ferner wider J.F.G.
Perſon/ Chriſtliche Religion vnnd Kirchendiener/ auffleinen
wöllen : Ire F. G. aber wöllen vns hiemit ernſtlich verwarnet
haben/ nichts wider Ihrer F. G. Perſon/ Chriſtliche Religion
vnd Kirchendiener zuſchreiben/ damit nicht Ihre F. G. verurſacht werde/ die Gebür wider vns fürzunemen.

Auff diſes hat D. Zimmerman alſo bald / ohne genom-
menen Abtritt/ für ſich alſo geantwortet : Er hett vernommen/
was jme vnd ſeinen Collegis fürgehalten worden : in wölchem
diſes das principale, vnd fürnembſte/ darumb es zuthun/ were/
daß er vnd ſeine Collegæ, jhrer Dienſt weren erlaſſen worden:
Zu wölchem Vrlaub er gleichwol für ſeine Perſon / weder mit
vnrechter Lehr / noch mit ärgerlichem Leben Vrſach gege-
ben/ er müſſe es aber Gott befehlen/ vnd ſolchen Vrlaub in gebürlicher Vnderthänigkeit auff vnnd annemen. Nun ſeien
gleichwol bey ſolcher Beurlaubung vil Sachen mit einge-
ſprengt worden/ auff wölche alle zuantworten/ er es für vnnö-
tig halte/ dann warfür were es / vber ſolchen Händeln vil mit
Ihrer F. G. zu cauſieren / da er doch ſchon ſeinen Vrlaub empfangen / vnd demnach mit ſeinem cauſieren nicht vil / oder ja
gar nichts außrichten wurde? Es ſei aber gleichwol ettlicher
Pünctlin gedacht worden / zu wölchen er nicht gar ſtillſchweigen könne: Ime geſchehe vnrecht/ daß er ſolte einige Letzpredigt
gethon haben/ diſes ſeie er nicht in Abred/ daß er in zeitweren-
der Religionsenderung / ſeine anbefolhene Pfarkinder auff
der Cantzel / ſo offt er Gelegenheit gehabt / ernſtlich verma-
net/

net/ dʒ sie bey der einmal erkandtē vñ bekanten Warheit Christlicher Lehr/ von dem H. Abendtmal/ vnd von der Person Chri-
sti/ wie er snen dise zeit vber/ weil er jhr Pfarzer vnd Seelsorger gewesen / mit seinen Mitbrüdern / dieselbige auß Gottes
Wort fürgetragen/ bestendiglich verharten vnd bleiben/ vnd
sich hieuon durch keine widerwertige Lehr / oder sonsten ettwas
anders/ abtreiben lassen : dann er wisse was er vnd seine Collegæ, snen hieuon geprediget/ daß dasselbige die Göttliche Warheit vnd Gottes Wort selbsten seie: Vnd daß er solches gethon/
habe er sich dessen schuldig befunden vnd erkennet / sonderlich
weil er gesehen/ daß man ettliche seiner Collegen schon allbereit abgeschaffen / vnd mit solcher Abschaffung auch auff dem
Land je lenger je mehr fortfahre : Daß er vnd seine Collegæ,
neben jhrer Supplication auch ein andere Schrifft gestellet/
vnd Ihrer F. G. vbergeben / seie keiner Vrsach halben (wölches er mit guttem Gewissen sagen vnd bezeugen könne) beschehen / dann daß sie sich schuldig erkennen (wie dann auch
noch) wider die Lösterungen / Schmachreden vnd Vnwarheitten / damit sie von jhrem Gegentheil/ in derselben Gegenwarnung / in offnem Truck vnbillicher weiß angetastet vnd
angegriffen worden/ sich gebürlich zuuerantworten: hetten lieber gesehen/ daß jhr Gegentheil solche Vnbescheidenheit vnderlassen hette : so würde man ja alsdann wol gesehen haben/
daß sie sich nicht in solchen Handel wurden geschlagen haben.
Das Fürstlich Mandat betreffend/ lasse ers bey denen Vrsachen der verweigerung bewenden / die er vnd seine Collegæ, in
jhrer Resolutionschrifft gesetzt/ die auch seines erachtens/ noch
nicht gnugsamlich abgeleinet/ vnd vmbgestossen seien. Daß er
vnd seine Collegæ beschuldiget worden / als ob sie schon allbereit sich nach frembden vnd andern Diensten vmbgesehen vnd
beworben / geschehe ihme für seine Person in disem Fahl vn-
recht/ dann er diß Christlichen Sins vnd Genühts allweg ge-

Vu ij
wesen/

wesen / daß er niemals begert von seiner lieben Kirchen/ die jme
von Gott durch den frommen Churfürsten / seligster Gedächt=
nus/ vertrawt worden / zustellen / allweil/ vnd so lang er in sei=
nem Pfar:dienst wurde gelassen werden : wisse auch auff dise
Stund / daran er geurlaubt worden / keinen gewissen Dienst
nicht / sonder müsse vnd wölle Gott hierüber getrawen / wa er
jhne hin beleitten werde / der werde jhme auch/ wie er hoffe/ ett=
wan ein örtlin bescheren / da er der Kirchen dienen / vnnd das=
selbsten seine Auffenthaltung haben werde. Daß Ihre F. G.
von jme vnd seinen Collegis begert / daß sie wider Irer F. G.
Person / Christliche Religion vnd Kirchendiener nichts fürneh=
men oder schreiben wöllen / mit angehengter Betrawung/ic.
seie hierauff dises seine Resolution / daß er zwar wider Ihrer F.
G. Hohe Person ettwas fürzunemen vnd zuschreiben nicht be=
dacht/ (dann er sich vil zugering darzu finde / vnnd dessen auch
nicht Vrsachen habe) daß er aber zu dem jenigen stillschweigen
solle / was Ihre F. G. Kirchendiener mit Vngrund/ in jhrer
Gegenwarnung / wider jhn vnd seine Collegas außgegossen/
das könd vnnd wölle er nicht versprechen: Damit aber dannoch
Ihre F. G. sehe / daß er zum Friden geneigt / vnd jhme nicht
wol mit einiger weitleuffigkeit seie / so wölle er sich hiemit dessen
erbotten haben/ daß so fer: es dise Herrschafft/ vnder wölcher er
künfftiglich der Kirchen dienen wurde/ nicht für nutz vnd nöttig
erachten werde/ ettwas wider Irer F. G. Kirchendiener anzu=
fahen/ so wölle er solchs auch wol bleiben lassen/ dann jme nicht
so wol mit Vnrhu seie. Es möchte es aber dieselbige Herrschafft
für nöttig vñ nutz halten/ daß er gebürlich in offnem Truck/ wi=
der Ire F. G. Prediger/ vnd derselben verleimbdung vnd Vn=
warheiten sich verantworte/ so mögen J. F. G. selbsten/ dero=
selben Hohen Fürstlichen Verstand nach/ wol erachten/ daß in
solchem Fahl er nit wol werde schweigē können. Daß jme vñ sei=
nen Collegis befohlen wordē/ keine cōuenticula zuhalten/ vnd
keinen

keinen Anhang zumachen / wölle er daſſelbige / wie dann auch
biß anhero von jhme beſchehen / gern thun: Wölle auch / vermög
Ihrer F. G. Beuelchs / alles was zur Kirchen gehörig / vnnd er
bey handen / liffern: Fürderlich alles raumen / vnnd ſeine Gelegenheit anderswo / dahin jhn Gott beleitten wurde / ſuchen.

Eben auff ſolche weiß haben ſich auch die andern 4. Prediger / einer nach dem andern reſoluiert / mit angehängkter Bitt /
der Nachbeſoldung des viertheil Jars / vnd des Zollbrieffs wegen: Wölches beides doch der Hertzog zu ferner Berahtſchla-
gung gezogen / vnnd hierauff vns die fünff Prediger dimittiert /
vnnd von ſich gelaſſen hat. M. Dionyſius Ochem zeigte auch
bey ſeiner Reſolution an / daß jhme in ſonderheit fürgeworffen
worden / daß in der Kirchen zu S. Petern / darinnen er biß anhero geprediget / ein junger Mann ſey auffgeſtelt worden / der in
ſeiner Predigt nicht beſtanden / habe es hiemit diſe Gelegenheit /
daß er ſolches nicht für ſich gethon / ſonder auß Beuelch vnnd
Geheiß des Churfürſtlichen / nunmehr abgeſetzten Kirchen
Rahts: So geſchehe auch demſelben jungen Mann vngütlich /
in dem man von jhme außgebe / daß er in ſeiner Predigt nicht beſtanden.

So bald wir aber abgetretten / vnnd naher Hauß gegangen / ſeind alſo bald drauff für den Hertzogen vnnd vorermeldte
Rähte hinein gefordert worden / der Schultheiß / der Statt
Raht / vnnd alle Zunfftmeiſter der Statt Heidelberg / wölche
weil man mit vns den Predigern gehandlet / drauſſen auffgewartet hatten. Denen nun iſt fürgehalten worden / wölcher geſtalt der Hertzog vns / die fünff Prediger / auß hohen wichtigen
Vrſachen / die zum allerhefftigſten geſcherpfft worden / vnſerer
Dienſt erlaſſen / vnnd bedacht / die Cantzel mit fridſamen Predigern zubeſtellen: mit angehängkter ernſtlicher Vermanung / dz
ſie hierüber nichts vngebürliches anfahen / ſonder vil mehr die
newe Prediger mit fleiß hören / vnd jre Predigten fleiſſig beſuch-
en wöllen.   Vu iij   Alſo

Also seind nun auff vorgemeldten tag/námlich/den 17. Iulij Anno, &c. 84. wir/die vberentzige des Ministerij, wie das
selbige zuvor von dem frommen Churfürsten seligster Gedechtnus bestelt gewesen/vollends gar abgeschaffen worden: Vnnd
seind wir (die letste fünff abgeschaffte Prediger) gleich volgendes tags/auß Heidelberg nach Diensten vnnd Vnderschleiff
außgezogen: Haben auch fast alle/innerhalb Monatsfrist/nach
empfangenem Vrlaub/die Statt Heidelberg vnnd die Churfürstliche Pfaltz geraumet.

Die Caluinische Prediger aber/haben den nechstvolgenden
Sontag/námlich/den 19. Iulij, die Kirch zun Barfüssern gar
zugeschlossen/vnnd fürohin allein in den dreien Kirchen/nám-
lich/zum heiligen Geist/zu S. Petern vnd im Spittal geprediget: Vnd den ersten Sontag/als sie die Kirch zu S. Petern ein-
genommen/dieselbige Kirch/mit ettlichen geharnischten Bur-
gern/vnder der frue Predigt verwaret vnd bestellet.

Den 30. Iulij haben auß der Burgerschafft auff die 500.
neben den Professorn der Vniuersitet/an den Hertzogen auff
das demüttigst vnd vnderthánigst vmb jhre abgeschaffene Pre-
diger/oder deroselben nur zween/oder ja vmb andere/so jhrer
Christlichen Confession zugethon/suppliciert/wie dann auch die
Burgerschafft solche jhre Supplication/ettwan drey Wochen
hernacher gegen dem Hertzogen repetiert/vnd zum andern mal
suppliciert haben.

Die Supplicatio der Vniuersitet lautet also:

Durchleuchtigster/Hochgeborner Fürst/Chur-

fürstlicher Pfaltz Tutor vnnd Administrator, E. F. G. seien
vnsere vnderthánigste Dienst/höchstes Fleiß zuvor.

Gnádigster Herr vnd Patron/wir haben mit beschwertem
Gemüt vernommen/was massen E. F. G. die Kirchendiener/
wölche

wölche von dero geliebten Herrn Bruder/miltseligster Gedecht-
nus/zu dem Ministerio allhero beruffen/ vnnd demselbigen biß
anhero abgewartet/ nechst verschienen Freitags beurlauben
vnd dimittieren lassen/vnnd derwegen nicht vmbgehen können/
E. F. G. hiemit zu ersuchen/ vnd vnderthänig zubitten/ dieweil
wir vns mit Hertzen vnnd Mund zu der Lehr bekennen/wölche
von jhnen geprediget/vnnd der gemein Gottes offentlich in der
Kirchen auß Gottes Wort fürgetragen worden/vnnd vns ge-
wüssens halben gantz beschwerlich fallen will/ da vns das Exercitium der Religion gäntzlich solte benommen werden/ die wöllen vns vnd vnsern armen Weib vnnd Kindern/ so ein gnädigster vnnd milter Herr erscheinen/ vnnd vns die Kirchendiener/
die wir noch biß hero gehabt/ oder ja zum wenigsten zwen auß
denselben/ die jhr Ampt mit predigen/ Reichung der Sacra-
menten/vnnd Besuchung der Krancken/ mit Christlicher Bescheidenheit verrichten mögen/ gnädigst vergünstigen/ vnnd in
dem gnädigst erwegen/ da solches vber verhoffen nicht geschehen solte/ was für Beschwernus nicht allein vns für vnsere
Person/ sonder auch in gemein der gantzen Vniuersitet/deren
auffnemmen vnnd Wolfahrt E. F. G. als nicht des geringsten Kleinots der Churfürstlichen Pfaltz/ würdt höchlich angelegen sein/ daher zuwachsen möchte.

Dann zu dem die Gewissen gantz frey/ vnd mit Beneistung
des offentlichen Exercitij nit beschwert/ noch trostloß gelassen
werden sollen/so ist auch zubesorgen/da das Exercitium vnserer
Religion gentzlich eingestelt verbleiben solte/dz ein beschwerliche
dissipatio Scholæ dahero eruolgen/ vnnd nicht leichtlich wider
zu einem auffnemmen gereichen würde. Dem nun zubegeg-
nen/wöllen wir vns vnderthänig getrösten/ E. F. G. werden
disem vnserm supplicieren/ dardurch wir/wie wir vns dessen mit
vnuerletztem Gewissen für GOTT bezeugen/ anders nichts
suchen/ dann daß wir mit einem guten gerühigen Gewis-
sen/ vnserm Ampt/ vnnd gemeiner Vniuersitet/zu derselbigen
gedey-

gedeilichem auffnemmen / getrewlich vnd wol fürsehen mögen/
gnädigst statt geben / wie wir dann nochmals darumb gantz vnderthänigst / vmb Gottes vnnd vnser vnnd der vnsern Seelen
Heil vnd Seeligkeit/vnd Wolfahrt willen/gebetten haben wöl-
len/mit dem vnderthänigsten erbietten/vns solches beneficij also zugebrauchen / daß E. F. G. im Werck spüren sollen / daß
vns nichts höhers angelegen/dann die Ehr Gottes/ Ruh vnnd
Frid vnsers Gewissens/ vnd die Wolfahrt diser E. F. G. vhr-
alten weitberühmpten Vniuersitet. Vnd wöllen hierauff gnädigster wilfähriger Antwort vnderthänig erwarten.   Signat.
Heidelbergæ 27. Iulij, Anno, &c. 84.

E. F. G.

Vnderthänigste

Rector vnd Professores der
Vniuersitet daselbsten.

Copia der Burger Supplication.

Der Burger-
schafft erste Sup-
plication für das
abgeschaffne Mini-
sterium.
Vrchleuchtigster/Hochgeborner Fürst/Chur-
fürstlicher Pfaltz Tutor vnnd Administrator, gnädigster Herr / an E. F. G. ist vnser vnderthänigst vnnd
vmb Gottes willen bitten / dises vnser hochnöttig vnnd Christlich suppliciren gnädigst zuvernemmen.

Es haben E. F. G. den verschinen 17 Iulij deroselben Mandat durch E. F. G. Schultheissen vnd Raht diser Statt all-
hie/vns fürhalten lassen / daß nämlich E. F. G. vns aufferle-
gen / dieweil dieselbige vnsere bißher gewesner Prediger abgeschafft / vnnd an ihre statt andere Kirchendiener verordnet/daß
wir

wir derſelben Predigten hinfüro fleiſſig beſuchen ſollen.

Nun weiß der liebe Gott/ dz E. Fürſtlichen Gnaden/ als vnſerer gnädigſten Obrigkeit/ wir in allen burgerlichen weltlichen
Sachen/ allen müglichſten vnd vnderthänigſten Gehorſam begeren zuerzeigen/ aber was vnſer Religion betrifft/ bezeugen wir
für Gott/ daß wir ſolche mit gutem Gewiſſen nicht verlaſſen/
vnd vns zu einer andern Religion begeben können.

Derwegen/dieweil in E. F. G. angehender Regierung/
die andere Burger vmb deroſelben Religion/ vnd vmb das Exercitium jhrer Religion gebetten/ vnnd auch hierauff ſeind gewehret worden/alſo langt an E. F. G. vnſer vnderthänigſt/
vnd vmb Gottes willen Bitt/ daß dieſelbige vns gnädigſt auch
die Freigebung vnſerer Religion/ vnd alſo auß dem Mittel vnſerer geweſenen Prediger/oder wo es Ewrer Fürſtlichen Gnaden mißfellig/andere Kirchendiener/ die vnſerer Confeſſion zu-
gethon/ gnädigſt vergünſtigen/ in Anſehung/ daß vnſere Religion von dem Römiſchen Reich approbiert/ Auch E. F. G.
im verſchinen Nouember vns gnädigſte Vertröſtung laſſen geſchehen/ vns in den dreien Kirchen vnſer Religion zuge-
ſtatten. Verſprechen hierauff E. F. G. Vnſer Chriſtlich
Gebett/vnd in allen weltlichen Sachen/ vnderthänigſten Ge-
horſam/ auch zu derſelbigen vnſer Leib vnd Gut/ vnnd was wir
vermögen/zuzuſetzen. Geloben auch vnd verſprechen von deroſelben Prediger wegen/ ſo vns durch E. F. G. gnädigſte Ver-
günſtigung/das gebettene Exercitium vnſerer vorigen Religion verrichten ſollen/ daß ſie in Verrichtung/beides Lehr vnnd
Straff Ampts/aller Chriſtlichen Beſcheidenheit/vnnd was zu
Erhaltung vnd Beförderung Chriſtlicher Einigkeit vnd Fri-
dens/ auch vnderthänigſten burgerlichen Gehorſams dienſt-
hafftig/ allerdings gefliſſen ſein ſollen. Hiemit Ewer Fürſtliche Gnad/ ſampt dero geliebte Gemahel/ junge Herrſchafft/

X x   vnd

vnnd Fräwlin/in den Schutz vnnd Schirm des Allerhöchsten
beuolhen/ vnd vmb gnädigste Antwort vnderthänigst bittende.

E. F. G.

    Vnderthänigste

       vnd gehorsambste

Burger allhie/deren zahl/so
bürgerliche last tragen /
die Academien / freien
Bürger / Handtwercks
Gesellen/als auch Weib
vnd Kind außgenossen/
thut sich auff 500. er-
strecken.

Nach diser Supplication hat die Burgerschafft/in volgender zeit/als jnen von dem Hertzogen kein Antwort worden/nach-
setzte Supplication eingelegt.

Der Burger-
schafft andere
Supplication.

Durchleuchtigster / Hochgeborner Fürst vnnd

gnädigster gebiettender Herr/ Churfürstilcher Pfaltz Administrator vnd Tutor, E. F. G. achten wir vnentfallen sein/was eine gemeine Burgerschafft / so sich zu der Religion/ wölche biß-
dahero in dreien Kirchen/ nach Anordnung Gottes Worts/ist
fürgetragen worden/ mit Hertzen vñ Mund bekennen/ die auch
mit gutem Gewissen/ oder ohn dessen gefährliche Bestrickung/
nit verlassen kan/ E. F. G. vnderthänig supplicierend/mit grosser Beschwerung vnd Engstigung jrer Gemütter/Hertzen vnd
gewissen / Christlicher Weiß vnd Meinung fürtragen vnd vernemmen lassen. Dieweil aber biß anhero darüber nichts fruchtbarlichs eruolgen wöllen / thut angedeutte gemeine Burger-
schafft/

schaffe / auß vnuermeldenlicher Notturfft/solcher Supplication wegen/ nicht allein gebürlicher Reuerentz vnnd Gehorsam
anmanen/sonder dieselb E.F. G. nochmals auffs höchst gebet-
ten/geflehet vnd angesucht haben/daß durch E.F. G. gnädigste Erklärung/was sie zum vnderthänigsten vnnd für Gott ge-
betten/ eruolgen möge. Darfür wünscht sie einhellig Benedei-
ung/vnd E.F.G. bey Gott hie zeitliche vnd dort ewige Beloh-
nung. E.F.G.gnädigste Antwort bittende.

E. F. G.

Vnderthänigste/bereit wil-
ligste/ gehorsambste/ꝛc.

Auff solche drey vbergebene Supplicationes, ist kein einige
Resolution eruolget: Vnd ist biß anhero allerdings bey der Abschaffung des vorigen Ministerij, wie dasselbige vom Gottseligen Churfürsten Ludwigen/Pfaltzgrauen seligster Gedechtnus/
bestelt gewesen/ vnnd bey der Anrichtung des jetzigen Caluinischen Ministerij verblieben.

Der HErr/der die seinen kennet/ wölle sie auch bey seiner
Warheit seines lieben Worts/mitten in solchem jhrem betrübten zustand erhalten. Amen.

Diß ist nun die warhafftige vnd gründtliche Histori / von
vnserer Beurlaubung / wölche von disen Narratoribus gleichwol kurtz/aber sehr gifftig vnd hässig angezogen würdt.

Vnnd narrieren dieselbige hieuon also: Nach dem wir Pre- Num.101.
diger/mit vnsern vilfältigen vnablässigen Lösterungen auff der
Cantzel/die mehr zum Auffruhr(increpet te Dominus Satan:
Zach. 3. Der HErr schelte dich/du Satan/ der du also vnuer-
schämbt durch dise lösterer lügen darffest) als zu Erbawung der
Kirchen gedienet/ fortgefahren/ vnnd wir von vns selbsten/ehe

X x ij   wir

wir beurlaubet waren / ettliche mal von vnſern Zuhörern / vnſern Abſchied (wölches aber ein vnuerſchämpte Stattkündige Vnwarheit iſt) genommen / ſeind wir den 17. Iulij in ihrer Fürſt. Gnaden vnnd der vornembſten Rähte Gegenwart beurlaubt worden / auff wölche Beurlaubung vnſer keiner die geringſte Anzeigung gethon / daß er begerte bey ſeinen Schäfflin zubleiben / oder einiger Beſcheidenheit hinfüro ſich zu befleiſſigen.

Antwort : Wie ſchmertzlich weh es vns bey vnſer Beurlaubung gethon / daß vnſere liebe Pfarrkinder vnnd Schäfflin vnſers Miniſterij vnnd Kirchendienſts fürohin haben ſollen beraube ſein vnnd bleiben / das weiß niemandts beſſer / als Gott ſelbſten: Daß wir aber drumb einen demüttigen Fußfall ſolten gethon / depreciert / vnd verſprochen haben / wir wölten fürohin mit Toſſano, Grynæo, vnd andern jhres gleichens / gutte Geſellen ſein / vnd alles in vnſerm Predigampt / da wir darbey ſolten gelaſſen werden / nach jhrem Kopff vnd Sinn machen / das hat vns ja nicht gebüren wöllen / vnd hetten wir ſolches nimmermehr / weder gegen Gott / noch erliebenden rechtglaubigen Chriſten verantworten können.

Daß aber die Narratores weitter melden / vnangeſehen / daß wir in vnſerer Schrifft / den 12. Iunij ſelbſten das Vrtheil vber vns gefellet / daß wir vmb vnſerer mutwilligen Handlungen vnnd Vngehorſams willen (da wir derſelbigen vberzeuget wurden) nicht allein vnſerer Dienſten entſetzt / ſonder auch an Leib vñ Leben geſtrafft ſolten worden ſein / daß es dannoch Ire F. G. bey der Abſchaffung allein hab bleiben laſſen: Glauben wir ſolches gar wol / wann hochgedachte Ihre F. G. mit vns beurlaubten Predigern ſolte gefahren vnd gehandelt haben / wie es diſe Narratores vnnd andere ihre Rottgeſellen gern gewölt vnnd geſehen / ſo were es gewißlich bey einer ſolchen ſchlechten vnd bloſſen Beurlaubung nicht gebliebẽ. Dann diſer Narratorn

Num. 101.

Num. 101.

torn Catholische vnd Euangelische Sanfftmut (deren sie sich
rhůmen) vil zugroß darzu ist/ dann daß sie sich mit einer solchen
schlechten Beurlaubung hetten contentieren vnd settigen laß=
sen/ sonder jhr grimmiges Mütlin an vns zuerkülen/ were es
mit vns dahinauß gegangen/ wie jener/ wölchen sie für jhren
Abgott halten/ offentlich sagte: Man solte jhnen nach den
Köpffen greiffen. Wie wir aber ein solches mit keiner Vnthat
verdienet/ also haben wir auch Hertzog Johann Casimirn/ als
einem frommen milten Pfaltzgraffen/ dessen vnderthänig zu=
dancken/ daß Ire F. G. sich wider vns durch dise Blutdursti=
ge Leut/ zu fermer Vngnad nicht haben verhetzen lassen: Vnd
bitten den Allmächtigen/ er wölle vns vnd jedermenigllchen/
vor solchen vnd dergleichen viris sanguinum, (Blutgirigen
Leutten) die nach vnserm Blut trachten/ wie dise Narratores
sein/ gnädiglich behütten vnd bewaren/ Amen.

Vnd dieweil es solchen Blutdurstigen Narratoribus mit
disem gefehlet/ daß man nicht mit solcher strenge vnd schärpf=
fe/ (wie sie gern gesehen) gegen vnd wider vns gefahren/ sonder
es bey einem blossen Vrlaub hat bewenden lassen: so kůlen sie
jhr grimmigs Mütlin an vns in dem/ daß/ wie sie vns in diser
jhrer gantzen Schrifft/ auff das grewlichste mit allerley Löste=
rungen/ Verleimbdungen vnd offendtlichen Vnwarheitten
traducirt vnd zur Banck gehawen: also geben sie vns auch hie=
mit die Letze allhie/ in dem sie schreiben: Daß alle die jenigen/ so Num. 102.
zu Heidelberg vnd auff dem Land abgeschaffen worden/ nicht
von wegen des Lutheranismi, oder der Vbiquitet (die sie all=
hie gantz häßlich außmachen) simpliciter, sonder auß andern
vnd folgenden Vrsachen beurlaubt worden/ die wir auch kurtz=
lich erwegen vund besehen wöllen/ wie es mit denselbigen ge=
schaffen.

Die erste Vrsach soll sein/ daß ettliche Prediger/ wider des Num. 102.
Churfürsten Ludwigs seligster Gedächtnus Kirchenordnung/

Wil=

Willen vnd Meinung / die jrigen zu Geuattern beim Tauff
nicht haben wöllen stehn lassen. Nun wöllen wir allhie / wie
wir wol köndten / von Churfürstlicher Pfaltz Kirchenordnung /
wie sie der fromme Gottselige Churfürst seligster Gedächtnuß
publicieren lassen / was dieselbige von disem Puncten halte /
nichts disputieren: sonder hiebey das allein melden / daß wir beurlaubte Prediger niemals einen einigen Caluinischen Burger / oder Cantzley verwandten / oder einigen andern Heidelbergischen Einwohner / von der Geuatterschafft abgewie-
sen / vnnd hiebey nur zuuil Gedult mit jhnen gehabt haben:
darumb dann wir hiemit vnsern Vrlaub nicht haben verdienen können.

Num. 102.   So haben wir auch niemands jemals die gewöhnliche Begrebnus versagt / wie dann auch solches auff dem gantzen Land
niemals geschehen / allein daß man ein widertäufferische Person zu N. auß Befelch des frommen Churfürsten / seligster
Gedächtnus / nicht in den gewöhnlichen Kirchhoff / sonder auf-
ser demselbigen begraben hat. Da auch sonsten einem einigen
Menschen / wie hefftig er auch in dem Caluinismo vertieffet
gewesen / auff dem gantzen Land / von einem Kirchendiener /
die gewöhnliche Begrebnus solte versagt / vnd solches bey der
Cantzley geklagt worden sein / so hette man gewißlich hierinnen ein ernstlichs Einsehen gehabt. Darumb / allweil dise Narratores nicht in specie melden / wa / gegen wem / vnd durch
wen die gewöhnliche Begrebnus seie versagt worden / vnd solches auch notturfftiglich beweisen / so können wir für vnsere
Person nicht besser halten / als daß sie solches erdichtet / (wie
jnen nicht seltzam) vnd solch jhr Gedicht / in die Christenheit
ohne allen schew / wider jr Gewissen außschreiben dörffen.

Daß man zu ettlichen malen / an ettlichen orten / den hals-
starrigen mutwilligen Lösterern / die vber alle trewhertzige
Vermanungen vnnd Vnderrichtungen / vnsere Christliche
Lehr

Lehr verlöſtert / vnd in denſelbigen Löſterungen abgeſtorben /
die Leichtpredigten verſagt / ſeind wir den Narratoribus (die
dergleichen jetziger zeit auch gegen den vnſern thun) gern geſtendig / vnd hat ſolches auch vnſer Ampt von vns erfordert.
Ein anders aber iſt es / die gewöhnliche Begrebnuß (deſſen vns
die Narratores bezichtigen) verſagen: Vnd widerumb ein anders / die Leichtpredigten den mutwilligen / hallſtarzigen Ver-
ächtern vnd Löſterern abſchlagen.

Vnd iſt diſes an denen Narzatorn ein vnerbar ſtuck / daß ſie Num. 102.
zur Beweiſung / daß die gewöhnliche Begräbnuſſen ſeien ette-
lichen verſagt worden / allegiern vnnd anziehen / einen Para-
graphum auß einer Schrifft / ſo der fromme Churfürſt / ſeligſter Gedächtnus / Irer Churf. G. Kirchenräthen den 25. Maij
Anno / ꝛc. 79. hat zukommen laſſen / vnd dieſelbige mit eigner
Hand vnderſchriben / darinnen jnen / den Kirchenräthen / ein
ſolches verwiſen worden: da doch ſolche Schrifft nicht wider
die Verweigerung der gewöhnlichen Begrebnuß / ſonder der
Leichtpredigt allein gerichtet.

Vnd iſt es nicht ohne / daß im Maio Anno / ꝛc. 79. ein fürneme Caluiniſche Perſon / die / als ſie noch geſund geweſen /
ſich zu vnſerer Chriſtlichen Confeſſion vnd Kirchendienſt niemals gehalten / als ſie aber kranck worden / ettlich vil Wochen
gelegen / vnd dieſelbige gantze zeit vber nie keines Predigers begert / in ſolcher Verachtung vnſerer Chriſtlichen Confeſſion
vnd Kirchendienſt geſtorben / vnd aber von D Zimmerman /
als damaln geweſenen Pfarzern / durch die Freundſchafft ſolcher verſtorbnen Perſonen begert worden / zuuerſchaffen / daß
derſelben ein Leichtpredigt gehalten würde: Haben die Aſſeſſo-
res des Kirchenrahts (ſo nun mehr faſt alle in Chriſto ſeliglich
verſchiden) an wölche er / D. Zimmerman / diſen Caſum gelangen laſſen / die Anordnung gethon / weil ſich die verſtorbene
Perſon vnſers Miniſterij vnd Kirchendienſts / weder bey ihrer

Geſundt-

Gesundtheit / noch bey irem langwirigem Siechbett / semals
gebraucht / daß derselbigen keine Leichtpredigt gehalten worden. So ist auch dises war (dann wir hiebey nichts zuuerhelen
begeren) daß der fromme Gottselige Churfürst / seligster Gedächtnus / durch der verstorbenen Person Freundtschafft (die
der Churfürstlichen Pfaltz damaln gewesenen Kirchenraht/
hefftig bey Ihrer Churf. G. deswegen verklagt / wölche auch
dazumal / wie dann auch noch / in der Regierung das Fac totum waren) zu einer Schrifft / so Höchstgedachte Ihre Churf.
G. an die Kirchenrähte deßwegen ergehn lassen / ist angereitzt
worden. Das aber ist auch widerumbhin gewiß / vnd nicht zu-
uerneinen/ daß die gemelte Assessores des Kirchenrahts/ beides
die politische/ vñ daß auch Geistliche/ ein außführliche schrifftliche Verantwortung Ihrer Churf. G. haben zukommen lassen: mit wölcher Ihre Churf. G. dermassen zufriden gewesen/
daß Höchstgedachte Ihre Churf. G. weder den Kirchenräh-
ten/ noch dem Ministerio fürohin in dergleichen Casibus, keinen eintzigen Eintrag mehr gethon hat. Haben nun die Narratores auß dem Churfürstlichen Schreiben etwas können
herauß zwacken/ warumb haben sie nicht auch darneben Ehrn-
gedachtes Kirchenrahts Verantwortung / mit wölcher der
fromme Churfürst allerding zufriden gewesen/ gesetzt/ vnd derselben meldung gethon.

Num. 102. 103.
Was die Narratores ferrner melden/ von ettlichen Schiff-
ten vnd Sendbriefen/ dardurch Höchstgedachte Ihre Churf.
G. weiß nicht zu was Sachen gleichsam genöttiget worden
seie/ wissen wir vns für vnsere Personen vnschuldig/ vñ können
wir für Gott zeugen/ dz wir Irer Churf. G. zu keiner vnrecht-
mässigen vnbefügter Sach / vnd erzwungene subscriptiones
niemals gerahten / sonder in allen vnsern Verrichtungen vnd
Rahtschlägen/ vns also erwisen/ daß wir am grossen Tag des
Herrn/ mit frölichem Angesicht vñ Hertzen/ vor dem strengen
Rich-

Richterstul Christi erscheinen / vnnd alles was wir bey verrich=
tung vnsers Ampts gethon vnd gehandelt / wol verantworten
wöllen.

Demnach dann die Sachen gehörter massen mit vns ge=
schaffen / so haben auch wir fünff beurlaubte Prediger / vmb der
ersten gesetzten Vrsach willen / als derentwegen wir vnschuldig /
nit können von vnserer anbefolhenen Kirchē verstossen werden.

Bey der andern Vrsach vnserer Abschaffung / melden die Num. 102. 103.
Narratores. 1. Daß wir offendtlich falsch Zeugnus wider vn=
sere Christliche Oberkeit / als wann dieselbe Gottlose Lehr ein=
führen thete / beharrlich gegeben haben.

Antwort: Daß wir beurlaubte Prediger / die Lehr von des
Herrn Abendtmal / vnd von der Person Christi / wie dieselbige
durch Tossanum, vnd die andere Caluinische Prediger zu Hei=
delberg eingeführt worden / nicht approbiert / sonder derselbi=
gen / als die in Gottes Wort nicht gegründet / widersprochen /
das gestehn wir gern / vnd wissen gewiß / daß wir hiemit kein
falsche Zeugnus gegeben: vnd verhoffen / wir haben hiemit bey
verstendigen Christen vnsern Vrlaub nicht verdienet.

Was sonsten Arianismum vnd Nestorianismum betrifft / Num. 103.
dessen die Narratores hie auch gedencken / referieren wir vns
hierinnen auff die Acta, wie dieselbige in diser Schrifft von
vns beschriben worden / darauß sich befinden würdt / daß wir
das jenige / was wir in vnserer Resolutionschrifft von dem
Arianismo vnd Nestorianismo geschriben / den 14. Martij ad
oculum zu demonstrieren vns erbotten haben / (darüber man
vns billich ferner solte gehört haben) vnd daß wir in der gan= 101.
tzen Disputation niemals darzu prouociert worden (wie dann
auch die Theses solches nicht mit sich bringen) daß wir den
Arianismum oder Nestorianismum auff sie erweisen solten.
Bleibet derwegen vnsere Beurlaubung / auch was dise andere
Vrsach betrifft / von vns vnuerdienet.

Dd   Zum

Num. 103. Zum dritten schreiben die Narratores , ferzner seien wir auch darumb abgeschaffen worden / dieweil wir allwegen ein verbittert Hertz / wider vnsere gnädigste Herrschafft erzeigt/ auff andere frembde Herrschafft getrutzt vnd gesehen / vnd ärgerliche/schmäliche/auffrhürische Reden/ auff der Cantzel vnd sonsten verlautten lassen/ wie solches die Acta außweisen sollen.

Antwort : Wann die Narratores dise beschwärliche Bezichtigungen von vns geurlaubten Predigern wöllen gemeint vnd verstanden haben : so bezeugen wir hiemit vor Gott vnnd der gantzen Christenheit/ daß vns mit solcher Aufflag Gewalt vnd vnrecht beschicht / vnd vnser Gegentheil solches nimmermehr mit Grund der Warheit auff vns erweisen würdt. Es seind/ wie der Christlich Leser selbsten verstehet / dises wichtige Sachen / deren wir durch dise Verleumbder allhie bezichtiget werden. Dieweil dise Puncten/ so in solcher dritten Vrsach gesetzt werden / auff vns nimmermehr werden können erwisen werden : so bleibet auch diser dritten Vrsach wegen/ vnser Vrlaub von vns vnuerdienet.

Num. 103. Zum vierdten schreiben die Narratores, seien wir auch darumb abgeschaffen worden/ daß wir keinen eusserlichen burgerlichen Friden mit jhnen halten/ dieselbige nicht eines Gruß würdig achten/ vnd mit jnen in keiner Versamblung sein wöllen.

Antwort : Daß wir keinen eusserlichen burgerlichen Friden mit jnen halten wöllen/ ist nicht war : das Gegenspil würdt sich auß der gehaltenen Predigt/ vnd erklärung des 133. Psalmens/ den 5. Januarij geschehen / vnd derselbigen gantzen Handlung **Num. 103.** befinden. Daß wir auch vil solten gegrüsset / vns gegen euch gebucket vnnd gebogen / oder mit euch in ewrer Versamblung vnd Senior Raht / darinnen jhr vnsere Christliche Lehr zuuerdammen pflegen / solten gesessen sein : haben wir solches in vnserm Gewissen nicht thun können/ hetten auch solches nimmermehr zuuerantworten getrawet.

Da wir dann je darumb von vnsern Kirchen solten sein verstossen

stoffen worde/dz wir bey denē Narratorn/die da offentliche Feind
des Herrn Chriſti ſeind/nicht in jren Verſamblungen/die zum
mehrertheil / zu vndertruckung vnſerer Chriſtlichen Lehr vnd
Religion gerichtet vnd gehalten werden / haben ſitzen wöllen:
ſo ſeind wir hiemit ſehr wol zufriden / vnd wöllen diſes für ein
herrliches Teſtimonium, ſo ſie vns geben/ halten vñ annemen.

Bey der fünfften Vrſach vnſerer Beurlaubung/ ziehen ſie Num. 103. 104.
vns abermal beſchwerlicher Sachen vnd Händel halben an/
vnd geben für / wir haben vns des Straffampts mißbraucht/
vnd daſſelbig in Löſterampt verwandelt. Dann wir haben alle
Ketzereien/ Laſter/ Abgöttereien / vngeſtrafft gelaſſen/ (wöl=
ches nit war iſt) 2. Gefährliche vngleiche Reden von der Per=
ſon Chriſti vnd andern Puncten geführt (wölches ein offentli= Num. 103. 104.
che Lugen) 3. Vnd haben die Caluiniſche Lehr (wölche ſie/ die
Catholiſche vnnd Euangeliſche Lehr / ohn Grund nennen)
Schwermerey geſcholten/ wölches vns aber/ weil es die War=
heit/ nicht leid iſt / vnd von verſtendigen Chriſten für keine Lä=
ſterung/ vil weniger aber für ein gnugſame Vrſach vnſerer Be=
urlaubung würdt erkennet vnd gehalten werden.

Bey der ſechſten vnd letſten Vrſach vnſerer Beurlaubung/
cōmendieren vns vnſere Narratores alſo/ dz ſie ſchreiben/ wir Num. 104.
habē mehrertheils die Jugent zum Hochmut/ Trutz vñ Vnge=
horſam gereitzet : (wölches abermal ein Caluiniſche Warheit)
vnd haben zu allerley Trennungen vñ Vnrhu in Städten vnd
Flecken Vrſach gegebē/ wölchs(wēil es die Narratores von vns
geurlaubtē Predigern verſtehn wöllē) widerumb ein offentliche
Landlugē iſt. Daſt wir niemals/ weil wir im Predigampt ſeind/
ſolche vnrhūwige Leut geweſen/ wie Toſſanus vnd andere ſeine
Geſellen ſind: von denen recht vñ wol Prou. 30. geſagt würdt:
Daſt das Erdtreich vnrhūwig gemacht werde/wann ſolche Leut
(wie Toſſanus vñ ſeine Conſorten ſeind) ins Regiment koñen/
von wölchen auch zuhoffen/ wann ſie / als Verleumbder/ weg
werē/ alsdaſt der Hader auffhörē/ vñ das Fewr verleſchē ſolte.

Yy ij   Erſchei=

Erſcheinet alſo auß diſem allem / daß / was die Narratores
für Vrſachen hie prætendieren vnd fürwenden / vmb wölcher
willen wir abgeſchaffen ſein ſollen / daſſelbige nichts dann
ſchein Vrſachen ſeien / von diſen Narratoribus in jrem Kopff
vnd Hirn darumb vnd darzu erdacht / daß ſie vns darmit vnbillicher weiß beſchweren / vnd jhr böſe Sach damit beſchönen
vnd gut machen wöllen.

Vnd zwar daß es mit diſen Scheinurſachen nichts dann
ein lautter Gedicht ſeie : vnd daß ſie gleich nach des frommen
Churfürſten ſeligſter Gedächtnus / tödtlichen Abgang / geſin-
net vnd fürhabens geweſen / vns alle von vnſeren Kirchen zu-
verſtoſſen / iſt auch bey dem abzunemen / daß gleich anfänglich /
da Toſſanus vnd ſeine Rottgeſellen / die Kirchen zum H. Geiſt /
den erſten Sontag des Aduents / Anno / ꝛc. 83. eingenommen /
da ſeind ſchon allbereit jhrer / der Caluiniſchen Prediger / vil
zuuil darzu geweſen / dann daß ſie in der Kirchen zum H. Geiſt
allein zupredigen / vnd ſich mit derſelbigen zucontentieren vnd
ſettigen laſſen / ſolten begert haben. Dann da man auff vnſerer
Seitten / vnſer nur fünff Prediger zu den dreien Kirchen / zum
Barfüſſern / zu S. Petern vnd im Spittal gelaſſen / da hat
man auff vnſers Gegentheils Seitten / jhrer fünff zu der einigen Kirchen zum heiligen Geiſt geordnet / vnd ſolches zu diſem
End (wie auch hernacher geſchehen) daß / wann wir auß vnſern Kirchen verſtoſſen würden / ſie alsdann in continenti,
gleich alſo bald / mit Leuthen / vnſere Kirchen auch einzunemen /
gefaſſet ſein möchten.

Vnd dannenhero / dieweil Toſſanus vnd ſeine Geſellen /
zeitlich bey ſich ſelbſt entſchloſſen geweſen / vns / wie wir vns
auch hielten vnd erzeigten / zudimittieren vnd fortzuſchicken /
iſt es auch geſchehen / daß der Churfürſtliche Kirchenraht / ſo
vnſerer Confeſſion geweſen / allgemächlich abgeſetzt / vnd ein
newer

newer Caluinischer Kirchenraht an des vorigen statt gesetzt
worden ist: Von wölchem man ja nicht anders hoffen vnnd gedencken können/dann daß derselbige vns von vnsern Diensten
hinweg schupffen/die Religion endern/vnnd alles in Kirchen
vnd Schulen nach jhrem Kopff richten würden/wir verhielten
vns gleich in vnserm Kirchendienst/wie wir jmmer wolten.

Vnd gesetzt/doch der Warheit hiemit nichts begeben/wir
beurlaubte Prediger hetten rechtmessige Vrsach zu vnserer Beurlaubung gegeben/vnnd man were auß Ehehafften redlichen
Vrsachen gezwungen worden/vns abzuschaffen: Warumb haben es dann die Narratores (wie sie wol gekönt hetten)nicht dahin gerichtet/daß nach vnserer Beurlaubung/andere Prediger/
die auch vnserer Confession gewesen weren/in die drey Kirchen
an vnser statt geordnet worden?

Seind wir dann so gar nicht von wegen des Lutheranis- Num. 102.
mi (wie sie daruon schreiben) beurlaubet worden/vnnd ist es so
gar nicht vmb den Lutheranismum bey jhnen zuthun? Wie
kompts dann/daß auch souil politischen Diener/die dem Lu-
theranismo anhängig/jhrer Dienst vnnd Empter ohne alle
Vrsach entsetzt/vnnd lautter Caluinische Diener an jhrer statt
geordnet worden? Wolte Gott daß das Gewissen vnnd Hertz
diser Narratorn offentlich vor jederman reden solte/so würde
als dann dasselbige vil anders von diser Sachen reden/dann sie
allhie hieuon wider jr Gewissen schreiben dörffen.

Summa/einmal ist das zeitlich bey denen Narratorn decretiert vñ beschlossen gewesen/sie wöllen vns hinweg practicieren/
wier halten vns gleich in vnserm Predigampt/so woll/glimpf-
fig vnd bescheiden als wir jmmer wöllen: wie sie dann auch zum
mehrer theil also vngehalten gewesen/daß sie solches selbsten nit
haben verschweigen können/sonder habens allenthalben außgeschrien vnd außgeschriben.

Yy iij Wir

Wir wöllen aber nun auch/nachdem auff die nichtige schein
Vrsachen vnserer Beurlaubung gnugsamlich geantwortet
worden/ den Beschluß der Narratorn fürnemmen/vnd mit we=
nig Worten erwegen : In wölchem sie erstlich melden/ daß auß
jhrem Bericht abzunemen/was der Vbiquitistisch Geist für ein
Geist seie/ vnd daß wir Prediger durch vnsern Hochmut/vilfel=
tige Lösterung/vnnd Verachtung der Obrigkeit / vns selbsten
zum Land hinauß geprediget haben.

Aber wir hoffen gäntzlich das Widerspil/ daß nämlich/der
Christliche Leser auß vnserm warhafften Bericht / nunmehr
leichtlich verstehen werde / was der Zwinglische Geist für ein
vnruhiger vnnd verlogner/ lösterhafftiger Geist seie/ vnnd wie
derselbige bey denen Narratorn so gar nicht gefeihret/biß er vns
auß dem Land geiaget vnd getriben/ auff wölche doch weder ei=
niger Hochmut/noch Lösterung/noch Verachtung der Obrig=
keit/mit Grund kan erwisen vnd dargethon werden.

Vnnd rühmen sich gleichwol die Narratores dessen vil all=
hie/daß kein Kirchendiener/auch von geringsten im Land/ da er
auch schon vilfältige Vrsachen gegeben/vnd gröblich wider die
Christliche Obrigkeit gelöstert/seines Dienstes entsetzet worden
seie/der nicht zuuor erfordert/gehört/vberwisen / widerumb vä=
terlich vermanet / solche Lösterung fallen zulassen / vnnd erst da
sie halstarrig vnd frech befunden/beurlaubet/ vnnd doch allweg
gewisser leidlicher Termin jhnen gegeben worden seie : Wann
man aber die arme beurlaubte Kirchendiener auff dem Land
hierüber hören solte/ so würde man strack das Widerspill befin=
den/ wie solches nunmehr landkündig.

Vnnd halten wir hierinnen abermal gern Hertzog Jo=
hann Casimirn für entschuldiget/ von dessen Fürstlichen Gna=
den wir wissen/ daß es ein sanfftmütiger Herr seie/ versehen
vns auch/daß Ihre Fürstliche Gnad nicht aller Sachen gnug=
sam berichtet/ vnnd da sie gnugsamen Bericht hetten/ andere
gnä=

Num. 104.

Num. 104.
& 105.

Num. 105.

gnädige bescheid geben würden.   Wir glauben auch gäntzlich/ Num. 105.
wann höchstgedachte Ihre F. G. denen gifftigen Narratorn
gefolget hette/so weren wir / wie dann auch andere vnsere Mit-
brüder auff dem Land/ als bald / wie sie daruon schreiben/ab- Num. 105.
geschaffen worden/ vnd hette man nit so lang mit vns gedult gehabt vnd getragen: Dann solche gifftige Leut also verbittert wider vns seind/daß/ wie die Gottlosen Juden des HErrn Christi
noch spotten/da er schon allbereit am Creutz gehangen/ vnnd sie
jhr Mütlin durch seine Creutzigung / eben gnugsam an jhme er-
kühlet / also können auch dise Narratores nicht nachlassen/jhr
verbittert Hertz gegen vns außzuschütten/ da sie vns doch schon
durch jhre listige Practicken/von vnsern Kirchen verstossen vnd
auß dem Land gejagt haben.

Vnd solches sicht man zwar in diser jhrer gantzen Schrifft/
vnd vnwarhafften Bericht / sonderlich aber bey jhrem gifftigen
Beschluß/ in wölchem sie die aller grewlichste Lösterungen/er- Num. 105.
schröcklichste Verleimbdungen/ vnd mehr dann vnuerschämb-
te Lugen/mit grossen Wannen zutragen.   Dann da schreiben
sie von vns/wir seien newe vnbekannte Prediger/wir haben vns
in disen siben Jaren eingetrungen: Haben mehrer theils wider vnser Gewissen dem Concordi Buch vnderschrieben: Wölches vnser ettliche nie durch lesen/ vnnd daruon kein Rechenschafft haben geben können: Haben vngleich vnd vnrichtig von
den Artickeln des Glaubens gelehret: Seien ein Vrsach gewe-
sen/daß die alte Prediger vnd rechte Hirten haben raumen müssen : Haben den frommen Churfürsten Ludwig / Christmilter Num. 105.
Gedechtnuß/ wider vnschuldige Leut/vnnd ettliche fürnembste
Räht verbittert: Seien zum guten theil im Leben ärgerlich ge-
wesen/haben vns mehr auff das löstern vnd schwetzen/dann auff
das predigen begeben: Seien Miedling gewesen/ ꝛc.   Wölche
Puncten alle / keinen außgenommen / sie (als gifftige vnuerschämpte

schämbte Löſterer nimmermehr auff vns Heidelbergiſche geurlaubte Prediger mit Grund der Warheit werden erweiſen können / in wölchem wir vns auff ein gantze Chriſtliche Gemein zu
Heidelberg / ja auff Freund vnd Feind wöllen referieret vnd gezogen haben.

Seind nicht das / Chriſtlicher lieber Leſer / feine herrliche
Encomia oder Ehrentittel damit vns diſe verleumbder herauß
ſtreichen? Iſt nicht das ein feine Catholiſche Euangeliſche
Num. 101. Sanfftmut / deren ſie ſich rühmen / vnnd diſes ſeind die beſchei-
dene Theologen / gegen wölchen alle Lutheriſche Predicanten
müſſen für vnruhige / fridhäſſige / zänckiſche / bittere Clamanten
vnd verſtörer alles Frids außgeruffen werden.

Vnd dieweil es diſen gifftigen Löſterern vnnd vnwarhafften Leuten / hiebey ſelbſten geſchwahnet / vnd ſie gefürchtet haben / es werden Leut gefunden werden / die auff ſolche jre ſchröckliche Löſterungen / Verleumbdungen / vnnd Lügen antworten
würden: So wöllen ſie in diſem jhrem Beſchluß fürbawen / vnd
Num. 105.& 106 geben für / daß alle Löſtermeuler zuſtopffen / vnmüglich / vnnd
daß die Vbiquiſten jrer Art nach / auff der Cantzel / in Schrifften / vnd wie ſie mögen / wider diſe notwendige / vorgenommenen
Verbeſſerung ſchreien / toben vnnd wütten / vnd mit prächtigen
Worten vñ groſſem Geſchwätz / jre falſche Bericht in die Hertzen zugieſſen ſich vnderſtehen werden.

Ein ſolch ſeltzam ding iſt es vmb ein böſes Gewiſſen / daß
man hie vnd dort / vnd allenthalben / bey böſen Sachen fürbawen muß: Vnnd hilfft dannoch ſolches alles nichts wider die
Num 106. Warheit. Dann wie die Narratores ſelbſten allhie auß Cœci-
lio allegieren / ſo heiſſet es alſo: Innocentia eſt ſumma elo-
quentia: Vnd das Recht muß doch Recht bleiben / vnd
Num 106 dein werden alle fromme Hertzen zufallen / Pſal. 49.

Darumb

Darumb ſich dann niemand ſolch löſtern/liegen/rumoren/wütten vnnd toben/des Zwinglischen Geiſts/ in diſen Caluiniſchen Narratorn/ auch anderer ihrer Rottgeſellen/ ſchröcken ſoll laſſen: Sonder Gott dem HErrn vertrawen/wie hefftig auch diſer Geiſt/in Kirchen vnd Schulen rumoret/vnd wie grewlich er wider reine vnſchuldige Lehrer vnd Prediger/beides in diſem vnwarhafften Bericht/vnd dann auch ſonſten löſtert/ ſo werde doch der getrewe Gott/ſolchem Lügen vnd Mordtgeiſt kräfftiglich ſtewhren vnd wöhren/vnd ſeine liebe Kirch/vnd derſelbigen getrewe Diener/wider jhne beſchützen vnd erhalten.

Contraria, ſagen die gelehrten/iuxta ſe poſita, magis eluceſcunt, das iſt/wann man Weiß gegen Schwartz helt vnnd richtet/ſo kan man als dann beide Farben deſto beſſer lehrnen erkennen. Auß diſer Vrſach/vnnd damit die jetzige Caluiniſche Prediger zu Heidelberg vnd in der Churfürſtlichen Pfaltz/deſto dapfferer vnnd hertzlicher durch die Narratores möchten gerühmet werden: So haben ſie erſtlich vns/vnd vnſere Mittbrüder/ die beurlaubte Kirchendiener/ auff das aller ſchandtlichſt vnnd heßlichſt außgemacht: auff wölches ſie dann jetzunder die jetzige Caluiniſche Prediger vnd Theologos, mit jhren lebendigen Farben(ſcilicet,hinder ſich auß/wie die Bawren die Spieß tragen) herauß ſtreichen vnd abmahlen.

Von denen rühmen ſie nun/ daß ſie nicht ſeien Sectierer/ Ketzer vnnd Löſterer (ſeind aber Caluiniſten) ſeien nicht ſolche Prediger/die auß Poſtillen vnnd Löſterſchrifften predigen/ſonder ſie ſeien Theologi, die in den Euangeliſchen vornemen Schulen/ auch Augſpurgiſcher Confeſſion aufferzogen/in denſelbigen gelehret vnnd geſtudiert/ſeien begabet mit beſonderer Beſcheidenheit. Item/mit Gottes Forcht/Geſchicklgkeit/vnd Erfahrung/ſeien vrbittig einem jeden gebürliche Rechenſchafft

Zz   jhrer

jhrer Lehr zugeben/ werden auch nit ehe zu Dienſten angenom-
men/ ſie bekennen ſich dann zu den vralten Symbolis Eccleſiæ,
auch der Augſpurgiſchen Confeſſion vnnd Apologi, Examini
ordinandorum. Diſes rühmen diſe Leut von jhren Rottge-
ſellen/ vnangeſehen/ daß jhr ettliche in Theologia nichts ſtu-
diert/ ſondern bey Handwercken aufferzogen (jedoch am heiligen Pfingſtag den heiligen Geiſt nit empfangen) wölche auch
von der Augſpurgiſchen Confeſſion/ bey deren jhr ettliche erzo-
gen/ abgefallen: ettliche in diſputiern groſſen Trutz getriben/
aber doch jre Widerſächer nicht beſtehen dürffen/ ſondern jnen
Audientz abgeſchlagen: wölche andere Theologen der Vnbeſcheidenheit beſchuldigen/ vnnd doch ſo gifftig ſtechen/ als kein
gifftige Schlang jmmermehr ſtechen kan.

Dieweil aber die Narratores wol wiſſen/ daß ſie mit dem
vbermäſſigen Ruhm vnnd Lob jhrer Caluiniſchen Eidbrüder/
den Sachen zuuil gethon/ vnd zu milde berichtet haben/ vnd daß
Leut werden gefunden werden/ ſonderlich denen diſe thewre
Männer/ die jetz zu Heidelberg vñ in der Churfürſtlichen Pfaltz
bekannt ſeindt/ die ſolchem jhrem zu gar milten Bericht/ ſo ſie
Num. 107. hieuon gethon/ nicht werden Glauben zuſtellen: So bawen ſie
abermal für/ vnnd ſchreiben/ daß ſie ſich nicht jrren laſſen/ was
wir arme Vbiquitiſten/ die ſie für Ketzer halten/ von jhnen judicieren: Dann ſie ſolche treffenliche Helden ſeien/ daß ſie in
kurtzem der Erfortiſchen Apologi mit ſattem Grund begegnen/
vnd ſonderliche Ehr damit einlegen wöllen.

Wolan/ laſſet doch diſe groſſe/ ſtoltze/ vbermüttige Goliaten
hertretten/ villeicht würdt Gott einen armen Dauid wider ſie
erwecken/ der jnen jren ſtoltz vñ Hochmut legen vñ ſtillen würdt:
Hie zwiſchen aber/ biß daß ſie jhre ſchröckliche Tröwung ins
Werck ſetzen/ bitten wir alle fromme Gottſelige Hertzen/ vnnd
lieb-

liebhaber der Warheit/sie wöllen sich vber solchen erschröcklich
en Tröworten nicht zu hoch förchten/ oder jhnen graw Haar
drüber wachßen lassen.

Wie wir dann auch alle fromme Gottselige Hertzen bit-
ten/sie wöllen doch nunmehr disen Zwinglischen Caluinischen
Geist/ beides auß diser Caluinischen Narratoren vnwarhaff-
tem Bericht/vnd dann auch auß allen jhren Schrifften/Hand-
lungen vnd Verrichtungen/als einen rechten lugen vnd Mord-
geist/erkennen lehrnen/ sich darfür/ wie dann auch für derselbigen irrigen verführischen Lehr/als für dem Teuffel selbsten hü-
ten/ vnd bey vnserer waren Christlichen Lehr/als bey der Göttlichen Warheit/ steiff vnnd vest halten/ vnd den getrewen gütigen Gott/neben vnd mit vns helffen bitten/ daß er selbsten auch
disem lügen vnd vnruhigen Geist kräfftiglich stewren vnd wöh-
ren/ vnd sein liebes Wort/vmb seines heiligen vnd grossen Na-
mens/vnd vmb seiner armen Kirchen willen/vnder vnd bey vns
erhalten/ vnnd dasselbige auch auff vnsere liebe Nachkommen
fortpflantzen wölle. Amen.

Psalm.80.

Du hast (HERR) einen Weinstock auß Egypten ge-
holet/ vnd hast vertriben die Heiden/ vnd denselben gepflantzet.

Du hast für jm die Bahn gemacht/vnd hast jn lassen ein-
wurtzeln/daß er das Land erfüllet hat.

Berge sind mit seinem Schatten bedeckt/ vnnd mit seinen
Reben die Cedern Gottes.

Du hast sein Gewächß außgebreittet/ biß ans Meer/ vnnd
seine Zweig biß ans Wasser.

Warumb hastu dann seinen Zaun zubrochen/daß jn zureis-
set/alles was fürüber gehet?

Es haben jhn zuwület die wilden Sew/ vnnd die wilden Thier haben jhn verderbet.

Gott Zebaoth/ wende dich doch/ schawe von Himmel/ vnd sihe an/ vnd suche heim disen Weinstock.

Vnd halte jhn im Baw/ den deine Rechte gepflantzet hat/ vnd den du dier festiglich erwöhlet hast.

Sihe drein/ vnnd schilt/ daß des brennens vnd reissens ein End werde.

Deine Hand schützet das Volck deiner Rechten/ vnnd die du dir festiglich erwöhlet hast.

So wöllen wir nicht von dir weichen/ laß vns leben/ so wöllen wir deinen Namen anruffen.

HERR Gott Zebaoth/ tröste vns/ laß dein Antlitz leuchten/ so genesen wir.

Copia

Copia des ersten Schreibens / so wir ge-
urlaubte Prediger Hertzog Johann Ca-
simirn / den 12. Junij Anno / ꝛc. 84.
vbergeben.

DVrchleuchtigster Hochgeborner Fürst / der
Churfürstlichen Pfaltz Administrator vnd Tutor,
Gnädigster Herꝛ: Es ist die verschine Wochen / durch
den offentlichen Truck publiciert worden / ein Gegenwarnung
wider D. Lucam Osiandrum von ettlichen Predigern allhie
gestellet. Was nun dieselbige wider Osiandrum vñ seine Warnung außzufechten angefangen / das stellen wir an seinen Ort /
vnd wöllen vns frembder Händel / die vnser Person insonderheit nicht betreffen / nicht annemen. Dann wie wir D. Osiandern dieselbig Warnung zustellen / kein einige Vrsach oder Anleittung gegeben / wölches wir mit höchster Warheit bezeugen
können: also halten wir / was Osiander eintweder für sich / oder
auß Befelch seiner Obrigkeit zuthun sich vnderstanden / dessen
würdt er auch für sich Gott dem Allmächtigen / seiner Christlichen Kirchen / der Hohen Obrigkeit / auch allen vñ jeden frommen / Rechenschafft / ohn einig vnser zuthun / können geben.

Dieweil aber E. F. G. also hoch auff das / vnder E. F. G.
Namen vnd Secret außgegangene Mandat tringen / dessen
wir doch vnsere Christliche / erhebliche / vnd gegen Gott / seiner
Kirchen vnd jedermeniglich verantwortliche Grauamina, mit
gebürender Bescheidenheit vbergeben: So nimbt vns desto höher wunder / vnd kompt vns desto frembder vnd beschwerlicher
vor / daß eben die jenige / so zweiffels ohn / solches Mandats erste Anfänger vnd Rahtsgeber / die auch dasselbig ohn einig Bedingung / ja mit grossem frolocken vnd Dancksagung angenommen / eben dise seind / die solches zum höchsten mit der That
bertretten. Dann so beiden theilen das Löstern verbotten / wie

B₃ iij solches

A.

solches das Mandat außweiset/ vnd sie selbs in der Gegenwarnung fol. 49. bekennen/ vnd sie im geringsten die Namen nicht
leiden können / wann man sie von denen nennet / deren Lehr sie
führen vnd verfechten / man auch alles das jenig abschaffen
vnd einstellen solle/ was zur Weitläuffigkeit/ zur Verbitterung
dienet: Hetten sie billich / dieweil sie so hoch vber vns zürnen/
daß wir gewisser Vrsachen halben in das Mandat nicht einwilligen können / für sich selbst das Mandat halten/ vnd durch ihr
eigen Exempel/ vns anleittung geben sollen / demselben nach/
souil immer müglich / vnd sich Gewissens vnd Ampts halber
thun lasset/ nachzufolgen.

Es haben aber eben dieselbige/ mit solcher hefftigkeit in diser
Gegenwarnung vns offentlich / vnd ohne schew angegriffen/
daß / wa bißher wir vns des stillschweigens / auch wider vnser
Gewissen/ beflissen/ so könten wir doch forthin höchster/ eusser-
ster/ vnd vnuermeidenlichster Notturfft nach / nicht stillschwei-
gen/ köndten auch solches weder gegen Gott / noch seiner Kirchen verantworten.

Vnd daß E. F. G. sehen / daß wir vnserm Gegentheil im
wenigsten nicht vnrecht vnd Gewalt thun/ wöllen wir anfänglich die grewliche Schmachwort/ damit sie vns antasten/ vnd
gegen meniglich außschreien/ verzeichnen : Darnach erzöhlen/
die grewliche Laster/ die sie vns zumessen/ deren so wir vberwi-
sen solten werden/ wir billich am Leib vnd Leben zustraffen wären. Zum dritten/ ettliche greiffliche / offenbare/ landkündige
(wie wirs nicht anderst nennen können) Vnwarheiten/ da sie
ohne schew / das jenige von vns außgeben/ dessen sie in ihrem
Gewissen vberzeugt/ daß es sich vil anderst helt.

Bitten derowegen E. F. G. vnderthänigst / durch Gottes Ehr vnd Barmhertzigkeit willen/ E. F. G. wölle doch solches gnädigst behertzigen vnnd zu Gemüt führen/ so werden
E. F. G. mit der That vnd in der Warheit befinden/ wer
E. F.

E. F. G. Mandat mehr vberschreittet / vnd mit Füssen tritt/
wer zu weitterer Verbitterung/ Vnrhu vnd Vnfriden/ offentliche Vrsachen gebe / vnd was vnder E. F. G. Mandat / eigentlich durch desselben Rahtgeber gesucht werde.

Vnd anfänglich von den Schmachworten / geben sie
stracks im Tittel vnd Vberschrifft zuuerstehn/ wafür sie vns/
die vberige Theologen vnnd Kirchendiener halten / da sich die
Concipisten nennen: Ettliche reine Prediger des Göttlichen Worts zu Heidelberg: darauß leicht jedermeniglich abnimpt / daß wir die vberige/ die diser Gegenwarnung
nicht beypflichten/ von jnen gehalten werden für vnreine/ vn-
saubere Prediger.

Fürs ander / wann wir sie Caluinisten oder Zwinglianer
nennen/ dieweil sie derselben Lehr vnd Bekandtnus führen/ können sie dasselbig weder hören noch leiden / vns aber/ durch die
gantze Schrifft/ nennen vnnd außschreiben sie offentlich/ für
Flaccianer vnd Vbiquitisten/ pag. 3 9. 10. 11. 18. 25. 26. 28. ꝛc.
die wir doch in offentlichen Schrifften Flaccio widersprechen/
seinen Irrthumb verwerffen / wie solches fürnämlich in Formula Concordiæ, vnd Apologia zusehen/ vnd die von vnserm
Gegentheil erdichte Vbiquitet selbst verwerffen.

Fürs dritt/ hat D. Osiander auß dem Esaia 56. cap. mit
worten/ die der H. Geist selbst führet/ vns vnd die vnserige gewarnet / daß wir nicht stumme Hund in der Kirchen Gottes
sein wöllen / da verkeren sie dem H. Geist seine Sprach/ vnd
müssen wir jnn Osianders Hund/ Hetzhund/ ja reissende Hund
sein/ fol. 4. 18.

Fürs vierdt/ pag. 7. Vngestümme/ vnbescheidene Prediger.

Fürs fünfft/ pag. 18. Grobe/ halsstarrige/ auffrührische Pre-
diger/ wölche wort/ ob sie es schon auff ein oder den andern deu-
ten wolten/ werden sub istis generalitatibus, alle die jenigen/ so
abgeschafft worden/ od noch allhie in Ministerio seind/ begriffen.

Fürs

Fürs sechſt pag. 22. Halſtarrige/vnrhuͤwige/mit dem Flac-
cianiſchen Vbiquitiſtiſchen Geiſt eingenommene Prediger.

Fürs ſibend pag. eadem, Vnrhuͤwige Predicanten.

Fürs acht pag. 23. Gifftige Schlangen.

Fürs neundt pag. 27. Bachanten/ die nur ein Jar auff einer Vniuerſitet geſtudiert.

Fürs zehend pag. 34. Clamanten.

Fürs eilfft pag. 37. Vbiquitiſten vnd newe Oſiandriſten.

Fürs zwoͤlfft pag. 38. Fridhaͤſſige Clamanten, quibus
nunquam eſt pax.

Fürs dreizehend pag. 44. Schew vnd Fridhaͤſſige.

Daß nun ſolche Epitheta, Schmach vnd Loͤſterwort/ zum
Friden dienen/ vnd ob mit ſolchen Schmachworten/ der Frid
geſucht/ vnd demſelbigen nachgeiagt ſeie/ ob auch ſolches ſeie
dem Fuͤrſtlichen Mandato, darauff ſie ſo hoch dringen/vnd ſich
demſelben gemeß zuuerhalten / verſprochen/ nachgeſetzt/ das
geben wir E. F. G. Hohen Fürſtlichen Verſtand zuerkennen.

Hiemit aber ſind ſie nicht zufriden vnnd geſettiget / ſie be-
ſchuldigen vns fuͤrs ander / ſolcher auffruͤhriſcher vnerbarer
Handlung/ daß/ wenn ſie dieſelbige auff vns mit ſattem vnd
beſtendigem Grund der Warheit erweiſen vnd darthun koͤnd-
ten/ wir billich nicht allein vnſerer Dienſt entſetzet/ vñ im Land
nicht zudulden/ ſondern auch/ vermoͤg weltlicher Geſetz/ Statuten vnd Ordnungen/ am Leib vnd Leben ſolten geſtrafft werden. Erſtlich ire/ der Vbiquitiſten Frechheit hab vberhand genommen. 2. Beſchwerliche Trennungen eingefuͤhrt worden.
3. Die Boßheit des Antichriſts ſich angefangen zuregen.
4. Durch ſolcher Leut Anſtifftungen ein wunderbarliche Zer-
rüttung/ vnd in ein ſolch Joch gerahten/ woͤlches vns nicht we-
niger/ als des Antichriſts Joch trucke: pag. 3. 5. Der Obrigkeit Mandat anheulen vnd verloͤſtern. 6. Daß auff allen Can-
tzeln zu Heidelberg vnd in der Pfaltz/ mit grewlichen auffruͤh-
riſchen

rhürifchen Calumnien E. F. G. Vrfach zum Mandat gege-
ben/ ꝛc. pag. 44. 7. Daß wir vertröftet / wann wir nur dapffer
löftern/ werd man vns eintweder zu reichen Apteien vñ Pfründen promouiern / oder widerumb in vnfer Pfarzen mit gewaffneter Hand einfetzen / pag. 7. 8. Daß fie follen den Vbiquitiften vnd Flaccianern ein Fußfahl thun/ vnd die Vbiquitet an-
bettē/ pag. 9. 9. Daß Ire Churf. G. Hochfeligfter Gedächtnus / vil frifcher vnnd gefunder gewefen / wa folche gifftige
Schlangē fie nit alfo gekrencket / gemartert vñ geplagt hetten.

Hie bitten E. F. G. vmb Gottes vnd der Gerechtigkeit
willen wir vnderthänigft / E. F. G. wöllen die Concipiften di-
fer Schrifft ernftlich dahin anhalten/ daß fie in fpecie mit ge-
wiffen gnugfamen Vmbftänden/ mit Grund der Warheit/ die
jenige Namhafft machen/wölche die feien/ derer Frechheit vberhand genommen / warinnen / zu wölcher zeit vnd ort fie folche
Frechheit begangen: Item von wem/vnd was für befchwerliche
Trennungen eingeführt / vnd ob es in Warheit Trennungen
feien: Was für Antichriftifche Boßheit/ in wem / vnd warinn
fich erzegt: Was difes für Anftifftungen feien/dadurch ein An-
tichriftifches Joch eingeführt: Wer die jenigen feiē/die der Obrigkeit Mandata anheulen: daß man in fpecie vermercke/ wie/
wann / vnnd durch wen folche auffrhürifche Calumnien, zu
Heidelberg auff allen Cantzlen außgegoffen : daß man die jeni-
ge/ vnd denen / fo die Vertröftung gefchehen / anzeige / vnd
vberweife/ daß man nur weidlich löftern foll / vnd daß diefelbi-
gen zu Apteien promouiert / oder in ire Pfarzen mit gewaffneter Hand follen eingefetzt werden : Wer die Vbiquitiften feien/
vnd Flaccianer/ die da begeren/ daß jhnen vom Gegentheil ein
Fußfall gethon werde: die da begeren / daß man die Vbiquitet
anbetten foll : Wölche die jenige gifftige Schlangen feien/ die
Ire Churf. G. Gottfeligfter Gedächtnus/gekräncket/gemar-
tert vnd geplagt haben.

Fürs

Fürs dritt/ können wir nicht vmbgehn/ wir müssen anzeigen/ was für greiffliche/ offenbare/ landkündige (dann wir können ja nicht anderst nennen) Vnwarheitten/ sie in die gantze Welt außschreiben/ deren sie in jrem Gewissen vberzeugt/ daß es vil anderst/ als sie fürgeben/ mit den verloffenen Handlungen sich halte.

Fürs erste/ werden wir beschuldiget/ wir theten gar kurtz Predigten/ wa die Lösterungen solten abgeschnitten werden. Mit was trewen vnsere Predigten von vnserm Gegentheil angehöret/ vnd referiert werden/ hat sich in diser Handlung/ da D. Zimmermans Predigt examiniert worden/ befunden. Wir stellen aber das heim/ von vnsern Predigten/ vnsern Zuhörern/ die gnugsamen Bericht werdē thun/ was in Predigten von vns gehandlet würdt. Vnd glauben gern/ daß vnser Gegentheil wol leiden möchte/ wir geschwigen jhrer in vnsern Predigten gar/ liessen dargegen jnen frey/ vnser Person vnd Lehr zuuerkleinern/ die einfältigen einzunemen vnd an sich zuziehen.

Zum andern/ erschrecken wir von hertzen/ daß sie sich diser Bezichtigung nicht beschemen : Es gelte bey vns dise Regel Pauli/ Phil. 4. gar nichts: Was warhafftig/ was erbar/ was gerecht/ was keusch/ was lieblich/ was wol lauttet/ rc. Gilt denn bey vns die Regel gar nichts/ so seind wir alle jnen vnwarhafftige/ vnerbare/ vngerechte/ vnkeusche/ vnliebliche/ vnd bey denen kein Tugendt/ kein Lieb: Item/ die keiner Tugendt noch Lob nachdencken : vnnd nichts warhafftiges/ nichts erbars/ nichts gerechtes/ nichts tugentsams od lieblichs lehreten. Was köndte doch ärgers auff vns gedichtet werden?

Fürs dritt/ geben sie für/ vnser grosse Kunst seie/ woluerdiente Männer verlöstern/ die woluerdiente Männer aber seind jhnen/ als Zvvinglius, Caluinus, Beza, Danæus. Das verlöstern ist jnen/ jr Jrrthumb anziehen/ vnd die Zuhörer daruor verwarnen.

Fürs

Fürs vierdt/ beruffen sie sich auff die vornembste Räht/ die Fol. 22.
sonst Lutherisch/ vnd die Lutherischen Predigten hören/ daß
dieselbige zeugen solten/ daß sie an solchen vnzeittigen vnd Lö-
sterhafften Verdammungen kein gefallen tragen. Vns were fürwar nichts liebers/ dann daß den vnserer Religion zugethonen Rähten/ solt frey stehn/ daß sie sich offentlich vnuerhindert solten gegen meniglich vernemen lassen/ was sie von
denen zu beiden theilen/ bißhero fürgeloffenen Handlungen eigentlich halten: Wurden sich vnser Widersächer auff derselbigen Zeugnus weniger/ oder hinfüro nimmermehr beruffen.
Daß sie/ wegen fürgenossener Enderung/ gern gesehen/ man
möchte als vil nachgeben/ als man Gewissens halber jmer thun
könde/ gesehn wir gern. Daß sie vns aber beschuldigen soltē/ dz
wir vns vnzeitiger lösterhaffter Verdammung gebraucht/ das
wöllen wir solchen Hohen Personen/ alsdann zutrawen/ wen
sie sich zu solcher Beschuldigung selbst bekennen werden.

Zum fünfften/ möchten wir gern anhören/ wann wir den
Papisten den Tittel der Catholischen eingeraumbt. Dann wie
hoch derselbige Tittel wider sie von den vnsern in offentlichen
Disputationibus, vnnd sonsten seie angefochten worden/ ist
meniglich bekandt/ vnd folgt gar nicht: Wir söndern vns ab
von den Caluinisten/ Ergo, so geben wir den Papisten den Tittel der Catholischen.

Für das sechst/ widerholen sie jhre alte Klag/ daß wir von Pag. 29.
keinem freien Synodo ettwas hören oder wissen wöllen. Wann
jnen auff dise Klag/ so offt mit so bestendigem Grund/ nicht
were geantwortet worden/ köndt jnen solches zu gut gehalten
werden. Es würdts aber die zeit geben/ wie hoch sie auff einen
künfftigen Synodum sich beruffen/ vnd was sie für Leut/ auch
was für ein Proceß sie gebrauchen werden/ dessen sie in gehaltener nechster Disputation/ alibereit ein schöne Prob gethon/
deren sie sich doch wenig zu rhümen haben.

Aaa ij   Fer-

Pag. 38. Ferner/ zum 7. geben sie für/ vnsere Vnfreundtligkeit vnd
Vnbarmhertzigkeit/ bezeugen alle vnsere Schrifften/ Predigten vnnd Geberden: Würde disen Leutten der H. Euangelist
vnd Apostel Joannes Epist. 2. ein vnbarmhertziger/ vnd vn-
freundtlicher Man geweßt sein müssen/ der in seiner andern
Epistel schreibet: Si quis ad vos venit , & hanc doctrinam
adfert , nolite recipere EVM in domum , nec aue ei
dixeritis. Qui enim aue dixerit, communicat operibus eius
malignis. Wann wir vns in ein Bruderschafft mit jhnen ein-
liessen/ vnd jhnen in jhren Jrrthumben recht geben/ hielten sie
vns (glauben wir) wol für freundtliche Leuth/ wir können aber
nicht Menschen zugefallen/ Gottes Gebott/ souil vnser Ampt
fürnämlich antrifft/ fallen lassen.

Pag. 43. Zum 8. Beschuldigen sie vns auch/ dz in keiner Oration, gehaltener Leichtpredigten vñ Gebettẽ/ da vil geringer Personen
gedacht/ E.F.G. nicht mit einem wort gedacht worden/ sonder
vil mehr auff dieselbige gestochen/ vnd nicht ehe für dieselbige
bitten wöllen/ biß es vns auß der Cantzley befohlen worden.
Man besehe aber die Orationem in obitum Illustrissimi Ele-
ctoris habitam à D. D. Kirchnero: Man erinnere sich aller
Handlungen/ so zwischen einem Hochlöblichen Hohen Raht/
vnd den geurlaubten Churfürstlichen Kirchenräthen/ des Ge-
betts halber vergangen/ man würdt darauß gnugsam abne-
men/ daß wir vns nicht allein des gemeinen Gebets für E.
F. G. nicht gewegert/ sonder daß alsbald nach absterben/ weiland Churfürstens Ludwigs/ Christmiltseligster Gedächtnus/
die Form des gemeinen Gebetts/ souil disen Puncten belangt/
vom Hohen Raht begert/ vnnd wie dieselbig von demselbigen
beschriben/ also/ vnd nicht anderst in das gemeine Gebett ein-
geschlossen worden.

Zum

Zum 9. damit sie ja nichts dahinden lassen / dadurch sie
vns bey jedermeniglich verhaßt machen / vnnd fürnämlich / bey
E. F. G. in Vngnaden bringen möchten / geben sie vns schuld /
daß wir in allen Predigten vnnd Gebetten / ein verbittert Hertz
wider E. F. G. erzeigen. Wir beruffen vns aber auff alle vnsere Predigten vnnd Zuhörer / ob wir je E. F. G. in vnsern Predigten anders / dann getrewen Kirchendienern vnd Vnderthon-
nen gegen jhrer Obrigkeit gebüret / angezogen. Daß wir aber
das Mandat nicht annemen können / in vnsern Predigten / die
Lehr / wölche E. F. G. Prediger führen / straffen vnnd widerlegen / halten wir darfür / daß solches vnser Ampt von vns erfor-
dere / vnnd daß E. F. G. vns der schrifftlich vbergebenen Vrsach wegen / gnädigst für entschuldigt halten werden. Volgt
auch nicht: Man widerlegt in allen Predigten (wölches doch
nicht in allen Predigten geschicht / sonder allein wanns die Gelegenheit gibt) die Jrthumb / so E. F. G. Prediger in offentlichen Schrifften vnnd Predigten treiben / ergo so erzeigt man
ein verbittert Hertz wider E. F. G. Wanns so gilt schliessen /
könten wir gleichsfahls also argumentieren: In allen Predigten vnd Schrifften / widersetzet sich vnser Gegentheil zum hefftigsten dem Concordi Buch: Ergo so erzeigen sie hiemit jhr
verbittert Hertz / wider alle die Churfürsten vnd Stände / so sich
zu demselbigen bekannt / vnnd demselbigen vnderschrieben. Als
wenig dises sie vns geständig vnd nachgeben werden / als wenig
volgt das ander.

Vnnd fürwar hetten vnser Religion zugethon Chur / Fürsten vnnd Stände / sich vil mehr des verbitterten Hertzens vnsers Gegentheils gegen sich zubeschweren / als daß sie desselben
vns schuld gegen E. F. G. geben / dieweil seidthero der publicierten Concordien / kein Schrifft von jhnen außgegangen / in
denen das Concordi Buch / zu dem sich souil Chur vnnd Fürsten / vor Gottes Angesicht / vnd der gantzen Kirchen / auch der

höhe-

höhesten Obrigkeit bekennen/ nicht zum hefftigsten vnnd feind-
seligsten angestochen/ vnd daſselbig auffs eusserste außgemachet
vnd verdamet worden/ wie solches sonderlich vnd augenscheinlich in diser Gegenwarnung zusehen.

Wiewol nun/ gnädigster Fürst vnnd Herr/ sonst durch die
gantze Gegenwarnung vil specialia eingemenget/ wölche die
erstlich beruffene von Churfürsten Ludwigs Christmiltseligster
Gedechtnus Kirchendiener/ die von jrer Churfürst. Gnaden
bestelten Kirchenräht/ ettliche Missiuen vnd Schrieben an E.
F. G. gethon/ ettliche sonderbar angezogene Personen/ die also
beschriben/ daß sie jedermeniglich leicht kennen mag/ betreffen:
Wöllen wir vns doch derselbigen hiemit nicht annemmen/ noch
denselbigen ettwas vorgegriffen oder begeben haben/ sie werden
sich zweiffels ohne/ selbs der gebür/ gegen dise reine Prediger
(wie sie sich selbst rühmen vñ intituliere) mit Grund der Warheit wol verantworten werden. Wir haben vns allein der Gene-
ralium, darunder wir neben andern angefochten werden/ wie
dann auch ettlicher specialium, so vns Kirchendiener allhie zu
Heidelberg berühren/ annemmen/ vnd derselbigen vns beschweren müssen.

Weil dann vnser Gegentheil/ E. F. G. Mandat stracks
entgegen/ vnd zu wider/ vns auff das eusserste mit Schmäch-
worten/ Bezüchtigung grewlicher Vbelthat/ vnnd mit offentlichen landkündigen Vnwarheiten in offentlichem Truck vor
der gantzen Christlichen Kirchen/ in sonderheit aber bey vnsern
Zuhörern allhie/ beschweret vnd deformiert: Hoffen wir/ E. F.
G. werden vns in Vngnaden nicht verdencken/ so wir/ zu Rettung der Warheit/ vnsers gepflogenen Ampts vnd Ehren/ auch
guten Leimund gegen jederman/ vns so wol schrifftlich/ als
mündtlich/ in offentlichem Truck/ auff der Cantzel/ in den Schu-
len/ wider dise Lösterungen also lang entschuldigen/ vnnd derselbigen vns entschütten/ biß daß vnser Gegentheil entweder offentlich

fentlich vnſerer Vnſchuld widerumb Kundſchafft gibt / oder
das jenige (wölches ſie in Ewigkeit nimmermehr werden können) auff vns legitimè erweiſen.

Auff diſes/gnädigſter Fürſt vnd Herr/bitten Ewer Fürſtliche Gnad Ampts vnnd Juſtitien halber / wir vnderthänigſt/
Ewer Fürſtliche Gnad wölle die jenige dahin halten / daß ſie
ſolches auff vns/oder die vnſerige in ſpecie mit allen vmbſtän-
den erweiſen. Findet ſich/daß einer diſer Bezüchtigung halber
gnugſam vberzeugt/ der ſeine Vnſchuld nicht fündt hell vnnd
klar an tag geben: So wöllen wir vns / ein jeder für ſich / deſſen er vberzeugt vnnd vberwieſen / vnnd deſſen er nicht gnugſame erhebliche/ redliche Entſchuldigung fürbringen kan / zur
billichen Straff hiemit williglich vnderworffen haben. Könten aber die Concipiſten anders nichts/ dann generalia, dubia,
incerta, controuerſa, deren ſie billicher als wir fönten bezüchtiget vnnd vberwiſen werden/ fürbringen / ſo bitten wir vnderthänigſt Ewer Fürſtliche Gnad / wöllen vns doch die Hand
bieten/ vnnd vns wider ſo hohe vngegründte Beſchuldigung
ſchützen/ vnd darob gnädiglich ſein/ daß wir derſelben beüberigt
werden.

Letſtlich / gnädigſter Fürſt vnnd Herr/ſetzt vnſer Gegentheil in der Gegenwarnung fol. 48. daß vns Lutheriſchen Pre-
digern/rc. (alſo heiſſen ſie vns ſelbſt) erlaubet ſeie/ vnſere Lehr/
wie wir dieſelbig verſtehen / auß vnſerm Catechiſmo zupredi-
gen/ vnd die Gegenlehr/ ſo gut wir es können/ zuwiderlegen/ rc.
wöllen alle Welt damit bereden/ als geſchehe vns in vnſerm Mi-
niſterio niergend kein Eintrag vñ Hindernuß/ſondern wir werden bey vnſer Lehr/ Bekandtnus/ vnnd Kirchenordnung rühig
gelaſſen.

Nun müſſen wir E. F. G. Zeugnus geben/ daß ſie nicht
allein vns / den Kirchendienern/ zu Hoff gegenwertig / ſonder
auch

auch gemeiner Burgerschafft den letsten tag Nouembris die
gnädigste Vertröstung gethon/ wir solten bey vnserer gewohnlichen Religion vnnd Kirchenübungen/ in den dreien Kirchen/
zun Barfüssern/ S. Peter/ vnd im Spittal/ gehandthabet/ vnd
niemand wider sein Gewissen/ zu diser oder der andern Religion
getrungen werden: Zweiffeln auch nicht/ es seie noch auff den
heuttigen tag E. F. G. gäntzlicher vnnd endtlicher Will/ wisse
auch nicht anders / daß demselbigen werde noch täglich nachge-
lebet/ vnd wir bey vnserm Kirchendienst rühig vñ vnuerhindert
gelassen.

Derhalben wir nicht vnderlassen können/ vnderthänigst
zuberichten/ daß sichs bißher im Werck vil anderst befunden/
darin wir doch E. F. G. vmb derselbigen waren Wort willen/
keine Schuld zumessen/ sondern es vil mehr ettlicher vnrühiger
Leut besondern Personen/ die villeicht auß ihren eignen Affec-
ten/ vnd für sich selbs handlen/ zurechnen müssen.

Es seind gleichwol die vorige Schulmeister alle zehen/ vmb
keiner andern Vrsach willen beurlaubet worden/ dann daß sie
sich gewegert/ eintweder selber in die Kirchen zum heiligen Geist
zur Predigt zugehen/ oder jhre Schulerknaben dahin zuzwin-
gen: Vnnd hat sie nicht helffen mögen/ daß sie allen vnnd jeden
Knaben erlaubt/ die Kirchen zubesuchen/ dahin sie jhr Gewis-
sen/ vnd jhre Eltern gewissen. Was für Leut an jhr statt geordnet worden/ wöllen wir mit niemand disputiern: Das können
wir aber E. F. G. vngeklagt nicht lassen/ was für beschwerlicher
Hindernussen vns nun ein zeit her von vnserm Gegentheil geschehen.

Dann beweißlich/ daß seidt der newen Schulmeister An-
kunfft/ vnser Catechismus in der Schul gar gefallen/ vnd die
Schulerknaben allein zu dem andern/ den man den Caluinischen Catechismum nennet/ mit Tröworten vnd Schlägen
angehalten vnnd gezwungen werden/ geschweige/ daß die Præceptores

ptores wochenlich/ wie vormals breuchlich gewesen/ die Knaben drauff üben solten/damit alle Sontag jhre zwen vnsern Catechismum vor der Kirchen recitierten.

Es haben auch nicht allein wir Kirchendiener/ sonder vil
fürnemer Leut/ augenscheinlich gesehen/ daß eins theils der newen Præceptoren für der Kirchenthür zu den Barfüssern/ da
die Knaben jhren gewohnlichen ein vnnd außgang haben/ ge-
standen/vnnd war genommen/wölche auß denselben in gemelte
Kirchen gehen wöllen/ die fort gestossen/vnd mit angehengten
schelt vnnd Trawworten/ in die Kirch zum heiligen Geist gewi-
sen/vnnd derselben ettliche erschröcket/daß sie auch wider jhren/
vnd jhrer Eltern willen vnsere Kirchen gemitten.

Da auch bißher den Stipendiarijs im Churfürstlichen Pædagogio frey gestanden/ nit allein die Sonn vnd Feirtägliche/
sonder auch die wochentliche Predigt/frü vnnd abend Gebet zu
besuchen/ vnd jhnen darzu auff dem vndern Tabulat ein besondere Thür geöffnet worden: Würdt jhnen nun ettliche wochen
zur zeit der Abendgebett/nicht allein derselbige Eingang/sonder
auch die vnder Gatterthür im Creutzgang allerdings verschlos-
sen/ damit sie weder zu dem Gesang/noch andern Kirchen-
übungen helffen mögen.

Wir werden auch von den Neckerschulern/ auff wölche
vnsere Religionsuerwante/ nicht weniger/ als vnser Gegentheil verwenden/ warhafftig berichtet/ daß jhnen von jetzigen
Kirchenräthen/ newlicher zeit allererst verbotten worden/ in
vnser Kirchen zugehen/ dem Gesang/Catechismo, vnnd Predigten bey zuwohnen/ bey verlierung jhres beneficij.

In summa/ dieweil die newe Præceptores selber vnsern
Catechismum in der Schul nicht treiben oder befürdern/ sondern vilmehr (wie wir verhoffen/ohn E. F. G. Befelch) hin-
dern/ die Knaben von vnsern Kirchen abhalten/ vnnd souil an
jhnen ist/beides den Catechismum, vnd das Gesang/in gemel-

Bbb   ten

ten Kirchen wüst legen/ haben E. F. G. leichtlich darauß zu
erachten/mit was Gewiſſen vnd Grund vnſer Gegentheil rüh-
me vnnd außgebe/ daß vns die übung vnſers Catechiſmi vnnd
Kirchenordnung frey vnd vnuerſperret ſtehe.

Iſt derohalben an E. F. G. vnſer vnderthänigſt bitten
vnnd flehen vmb Gottes willen/ ſie wöllen diſen vnſern waren
Bericht in Gnaden vernemmen/vnd die gnädigſte Anordnung
thun/daß wir ſolcher Beſchwerden enthaben/ vñ bey der Churfürſtlichen Kirchenordnung/ vnnd freien übung vnſers Catechiſmi, vnnd andern zugelaſſenen Kirchenbräuchen/ nach derſelbigen waren Worten/rühig gelaſſen/ vnd gehandt habt werden mögen.

Vnnd dieweil in diſer vnſer kurtzen Schrifft/ nit alles nach
Notturfft von vns hat können außgeführet werden / haben wir
obermelte beſchwerliche Puncte in einer weitleuffigern Schrifft/
die wir hiemit übergeben/außführen wöllen/Vnd bitten vnderthänigſt E. F. G. ſie wöllen dieſelbige zu vnſerer beſſeren Entſchuldigung gnädigſt verleſen. Thun E. F. G. ſampt derſelbigen Gemahel vnd junge Herrſchafft/ vnd beiden Fräwln in
den gnädigen Schutz vnd Schirm des Allmächtigen beuelhen.
Datum Heidelberg den 12.Iunij, Anno, &c. 84.

E. F. G.

Vnderthänigſte Diener des Göttlichen Worts zu Heidelberg.

Wilhelmus Zimmerman.D.
Iacobus Schopperus.D.
M. Dionyſius Oehem ſuo &
D. Philippi Felſinij abſentis
nomine.
Conradus Lautenbach,
Iohannes Schadius.

Copia

Copia der andern Schrifft / so zumal mit
solcher Supplication vbergeben worden.

B.

Antwort der Prediger zu Heidel-
berg / so sich zu der Augspurgischen
Confession vnd Christlichen Concordi Buch /
mit Hertzen / Mund / vnd Hand on Betrug bekennen.

Auff die Calumnien / Schmachre-
den vnd offenbare Vnwarheiten / mit
denen sie in der Gegenwarnung wider D Lucam
Osiandrum, von jhrem Gegentheil angegriffen vnd beschweret worden.

ES ist diser tagen ein Schrifft außgegangen /
so also intituliert: Gegenwarnung an D. Lucas Osiander / rc. gestellet durch ettliche reine Diener / rc. getruckt
durch Matthæum Harnisch: Wölche wir zu End verzeichnete
mit betrübtem Hertzen abgelesen: Vnnd solches vmb souil desto
mehr / dieweil wir in derselbigen also vbel von den Dichtern diser Schrifft außgemacht werden / daß / da solche Sachen / deren
wir gleichwol mit Vngrund / in diser Lösterschrifft bezüchtiget
werden / auff vns solten erwisen können werden / billich niemand
in der gantzen Welt einiges mitleiden mit vns / in vnserm betrübten zustand haben solte. Nun wir aber (Gott lob) vns solcher vilfältigen schweren Aufflagen vnnd Bezüchtigung wegen / mit denen vns vnsere Widersächer in jhrem Scripto, eben
hart angriffen / in vnserm Gewissen vnschuldig befinden / vnnd
vns hiebey auch kecklich auff vnsere liebe Zuhörer referieren
dörffen / vnd gleichwol nichts desto weniger solche vngegründte Aufflagen in die gantze Christenheit außgeschriben werden:

Bbb ij   Als

Als haben wir es für ein Notturfft gehalten/vns deſſen ſchrifftlich zubeklagen/vnd durch diſe Schrifft vnſere Vnſchuld zuretten/vnd die gründtliche Warheit zuberichten.

Wir wöllen aber zum allerfürderſten/vns deſſen bedingt/vnd dahin erklärt haben/daß wir vns aller deren Sachen vnnd Händel/die vns nicht ex profeſſo, ratione Miniſterij & perſonarum noſtrarum angehen/in diſer vnſer Schrifft nichts anneiſſen wöllen: Als da die Gegenwarnung D. Oſianders Perſon vnnd Warnungſchrifft in vilen Puncten anſichtet: Der geurlaubten Prediger nit zum beſten gedenckt: Die jenigen/ſo Anno/ꝛc.77. in Churf. Pfaltz reformiert haben/hart traduciert: Vñ vom Chriſtlichen Concordi Buch (wölchem ſouil namhaffter Chur/Fürſten vnd Stände der Augſp. Confeſſion ſubſcribiert) gantz ſchimpflich vnnd ſchmählich ſchreibet: Vnd was für dergleichen Sachen vil Händel mehr ſeind/die vns nit eben alſo ex profeſſo & immediate angehen: ſondern wöllen ſolche vns nit alſo gar ex profeſſo angehörige Händel/andere/die es mehr berühret/mit der Gegenwarnung außfechten laſſen.

Darumb aber iſt es vns allein in diſer Schrifft zuthun/daß vnſere ringfüge Perſonen/vñ Miniſterium, von ſolcher Gegenwarnung/mit allerhand calumnien/conuitien vñ Vnwarheiten auff das höchſte beſchweret worden: Zu wölchen wir Gewiſſens vnd Ampts halben nicht (wie wir ſonſten/da man vnſer in diſer Gegenwarnung verſchonet hette/gern gewolt) ſtillſchweigen können/ſonder müſſen wol vnſere Vnſchuld/vnd die Warheit retten/damit wir nicht mit vnſerm vnzeittigen ſtillſchweigen bey jedermeniglich für ſchuldig gehalten werden.

Die Sach nun an ihr ſelbſten betreffend/hetten wir nichts gerner vnnd liebers geſehen/dann daß die Dichter diſer Gegenwarnung/das achte Gebott ettwas beſſer/dann ſie gethon/geſtudiert/vnd darauß ſouil gelehrnet hetten/daß ſie bey verſ

verlust jrer Seelen Heil vnd Seligkeit / nicht falsch Zeugnuß
wider jren Nächsten reden solten/ Oder daß sie ja zum allerwenigsten dazumal/ da sie dise Gegenwarnung gestellet/ sich dessen erinnert hetten / daß sie den 2. Martij bey der publicierung
des Fürstlichen Religion Mandats / auff dem Rahthauß all-
hie/ gegen dem Herrn Fauthen/ vnd andern hiezu deputierten/
offentlich in vnserm beysein/ sich haben verlautten lassen/ daß
sie gedacht Mandatum in allen stucken vnd Puncten strictè zuhalten / willig vnd begirig seien. Dann darauß were dises gewißlich bey jnen erfolget/ weil das Mandat so hart darauff vnder andern / tringet/ daß kein Part die ander mit Calumnien
beschweren solle/ daß sie/ in erwegung dessen / in jhrer Gegenwarnung vnser eintweder gar geschwigen (wie zwar billich gewesen were) oder ja vnserer/ mit denen vngegründten Auffla-
gen/ Calumnien vnd Conuitien , mit wölchen sie jhre gantze
Gegenwarnung erfüllet/ verschonet hetten. Nun sie aber weder das achte Gebott in acht genommen/ noch auch des Fürstlichen Mandats (wölches sie doch in publicierung desselbigen
mit grosser Frolockung vnd Dancksagung angenommen) sich
erinnert: als haben wir arme Kirchendiener/ die wir villeicht zu-
uorhin/ nicht gnugsam geplagt seind/ in diser Gegenwarnung
durch vnd durch / dermassen müssen herhalten / daß nicht vil
Bletter in derselbigen zufinden/ da nicht vnser/ als wie des Pi-
lati im Credo gedacht würde.

Dann da müssen wir für das erste/ gleich im Anfang diser
Schrifft/ wie dann auch sonsten an vilen orten diser Gegen-
warnung/ vnsern Widersächern/ so dieselbige gestellet/ sein des
Herrn D. Osiandri Hund: also ehrlich haltē sie von vns Luthe-
rischen Predigern/ in jrem Hertzen/ daß sie vns nicht mehr für
Menschen / für Christen / vnnd für Diener des Göttlichen
Worts / sonder nur für lauter Hund halten.

Wir wissen zwar wol/ daß der Prophet Esaias am 56. cap.

alle trewe Lehrer vnd Prediger Hund nennet: sie damit ihres
Ampts zuerinnern/ vnd sie zuuermanen/ daß sie in verrichtung
jres Ampts wacker sein/ die einreissende Wölff dapffer anbel-
len/ vnd den falschen Lehrern vñ Predigern/ auß Gottes Wort
ritterlich begegnen vnd Widerstand thun sollen. Daß aber vnsere Widersacher mit dem/ dz sie vns des Osiandri Hund nen-
nen/ nicht dahin sehen/ dahin der Prophet Esaias an gedachtem ort sihet / das ist auß disem jrem Zusatz abzunemen/ daß
sie vns nicht schlechtlich Hund nennen / damit mans ja nicht
von solchen wackern Hunden des Schaffstals Christi verstün-
de/ wie dieselbige Esaias an gedachtem ort versteht: sondern sie
nennen vns Osiandri Hund / vnd kützeln sich selbsten mit solcher Lösterung / damit sie vns beschmitzen/ ettlichmal in ihrer
Gegenwarnung.

Wolan/ wir wöllen (ob Gott will) weil wir das Leben ha-
ben/ durch Gottes Hülff vnd Beystand/ ihnen/ weil wir je
jre Hund sein müssen/ Hunds gnugsam sein/ aber nicht Osian-
drische Hund / wie dann auch nicht stumme Hund / sonder
wackere Hund des Schaffstals Christi: die wir den einreissen-
den Wolff auff Gottes Wort wacker vnnd getrost anbellen/
vnd vnsere Zuhörer trewlich vor denselben warnen wöllen / souil vnnd lang vns Gott Gnad vnnd Krafft hiezu verleihen
würdt.

Zum andern/ damit sie ja vns vor der gantzen Christenheit
stinckend gnugsam machen/ vnd wie die Hund / eben hart vnd
vbel tractieren/ also/ daß man auch ab vnserm Namen einen
Eckel vnd Grawen habe/ vnd trage: so intitulieren sie vns/ in
jrer Gegenwarnung durch vnd durch mit den alleruerhasseten
Namen/ der Vbiquitisten vnd Flaccianer.

Nun ist es aber nunmehr weltkündig / dieweil wir dem
Christlichen Concordi Buch (wölches gleichwol dise Gegenwarner lösterlich einen Bergischen Abgott in ihrer Schrifft
nennen/

nennen/ darüber sie dermalen eins/ dem Herrn Christo selbsten
schwere Rechenschafft werden geben müssen) mit Hertzen vnd
Hand vnderschriben / vnd bey demselbigen / biß vns der letste
Athem außgeht/ durch die Gnad Gottes zuuerharren geden-
cken/was vnsere Lehr/vnd Glaubens bekandtnus/von der Person Christi seie / vnd was wir von der Maiestet vnd Herrligkeit
des Menschens Christi/in wölche er durch die persönliche Ver-
einigung/ vnd sitzen zur rechten Hand Gottes / erhaben wor-
den/ vermög Göttliches Worts / vnd des Christlichen Concordi Buchs/ halten/ glauben/ lehren vnd bekennen. Daß nun
vnsere Widersächer vns hierüber für Vbiquitisten außschrei-
en/ vnd vns mit solchen verhaßten Namen beschmitzen/ das/
wie dann auch andere dergleichen Vnbilligkeit mehr / müssen
wir mit Gedult leiden vnd tragen / vnd die Sach vnd Rach/
Gott/ als dem gerechten Richter heimstellen vnd befehlen.

Vnd wundert vns gleichwol nicht wenig / qua fronte,
vnd mit was Gewissen sie vns für Flacianer außschreien dörffen / so doch der Flacianismus in keinem Buch von keinem
Authore, stattlicher vnd gründtlicher auß Gottes Wort ist
vmbgestossen vnd widerlegt worden / als eben in dem Christlichen Concordi Buch / vnd desselbigen Apologia, zu wölchen beiden Büchern wir vns mit Mund vnd Hertzen bekennen. Aber es heisset bey denen Leutten also: Calumniare au-
dacter: semper enim aliquid hæret.

Vnnd ist hiebey dises wol zumercken / wie vnbillich vnsere
Widersächer in disem Fahl mit vns handlen. Wann wir arme Prediger vnserer Widersächer auff der Cantzel nur also ge-
dencken/ daß wir sie (gleichwol ohne alle schmäliche anziehung)
Zwinglianer oder Caluinisten nennen: Vnd solches darumb/
dieweil sie des Zvvinglij vnd Caluini Lehr/ de Cœna Domini & persona Christi, verthädigen vnd verfechten / so brennet
es also

es alsdann in allen Gaſſen : da ſchreiet man vber vnd wider
vns/ wir ſeien vngeſtümme vnd vnbeſcheidene Prediger : wir
können nichts dann nur calumnijeren vnd löſtern/ vnd was des
dings mehr iſt. Hergegen aber widerumb / wann ſie beides auff
der Cantzel/ vnd dann auch in jren Schrifften/ ſonderlich aber
in jhrer Gegenwarnung / vns calumnioſè für Vbiquitiſten
vnd Flaccianer/ bey jren Zuhörern/ vnd in der gantzen weitten
Welt/ auffſchreien / da iſts alsdann / vnd muß auch wol ſein/
an jnen lautter köſtlich ding : Es iſt vnd muß ſein an jnen lautter Sanfftmut vnd Demut : Vnd können dannoch ſie hiebey
das Lob haben/ vnd den Ruff vnd Namen behalten/ daß ſie/
als die allergehorſamſte vnnd reine Prediger des Göttlichen
Worts zu Heidelberg/ das Fürſtliche Mandat / von dem nicht
calumnijeren/ſtrictè vnd præciſè halten/ vnd deßwegen billich
in dem Land bleiben/ darauß ſie vns / als vngehorſame vnd re-
belles, verjagen vnd vertreiben.

„ Zum dritten/ zeihen vns vnſere Widerſächer in jhrer Ge-
„ genwarnung / ſchier in allen paginis , wir ſeien vngeſtümme/
„ vnbeſcheidene Prediger: die der Obrigkeit Mandata verlöſtern/
„ vnd anheulen mit vnbefugtem / auffrhüriſchem / ärgerlichem /
„ ſchreien vnd Löſtern / die wir von vnſerm Patriarchen Oſian-
„ dro, vertröſtet/ wann wir nur tapffer löſtern/ wölle er vns ent-
„ weder zu reichen Abteien vnd Pfründen promouieren/ oder wi-
„ derumb in vnſere Pfarzen mit gewaffneter Hand einſetzen.
„ Item/ wir Prediger mehrertheils/ theten gar kurtze Predigten/
„ wa die Löſterungen vnd Calumnien wider die Zwinglianer ab-
„ geſchnitten wurden : Bey wölchen auch nichts gelte die Regel
„ S. Pauli/ Phil. 4. Was warhafftig iſt/ was erbar/ rc. Item/
„ vnſere gröſſeſte Kunſt ſeie diſe/ daß wir treffenliche Rüſtzeug
„ Gottes/ vnd woluerdiente Männer verlöſtern/ vnd dem Teuf-
„ fel geben : Item/ ettliche vnuerſchämpte Prediger vnder vns/
„ haben den Durchleuchtigſten / Hochgebornen Fürſten vnd

Herrn/

Herrn / Herrn Friderichen Pfaltzgraffen / Churfürsten Hoch- cc
seligster Gedächtnus / vnd seine Christliche Lehr / dem Teuffel cc
geben: wie alle Tag zu Heidelberg vnnd anderswa treffliche cc
vorneme Räht / die sonsten Lutherisch seind / vñ die Lutherischen cc
Predigten hören / zeugen / daß sie an solchen vnsern Verdam- cc
mungen kein gefallen getragen / vnd was dises dings mehr ist. cc

Wolan / wann solches ettwas news were / daß vns vnsere
Widersächer mit Vngrund solcher Händel bezichtigen / so
möchte es villeicht vns ein wenig betrüben vnd nachdenckens
machen. Aber eben dises ist ihr altes Liedlin / wölches sie nun
mehr ein halbes Jar / vnd dise gantze zeit vber / wölche sie neben
vns allhie geprediget / fast in allen jhren Predigten gesungen:
Darumb es vns dann desto weniger wundert / daß sie / als vnge-
haltene Leut vnnd Fräuler / nunmehr hiemit in offentlichem
Truck herauß fahren dörffen.

Wir getrösten vns aber hiebey vnserer Vnschuld / vnd halten vns hiezwischen / biß daß vnsere Widersächer dise Puncten
auff vns gnugsamlich erweisen / an die herzliche Trostpredigt
Christi / da er Matth. 5. sagt: Selig seide jhr / wann euch die
Menschen vmb meinet willē schmähen vñ verfolgen / vnd reden
allerley Vbels wider euch / so sie daran liegē: Seidt frölich vnd
getrost / es würdt euch im Himmel wol belohnet werdē / dann also
haben sie verfolget die Propheten / die vor euch gewesen seind.

Das Fürstliche Mandat betreffend / wölchs wir / vnsers Gegentheils fürgeben nach / als D. Osiandri Hetzhund / anheulen
vnd verlöstern sollen / ist solches auß fürgeloffenen Actis, kundt
vnd offenbar / daß wir vns zu eitlichen vnderschidlichen malen /
so schrifftlich / so mündtlich / gegen vnserm Gnädigsten Fürsten vnd Herrn / dahin vnderthänigst erklärt haben / daß wir auß
denen Vrsachen / die Ihrer F. G. wir den 7. Martij schrifftlich vbergeben / erstgedachtem Fürstlichen Religion Mandat
nicht können parieren / wir wolten dann (dafür vns doch Gott

Ccc   gnädig-

gnädiglich behütten wölle) vnser Chriſtliche Glaubensbekant-
nus fallen laſſen/ vnd vnſer arme Gewiſſen hiemit beſchweren:
bey wölcher vnſerer Erklärung/ wir es nochmals bleiben laſſen/
vnderthänigſt verhoffend/ Ire F. G. werde/ auß angeborner
Fürſtlicher Milte/ vns ferrner vnd weitter nicht treiben. Wolte
doch Gott/ daß es mit diſem ReligionMandat/ alſo geſchaffen
were / daß wir demſelbigen allerding parieren köndten : vns
köndte gewißlich nichts liebers vnd erwünſchters begegnen/ als
die wir lieber wolten in Rhu vnd Friden leben/ dann alſo tribu-
liert vnd vmbgetriben werden. Dieweil aber Gottes vnd Gewiſſensſachen / keinen Schertz leiden mögen / als hoffen wir
gäntzlich/ alle verſtendige Chriſten werden ein ſolches/ daß wir
biß anhero vns auff der Cantzel nicht allerdings diſem Religion
Mandat gemeß verhalten / für keine Widerſpenſtigkeit oder
mutwilligen Vngehorſam gegen vnſerer Hohen Obrigkeit
(wie vns dann ein ſolches von vnſern Widerſächern bößlich
dahin will gedeuttet werden) halten : ſonder es vil mehr für einen demüttigen Gehorſam gegen Gott achten / wölchen wir
dem HErrn aller Herrn/ bey verluſt vnſerer Seelen Heil vnd
Seligkeit/ zu leiſten ſchuldig vnd pflichtig ſeind.

Wir können vnnd wöllen gleichwol deſſen nicht in Abred
ſein/ ſondern ſein deſſen gern geſtendig/ daß wir diſe zeit vber/
weil vnſer Gnädigſter Fürſt vnd Herr / in der Churfürſtlichen
Regierung iſt / wie dann auch zuuor bey lebzeitten des Chur-
fürſtens/ Hochſeligſter Gedächtnus/ auff der Cantzel/ ſo offt
es die Gelegenheit gegeben/ beide Lehren / de Cœna Domini,
vnd perſona Chriſti, beides in Theſi vñ Antitheſi getractiert/
vnd re ita poſtulante, bißweilen auch Hypotheſin gebraucht:

Tit, 1. Sintemal wir deſſen Befelch von S. Paulo empfangen/ däß
wir/ als Lehrer vnd Prediger/ mächtig ſein ſollen/ nicht allein
zuermanen durch heilſame Lehr / ſonder auch zuſtraffen/ die
Widerſprecher/ vnd jhnen das Maul zuſtopffen : In wölchem
bey

bey dem auch / nämlich Antithesin vñ Hypothesin zutreiben/
die liebe Apostel/ wie jre Schrifften außweisen/ vns mit jhrem
Exempel fürgegangen. So hat auch vnser Gnädigster Fürst
vnd Herr selbst/ den ersten Nouemb. sich in deroselben Fürstlichen Gemach/ gegen vns gnädigst dahin erkläret/ daß Höchstgedachte Ihre F. G. wol leiden möge/ dz wir nicht allein Thesin, sonder auch Antithesin, vnd bißweilen auch Hypothesin
führen vnd treiben / allein daß hiebey gebürliche Bescheidenheit gebraucht werde : wie dann von vns (in wölchem wir vns
auff das Zeugnus aller vnser Zuhörer / vnd nicht auff einen
oder zweier partheijschen Referenten allein/ referieren) biß anhero gewißlich geschehen: Zugeschweigen/ daß auch die Dichter der Gegenwarnung selbsten mit disen worten schreiben/ daß
das Fürstliche Religion Mandat (wiewol wir ein solches in
erstgedachtem Mandat/ für vnsere Personen nicht finden können) hell vnd klar beweise/ daß den Lutherischen Predigern in
Churfürstlicher Pfaltz erlaubet seie/ jre Lehr (wie sie dieselbige
verstehn) auß jren Catechismis zupredigen/ vnd die Gegenlehr /wa sie solche nur trewlich anziehen / so gut sie es können/
zuwiderlegen : allein sollen sie Calumnias , die personalia vnd
andere vnerbawliche ding meiden. Da stellen wir nun allen
verstendigen Christen dises anheim / ob wir deßwegen vnge-
stümme vnd vnbescheidene Prediger seien/ die mit vnbefügtem
auffrhürischem vnd ärgerlichem schreien vnnd löstern / vnsere
Predigten dermassen zu bringen (wie vnsere Widersächer vns
dessen fälschlich bezüchtigen) daß/ wann man die Lösterungen
vnd Calumnien, wider die Zwinglianer von vnsern Predigten
abschnitte/ so wurde kurtze Predigten vberig bleiben: dieweil wir
ratione officij nostri, neben vnserer Christlichen Lehr / die wir
vnsern Zuhörern auß Gottes Wort fürhalte/ auch die Gegenlehr auß dem Wort Gottes/mit gebürlichem Ernst/ vñ Christlicher Bescheidenheit/vmbstossen/verwerffen/ vñ vnsere Zuhörer darfür warnen.   Ccc ij   Wie

Wie wir dann auch alle verstendige Christen hierüber zu
Richtern leiden mögen / ob wir darumb treffenliche Rüstzeug
Gottes/ vnd woluerdiente Männer dem Teuffel geben / (wie
vns abermal von vnsern Widersachern vngüttlich zugemessen
würde) dieweil wir bißweilen in widerlegung der Gegenlehr/
de Cœna Domini & persona Christi, Caluini, Bezæ vnd
anderer jhres gleichens Schrifften anziehen/ die Bücher/ das
Ort vnd Blatt/ da sie diß oder jenes setzen/ benamsen/ vnd dasselbige zu disem End / damit niemand vns bezüchtigen möge/
wir messen jhnen solche dogmata zu / die in jhren Schrifften nicht zufinden/ vnnd die sie auch mit nichten lehreten : vnd
damit / wer da wölle/ selbsten nahin schlagen/ lesen vnd sehen
möge/ ob wir recht oder vnrecht vnsers Gegentheils Lehr auff
der Cantzel angezogen haben.

Es thut die Gegenwarnung vnder andern auch meldung/
vnbefügtes/auffrhürisches vnd ärgerlichen Schreiens vnd Lösterens / viler Prediger in der Churf. Pfaltz: wölches fürwar
eben vil vnd groß ist: Dann man ja wol weißt/ was von auff-
rhürischen Predigern / wie Müntzer vnnd andere seines gleichens gewesen/ zuhalten/ vnd wie ernstlich dieselbige zustraffen seien.

Da were nun den Dichtern der Gegenwarnung wol ange-
standen/ daß sie solche auffrhürische Prediger / in specie benamset hetten/ damit nicht andere/ die hieran vnschuldig/ vnder diser Generalitet, deren sich vnsere Widersächer hiebey gebrauchen / in vnbillichen Verdacht genommen vnd gezogen
würden. Wir für vnsere Personen / die wir vns hierinnen vnschuldig wissen/ halten es für billich (wie wir dann auch hier-
umb vnsern Gnädigsten Fürsten vnd Herrn / vnderthänigst
wöllen gebetten haben) daß die Gegenwarner mit ernst dahin
angehalten werden/ sich rotundè zuerklären/ ob sie vns / oder

einen

einen / oder mehr / auß vnserm Mittel / hiemit wöllen gemeinet
haben / vnnd wer doch solche auffrührische Prediger seiend:
damit sich die jenige / so vnschuldig / vnnd doch dessen mit Vngrund bezüchtiget werden / sich beides für Ihrer F. G. vnd dann
für der gantzen Christenheit (in wölche solche Bezüchtigung der
Auffrhur nunmehr durch offnen Truck außgesprenget worden) gebürlich verantworten mögen.

Die Gegenwarnung sticht auch mit gantz gifftigen Worten / auff ettliche Prediger vnder vns / die von jrem Patriarchen
Osiandro (dann das seind vnsers Gegentheils verba formalia) vertröstet / wann sie nur dapffer löstern / werde er sie eintweder zu reichen Abtheilen vnnd Pfründen promouieren / oder
widerumb in jhre Pfarren mit gewaffneter Hand ein-
setzen.

Ein offenbare Vnwarheit / sagt man sonsten / bedarff keiner Verantwortung. Vnnd hiemit könten wir auch dise vnsers
Gegentheils vnwarhafftige Bezüchtigung abfertigen / wölches
zwar auch zu vnserer Verantwortung / so lang / biß daß sie ein
solches auff vns beybringen / gnugsam were. Das aber sagen
wir allein zur nottwendigen Rettung vnserer Vnschuldt / daß
vns von vnserm Gegentheil Gewalt vnnd Vnrecht geschehe.
Vnnd solten sie billich / als die reine Diener des Göttlichen
Worts allhie (wie sie sich selbs in dem Titul jhres Buchs rühmen) sich mehrer Redligkeit vnnd Warheit / gegen vns / die wir
gleichwol auch / wiewol vnwürdige Diener des Göttlichen
Worts allhie seind / beflissen haben. Sie seien aber so keck / vnnd
benambsen die jenigen / die sie mit solcher jrer Generalitet meinen: Es solle jhnen ob Gott will / redlich widerumb begegnet
werden.

Wolte Gott / daß die Regel S. Pauli, Philip. 4. (die sie doch
vns in jhrer Gegenwarnung fürschreiben / vnnd klagen / daß sie

Ccc iij   nichts

nichts bey vns gelte/) von jhnen beſſer betrachtet / vnnd in acht
genoſſen würde: So wolten wir diſer jhrer vngegründten Be-
zuͤchtigung wol vberhaben ſein bleiben. S. Pauli Wort aber
lauten alſo : Was warhafftig iſt / was erbar / was gerecht/
was keuſch/was lieblich/was wol lautet/ iſt ettwa eine Tugend/
iſt ettwa ein Lob/dem dencket nach.

    ,, Vnſere Widerſacher traducieren auch in jhrer Gegen-
,, warnung/ etliche vnuerſchaͤmpte Prediger/die den Durchleuch-
,, tigſten Hochgebornen Fuͤrſten vnnd Herrn/ Herrn Friderich
,, Pfaltzgrauen / Churfürſten ſeligſter Gedechtnus / offentlich
,, auff der Cantzel dem Teuffel ſollen gegeben haben/wie alle tag
,, zu Heidelberg vnd anderſtwo/treffliche vorneme Raͤht/die ſon-
,, ſten Lutheriſch ſeien/vnd die Lutheriſchen Predigten hoͤren/zeu-
,, gen/ daß ſie an ſolcher Verdammung kein gefallens getragen.

    Da klagen wir nun abermal nit vnbillich vber vnſere Wi-
derſacher/vnd ſagen: Hetten ſie mit vns vnd andern vnſern lieben Mitbruͤdern in Churfürſtlicher Pfaltz / candidè, vnnd wie
reinen Dienern Goͤttliches Worts wol anſtehet vnnd gebuͤret/
in diſer Bezuͤchtigung handlen woͤllen/ſo ſolten ſie billich in ſpecie die jenige genennet/ vnnd mit Namen angezogen haben/die
hierin ſchuldig/damit abermal nicht vnſchuldige Perſonen/vn-
der diſer Generalitet mit vnbillichem Verdacht/ von allen de-
nen/ſo jr Gegenwarnung leſen/ beſchweret wurden.

    Vnd nimpt vns ſehr wunder/daß ſie alſo in die gantze Chri-
ſtenheit / in gemein dahin allein außſchreiben doͤrffen: Es ſeien
ettliche vnuerſchaͤmpte Prediger in Churfürſtlicher Pfaltz/
die/ꝛc. koͤnnen auch nit die Vrſach errahten/warumb ſie es bey
ſolcher Generalitet bleiben laſſen/vnnd die ſchuldige Perſonen
nit in ſpecie anziehen: ſo ſie doch die geurlaubte Kirchendiener
zu Oppenheim/in ſpecie zubenambſen kein bedenckens gehabt/
dieweil ſie villeicht verhoffen/das jenige/das ſie von jnen ſchrei-
ben/gnugſamlich (wiewol wir ſolcher Sachen wiſſentſchafft nit
haben / ſondern derſelben Verantwortung jnen heimſtellen) re-
ita

ita postulante zubeweisen. Wir zwar für vnsere Personen/ beruffen vns in disem fahl auff vnsere Zuhörer/die von vnserer vnschuld werden zuzeugen wissen: Vnd lassen vns das nit jrren/ dz
vnsere Widersächer von ettlichen Lutherischen vornemen Rähten schreiben/ daß dieselbige kein gefallens an solcher Verdammung jemahls getragen/ dieweil wir selbs hieran kein gefallen
tragen/an denen die Jrer F. G. Herrn Vatters/seligster Ge-
dechtnus/hohe Person verdamen/vñ dem Teuffel geben solten.

Vñ soult vō den beschwerlichen vngegründten Aufflagē/ mit
wölchen wir zu end verzeichnete/sampt allen andern Kirchendienern in Churf. Pfaltz/so vnserer Christlichen Conf. zugethon/in
gemein vō denen reinen Dienern Göttliches Worts (wie sie sich
selbs neñen vñ rühmen) allhie zu Heidelb. so die Gegenwarnüg
gestelt/ durch jre verschlagene Generalitet beschweret werden.

Volgt nun jetzund ande/ebē so beschwerliche/aber doch solche
Aufflagen/mit denen insonderheit 4. vnderschribene Theologi
vñ Prediger von vnserm Gegentheil in jrer Gegenwarnüg/al-
lein zu disem end beschweret werden/ damit vnser Name bey allē
Churfürsten vñ Ständen/ der Augsp. Confession/vñ auch andern gutherzigen Christen stinckend gemacht/ vnd vns/ da wir
je auß Churfürstlicher Pfaltz solten vertriben werden/niergend-
wah Herrberg vnd Vnderschleiff mitgetheilt werde.

Es schreien vñ schreiben die Gegenwarner vō vns in d' gantzen Welt auß/daß wir bißanhero in vnsern Gebetten/darinnen
wir doch vil geringer Personen gedacht/vnsers gnädigsten Fürsten vnd Herrn/ mit keinem Wort Meldung gethon/sonder vil F.2.
mehr auff Jhre F. G. gestochen/vnd für dieselbige ehe nicht betten haben wöllen/biß daß es auß der Cantzley beuolhen worden.

Wañ die sachen mit vns im grund also/wie die gegenwarnüg
diß fahls fürgibt/geschaffen werē/so were es fürwar ein grosses/
wie wir dañ auch nit zweiffeln/es werden alle die jenigē / so disen
Puncten der gegenwarnüg lesen werden / allerley beschwerliche
gedancken wider vns bey sich selbsten schöpffen vnd machen

Es

Es schreibet Sanct Paulus seinem Jünger Timotheo
1. Tim.2. So ermane ich nun / schreibt er / daß man für allen
dingen zu erst thue bitte/Gebett/Fürbitt/vnd Danckfagung für
alle Menschen/für die Könige/vnd für alle Obrigkeit/auff daß
wir ein gerühlichs vnnd stilles Leben führen mögen / in aller
Gottseligkeit vnnd Erbarkeit / dann solches ist gut / darzu auch
angeneme für Gott vnserm Heiland. Mit wölchem S. Paulus
gantz ernstlich erfordert/ vnnd haben will/ zwar von allen Christen in gemein/ sonderlich aber von seinem Jünger Timotheo,
daß man für alle Obrigkeit bitte: Allen reinen vñ rechtgeschaffe-
nen Predigern zur Lehr / daß sie deß Gebets für die Obrigkeit
nicht vergessen / sonder mit demselbigen stehts bey Gott dem
HErrn anhalten/ vnd denselben hertzlich bitten vnnd anruffen
sollen/ dieweil ein gutes vnnd heilsames weltliches Regiment/
nit in der Fürsten vnnd Herrn Vernunfft vnd Macht stehet/ so
wölle der getrewe gütige Gott jhnen Gnad verleihen / Christ-
lich/ fridlich/ wol/ vnnd also zuregieren/ daß GOttes Ehr vnnd
Wort dardurch befürdert/ vnd Gericht vnnd Gerechtigkeit gehalten vnnd administriert werde. Auß diser Vrsach nun gehet
es vns nicht vnbillich tieff zu Gemüt vnd zu Hertzen / daß vnsere Widersächer vns den Wein in der gantzen Welt so tapffer
außschreien/ vnnd von vns in offnem Truck schreiben dörffen/
wir haben für hochgedachten vnsern gnädigsten Fürsten vnnd
Herrn (den wir ja für vnsere liebe Obrigkeit erkennen) offentlich nicht betten wöllen/ biß daß vns deswegen Beuelch auß der
Cantzley zukommen.

Aber es ist / Gott lob/ dises das beste bey solcher gifftigen
Bezüchtigung / daß vnser Gegentheil dieselbige in alle Ewigkeit auff vns nicht würde beweisen können : Wölches dann nur
auß der blossen/ aber doch warhafftigen Erzöhlung der Histo-
rien/ wie es nämlich/ hiemit zugegangen/ hell vnnd klar erscheinen würdt. Vnd helt sich die Sach hiemit also.

Als

Als der Allmächtige Gott/ in dessen Hand vnser Leben vnd
sterben stehet/ den Durchleuchtigsten Hochgebornen Fürsten
vñ Herrn/ Herrn Ludwigen Pfaltzgrauen/ Churfürsten/ Hochseligster Gedechtnus/ den 12. Octobris, Morgens frü/ zwischen
fünff vnd sechs vhren / auß disem Jamerthal durch den zeitlich-
en Tod in sein ewiges himelisch Reich erfordert/ seind gleich also bald/ nach zwo stunden/ die dazumahl gewesene/ nun aber ab-
geschaffene/ Churfürstliche Kirchenrädht in der Cantzley zusamen kommen/ vnnd haben vnder andern auch dises berahtschla-
get/ wölcher gestalt vnd massen das offentliche gemeine Gebett/
beides allhie zu Heidelberg/ vnd dann auch in der gantzen Churfürstlichen Pfaltz/ von wegen des tödtlichen Abgangs vnsers
gnädigsten Herrn/ des Churfürsten seeligster Gedechtnus/ zu-
endern/ vnd wie dasselbige fürohin anzustellen.

Vnd damit gedachte Kirchenräht sich hiemit nicht irgend
vergriffen/ vnnd den Sachen entweder zuuil oder zu wenig theten / haben sie dazumahl gleich dises an Herrn Großhoffmei-
ster/ Cantzler/ vnd andere Räht gelangen lassen/ vnnd sich dises
Punctes wegen/ bey jnen/ als die dazumahl durch des Churfürsten seligster Gedechtnus absterben/ das Regiment allein inhet-
ten/ Rahts vnd Bescheids erholet/ wölche auch also bald drauff
(dann periculum in mora, vnnd man gleich drauff des volgenden tags/ so der Sontag war / sich des geenderten gemeinen
Gebets gebrauchen muste) disen Außschlag gegeben/ vnnd solchen Beuelch vns zukomen haben lassen/ daß wir (doch nur biß
auff fernern Bescheid) solche Wort in das gemeine Gebet (da
man für die Obrigkeit bittet) rücken solle: Wöllest auch der weltlichen Obrigkeit/ dem Römischen Keiser/ allen Königen/ Fürsten vnnd Herrn/ in sonderheit aber der Churfürstlichen Pfaltz/
vnnd derselben löblichen Regierung / auch einem Erbarn Raht
diser Stat allhie/ Gnad vnnd Einigkeit verleihen/ ꝛc. Wölches
dann auch volgendes tags/ nämlich/ den 13. Octobris also verrichtet worden.   Ddd   Dies

Dieweil aber jetzgemelte forma für die Obrigkeit zubitten/
von den Herrn hohen Rähten/eben an dem tag/daran hochgedachter Churfürst/seligster Gedechtnus mit todt verfahren/in
grosser eil gestellet worden/ als ist dieselbige von wolgedachten
Herrn hohen Rähten/ vber acht tag hernacher geendert/ vnnd
auff dise weiß gerichtet worden: Wöllest auch der weltlichen
Obrigkeit/dem Römischen Keiser/allen Königen/Fürsten vnd
Herrn/ insonderheit aber/ weilandt vnsers gnädigsten Chur-
vn Landtsfürstens Hertzog Ludwigs Pfaltzgrauen/Christmil-
tester Gedechtnus/hinderlassener Wittiben/ vnd junger Herrschafft (deren/du O Gott/beständige Gesundtheit vnnd langes
Leben verleihen wöllest) auch der löblichen Regierung/ sampt
dem gantzen Hauß der Pfaltz/ vnnd einem erbaren Raht diser
Statt allhie/Gnad vn Einigkeit geben/rc. Wölche Form auch
für die Obrigkeit zubitten/ den volgenden Sontag/ nämlich/
den 20.Octobris, Anno,&c.83. in allen Kirchen allhie offentlich auff der Cantzel ist gebraucht worden.

Vnnd nachdem vnser gnädigster Fürst vnd Herr/den 24.
Octobris, die Huldung von den Herrn hohen Rähten/ den 25.
aber eiusdem, von den andern Rähten vnd Cantzley verwand-
ten/ vnnd bald drauff auch von den Burgern allhie/als ein Tu-
tor/vnd der Churfürstlichen Pfaltz Administrator, eingenom-
men/ vnnd deswegen auch nottwendiglich das gemeine Gebett
für die Obrigkeit zubitten/ widerumb zu endern gewesen: Als
ist den dazumal/ gewesenen Kirchenrähten/ von den Herrn
hohen Rähten (als bey denen sie sich allwegen in diser Sach/
das gemeine Gebett für die Obrigkeit/betreffend/ Rahts vnnd
Bescheidts/ auß erheblichen Vrsachen erholet) widerumb ein
newe/ nämlichen solche forma/ den 27. Octobris zukommen/
die also gelauttet: Wöllest auch der weltlichen Obrigkeit/dem
Römischen Keiser/allen Königen/Fürsten vnd Herrn/Inson-
der weilandt vnsers gnädigsten Herrn Pfaltzgraff Ludwigs
Chur-

Churfürsten / hochseligster Gedechtnus / hinderlassener Wit-
tib/seiner Churf. G. geliebden Brudern/Hertzog Johan Casimirn Pfaltzgraffen / Churf. Pfaltz Tutorn vnnd Administra-
torn/wie auch seiner F. G. Gemahelin/ sampt dere jungen Vettern vnd Pflegsohne/Hertzog Friderichen/Pfaltzgraffen/vnse-
rer gnddigen jungen Herrschafft/ vnnd dem gantzen Hauß der
Pfaltz/auch Churfürstlicher Pfaltz Rähten vnnd Amptleuten/
deßgleichen einem erbarn Raht diser Statt allhie/ Gnad vnnd
Einigkeit verleihen/rc. Vnd dise Form für die Obrigkeit zubet-
ten/die von den Herrn hohen Rähten / dem dazumahl Kirchenraht / auff desselbigen ansuchen zukommen / haben wir in allen
Kirchen allhie/von dem 28. Octobris an/biß auff den 19. Ianuarij dises jetz lauffenden 84. Jars/ bey den gemeinen Christlichen Versamlungen gebrauchet: Wie wir dann auch nicht anders wissen / dann daß dieselbige auch also auff dem Land angestellet vnd gebraucht worden.

Auff den 17.Ianuarij aber ist mir / D. Wilhelm Zimmer-
man/ auß der Churfürstlichen Pfaltz Cantzley ein schrifftlicher
Befelch zukommen/vnnd gebotten worden/die Anordnung zu-
thun/ daß in den vberigen vnsern dreien Kirchen/zun Barfüs-
sern/zu S. Petern vnd im Spittal/eben dise Form/die wir noch
heuttigs tags gebrauchen/ angestelt werde:Wölchs auch gleich
den nechstuolgenden Sontag den 19. Ianuarij, also angefan-
gen/vñ biß anhero continuiert worden. Die Wort lautten also:
Wöllest auch der weltlichen Obrigkeit/dem Römischen Keiser/
allen Königen/Fürsten vnd Herrn / Insonderheit aber vnserm
gnddigsten Herrn/der Churfürstlichen Pfaltz Administratorn/
Hertzog Johann Casimirn/Pfaltzgraffen/Ihr F. G. Ehege-
mahl/der Churf.Wittiben/der jungen Herrschafft / vnd beiden
Fräwlin/ wie auch dem gantzen Hauß der Pfaltz/dero Rähten
vnnd Amptleutten/deßgleichen einem erbarn Raht diser Statt
allhie/alle Wolfahrt Segen vnd Einigkeit verleihen/rc.

Ddd ij   Daß

Daß nun dem allem/ wie von vns berichtet worden/ also
vnnd nicht anders seie/ das können wir mit der Churfürstlichen
Cantzley vnnd des Kirchenrahts Handtschrifften/ so wir noch
bey Handen haben/ ad oculum demonstrieren/ vnnd augenscheinlich beweisen vnd darthun.

Auß solcher warhafftigen Relation/ in wölcher wir vns bey-
des/ auff der Churfürstlichen Cantzley/ vnnd des abgesetzten
Churfürstlichen Kirchenrahts Handtschrifften/vnd dann auch
auff alle vnsere Zuhörer referieren/befindet sich hell vnnd klar/
daß gleichwol die zween nechste Sontag/ so auff den tödtlichen
Abgang des Churfürsten seligster Gedechtnus eruolget/ näm-
lich/ den 13. vnnd 20. Octobris, Anno, &c. 83. vnsers gnädigsten Fürsten vnnd Herrn/ in dem gemeinen Gebett/ so man
für die Obrigkeit thut/ nicht eben specificè gedacht worden:
Hernacher aber/vnnd so bald Ihre F. G. in die Churfürstliche
Regierung getretten/námlich/ von dem 28. Octobris an/ biß
hiehero/ ist in allen precibus publicis, Ihrer F. G. mit Na-
men/vnnd als eines Tutors/ vnnd Churfürstlicher Pfaltz Ad-
ministrators/gebürliche Meldung geschehen.

Daß wir aber den 13. vnnd 20. Octobris nicht eben dergleichen gethon/ sonder nur in gemein für das gantze Hauß der
Pfaltz/vnd für die löbliche Churfürstliche Regierung gebetten/
hoffen wir/ solle vns von niemandts können vbel gedeuttet
werden. Dann wie haben wir doch in derselbigen zeit/ so
gleichsam ein interregnum gewesen/ in wölchem die gantze
Churfürstliche Pfaltz/ohne ein gewisses Haupt/ vnnd Höchstgedachter vnser gnädigster Fürst vnnd Herr noch nicht in die
Churfürstliche Regierung getretten gewesen/Ihrer F. G. specificè in vnsern precibus publicis gedencken können oder solten? Vnnd da wir ja ein solches gethon (wölches doch von vns
nit beschehen) wie hetten wir solches gegen der löblichen Churfürstlichen

fürstlichen Regierung / als gegen dem Herrn Großhoffmei-
stern / Cantzlern / vnd andern Herrn Hohenrähten (bey wölchen allein damal das Regiment gestanden) jmmermehr verantworten können / die vns / als wir deßwegen durch die Churfürstliche abgesetzte Kirchenräht Bescheids bey jhnen erholet/
was wir vns in disem Fahl zuuerhalten / eine solche formam
precationis vbergeben / darinnen sie selbs / ohne allen zweiffel
darumb/ dieweil Ihr F. G. damals noch nicht in Churfürstliche Regierung getretten gewesen / Ihrer F. G. nicht mit Namen gedacht vnd gesetzt haben.

Wir dancken dem lieben getrewen güttigen Gott / jetzund
hertzlich dafür/ daß er vns damals / durch seinen gutten Geist/
disen Raht in vnser Hertz gegeben / daß wir nichts eigens Ge-
walts / auff vnser eigen gutduncken hiebey gefahren vnd gehandelt / sonder vns Rahts vnd Bescheids / durch die Churfürstliche abgesetzte Kirchenrähte/ bey der löblichen Regierung
(ausser wölcher wir dazumal von keiner andern Obrigkeit gewust) ordenlicher weiß erholet haben. Dann solten wir hierinnen ettwas für vns selbsten gethon vnd gehandelt haben/ hilff
lieber Gott/ wie vbel wurde vns solches ietzund von vnsern Widersächern gedeuttet werden? Können wir doch also für jhnen
nicht sicher sein / da wir doch den ordenlichen Weg gegangen:
was wurde dann geschehen sein/ wann solchs von vns were vnderlassen worden?

Ob schon aber zu der zeit / da vnser Gnädigster Fürst vnd
Herr / noch nicht in die Churfürstliche Regierung getretten
gewesen / wie dann auch zuuor / nämlich bey lebzeitten Ihrer
F. G. Herrn Bruders / des Churfürsten / seligster Gedächt-
nus/ auch nicht geschehen/ auß vor erwehneter Vrsach/ Hochgedachter Irer F. G. von vns in precibus nostris publicis,
nicht eben mit Namen gedacht worden: So mögen wir doch
hierüber alle verstendige Christen vrtheilen lassen/ ob solches an

Ddd iij   vns

vns zu tadlen vnd zuſtraffen/ vnd ob vnſere Widerſacher deſſen
darumb befůgt/ daß ſie vns in jrer Gegenwarnung/ in der gantzen Chriſtenheit außſchreien / wir haben fůr Jre F. G. zu bitten vns beſchweret vnd gewegert.

Sie ſeien aber ſo keck / vnd nennen vns einen einigen Sonn
oder Feirtag / Mitwoch oder Freitag (zu wölcher zeit dann die
preces publicæ von vns verrichtet worden) deren Jhrer F. G.
nicht mit Namen in dem gemeinen Gebett were gedacht wor-
den/ ſo wöllen wir alsdann jnen recht vil gewonnen geben/ vnd
gern leiden/ dz wir deßwegen von jnen in der gantzen Chriſtenheit außgeſchrihen/ vnd auff das allerårgſte/ vnd vbelſte traduciert werden. Allweil ſie es aber nicht thun (wie ſie es dann in
Ewigkeit mit Grund der Warheit nicht thun werden können)
können wir nicht ſehen / wie ſie ſich gnugſamlich verantworten
möchten/ da ſie bezüchtiget werden ſolten/ daß ſie calumnioſè,
vnd mit Vngrund vor der gantzen Chriſtenheit / in jhrer Gegenwarnung von vns haben außgeben dörffen/ wir haben nicht
ehe für J. F. G. bitten wöllen/ biß daß vns deßwegen ein Befelch auß der Cantzley zukommen.   Vnd ſouil auch von diſer
vngegründten löſterlichen Bezüchtigung.

Es bezüchtigen vns diſe Gegenwarner ferrner / wir haben das mündtlich Colloquium, vnd begerte Geſpråch / mit
zimlichem Trutz abgeſchlagen/ vnd zu vnſerer beſchönung vnd
Außflucht vil Conditiones vnnd Bedingung fürzuſchlagen
vns vnderſtanden. Sie thun vns aber hiemit vor Gott vnd der
gantzen Chriſtenheit Gewalt vnd vnrecht/ vnd reden vnd ſchreiben diß wider jr eigen Gewiſſen.

Dann als vns in der Churfürſt. Cantzley/ den 4. Decemb.
zuerſcheine/ Abends zuuor angekündt/ vnd wir wol verſtanden/
daß es biß dahero offtgemelten vnd außgeſchrihenen Colloquij, vnd Geſprächs halben zuthun ſein würde : Seind wir
Kirchendiener denſelbigen Abend noch hierüber zuſamen kom-
men/

men / vnnd haben vns einmütiglich miteinander verglichen/
daß wir mit Ihrer F. G. Predigern colloquieren / vnd vns in
ein Gespräch einlassen wolten / wie wir dann auch der Meinung in die Cantzley kommen / vnd zuuor des Gesprächs im
gemeinen Gebett/ nach gehaltener Frühpredigt/ offentlich auff
der Cantzel/ vor der gantzen Kirchen/ damit es der Warheit zu
befürderung abgehn möchte/ meldung gethon worden.

So haben auch die Gegenwarner selbsten/ mit ihren eigen
Ohren angehört / daß nach geschehener Proposition/ vnserm
Gnädigsten Fürsten vnd Herrn/ wir für solche Anstellung eines Christlichen Colloquij vnderthänigst gedanckt/ vnd vns
alsbald gehorsamlich darzu erbotten haben : Dennoch dörffen sie wider ihr eigen Gewissen schreiben/ wir haben allerding
mit Trutz dasselbige abgeschlagen / da wir doch vil mehr mit
aller Vnderthänigkeit vnd Bescheidenheit / ja zum offtermal/
vmb/ vnnd durch Gottes willen/ vmb gnädige Audientz / vnd
fleissige Berathschlagung diser hochwichtigen Sachen/ vnd
vmb einen rechtmässigen Proceß allein gebetten vnd angehal-
ten/ vnd gar keinen Trutz oder Hochmut gebraucht haben.

Vnd warauff solten auch wir wolgeplagte/ vnd arme Kir-
chendiener/ in so wichtigen vnd gefährlichen Handlungen getrutzt vnnd gebocht haben? Wir haben mit betrübtem Hertzen
vil mehr gesehen/ daß sie mit grossem Vbermut vnd Trutz wider vns / illegitimè & inordinatè procediert / vnnd vns auff
das allergrewlichst vnnd geschwindest zubeklagen fortgefahren / ehe vnd dann wir vnsere Christliche / vnd hoch notwendige Red vnd Erinnerung geendet / vnd zuuor gnugsam/ vnd
nach Notturfft seind gehöret worden / vnnd alles zu ihrem
Vortheil/ vnd nur dahin gerichtet/ daß bey vnserm Gnädigsten Fürsten vnd Herrn wir prægrauiert/ vnd verhaßt gemacht
würden.

Darumb

Darumb wir dann auch desto mehr für rahtsam vnd nöttig geachtet / ettliche gewisse Bedingung vnd Conditiones, vnserm Gnädigsten Fürsten vnd Herrn vnderthänigst (jedoch Ihrer F. G. vnuergreifflich) fürzuschlagen. Wölche (wie alle verstendige vnnd fridbegürige Hertzen verstehn) diser grossen Sach fürträglicher / dann jhr inordinatus processus seind: Nämlich vnd zum ersten / daß materia Colloquij weren die articuli de persona Christi, & sacra Cœna, von der Tauff/ prædestinatione, vnd dergleichen mehr. Zum andern/ daß die probationes nur ex Verbo Dei genommen wurden : wolte man Patrum testimonia allegiern / solten sie doch sub Verbo Dei sein/ vnd ferner nicht gelten / als sie Verbo Dei muniert werden. Zum dritten / daß gewisse vnpartheijsche Notarien darzu verordnet/ die alles mit fleiß auffzeichneten /was von beiden theilen eingebracht vnd gehandelt / vnd allen Abend collationiert / damit die Acta integra. Zum vierdten / daß ein jeder theil in Schrifften seine Sach syllogisticè fürbrächte / alles weitläuffige vagieren zuuermeiden . Zum fünfften / daß es vtrinque zum mehsten bey dreien Einbringen / auff vorgesetzte weiß bleibe/ daß es muß ja alles seine maß haben. Zum sechsten/ daß auch vnsers theils vnd Bekandtnus/ ettliche glaubwürdige Testes möchten darbey sein. Zum sibenden/ daß gewisse Collocutores verordnet / vnnd daß nicht einer dem andern in die Red fall. Zum achten/ vom Richter/wer der sein solle/ vnd von der Execution / dann ein theil nicht gleich pars vnd Iudex in propria causa sein kan.

Vnd haltens gäntzlich noch darfür / daß alle Gottselige Hertzen /wölche die Warheit/ Frid vnd Einigkeit der betrübten Kirchen lieben/ vnd zufürdern begeren/ werden mit vns bekennen/ daß dise Conditiones zu einem Christlichen Gespräch sehr nutzlich/ vnd hoch notwendig/ vnd nicht zu thadlen/ schädlich oder vndienlich seien. Dann man ja alles in solchen wichtigen

eigen Sachen/ die Gottes Ehr/ vnser Gewissen/ vnd Seelen
Heil vnd Seligkeit antreffen/ legitimo processu, & iusto ordine, & modo, & cum summa obseruantia, anfahen vnd
verrichten solle/ vnd nicht also illotis manibus, vnd vngestümmer weiß hinein plumpen: dardurch vil mehr Weitläuffigkeit
vnd Nachtheil zu beiden theilen verursacht/ dann ettwas guts
gefürdert würdt.

Vnnd wundert vns an disen Gegenwarnern nicht wenig/
daß dieselbige das jenige / was sie der gantzen Christenheit in
jhrer Admonition dörffen fürschreiben / vnnd recht heissen / so
bald vergessen haben/ vnd an vns vnrecht heissen / noch dasselbige selbs gegen vns thun wöllen: Da sie dann / nach diser vnserer Meinung / fast dergleichen Conditiones zu den Colloquijs vnd Synodis nutzlich erachten / vnd sonderlich darauff
tringen / daß man schrifftlich / vnd nicht mündtlich / in so hohen wichtigen Sachen mit einander zu beiden Theilen solle
handlen. Ire wort lautten also: In omnibus rebus serijs, dif- *Pag. 427.*
ficilibus, & periculosis, cauenda est extemporalitas, & præ- *Verba Admo-*
cipitantia, maximè autem in controuersijs Ecclesiasticis: *nitionis.*
Auff solche vnd dergleichen weiß zuprocedieren/ möchten man-
cherley Vngelegenheitten vermitten werden / wann man von
wichtigen dingen/ in angehör viler der Sachen verstendiger/
verwandter vnd Widersacher/ auß vnbedachtem Mut soll ant-
worten/ bißweilen auff scharpffe/ spitzige/ stachlige/ vnd schein-
bare Einreden/ so ist selten ein Man so schnell bedacht/ vnd so
kaltsinnig/ der nicht zu zeitten in Gedancken/ oder in worten
zweiffelt oder stutzet / oder an ettwas nicht gedencket: daß also
nicht das jenige also geredt würdt/ wie die Sach erfordert / vnd
wie es auß guttem Bedacht geredt were worden: vnd wenn
gleich eins geräht/ so gerahten drey dargegen nicht: da werden die Gemütter bewegt / jetz durch Schew / jetz durch Vn-
mut / jetz durch achtung auff die Zuhörer: da führt ein listi-

Eee   ger

ger Widerſacher ab von der Sachen / daß vil durch einander
geprocket würdt / das verlengerung vnd verwicklung vnd vnordnung der Diſputation bringt : da laufft manches wort mit
vnder / das darnach die Colloquenten gerewet : würdt manches geredt / das den andern Partzuerwandten mißfelt : manches vbergangen / daß ſie gern wolten / daß es gemeldet wer: Da
muß man in die Federn reden / daß die Notarij können folgen /
vnd der Red offt iren natürlichen Lauff / Art vnd Verſtändt-
ligkeit nemen : ſoll man dann eines jeden Meinung inſonderheit hören / die ihm vnbedachts einfelt / ſo muß ſolches dings
noch vil mehr geſchehen / vnd gröſſere Verwirrung / lenger vnd
hefftiger ſich zutragen : Ja es widerfehret bißweilen auch geſit-
tigen vñ beſcheidenen Leutten / daß in der Hitz des Kampffs / die
Pferdt dem Furman den Zigel nemen / vnd werden alſo durch-
ſtechen vnd beiſſen / vnd ſchreien / die Sachen mehr verwirzet /
biß endtlich weder die Diſputanten / noch die Zuhörer wiſſen /
wa ſie darinnen ſtecken / vnd eintweder vergeſſen / oder nichts
verſtehn / was geredt iſt worden / vnd manches / das vbel oder
vngleich protocolliert iſt / newe Hinderung einwirffet. Biß hieher die wort der Admonition.

Diſe ihre eigne wort / haben wir auß irer Admonition hiehero ſetzen wöllen / auff daß man hierauß ſehe / daß nach ihren
ſelbſten eignen worten / wir in diſer großwichtigen Sachen /
nicht vnbillich oder vnrecht gethon / daß wir nicht anderſt /
dann ſchrifftlich mit ihnen handlen / vnd in ein ſolches vnor-
denliches weſen vnd Handlung / nicht ohne vorgehnde Vergleichung eines rechtmäſſigen Proceß / haben einwilligen /
noch vns einlaſſen wöllen: ſonderlich dieweil wir auch wol geſehen / wie ſchlipfferig vnd verſchlagen ſie in ihren Reden ſeien /
vnd daß ſie ihre geredte wort leicht verdrehen / vnd verwechs-
len / alſo / daß wir nach vilfältiger Vnderred dannoch noch nicht
hetten

hetten wissen mögen / was wir an jhnen hetten / vnnd wabey
oder warauff die Sachen beruhen / vnd warnach man sich zurichten hette/ oder nicht.

Es thun aber auch dise Gegenwarner in jhrer Schrifft/
des Senior Rahts meldung / vnnd geben nicht mit geringer
Verbitterung für / wir seien so schew vnd fridhässig gewesen/
daß wir auff jhr erbietten / vnnd der Obrigkeit Befelch mit
jhnen im Senior Raht zusitzen / oder das geringste mit jhnen
zuthun vnd zuhandlen/ vns difficultiret / vnd mit harten worten sollen haben geantwortet / wir wolten mit den Vnglaubigen nicht an einem Joch ziehen.

Es kan aber (Gott lob) auß gepflognen Handlungen/
vnd in disem Fahl vbergebenen vnderthänigsten Supplica-
tionen / vil ein anders / dann sie diß fahls fürgeben / erwisen
werden.

Dann ob gleichwol den dazumal verordneten Eltesten/ auß
gehabter Churfürstlicher/schrifftlicher Instruction frey gestellet gewesen/ nach außgang jedes Jars / an statt des abgehnden
halben theils der Eltesten / andere newe zuerwöhlen/ vnd dieselbige auff das newe Jar der Christlichen Kirchen zuuerkündigen : Jedoch haben ohne der Churfürstlichen Pfaltz gnädig-
stes Vorwissen vñ Bewilligung / die Seniores auß eignem gut
geduncken vnd Freiheit/nichts vornemen oder handlen/ sonder
wie zuuor alle zeit/ gebürlich/ an statt eines abgehnden / andere
zwen/ vnserm Gnädigsten Fürsten vñ Herrn fürschlagen wöl-
len/einen auß denselbigen zubesteiigen. Nachdem aber Ire F.
G. den letsten Decembris, gnädigst jhnen ein verzeichnus zukommen lassen/ darinnen solche Personen/ in den Senior Raht
erwöhlt/ wölche wed nach gehabter Instruction/noch gebreuch-

Eee ij   licher

licher Ordnung haben können verkündiget werden/ vnd darneben durch Herrn Petrum Struppium, dazumal Kirchenrahts
Secretariũ, ettlichen auß dem mittel der Eltesten/ in des Herrn
Cantzlers Namen angezeigt wordẽ/ im fahl sie in solcher Verzeichnus bedenckens hetten/ wolte Ihre F. G. ehe den Senior
Raht dißmal einstellen: als habe die verordnete Seniores, noch
desselbigen Abends/ zwen auß ihrem Mittel zu einem Cammersecretario abgefertiget/ denselbigen zubitten/ daß er in gedachtes Senior Rahts Namen/ vnsern Gnädigsten Fürsten vnd
Herrn bitten wolte/ Hochgedachte Ire F. G. wölle doch irer/
mit solcher Proclamation gnddigst verschonen/ auß denen Vr-
sachen/ so dazumal gedachtem Cammersecretario vermeldet worden: wölches auch der Cammersecretarius zuthun/ vnd Irer F.
G. das fürzubringen versprochen hat: sampt angehefftem Be-
felch/ daß innerhalb wenig Tagen/ der Senior Raht selbsten/
eintweder mündtlich/ oder schrifftlich/ solches bey Irer F. G.
selbsten suchen wölle. Haben derowegen gedachte Seniores,
solches bey Höchstgedachter Ihrer F. G. mündtlich zuerrich-
ten/ Herrn Paulo Schechsio, vnd einem andern auß ihrem
Mittel auffgetragen/ vnd nicht anderst gemeinet/ dann dasselbige seie nach Notturfft verrichtet. Als aber durch Beurlaubung gedachtes Herrn Pauli solches verhindert vnd vnderlas-
sen/ kompt von vnserm Gnädigsten Herrn/ ꝛc. den 17. Febr.
Befelch an D. Wilhelmum Zimmerman/ die von Ihrer F.
G. erwöhlte Eltesten/ den 19. Februarij zuuerkündigen/ darauff alle Seniores einhelliglich vnd vnderthänigst/ durch eine
kurtze Supplication gebetten/ Ihre Fürstl. G. wölle solche
Proclamation/ noch ein klein Zeit einstellen: Haben auch
vber wenig Tag hernacher in einem außführlichen Schreiben Bericht gethon/ vnnd sich auff das demütigest ent-
schuldiget/ warumb sie bona conscientia, vnnd salua in-
structione, denen von Ihrer Fürstl. G. fürgeschlagenen

Perso-

Perſonen nicht beywohnen kündten/ dieweil nämlich/ wider die
Inſtruction vnd alte herkommen/ an ſtatt zweier fürgeſchlage-
ner/ auß wölchen einer ſolte erwöhlet ſein worden/ andere zween
verordnet ſeien/ dardurch dann eintweder die zahl der Senio-
rum numero zu groß/ oder aber alle alten müſſen abgeſchafft
werden: Darnach daß die/ ſo zuuerkündigen waren/ nicht ordentlich auß allen Coiſuniteten/ wie von nötten/ gezogen/ ſondern jhrer vil ſolchen Emptern vnnd Orten zugeſchriben/ darinnen ſie doch nicht zuſinden geweſen: Zum dritten/ daß ſolche
Perſonen/ ſo vns auffgetragen/ der mehrertheil vnſer Chriſtlichen Religion vnd Kirchenordnung nicht zugethon/ oder verwandt geweſen/ zu wölcher Erhaltung vñ Fortpflantzung/ doch
der Senior Raht/ ſampt der Inſtruction verordnet geweſen:
Sonderlich aber dieweil der Elteſten Raht nicht ein politiſch
Werck/ ſonder durchauß ein geiſtlich Conſiſtorium ſein ſolte/
darinnen von Religionſachen/ vnnd nicht von weltlichen/ gehandlet werden ſolte/ könne es mit nichten geſchehen/ daß beides wir vnnd aduerſariæ partis Prediger/ die in den vornembſten Puncten Chriſtlicher Lehr ſtrittig/ ein anderbeywohnen
könten/ dann darauß vnder beider ſeits Lehrern/ vnd dem gantzen Conſiſtorio vil mehr Trennung/ Vneinigkeit vnnd Zwi-
tracht/ bey den Zuhörern aber grewliche Ergernus entſtehen
wurde/ dann ettwas guts ſolte erbawet werden.

Vnd ſolche der Elteſten vnderthänigſte Supplication/ iſt
vnſerm gnädigſten Fürſten vnnd Herrn ſelbſt/ den 25 Ianuarij
vbergeben worden/ in wölcher nicht nur wir arme Kirchendiener allein/ ſonder alle verordnete Elteſten ſamentlich auß allen
Ständen/ nicht auß ſchew oder fridhäſſigem Gemüt/ (wie vnſer Gegentheil fürgibt) ſonder auß tringenden Vrſachen/
Ihrer F. G. als jhrer vilgeliebten Obrigkeit/ geflehet vnd gebetten haben/ ſie wölle mit der Verordnung der newen Elteſten
gnädigſt jhrer Gewiſſen vnd Glaubens Bekantnuß verſcho-

Eee iij   nen:

nen: Vnnd sich so gar der Obrigkeit Befelch nicht halßstarrig
widersetzt/daß sie/die Seniores, auch auff das stehenlichst ge-
betten/Ihre F.G.wölle eintweder den Eltesten Rahte/auß denen von ihnen fürgeschlagenen Personen (wie gebräuchlich)
ergentzen/oder aber die Sachen dahin richten/daß/wie jetzund
zweierley Religion allhie gelehrt/also auch zween Senior Rähte möchten angerichtet werden.

Als aber auff dise vnderthänigste Supplication/auß Churfürstlicher Pfaltz Cantzley Befelch den Senior Rähten zukom-
men/hinfürther alles Senior Rahts sich zuenthalten/vnnd sich
nicht weiter/mit interminierter Straff/in einige Senior Rahts
Versamlung finden zulassen/haben sie/mit vns Kirchendiener/
auff empfangenen ernstlichen Befelch vnderthänigst/vnnd ge-
horsamlichst sich erzeiget/vñ des Eltesten Rahts bißanhero sich
gäntzlich enthalten. Gibt also die gantze Handlung vor Gottes Angesicht/vnnd allen verstendigen Christen/gnugsam an-
zeig/mit was Grund vnd Warheit auch in disem Puncten wir
vor meniglich außgeschrien/vnd in der gantzen Welt in offentlichem Truck verunglimpffet werden.

Es hat aber auch vnser Gegentheil sich diser Wort/so
sie auß der Eltesten Supplication anziehen: Man solle nicht
an frembdem Joch ziehen/so hoch nicht zubeschweren. Dann
ja Sanct Paulus allen glaubigen Christen fürschreibet/von
denen sich zuenthalten/die frembde Joch/Lehr/vnd Bekandtnus haben. Daß aber wir vnnd vnser Gegentheil/nicht ei-
nerley/sonder widerwertige/vnnd sie ein andere frembde Lehr/
Glauben/vnnd Joch haben/bezeugen nicht nur allein vnser
Widerpart Predigten/vnd gantze Handlung/sonder auch dise ihre Lösterschrifft/darinnen sie sich ja frembd gnug wider vns
erzeigen/vnnd beweisen.

Es ge-

Es gedencken auch die Gegenwarner der newlichsten Disputation/so allhie zwischen vns vnd jhnen in Auditorio Philosophico ist gehalten worden/vnnd dörffen sich frey offentlich rühmen/als ob wir darinnen nicht allein/ordentlicher/rechtmässiger weiß/vnnd nach Notturfft/gehöret/sondern auch Irthumb zum überfluß überzeuget/vnd überwisen worden.

Hie begegnet vns von vnserm Gegentheil/das wir lengest besorget haben/nämlich/wann wir vns one ein legitimum processum zugehörige Notarien vnd Zeugen/vnd competente iudice/mit jhnen in ein Gesprech oder Disputation einlassen solten/daß nicht allein kein nutz vnnd Besserung darauß zu hoffen/sonder je lenger je mehr weiterung zufürchten sein würde. Haben vns derhalben je vnnd allwegen gewegert/in ein solche vortheilhafftige vnnd pärtheische Handlung zu begeben/darinn vnser Gegentheil beides Kläger vnnd Richter sein solte.

Vnnd wiewol wir auch angeregter Disputation halben zeitlich bedenckens gehabt/vnnd eben das besorget/das vns jetzt von den Gegenwarnern begegnet: So haben wir doch vnserm gnädigsten Fürsten vnd Herrn Gehorsam leisten/vñ auff Irer Fürstlichen Gnaden Zumuttung/dise Collation mit vnserm Gegentheil angenommen.

Wir können aber vns nicht gnugsam verwundern/daß die Gegenwarner dise Disputation so hoch rühmen/vnnd zu jhrem Glimpff anziehen dörffen/wölche doch also geschaffen/vnd einen solchen Außgang erreichet/daß sie sich deren vil mehr zuschämen hetten.

Vnd dieweil zubesorgen/vnser gnädigster Fürst vnd Herr/werde villeicht durch vngleiche Bericht/von vnserm Gegentheil eingenommen sein/als hoffen wir/vnnd bitten/vnderthänigst/Ire Fürstliche Gnad wölle vnsere notgetrangte/Gegenantwort von diser gantzen Handlung/gnädigst annemen.

Er

Es haben die Herrn Academici so wol / als wir für ein
Notturfft gehalten / zu einer solchen Disputation / darin man
nicht allein / wie sonst in Schulen bräuchlich / ein stund oder ettliche von den Gründen jeder Facultet / gleichsam in frembder
Person / vnd allein vmb übung willen / redet vnd handlet / sonder
da es ernst sein / vnnd ein jeder seines Glaubens / darauff er zu
sterben vnnd zuleben trawet / Rechenschafft geben solle / glaub-
wirdige Notarios vnd Testes zubestellen / vnd zu beeidigen / deßhalben auch die Vniuersitet ettliche Leut darzu bestellet / solches
in der Cantzley angemeldet / vnnd begeret auff vnsers Gegentheils Seitten / auch dergleichen zuthun / damit alles / was da geredt vnd gehandlet würde / ordenlich / fleissig vnd trewlich auff-
gezeichnet / vnd wa es von nötten / andern Kirchen vnd Vniuersiteten zuurtheilen überschickt würde : Wölches je vnserm Gegentheil / wo fern er seiner Sachen nicht mißtrawet / nicht wenni-
ger als auch vns / wol anzunemen gewesen.

Es haben aber die Herrn Rähte solches billiches / vnd bey-
den Theilen vnuergreiffliches begeren / rund abgeschlagen / vnd
beuolhen / die bestimpte Notarien vnd Zeugen wider abzuschaffen / darauß wir ja anfenglich anders nichts schliessen können /
dann daß vnser Gegentheil das Liecht / vnd vnpartheischer Leut
Vrtheil schewe / vnnd allein durch einen Scheinhandel / vnnd
Disputation gern Ruhm an vns erlagen / vnsere Sach grauieren / das Vrtheil in jhren Händen behalten / vnnd darnach vnserm gnädigsten Fürsten vnd Herrn / in vnserm Abwesen / eines
andern / vnd was jnen gefällig / bereden wöllen.

Wie dann solches auch in der ersten Action erschienen / da
D. Ehem Cantzler zur rechten / vnnd Tossanus zur lincken gesessen / vñ jedes mahl / weiß Gott wol / was oder wie trewlich / referiert. Deßgleichen zum Beschluß der Disputation / da D.
Ehem eben vor vnserm gnädigsten Fürsten vnd Herrn / vnnd
dero F. G. Rähten / auch dem gantzen Auditorio / offentlich
gesagt

gesagt/sie hetten hochgedachter Ihrer F. G. vnderthänigst re-
feriert/was die tag vber gehandelt worden/vnnd gleich drauff
vnsere Lehr condemniert/vnd den Gegentheil iustificiert/Vnd
weil solches in Ihrer F. G. Namen vnnd Gegenwart/vor dem
gantzen Auditorio geredt worden/müssen wir besorgen/die
Disputation sey Ihren F. G. vil anders fürkommen/als sie
an ihr selbs ergangen. Vnnd ist vns souil desto beschwerlicher/
daß wir eben die/so sich in vnsers gnädigsten Fürsten vnd Herren Abwesen/die gantze Disputation vber/vnserm Gegentheil
zum besten/vns aber allenthalben preiudicialiter erzeigt haben/
für Referenten vnnd Richter in diser Sach leiden sollen vnnd
müssen: Sonderlich/dieweil wir/die wir vns Ihrer F. G. Ver-
hör/Schutz vnd Schirm/aller Billigkeit nach/zugetrösten haben solten / in der Relation aller ding vmbgangen sind worden.

Wann wir dann gleich solches vmb glimpff/vnd mit Verkleinerung vnserer Personen verschweigen/vnnd in vns fressen
wolten/so redet doch das Werck an jhm selber. Vnnd sind wir
schuldig vmb der Ehr Gottes/vnd der Warheit willen/solches
zuuermelden / wie vbel es vor aller Christen Ohren lauttet/daß
jme vnser Gegentheil nicht allein nach vollendter Disputation/
sonder auch in werender Disputation / in publico Collegio
Philosophico, vnnd von der Cantzel zum heiligen Geist/den
Preiß des erlangten Sigs zugeschriben hat. Demnach befrembdet vns nicht wenig/daß die Gegenwarner die fürgegangene
Disputation ein freie offentliche Disputation nennen dörffen/
als darinn wir nach Notturfft vnd zum überfluß gehöret/vnnd
vnsers Irthumbs überzeuget worden/da jhnen doch jhr eigen
Hertz vnd Gewissen vil ein anders sagt.

Wir gestehen/daß nicht allein alle Professores Vniuersitatis, vnd insonderheit die Theologen zu diser Disputation in-
uitiert/vnd prouociert/sonder jhnen auch sampt vnd sonders in

Fff   allen

allen Faculteten aufferlegt/ihre argumenta fürzubringen/deß-
gleichen seind auch den Kirchendienern die propositiones zu
Hauß geschickt/vnnd in der Disputation vns ettlich mahl offentlich gesagt worden/vnser gnädigster Fürst vnnd Herr wöl-
te/daß alle vnd jede nach einander gehöret werden. Wie wir nun
vnsern Glauben/Lehr/vnnd Bekantnus/nicht heimlich gehal-
ten/oder geschewet/drumb Rechenschafft zugeben: Also sind
beides/die Academici vnnd Kirchendiener/auff ihrer Fürstlichen Gnaden begeren/vnderthänig erschinen/vnnd der Disputation vom Anfang biß zum End außgewartet/vorhabens
ihre Lucken zuuertretten: Haben sich auch versehen/man würde sie des Gegentheils prächtigem erbieten nach/freundtlich
vnd notturfftiglich gehört haben.

Vnnd zwar D. Grynæus erbotte sich nicht allein mit dem
abwesenden D. Timotheo Kirchnern zudisputieren/son-
der prouocierte auch namhafftig den gegenwertigen Doctorem Petrum Patientem, da es aber ans treffen gieng/vnnd
Patiens vorhanden/vnnd bereit sich mit ihme einzulassen/hat
man ihn vber alles ermanen nicht hören wöllen.

Als es an D. Philippum Marbachium gelanget/hat er
ihme fürgenommen/alle propositiones zu examinieren/vnnd
zudisputieren/vnnd sich der massen erzeiget/daß auch der
Præses selber/seine sonderliche Geschickligkeit/vnnd Fürsich-
tigkeit in disputando, vor dem gantzen Auditorio gerühmpt/
vnnd den ersten tag frey offentlich zugeben/daß Christus/
warer G O T T vnnd Mensch/in Einigkeit der Person/
hie vnden auff Erden/bey der Außspendung der heiligen Sacrament warhafftig gegenwertig were/nach seiner Gottheit
zwar für sich selbs/vnd auß eigner Krafft/nach seiner Mensch-
heit aber/von wegen der persönlichen Vereinigung/vermög

der

der Wort der Verheissung in der Einsatzung des H. Abende-
mals/exclusa tantùm immensitate carnis Christi: aber gleich
den andern tag widerruffen vnnd geleugnet/ wie das dem gantzen Auditorio bewust.

Als er auch gemerckt/daß er sich von Doctore Marbachio
nicht könte loß würcken/ wann er in seinem angefangenem Methodo fortfahren/ ein Proposition nach der andern fürnem-
men/vnnd examinieren würde/ vnnd sonderlich/da er jhme wider den dritten Aphorismum der fünfften Proposition/ auß
des Gegentheils Schrifften dargethon/ vnnd erwiesen/ daß
sie die Wort der Einsatzung nicht für den waren vnnd vnbe-
weglichen Grund in diser Sachen hielten/ sieng er ein grosse
Klag an/ vnnd tribe die Sach dahin/ daß Doctor Marbach
muste seiner Schlußreden neunzehen überhupffen/ vnnd seines
gefallens die Frag von den Sacramenten des alten Testaments in der 24. Proposition fürnemmen/vnd jhme seine vermeinte Gründe widerlegen/ vnnd endtlich die war Gegenwer-
tigkeit/ des Leibs vnnd Bluts Christi im heiligen Abendtmal/
beweisen/ vnnd abermahl vnerörtert diser Sachen auff ein andere Frag von der mündtlichen Nüssung fallen muste: biß man
jhme endtlich gar stillschweigen aufferlegt/ vnnd Doctori Iacobo Schoppern/ letzlich auch Doctori Wilhelmo Zimmerman ein kurtze zeit zuopponieren erlaubet.

Wir wöllen nicht den gantzen Proceß beschreiben/ was
zu beiden Theilen für Reden vnd Antwort ergangen/ wie Grynæus durch Zeugnus der heiligen Schrifft/vnnd der alten Kir-
chenlehrer ettlich mahlen gestecket/ vnnd eingetriben/ daß er
zu seiner Loßwürckung vngereimpte Reden bestettiget/ vnnd
gebilichet/ nämlich: Non entis esse accidentia: Manna vnd
andere solche Zeichen des alten Testaments seien/nach dem ei-

gent-

gentliche Verstandt des Worts zureden / solche Sacramenta,
wie die Tauff / vnnd das heilige Abendtmal im newen Testament: Die Rede / GOTT ist Mensch / vnnd / Mensch ist
GOTT / ꝛc. seie figürlich: Die Vätter seiend anderst zuuerstehen / als sie mit Worten geschriben: Item / der Leib Christi seie vns im heiligen Abendtmal anderst nicht gegenwertig /
dann allein intellectui, dem Verstande vnnd den Gedancken:
Vnd letstlich / den mehrer theil aller Einreden mit Sacramentlichen / das ist / wie er sich erkläret / figürlichen Reden / verantwortet.

Das können wir aber ohnangezeigt nicht lassen / wölches
vns in gemelter Disputation am beschwerlichsten gefallen / daß /
ob wol alle Professores, Theologi, vnd Kirchendiener prächt-
tig gnug zu disputieren erfordert / vnnd sonderlich Philippus
Fellsinius, vnd M. Dionysius Oehem, mit verweißlichen Worten / vorm gantzen Auditorio prouocirt worden / (wie sie sich
dann auch / vngeachtet der obligenden vilfältigen Kirchen-
geschäfft in der Carwochen / gehorsamlich vnd willig eingestelt)
daß dannoch neben den zweien Candidatis Theologiæ, M.
Cöllino, vnnd M. Seitzlero, nicht mehr dann drey D. Theologiæ, Marbachius, Schopperus vnnd Zimmerman / locum
vnd Audientz erlangen mögen / vnnd das anderer gestalt nicht /
dann wie es vnserm Gegentheil gefellig gewesen / nach dero
Befelch haben sie müssen anfahen / abbrechen / ihren fürgenommenen Methodum fallen lassen / an einem andern Ort anfahen / auch nach ihrem Willen vnnd Befelch richten / vnd ehe sie
einige Frag zum end geführet / das Maul gar halten: dessen
wir vns ja billich in einer solchen Sachen zubeschweren / vnnd
zubeklagen haben / sonderlich weil die Gegenwarter dise Disputation für eine solche solennem Actionem zum præiudicio anzlehen wöllen.

Wie

Wie löblich vnnd rhůmlich es auch vnserm Gegentheil/
sonderlich aber dem Præsidenten angestanden / die Disputation vnuersehener vund vnuerwarnter Sach zu abrumpieren/
ehe die prouocierte vberige vier Kirchendiener gehört / vnd den
Professoribus Vniuersitatis , die nicht allein auffgefordert/
sonder auch willig vnd bereit gewesen / auff des Grynæi absur-
da Theologica vnd Philosophica zu antworten / Audientz ab-
zuschlagen/ vnd sie auff ein priuat Colloquium, das er auch
noch auff den heuttigen Tag nicht gelaistet/ zuuerweisen/ dauon wöllen wir andere Leut vrtheilen vnd sagen lassen/ wölche
diser Disputation beygewohnet/ vnd sich sonst auff solche Sachen versiehn/ auch ohne affect vrtheilen können.

Wir vnsers theils sagen vnuerholen/ ob wol vnser Gegentheil immer vil disputierens/ vnd colloquierens fürgeben/ vnd
einfältige Leut vermeinet zubereden/als ob wir das Liecht scheu-
heten/ daß sie doch alles dahin gerichtet/ damit sie nicht allein
Part bleiben/ sonder auch Richter in eigner Sach werden
möchten.

Doch rewet vns die Zeit/ die wir bey diser Disputation ver-
schlossen haben/ in disem Fahl gar nicht: verhoffen auch/ wie
verschlagen vnser Gegentheil die Sach geführet/es sollen doch
zum wenigsten jung vnd alt/ auß fürgangener Disputation ge-
spůret haben / wölches Theil bessern Grund seiner Meinung
habe: Wissen auch/daß durch Gottes Gnad/ettliche Studiosi,
die zuuor vnserer Bekandtnus zuwider gewesen/ als sie vnsere
Beweisungen/ vnd des Gegentheils Vngrund in diser Disputation gehöret/ nicht allein näher zu vns getretten/ sonder auch
vnsere Christliche Bekandtnus darauff gar angenommen/ vnd
sich frey vernemen lassen/ sie hetten vermeinet/ die Caluinisten wurden jrer Meinung bessern Grund in heiliger Schrifft
haben/ als sie in diser Disputation fürbracht.

Auß wölchem allem dann erscheinet/ daß vilerwehnte Dis-

putation/

putation / wölche der Gegentheil nach seinem wolgefallen / vnd
allenthalben zu seinem Vortheil angestellet / vnd jhm dannoch
zu letst selbst recht vnd gewonnen geben hat / kein freie offentliche Disputation / oder gnugsame Verhör / sonder vil mehr ein
gefährliche vnd zugenöttigte vexatio, vnd hinderlistige schein-
handlung zunennen / dardurch man vns / vnd vnsere Lehr / vnderstanden zu schanden zumachen / wann es Gott nicht selbst
gnädigst verhüttet hette. Im fahl man auch gleich jhr den Namen einer freien vnd offentlichen Disputation einraumen solte vnd müste / so darff sich doch vnser Gegentheil dessen / was
sie darinnen gewonnen / nicht fast rhülmen.

Dann ob sie wol allen Vortheil auff jhrer Seitten eingenommen / vnd alles pro imperio mit vns gehandlet / sich selbs
zu Referenten vnd Richtern gemacht / so ist jnen doch offentlich
durch vns arme Diener gezeigt / wie krefftig Gottes Wort seie
die Irrthumb zu widerlegen / vnd wie sich die Warheit an jren
Feinden pfleg zurechen. Vnd haben eigentlich durch dise Disputation anders nichts außgerichtet / dann daß sie jhre Practi-
ken vnd Anschläge / dadurch sie vnsere Christliche Lehr vnnd
Bekandtnus vnderzutrucken vnd außzutreiben vnderstanden /
offentlich verzahren vnnd an Tag gegeben / daß es nunmehr
(Gott lob) jung vnd alt gemercket / vnd mehr als zuuor dauon
zusagen weißt.

Daß sie vns auch fürgeworffen / wir haben vns in vnsers
Gnädigsten Fürsten vnd Herrn Gemach / zimlich vngestallt erzeiget / Lieber Gott / was zeihen sie vns / daß sie vns mit solchem
jhrem offentlichen Außschreiben in der gantzen Christenheit /
nicht allein bey niders / sonder auch bey hohes Standes Personen / außruffen vnd verunglimpffen / als wann wir die vnge-
stümmeste vnnd vngehobelste Leut weren / die nicht leichtlich
zufinden.

Nun ist es ohn not / daß wir alles hie erzöhlen / was gemel-
tes

ter vnser Gnädigster Herr mit vns in Ihrer F. G. Gemach/
durch Irer F. G. Cantzlern D. Christoff Ehem handlen laſſen. Es ſollen ſich aber die Gegenwarner erinnern/ daß wir in
derſelbigen Handlung Ihrer F. G. ihre gebürende Titul (anders vns nicht bewußt) gegeben/ vnd da wir beſorgten/ daß wir/
als Theologi, die Ceremonias aulicas mit den Titulis nicht
alſo treffen möchten/ ſo haben Ire F. G. wir vnderthänigſt im
Exordio gebetten/ da wir/ als die wir vor Fürſten vnd Herrn/
zu reden vngewohnt weren/ in den Titulis verſtoſſen vnd verfehlen würden/ vns ſolches nicht zuuerargen: darauff dieſelbige durch gemelten Herrn Cantzlern laſſen antworten/ deßhalben bedörffe es der Sorg nichtes/ Ire F. G. fragen auch demſelbigen ſo hoch nicht nach/ ſonderlich in Religionsſachen. So
haben wir auch Iren F. G. vnderthänigſt angezeigt/ daß wir
vnſere Meinung gut rund/ vnd vnuerſchlagen/ wie wir es in
vnſerm Gewiſſen befinden/ anzeigen/ als trewen Kirchendienern gebürt/ dann wir gedächten Ire F. G. nicht mit verſchla-
genen worten hinder das Liecht zuführen/ vñ vergebenlich auff-
zuhalten/ ſonder richtig zuzugehn vnd zubekennen/ was vns
vnſer eigen Hertz bezeuget/ damit Ihre F. G. wiſſen/ was ſie
an vns haben/vnd was ſie ſich zu vns zuuerſehen. Darauff dieſelbige wider antworten laſſen: Es laſſens Ire F. G. inen ge-
fallen/ daß wir nicht hinder dem Berg halten/ oder verſchlagner weiß handlen/ ſonder vnſere Meinung rund erklären/ wie
dann auch Theologis gebüret/ deßgleichen wölle auch Ihr F.
G. rund mit vns gehn/ damit man einander recht verſtehn
könne. Derwegen wir vns keiner Vngeſtümmigkeit/ in Irer
F. G. Gemach/ wie wir in der Gegenwarnung bezüchtiget
werden/ ſchuldig wiſſen. Wolan/ wir haben bißhero kurtzlich
geantwortet/ auff die vornembſte Vnwarheiten/ Calumnien
vnd Conuitien, mit deren die Gegenwarner vnſere Perſon
antaſten.

Wir

Wir wöllen nun auch kurtzlich auff ettliche jre Calumnien/
vnd greiffliche Vnwarheitten / mit wölchen sie vns / vnsere
Christliche Lehr von der waren Gegenwertigkeit des Leibs vnd
Bluts Christi im heiligen Nachtmal antasten / Bericht thun/
vnd hiemit dise vnsere Schrifft enden.

Sie stechen aber folio 25. auff das allergifftigste auff erst-
gedachte vnsere Lehr / als ob wir dieselbige nicht auß den klaren
vnd gantzen worten der Einsatzung des heiligen Abendtmals/
sonder allein auß des Berengarij Widerruff / durch den Pabst
Nicolaum gemacht: Item auß dem Cardinale Cameracensi,
vnd daß auß den Streitschrifften D. Lutheri solten geschöpfft
vnnd geholet haben. Es nimbt vns fürwar sehr wunder / wa
doch dise Gegenwarner dazumal / da sie dises in jhrer Gegenwarnung geschriben / hin gedacht haben / vnd ob sie auch noch
einige Gedächtnus vnd Verstand dazumal gehabt haben? Haben sie dises so gar in ein Vergeß gestellt / daß dises biß anhero
jrer höchsten Klagen eine/ in disem Stritt de Cœna Domini,
gegen vnd wider vns gewesen / daß wir zur behauptung vnserer
Christlichen Lehr/ einig vnd allein/ also hart vnd hefftig / auff
die helle / klare / ware vnd gantze wort der Einsatzung des heiligen Abendtmals tringen / vnd dieselbige für das einige Fundament vnserer Christlichen Lehr achten vnd halten? Wissen sie
dann nicht mehr / daß jhre Præceptores vnd Vorfahren/ den
vnsern in offentlichen Schrifften habe fürgeworffen: die vnserige werffen jnen drey od vier wort als ein Helenam für: Item/
Cal.cont.Yvestph. Verba Domini esse nobis velut clypeum Aiacis : wir verlassen vns auff Christi wort/gleich wie Aiax auff seinen Schilt

Haben sie so bald eben des jenigen vergessen/ das sie in jhrer
Newstädter Admonition/ die sie allererst vor dreẽ Jaren/ wider das Christ-
Buch/Pag. 94. liche Concordi Buch/ wölchem wir subscribiert/ geschriben/
vns fürwerffen / daß wir nichts können/ dann nur allein die
wort des heiligen Abendtmals im Mund führen/ vnd darauff
tringen:

eringen : darumb sie dann auch des Herrn Christi wort gantz
spöttisch heissen/ Verba, Verba, Verba; Wie kommen wir dann
jetzund darzu / daß wir von disen vnbedächtigen vnd vergessenen
Gegenwarnern/ in offentlichem Truck dessen gezügē werden/
wir holen vnd schöpffen vnsere Lehr vom H. Abendtmal nicht
auß den klaren vnd gantzen worten des H. Abendtmals/ sonder
allein auß des Berengarij Widerruff/ auß dem Cardinale Ca-
meracense, vnd auß den Streittschrifften D. Lutheri?

Daß Berengarius, wölcher vor 500. Jaren gelebt/ eben disen Jrrthumb/ daß nämlich im Abendtmal mit Brot vñ Wein/
der Leib vnd Blut Christi nicht zugegen seie / verthädiget/ dessen haben wir vns auß den Historijs wol zuberichten. So wissen wir auch dises auß gedachten Historijs, dz solchē Jrrthumb/
gemelter Berengarius widerruffen/ vnd seine/ von solchem Jrrthumb außgangene Bücher/ mit eigenen Händen verbrent habe. Ob schon aber wir für vnsere Personen gäntzlich darfür
halten/ daß diser Berengarius recht/ Christlich/ vnd wol mit disem seinem Widerruff gehandlet / vnd andern seines gleichens
mit seinem Exempel billich ein Nachdenckens machen solte:
so haben doch weder wir in vnsern Predigten/ noch auch die vnsern in jren Schrifften/ vns jemals auff disen/ des Berengarij
Widerruff also referiert vnd gezogen / daß wir darauß/ als auß
einem Fundament/ vnsere Christliche Lehr de Cœna Domini
erwisen/ vñ dise des Berengarij palinodiam, als einen Grund
vnserer Lehr/ damit zu erweisen angezogen hetten.

Sie seien so keck/ vnd zeigen vns an/ wann/ wa/ vnd durch
wen solches in vnsern Kirchen allhie / von vns seie geprediget
worden: oder da sie solches nicht können (wie sie es dann in der
Warheit nicht können) so zeigen sie doch den Authorem, das
Buch vnnd das Blat an / wer vnder den vnsern also daruon
geschriben/ in wölchem Buch/ an wölchem Blatt/ ꝛc. daß man
nämlich den Widerruff Berengarij, für ein Fundament vnd ei-

nige Beweisung vnserer Christlichen Lehr de Cœna halten
solle. Ist jemand hieran schuldig/ so würdt er sich (da er anderst
noch bey leben ist) der gebür wissen zuuerantworten. Wir wissen ja solches von niemands / wie dann auch von vns selbsten/
nicht mit Warheit zusagen.

Sie stechen aber villeicht hiemit auff D. Luthern seligen/von
dem sie sonsten schreiben vnd fürgeben / er habe des Berengarij
Palinodiam gebillichet/in wölcher steht: Verum corpus Christi dentibus atteri: der Leib Christi werd mit Zehnen verbissen.
Es solten aber allhie dise Gegenwarner / die sonsten gar gute
Dialectici sein wöllen/ hiebey gedencken vnd erwegen/ was für
ein schöne argumentatio das seie / wann man argumentiert
vnd sagt : D. Luther hat Berengarij Palinodiam gebillichet/
Ergo, er setzt Berengarij Palinodiam zu seinem Fundament/
darauff er seine gantze Lehr vom Nachtmal gründet/ vnd zu einer Beweisung seiner Lehr de Cœna.

Wans also argumentieren gelte / so köndten wir auch also
schliessen vñ sprechen: Dise Gegenwarner billichen Zvvinglij,
Caluini, vnd Bezæ opinionem de Cœna Domini & persona
Christi. Ergo, die Gegenwarner setze die opinionem Zvvinglij,
Caluini vnd Bezæ zu einem Fundament/ vnd einigen Beweisung jrer Lehr von beiden gedachten Artickeln. Wie sie vns nun
eine solche argumentationem nicht würden passieren lassen:
Also klagen wir auch nit vnbillich vber jr nichtiges vnd lächerli-
ches argumentieré/ so sie mit des Berengarij Widerruff treiben.

Zu dem/ so billichet Lutherus dise des Berengarij Palinodiam, vñ sonderlich dise wort derselbige/ da gesagt würdt : quòd
corpus Christi dentibus atteratur , nicht also schlecht dahin/
vnd simpliciter , sondern secundũ quid allein. Dann eben an
disem Ort/ da D. Lutherus dise des Berengarij Palinodiam
billichet/ nämlich in seiner grossen Bekandtnus de Cœna Domini, die er Añ o/ ꝛc. 28. hat lassen außgehn/ erklärt er sich selbs/
wöl-

wölcher gestalt vnd massen/ er solchen Widernuff Berengarij,
vnd sonderlich dise wort/ da in derselbigen gesagt würdt/ quod
corpus Christi dentibus atteratur, billiche/ nämlich vmb der
Sacramentlichen Vereinigung willē/ vñ darumb/ dieweil vns
des Herꝛn Christi Leib vñ Blut allda zum Sacrament gegeben
werden: daß also/ was D. Lutherus secundũ quid hieuon ge-
schriben/ ime von seinen vñ vnsern Widersächern calumniosè
ac falsò, simpliciter gedeuttet würdt. Seine wort lautten also:

Darumb ist aller ding recht geredt/ daß/ so man auffs Brot
zeiget/ vñ spricht/ das ist Christus Leib/ vñ wer das Brot sihet/
der sihet den Leib Christi/ gleich wie Joan. spricht/ daß er den
H. Geist sehe/ da er die Tauben sahe: Also fort an/ ists recht ge-
redt/ wer diß Brot angreiffet/ der greiffet Christi Leib an/ vnd
wer diß Brot isset/ der isset Christus Leib/ vnd wer diß Brot mit
Zehnen oder Zungen zutruckt/ der zutrucket mit Zehnen
oder Zungen den Leib Christi/ vnd bleibet doch allwegen war/
daß niemand Christus Leib sihet/ greiffet/ isset oder zerbeisset/
wie man sichtbarlich ander Fleisch sihet vñ zubeisset: dann was
man dem Brot thut/ würdt recht vnd wol dem Leib Christi zu-
geeignet vmb der Sacramentlichen Einigkeit willen. Darumb
thüen die Schwermer vnrecht/ so wol als die Glossa im Geistlichen Recht/ da sie den Pabst Nicolaum straffen/ daß er den
Beringer hett getrungen zu solcher Bekandtnus/ dz er spricht/
Er zutrucke vnd zutreibe mit seinen Zehnen den warhafftigen
Leib Christi. Wolte Gott/ alle Päbst hetten also Christlich in
allē stucken gehandlet/ als diser Pabst mit dem Beringer in solcher Bekandtnus gehandlet hat. Dann es ist ja die Meinung/
dann wer diß Brot isset vnd beisset/ der isset vñ beisset das/ so der
warhafftige Leib Christi ist/ vnd nicht schlecht eittel Brot/ wie
Wigleph lehret/ dann diß Brot ist ja der Leib Christi/ gleich wie
die Taub der H. Geist ist/ vnd die Flaṁ der Engel ist. Biß
hiehero Lutherus.

Auß

Auß wölchem allein hell vnd klar/ daß die Gegenwarner mit
dem/ daß D. Lutherus secundũ quid die palinodiã Berengarij, vnd sonderlich dise wort derselbigen/ quòd corpus Christi
dentib. atteratur, billichet/noch bey weittem nit erwisen haben/
daß wir solchẽ des Berengarij Widerruff zu einem Fundament
vnd Beweisung vnserer Christlichen Lehr de Cœna Domini
setzen/vñ habẽ solten/ vnd dz sie sich selbst auch mit diser palinodia Berengariana nit hoch vnd vil/ wider vns zu kützeln haben.

Sie soltẽ ja vil mehr/ waß sie an diß des Berengarij, als des
ersten diser jrer jrrigẽ opinion Authoris, Exempel gedächten/
sonderlich was er für ein End genommen/ betrachteten/ von
Grund jres Hertzens drüber erschrecken. Dann wie die Histo-
rici melden/ so hat er/ dieweil er zuuor vil Leut mit seiner jrrigen
Lehr verführt hatte/ ohngeachtet/ dz er hernacher dieselbige wi-
derzuffen/ ein solch erschröckenlich End genossen/ daß da er in
festo Epiphanias nunmehr seinen Geist auffgeben/ vñ sterben
hat sollen/ er zu den Vmbständern gesprochen: Auff heuttigen
Tag Epiphanie, wirdt mir vnser Herr Jesus Christus erschei-
nen/ durch die Buß/ wie ich hoffe/ zur Glori vnd Herrligkeit/
oder vmb anderer wegen/ die ich verführet/ zur Straff/ wie ich
fürchte. Vnd souil von der Palinodia Berengariana, deren
man beides in nechstgehaltener Disputation so offt/ zu vnserm
vnglimpff meldung gethon/ vnd dann auch/ mit derselbigen in
diser Gegenwarnung auff vns gestochen würdt.

Es rupffen auch die Gegenwarner vns ferrner auff/ den
Cardinalem Cameracensem, vnd bezüchtigen vns/ daß wir
auß demselbigen vnsere Lehr de Cœna Domini, schöpffen vnd
holen. Nun müssen vns aber alle vnsere Christliche Zuhörer
allhie dessen gute Kundtschafft geben/ vnd Zeugnus/ daß wir
in vnsern Predigten/ so offt es die Gelegenheit gibt/ die Leut
mit allem fleiß erinnern/ in was schwerer vnd dicker Finsternus vnsere liebe Eltern vnd Voreltern vnder dem Pabstumb
gesteckt/

Vvilhelmus
Malmsburcensis
lib. 3. cap. 55. & 59.
Vincentius in spe-
culo lib. 25. c. 30.

gesteckt/vnd wie hoch wir dem gütigen Gott hieüber zudancken
haben/daß er vns/zu denen letsten zeiten/auß solcher Bapst-
scher Finsternus/durch das helle Liecht seines Göttlichen
Worts/außgeführet/vnd durch dasselbige vnsere Hertzen dermassen erleuchtet hat/daß wir nun (Gott lob) wissen/daß wir
in Göttlichen Geheimnussen vnnd Sachen/weder auff den
Cammeracensem, noch auff den Scotum, noch Thomam
Aquinatem, oder andere dergleichen Thomisten vnnd Scoti-
sten/sonder allein auff Gottes Wort/ad legem & ad testimonium, sehen/vnnd vnsere Christliche Lehr vnd Religion allein
auff dasselbige/vnnd sonst auff anders nichts gründen sollen:
Wie dann der vnsern außgegangene Schrifften auch vns allein dahin remittieren vnnd verweisen. Was wolten wir vns
dann zeihen/daß wir (da wir einmal (Gott lob) auß der Egyptischen Finsternus des Bapstumbs erlediget/vns widerumb
nach den Egyptischen Fleischtöpffen der Schullehrer vnnd
Thomisten vmbsehen solten? Derwegen alldieweil die Gegenwarner nicht in specie vns vermelden/wann/wa/vnd durch
wen/solches von vns in vnsern Predigten geredt worden: Oder
alldieweil sie vns nicht die Authores melden/in wölcher
Schrifften solches zusinden/daß nämlich/wir vnsere Christliche Lehr de Cœna Domini auß dem Cardin. Camerac. geschöpfft vnd geholet/so sagen wir hiemit frey rotundè vnd dir-/
daß vns von vnserm Gegentheil/in disem fahl Gewalt vnnd
vnrecht geschehe.

Aber sie werden villeicht hiemit ihrem Brauch nach/den
woluerdienten Mann Gottes D. Luthern seligen/widerumb
übers Bäncklin ziehen/vnnd ihme ein Product abstreichen wöl-
ten/wölchen sie in andern ihren Schrifften offentlich zeihen/
vnnd außschreten dörffen/er habe sein Bekantnus vnnd Lehr
vom heiligen Abendmal/darzu sich die Kirchen Augspurgischer
Confession bekennen/auß dem Card. Cammerac. Petro de

Ggg iij   Aliaco

Aliaco gelehrnet/ vnnd nicht auß den Worten der Einsatzung
Christi.

Nun ist vns aber / damit **wir kürtzlich** auff dise calumnien
antworten/ nit vnbewußt/ das Lutherus in seinem Büchlin de
captiuitate Babylo. Tomo 2. Ienenß. pag. 277. schreibet/ daß
jhme Cardinalis Cameracensis Petrus de Aliaco, Vrsach
gegeben/ der Papisten Lehr von der Transsubstantiation ferner
nachzudencken/ vnnd daß er sich endtlich dahin erkläre/ weil die
Transsubstantiation one die Schrifft von den Thomisten ein-
geführt/ vnd vom Bapst canonisiert/ daß derwegen nichts darauff zuhalten/ vnd darzu vnrecht seie/ des H Errn Christi Wort
also zuzwingen/ vnd auff die Transsubstantiation/ wie die Thomisten oder Papisten thun/ zudehnen/ wie dann auch die Christenheit bey den zwölffhundert Jaren/ von der Thomistischen
vnnd Papistischen Transsubstantiation nichts gewust/ biß daß
Aristoteles angefangen in der Kirchen zuherrschen/ vnnd die
oberhandt zubehalten/ sey des wegen kein zweiffel/ dz im Abendtmal das Brot/ Brot bleibe/ vnd nicht verwandlet/ vnd mit dem
Brot der Leib Christi gegenwertig außgetheilt werde. Solches
alles sagen wir/ wissen wir vns wol zubescheiden. Daß aber hierauß volgen solte: Lutherus schreibet: Petrus de Aliaco habe
jhme Vrsach gegeben / der Transsubstantiation ferner nachzu-
dencken/ vnnd sie zuuerwerffen: Ergo so hat Lutherus sein Lehr
vom Abendtmal nicht auß den Worten der Einsatzung Christi/
vnnd auß den Euangelisten vnnd Paulo geschöpfft/ sonder von
Petro de Aliaco gelehrnet: Da fehlt es noch weit an. Dann ja
Lutherus an dem gedachten ort nicht also schreibe: Petrus de
Aliaco habe jm Vrsach gegeben seiner Lehr zuuolgen/ sich derselben theilhafftig zumachen/ vnd dieselbige zuuerschädigen/ vnd
fort zupflantzen/ sonder er schreibet vil mehr also: Er habe jhme
Vrsach gegeben der Sachen ferner nachzudencken/ vnnd war-
zuneitten/ 1. Daß die Transsubstantiation ohn die Schrifft ge-

lehret

lehret werde. 2. daß die Schrifft mit Gewalt zu Bestettigung
solcher Meinung von der Transsubstantiation gezwungen wer-
de/ wölches aber vnrecht/vnd weder Menschen noch Engel ge-
zimme. 3. daß die Christenheit vber 1200. Jar vom Abendtmal
recht (vnd also nach des HErrn Christi Worten) geglaubet/
vnd doch von der Transsubstantiation im geringsten nichts ge-
wust/ biß daß Aristotelis Philosophia in der Kirchen die oberhand gekrieget/ darumb dann auch dieselbige für keinen Glaubens Articul zuhalten seie.

Zu dem/so ist dises nicht seltzam bey hohen vnnd wichtigen
Streitpuncten/daß einer sagt oder schreibet: Diser oder jener
hat mir Vrsach geben/ ferner nach zudencken/ wie der Spruch
zuuerstehen seie/vnd hinder den rechten Grund der Warheit zu
kommen: Darauß laßt es sich aber darumb beim weitten nit also
schliessen: Ergo diser oder jener hat sein Bekantnuß vnd Glauben von disem oder jenem Menschen/ der jhme Vrsach ferner
nach zudencken gegeben/ vnnd nicht auß der Schrifft selbsten/
geschöpfft vnd genommen. Warauß aber sonsten Lutherus den
Grund seiner Lehr vom Abendtmal genommen/das bezeuget er
überflüssig in seinem Büchlin/des Titul ist: Daß dise Wort
(das ist mein Leib) noch fest stehen/dergleichen in seiner grossen
Bekandtnus/vñ anderstwo/da er für vnd für auff die Wort der
Einsatzung Christi/vnnd mit solcher Gewalt tringet/ daß auch
seine Widersächer selbsten jhme solches ettlich mal höhnisch
auffrupffen/ daß er so fest/vnd wie ein Maur auff den Worten
Christi stehe.

Auß wölchem allem augenscheinlich zusehen/ daß die Gegenwarner mit diser jhrer Bezüchtigung de Card. Camerac.
als grobe calumniatores befunden vnnd ergriffen werden/ die
doch sonsten den Ruff vnd Namen haben wöllen/ daß sie das
Fürstliche Religion Mandat de non calumniando stricte
halten/

halten/vnd darzu auch andere arme Kirchen vnd Schuldiener/
die sich gern alles calumnisierens enthalten (allein daß sie sonsten
erhebliche Vrsachen haben/darumb sie nicht aller dings in das
Fürstliche Mandatum einwilligen können) jhrer Dienst ent=
setzen/vnd mit jhren armen Weib vnnd Kindern in das Ellend
hinauß weisen.

Die Gegenwarner zeihen vns ferner/daß wir vnsere Lehr
vom heiligen Abendmal nit auß dem klaren vnd gantzen Wor=
ten der Einsatzung des heiligen Abendmals/sonder auß den
Streitschrifften Lutheri schöpffen vnd holen. Es ist aber dise
Bezüchtigung eben so war/als die vorgehende. Dann ob wir
schon vns beides in vnserm Christlichen Concordi Buch/vnd
dann auch sonsten/auff die Streitschrifften Lutheri beruffen/
so geschicht doch solches von vns nicht/vmb derselben Streit=
schrifften willen/wie dann auch nicht vmb Lutheri selbsten wil=
len. Dann vnser Glaub stehet weder auff disen/nach jenen
menschlichen dingen/sonder allein auff dem festen Grundt/der
da heisset das Prophetische vnnd Apostolische/oder vil mehr
Gottes Wort selbst: Sonder wir beruffen vns so fern auff die
Streitschrifften Lutheri/wie dann auch anderer reiner Theo=
logen/so fern sie/nämlich/in GOttes vnfehlbarem Wort ge=
gründet: Als wir dann halten vnd dessen in vnserm Hertzen ge=
wiß seind/dz Lutherus in seinen Streitschrifften/die Lehr von
der waren vñ wesentlichen Gegenwertigkeit des Leibs vñ Bluts
Christi im heiligen Abendmal/auß beständigem vnwidersprech=
lichem Grund der Wort der Einsatzung/wie sie von den dreien
Euangelisten vnd S. Paulo beschrieben/wider die Zwinglische
Irthumb verthediget/vnd erstritten habe: Vnnd lassen vns in
disem fahl die Gegenwarner vnnd andere jhres gleichens/gar
nicht irren.

Vnd souil von der vngegründten Bezüchtigung der Ge=
genwarner/da sie offentlich von vns außschreiben dörffen/daß
wir

wir vnſer Lehr von den heiligen Sacramenten nicht auß dem
klaren vnd gantzen Worten der Einſatzung des heiligen Abend-
mals/ſonder auß dem groben Widerruff Berengarij, durch den
Bapſt Nicolaum gemacht/ oder auß dem Cardinale Came-
racenſe, vnnd den Streitſchrifften D. Lutheri holen vnnd
ſchöpffen.

Wie ſie nun mit diſer Bezüchtigung/ als ſetzo nunmehr
von vns erwieſen/ falſche Zeugnus wider vns reden: Alſo rühmen ſie ſich deſſen gleichwol hoch vnd vil/ daß ſie jhre Lehr von
den heiligen Sacramenten holen vnd ſchöpffen/auß den klaren
vnd gantzen Worten der Einſatzung des heiligen Abendtmals:
Item/ auß der art zureden von den heiligen Sacramenten/die
in der gantzen heiligen Schrifft bräuchlich: Item/ auß der eigentlichen Verheiſſung des heiligen Euangelij/vnd alles nach
anweiſung des heiligen Apoſtels Pauli/ vnnd auch der Apologi
der Augſpurgiſchen Confeſſion. Wie vil aber von diſem jhrem
hohen Ruhm zuhalten/ das iſt jhnen biß anhero in der vnſern
Schrifften/ vnnd zum theil auch in nechſtgehaltener Diſputation Grynæi , gnugſam gewiſen vnnd gezeigt worden.

Vns zwar nimpt es vns nit vnbillich wunder/ daß ſie ſich
rühmen dörffen/ ſie ſchöpffen vnnd holen jhre Lehr vom heiligen Abendtmal auß den klaren vnnd gantzen Worten der Einſatzung des heiligen Abendtmals/ da ſie doch eben hierinnen
mit vns zu feld ligen/ vnnd das fürnämlich wider vns beſtreit-
ten/daß man an diſem Stritt von dem heiligen Abendmal nicht
alſo hart vnd hefftig auff die verba Inſtitutionis, vnd derſelbigen τὸ ἐκτρόπ tringen ſolle. Haben nicht jhre complices vor diſer zeit geſchriben/man müſſe die Wort (das iſt mein Leib)auß
den Augen thun/ dann ſie hindern den geiſtlichen Verſtande:
Item/ man werffe jhnen drey oder vier Wort/ als eine Helenam für : Item, verba eſſe nobis velut clypeum Aiacis: Item,

Hh ſi.

fidem noftram in hoc articulo niti, vna voce corporis: Item,
An arbitremur, Spiritum fanctum effe fyllabarum fupputa-
torem? Item, verba Teftamenti Chrifti finiftro oculo áfpi-
cienda. Können fie dann nicht mehr jhre eigne Wort/die in
jhrem Newftetter Buch pag. 94. ftehen/da fie die Wort der
Einſaꜩung per contemptum heiſſen/Verba, Verba, Verba?
Wie können fie fich dann deſſen allhie rühmen/daß fie jhre Lehr
de Cœna holen vnd ſchöpffen auß denen Verbis, Verbis, Verbis, die man auß den Augen thun ſolle / dieweil fie den geift-
lichen Verſtandt hindern/die anders vnnd beſſers nichts / als
ein Helena ſein / ein clypeus Aiacis, vna vox corporis, fyllabarum fupputatio, die man allein/jhrem fürgeben nach/mit
dem lincken Aug anſehen muß?

Daß fie aber weitter fürgeben dörffen/jhre Lehr flieſſe auß
der Art zureden von heiligen Sacramenten / iſt ſolches (wie
auch anders) in der nechſt gehaltenen Diſputation D. Ioannis
Iacobi Grynæi nach der leng widerlegt worden. Dann da fie
diſe Wort/das iſt mein Leib/mit den Sacramentlichen Reden/
von der Beſchneidung/Oſterlamb/vnnd Tauff/erklären wöl-
len/ daß es figurata verba, das iſt/verblümbte Wort ſeien / da
iſt jhnen angezeigt worden / daß diſe Reden von den gemelten
Sacramenten/nämlich/da geſagt würdt: Die Beſchneidung
iſt der Bund: Das Oſterlamb iſt der Vberſchritt/das Waſſer
iſt das Blut Chriſti / niergend mit ſolchen Worten in der heiligen Schrifft ſtehen/wie daß auch gemelter D. Grynæus dieſelbige in der Bibel nicht weiſen können. Derwegen diſes Argument von den Sacramentlichen Reden vom Gegentheil nimmermehr kan bewiſen werden. Vnnd iſt diß der ſicherſte weg/
daß man von einem jeden Sacrament auß den jenigen Worten vrtheile/da es eingeſeꜩt iſt: Alſo ſoll man von dem heiligen
Abendt-

Abendmal auß den Worten der Einsaꜩung vrtheilen. Da man
nun solche Wort für sich nimpt/ da befindet sich/ daß man halten muß/ daß man in disem Sacrament mit dem Brot den was-
ren Leib Christi/ vnd mit dem Wein das Blut Christi/ warhafftig vnd gegenwertig empfahe.

    Daß der Gegentheil auch ferner fürwendet/ daß man die
Lehr vom heiligen Abendmal schöpffen müß auß der eigentlichen Verheissung des heiligen Euangelij/ wissen sie freilich
selber wol/ daß ein mercklicher Vnderscheid zwischen den Verheissungen des H. Euangelij/ vnnd zwischen den Sacramenten seie. Dann die Verheissungen des heiligen Euangelij seind
nicht der Sigel selbst/ sonder das Wort von der Verzeihung
der Sünden durch Christum: Aber die heilige Sacramenta
seind der Sigel/ damit dise Verheissungen besigelt vñ bestettiget
werden. Zu dem/ so machen sich die Gottseligen allein der Verheissungen des heiligen Euangelij theilhafftig: Aber die Gottlosen empfahen die Sacramenta sampt den Gottseligen. So ist
bey den Verheissungen des Euangelij allein ein geistliches es-
sen/ davon Iohannis 6. geredt würdt/ wölches allein durch den
Glauben geschicht: Im heiligen Abendmal aber ist ein Sacramentlich essen. Vnnd solten sie billich gedencken/ wann in den
H. Sacramenten nichts weitters were/ dann allein die Verheissung des Euangelij/ so bedörffte man der heiligen Sacramenten gar nichts/ dieweil man doch da nichts weitters hette/ als
in der Predigt des Euangelij. Wann nun ein Mensch solches
hielt/ so würdt er dem heiligen Nachtmal nicht vil nachfragen/
sich auch zu demselbigen nicht fleissig begeben werden.

Daß sie auch fürwenden/ jhre Lehr fliesse auß der Apologi
der Augspurgischen Confession/ können wir vns nicht gnugsam verwundern. Dann beides der zehend Articul gemelter
Confession/ wie auch die Apologia/ jhnen stracks zu wider ist.
Dann der zehend Articul spricht/ daß warer Leib vnnd Blut
Christi/ vnder der gestalt Brots vnnd Weins/ im Abendtmal
gegenwertig seie/ vnnd da außgetheilt vnnd genommen werde/
derhalben auch die Gegenlehr verworffen würde. Vnnd die
Wort der Apologi lauten also: Daß vnsers HErrn Christi
Leib vnnd Blut warhafftiglich im Nachtmal Christi gegeben/
vnnd mit den sichtbarn dingen/ Brot vnnd Wein dargereicht
vnnd genommen werde: Vnnd würdt hierauff der Spruch
Cyrilli angezogen/ daß wir mit Christo ein Vereinigung ha-
ben/ nicht allein nach dem Geist/ sonder auch nach dem Fleisch/
vnd daß durch die Niessung des Fleisches vnd Bluts Christi im
heiligen Abendtmal Christus auch leiblich in vns wohne.

Vns nimpt auch nicht wenig wunder/ daß sie sich allhie
nicht auch auff die Concordiam Anno, 36. referieren:/ wie sonsten Ambrosius Wolffius mit vilen vergeblichen Worten/ deßgleichen auch D. Grynæus in gemelter Disputation gethon.
Aber dieweil in erstgedachter Disputation also augenscheinlich
erwisen worden/ daß in derselbigen vnser Lehr bestettiget seie/
so haben sie ohn zweiffel darumb jetzunder dieselbige außgelassen. Dann es beschreibt doch jhr eigner Historicus Lauaterus,
ein Kirchendiener zu Zürich/ die Artickel derselbigen also: 1. Sie
bekennen/ laut der Worten Irenæi, daß in disem Sacrament
zwey ding sind/ ein himlisch vnd ein irdisch/ demnach halten vnd
lehren sie/ daß mit dem Brot vnd Wein warhafftig vnd wesentlich zugegen seie/ dargereicht vnd empfangen werde der Leib vnd
das Blut des HErrn. 2. Vñ wiewol sie kein Transsubstantiation

rion halten/ auch nicht halten/ daß der Leib vnd das Blut Christi localiter (vmbschriben) ins Brot eingeschlossen/ oder sonst
leiblich damit vereiniget / auffer der Nüssung des Sacra-
ments/ doch lassen sie zu/ daß durch Sacramentliche Einig-
keit/ das Brot seie der Leib Christi / das ist/ sie halten/ wann
das Brot dargereicht werde / daß alsdann zugleich gegenwertig seie / vnnd warhafftig dargereicht werde der Leib Christi:
Dann auffer der Nüssung / so man das Brot neben sich leget/
vnd behaltet im Sacramenthäußlin / oder in der Proceß herumb tregt/ vnnd zeigt / wie im Pabstumb beschicht / halten sie
nicht/ daß Christus Leib zugegen seie. 3. Sie halten/ daß die
Einsatzung des Sacraments/ durch Christum geschehen/ seie
in der Christenheit kräfftig / vnnd daß es nicht lige an der
Würdigkeit des Dieners/ der das Sacrament reichet / oder
deß/ so es empfahet/ darumb/ wie S. Paulus sagt / daß auch
den vnwürdigen warhafftig dargereicht werde der Leib vnnd
das Blut Christi / vnnd die vnwürdige dasselb empfahen / so
man des Herrn Einsatzung vnnd Empfeich haltet. 4. Aber
sömliche empfahens zum Gericht/ wie S. Paulus sagt / dann
sie mißbrauchen das Sacrament/ dieweil sie es ohne Buß vnd
Glauben empfahen / dann es ist darumb auffgesetzt/ daß es
zeuge/ daß denen die Gnad vnnd Wolthat Christi allda zuge-
eignet werde/ vnd daß die Christo eingeleibet / vnd durch Christi Blut gewaschen werden / die ware Buß thun / vnnd sich
trösten / durch den Glauben in Christum. Biß hieher diser Artickel.

Nun wünschen wir nichts höhers von Gott / dieweil vnser Gegentheil sich der Augspurgischen Confession / Apolo-
giæ, vnd sonsten auch der Concordien/ Anno/ ꝛc. 36. rhümen/

daß

daß sie solcher mit Mund vnd Hertzen zugethon weren. Dann
da solches geschehe / so were diser Zwispalt schon geschlichtet:
vnd kondten wir sie für Brüder Jesu Christi / vnd für Glaubensgenossen erkennen : wolten auch solchen Consensum in
die gantze Christenheit / mit frolockung der Christlichen Kirchen außschreiben.

Es beruffen sich letstlich die Gegenwarner auff die Artickel vnsers Christlichen Glaubens / von vnserm Herrn Jesu
Christo : vnd rhümen sich / daß sie auß denselbigen jhre Lehr
von dem heiligen Abendtmal schöpffen vnd holen. Nun würde sichs aber mit gegenwertiger Schrifft allzuweit erstrecken/
wann wir nach Notturfft erklären vnd darthun solten / wölcher Part Lehr von dem heiligen Abendtmal/ mit den Artickeln
vnsers Christlichen Glaubens / von dem HErrn Christo
einstimme / vnnd vberein komme / oder nicht : Darumb wir
dann / damit wir dermaln eins ein End an dise Schrifft machen / vns hiebey allein auff die Predigten / so hievon zu beiden Theilen allhie gehalten werden / vnnd auff beider seits
hievon außgegangnen Schrifften / wöllen reservert vnd gezogen haben.

Wir bitten aber den gütigen getrewen Gott vnd Vatter vnsers Herrn Jesu Christi / er wölle selbsten sein wort vnd
Warheit / wider alle Pforten der Höllen erhalten / vnd vns
darbey schützen vnnd schirmen. Er wölle auch die Wunden
seiner armen Kirchen gnädiglich heilen / vnnd den heilsamen
Kirchenfriden / den wir (leider) mit vnserer Vndanckbar-
keit verloren / widerumb bey vnnd vnder vns anrichten / Vnd
wölle

wölle endtlich vnsere gnädigste Obrigkeit / mit seinem Geist
also führen / daß sie ihr gantze Regierung / zum Lob Gottes/
erbawung der Christlichen Kirchen / vnnd gemeiner Rhu
richten möge / Amen. Datum Heidelberg den 12. Junij/
Anno/ꝛc. 84.

Wilhelmus Zimmerman. D.
Iacobus Schopperus. D.
M. Dionyſius Oehem ſuo, &
    Philippi Felſinij abſentis
    nomine.
Conradus Lauttenbach.
Ioannes Schadius.

ENDE.